世纪波
Century Wave

卓越绩效经典书丛

RATH & STRONG'S SIX SIGMA LEADERSHIP HANDBOOK

六西格玛领导手册

（白金版）

（美）托马斯·伯特尔斯 编
张彦玲 胡楠 毛国良 译

6σ

電子工業出版社
Publishing House of Electronics Industry
北京·BEIJING

版权贸易合同登记号　图字：01-2003-7023

图书在版编目（CIP）数据

六西格玛领导手册：白金版 /（美）伯特尔斯（Bertels,T.）编；张彦玲，胡楠，毛国良译. 北京：电子工业出版社，2016.4
（卓越绩效经典书丛）
书名原文：Rath & Strong's Six Sigma Leadership Handbook
ISBN 978-7-121-28296-6

Ⅰ. ①六…　Ⅱ. ①伯…　②张…　③胡…　④毛…　III.业管理－质量管理－手册　Ⅳ. ①F273.2-62

中国版本图书馆 CIP 数据核字(2016)第 047620 号

责任编辑：晋　晶
印　　刷：三河市鑫金马印装有限公司
装　　订：三河市鑫金马印装有限公司
出版发行：电子工业出版社
　　　　　北京市海淀区万寿路 173 信箱　邮编 100036
开　　本：720×1000　1/16　印张：29.25　字数：548 千字
版　　次：2004 年 1 月第 1 版
　　　　　2016 年 4 月第 3 版
印　　次：2020 年 11 月第 2 次印刷
定　　价：118.00 元

凡所购买电子工业出版社图书有缺损问题，请向购买书店调换。若书店售缺，请与本社发行部联系，联系及邮购电话：（010）88254888，88258888。
质量投诉请发邮件至 zlts@phei.com.cn，盗版侵权举报请发邮件至 dbqq@phei.com.cn。
本书咨询联系方式：（010）88254199，sjb@phei.com.cn。

序

Rath & Strong 特别为 CEO 和高级主管们编写了这本实用手册，这些领导者面临着在组织内部实施六西格玛的巨大挑战。由于在企业和组织机构中还没有一个实施六西格玛管理举措的标准步骤，我们根据别人已经尝试和成功实践的经验和教训，独辟蹊径帮助你预先了解到什么奏效、什么无效。

编者通过汇编信息、建议和大量的案例研究来阐明领导者如何使用六西格玛来加速业务发展，其中还包括了一些对知名企业领导者的个人采访。这不是一本单纯的统计图表手册，你所看到的是来自不同行业和企业的领导者所面对的各种挑战。

我的公司在 2000 年就决心要成为一家六西格玛公司。我第一次听到六西格玛是 20 年前在科宁公司工作的时候，之后我接触了许多用于质量改进的“软方法”，包括 QMS 和 TQM，这些方法都没有实现它们所承诺的目标。作为公司奋斗的一部分，我们在过去的数年中投入了大量的时间和重要资源，并且在我们所设定的目标上取得了巨大的进步。无论如何，成功的道路并不总是一帆风顺的，而且在其他追求六西格玛的完美历程中，将有更长的路要走。

我得到的第一个教训是，六西格玛并不是一件能够授权下属去做的事情。正如企业的价值观和文化，质量战略举措的成功是资深领导承诺并参与的直接结果。我很快明白自己需要亲身参与，树立明确的态度，既而成为一名黑带。我整理出自己的日程表：花四周时间参与密集的培训，躬身于六西格玛方法和工具中，然后领导实施两个降低缺陷的项目。在客户、员工和股东看来，成为一名黑带使我变成一个坦率而且可以信赖的六西格玛倡导者和实施主管。

我获得的第二个教训是，尽管有许多内外部的怀疑论者，但六西格玛不仅在制造型企业适用，而且它还能够适用于任何组织。诚然，六西格玛质量早先诞生于制造领域，但今天的六西格玛已经被广泛应用到了服务领域，甚至政府机构。即使不考虑你所从事的业务，六西格玛也具有巨大的商业意义。

在我们公司，六西格玛带来了一个巨大的文化变革。我们的员工通过关注顾客，定义流程，实施严谨的测量，识别问题的根本原因，有条理的流程监控及控制图等，来确保改善成果的延续，同时使流程处于受控状态并与客户需求相联系从而真正改变他们的行为方式。

另一个教训是，六西格玛能够用来扩大收益而不仅仅是降低成本。当六西格玛作为一个出色的方法帮助我们减少成本的同时，它也增强了公司对客户的关注。六西格玛还建立了一种实事求是的文化，这种文化时刻关注流程改善，对公司的财务状况产生了很大的影响。

对 Quest Diagnostics 公司来说，营业收入和利润都增加了，客户服务的抱怨率下降了，我们可以说新业务的成长是六西格玛带来的直接结果。客户已经要求参与我们的六西格玛项目以改善双方共有的流程质量，其结果使得客户的满意度和忠诚度获得了提高。

总而言之，六西格玛是有效的。

本书将让你了解到六西格玛对你的企业也同样管用。作为一本指导手册，它为那些考虑实施六西格玛的领导者提供了一个非常有价值的资源。我真希望多年前，我在 Quest Diagnostics 公司着手推行六西格玛的时候也能够拥有这样的一本书。

Kenneth Freeman
Quest Diagnostics 公司的董事长兼 CEO
新泽西州

引言

不久前，我们读到了“质量已死”的宣言，虽然某种知识曾经在一个时期有效，但事物总是在发展的。这就好像听到说“旧”经济已经灭亡而“新”经济替代了所有旧的原则。人们开始想，我们总是需要不断地再学一遍所有的知识。但抛弃“旧”事物和推出“新”事物可能导致巨大资源的无效转换。我们只需要看看 20 世纪 90 年代后期在技术方面的过量投资，其留下的长期后遗症使我们依然生活在股票市场的再调整中，由此可以明白这次技术投资的过热所带来的影响。

这好像是矛盾的，因为我们不情愿抛弃“旧”事物，却需要接受“新”事物。当我参加 2000 年 5 月美国质量协会在印第安那波利斯的会议时，有很多传统质量人士嘲笑六西格玛“并非新鲜东西”或者“只是个口号”。大多数与会者的共同腔调就是：“我们在 50 年前就发明它了。”他们完全不顾这样一个事实，即六西格玛项目已经在一些地方如通用电气金融服务公司和强生公司取得了极好的成效。

会议结束以后，我开始思考：如果质量在这些人掌握中，它就死了；如果没有死，那它也会被扼杀的。不管我们是否接受，六西格玛确实复兴了质量概念。事实上，它将质量带到了新的高度，将其变成了一个可以为公司带来可观的财务回报的支撑性业务战略。

许多概念已经创建了数十年之久，其中的一些是由 Rath & Strong 的专家如 Dorian Shainin 在 20 世纪 50 年代开发出来的。以利润为导向的改进能够实现革命性的变革，这是六西格玛吸引我们的地方。在 20 世纪 90 年代早期，朱兰博士告诉我，我们这一代人已经将质量丢弃了，直到 20 世纪，质量在这个国家才可能会重新活跃起来。质量丧失的原因是由于我们仅仅流于喊口号而没有实际的成果。

但自那时以后，六西格玛伴随着全新的一代——聪明和雄心勃勃的人士重新充满质量领域，吸引这些人士是其他人眼中似乎已经过时的一种知识。我万分激动地参加了上个月的会议。会上，既有韦尔奇的主题发言，也有许多新面孔，他们是许多充满活力的聪明的青年人。这是一个多么大的变化啊！（而且有许多成功的案例。）

因为六西格玛，质量重新令人兴奋。人们应用 20 世纪创造和改进的工具和方法，并且在 CEO 的带动下进行全面地和结构化地应用，同时取得了意义深远的成果。在 20 世纪 90 年代的美国，财务分析最终表明六西格玛并非只是一个提高工作效率的统计技术，公司可以通过六西格玛方法的全面实施来获得质量的改善。同时，六西格玛已经成功帮助了一些最大和最具威望的公司。

总而言之，质量专家们需要对实施我们知识的新方法更加开放，被吸引到这个领域的新人要学习我们已经学到的东西并且避免在再创造方面的浪费。我想对他们说的是，帮助开展这项运动，帮助质量向前发展，但是不要从零开始。应该认识到，我们可以在前人已经传授的经验上开始，并做好把自己所学到的东西向下一代人传递的准备。

这给予了我极好的回报。1990—1995 年，作为朱兰学院的全球总裁，我有机会与质量界的许多运动家认识并与他们一同工作：朱兰、戴明、克劳斯比、Dorian Shainin、Armand Feigenbaum 和 Brian Joiner。另外，自 1995 年起，作为 Rath & Strong 的董事长兼 CEO，我从早期参与通用电气的六西格玛实施，到现在帮助许多的公司如 J.P.摩根大通公司、西门子、TRW 和 ALSTOM，并和一些人如韦尔奇、Dave Cote 一起工作。《六西格玛领导手册》作为我们工作的副产品，将能够帮助企业领导者获得对他们组织的持续变革。

这个领域中获益最大的就是人类了。由于他们的工作，使一切变得更好。质量通过人类的工作获得了意义深远的改变，并且极大地提升了我们生活的品质。

让我们进入下一个持续改进的百年吧！

Daniel Quinn
Rath & Strong/AON 管理咨询公司总裁兼 CEO
马萨诸塞州

前言

市场上关于六西格玛的书并不少见。你可能会问:“为什么还要出版这本书?难道它有其独特之处吗?”其实，本书并不像其他的许多书那样高度关注六西格玛工具和方法的技术层面，也不是关于六西格玛在特定组织如何实施的个人观点，或者一种关于六西格玛是什么的高谈阔论。反之，本书概括了企业在考虑把六西格玛作为一种主要的业务战略时需要面对的重要管理问题。在我们帮助行业领导者达成切实目标的 66 年经验的基础上，本书特别关注那些能够促成或者破坏六西格玛实施的关键因素，并采用活生生的经验和案例来凸显这些原则。通过将六西格玛在上下文中的合理安排，这本书将对任何希望了解六西格玛如何帮助组织解决特定问题的高级管理人员、经理和职员真正有所启示。

六西格玛首先是一种业务战略举措而不仅仅是一种质量举措。实施六西格玛的方法取决于组织对变革和目标的渴望。

通过提供一种帮助领导者制定有见识的运用六西格玛决策的框架，以及通过集成许多不同行业领域高层管理人员的观点，我们希望这本手册能够提供给你一个具有实践性的指导，给与六西格玛所有方面相关的业务领导。

本书的前 4 章是关于六西格玛的基本知识，看其是否有利于你的企业。第 1 章描述了什么是六西格玛，并把六西格玛放入历史的发展中描绘了资深管理人员和领导者的实践经验。第 2 章讨论的是为什么六西格玛是一个非常有效的方法，而且是一种实施战略的通用工具箱，尤其关注于技术和文化层面，也包含可能获得的结果方面。第 3 章讨论的是六西格玛在各种不同行业的应用而并非仅仅局限于制造业。当你读到这些章节时，你应该能够认识到六西格玛是否值得你们公司进一步研究，也应该给公司的一些资深领导者介绍一些六西格玛知识。

在第 4 章中，我们会探讨一些六西格玛启动需要的组织框架和角色，以及这些角色如何被定义来创造最后的结果并促使六西格玛成功实施。

接下来的 5 章讨论的是，在定义一个组织时，如何安排六西格玛需求和一些关键要素。第 5 章描述了非委派的领导力并确定关键决策领导者必须创造一个与六西格玛相关的成功，例如，定义六西格玛的实施目标和决定希望变革的规模。

第 6 章描述的是精益管理和六西格玛的联系，以及两种方法如何结合来达成最理想效果。第 7 章讨论的是六西格玛与群策群力的联系，群策群力是通用电气使用的一种突破性战略举措，用来尽可能地帮助组织完成六西格玛实施准备。关于六西格玛文化层面的重要性强调得再多也不为过，因此，第 8 章提供了一个了解在六西格玛成功实施方面的文化影响，以及什么样的领导能够解决文化问题。最后，专注于满足客户需求是关于六西格玛的最核心之处。因此，第 9 章介绍了一些重要的概念来真正认识客户希望获得什么以及六西格玛项目如何帮助组织满足这些期望。

接下来，我们需要了解一些实施六西格玛时的特殊工具和方法。第 10 章讨论的部分包含流程改进模型，或者定义、测量、分析、改进和控制方法，这是在改善已有业务流程时需要用到的方法。然后，在第 11 章，我们解决在用六西格玛设计（DFSS）来设计全新的产品、服务和流程时，应该做什么事情。第 12 章讨论的是流程管理，这个概念的延伸已经超出改进和设计，并在事实上基于流程而不是基于职能部门来管理企业。把所有这些议题放到一起，第 13 章讨论的“仪表板”，将有助于你了解是否你们的业务流程和绩效是与业务和客户需求挂钩的，同时将帮助你识别改进的机会所在。这 4 章介绍了整合六西格玛的各种方法，为读者概述了与六西格玛方法的每个要素相关联的工具、方法、理论、好处和风险。

然后，我们将涵盖在你的组织中实施六西格玛的具体细节。在第 14 章中关于启动六西格玛的组织准备过程将被重点讨论，以及基于领导六西格玛功能的最佳实践实施。当组织进行准备并且领导层决定采用六西格玛时，启动项目就成为一个至关重要的步骤。在这个步骤上应该小心计划以避免一个失败的开始。第 15 章从过去成功与失败的项目启动案例中提取了一些经验教训。如果在跨国业务中实施六西格玛应该根据国家文化要求特别注意并及时调整实施战略。第 16 章提供了一个框架来帮助避免典型的缺陷。实施六西格玛是一个多年的历程，第 17 章在如何稳定、扩展和整合六西格玛以确保其成为组织结构的一部分方面提供给领导者一个蓝图。第 18 章提供了如何测量组织实施有效性的一个指导方针，以确保项目进展方向明确。实施六西格玛并非易事，因此应该考虑相应的阻力。第 19 章提供了一个实践性的模型，用于变革管理和有效地向整个组织传递其重要性。

六西格玛的核心是项目。因此接下来的 5 章包含了实施真正项目的细节问题。第 20 章专注于黑带角色以及如何选取黑带。第 21 章介绍了一个关于选取项目的综合方面。第 22 章为领导者提供了一个指南，帮助他们进行项目评审以确保项目能够按时完成并且取得预期效果。在第 23 章中，我们提供了一个创新的框架用于扩展从项目中获得的知识并复制其他项目来获得相同结果。第 24 章介绍了一个指导方法，用于开发财务模型来允许获得硬性成本节约和软性节省，并且讨论一个程序化的方法来针对结果的审计以确保持续的改善。

最后，第 25 章讨论了六西格玛如何帮助开发领导力。在过去的 10 年里，与我们合作来实施六西格玛的高层领导都强调说，六西格玛不仅仅用于在财务成本和客户满意度方面的突破性改善，而且能够用于帮助第二代领导人的成长。

这本书最后还提供了几个附录。附录由重要的六西格玛概念和案例构成，以便帮助你了解六西格玛如何应用于真实的工作环境，同时也阐明和描述了本书所涉及的概念。

我们在书中还包含了对 CEO 和许多商业领导人的会谈，他们的组织都在实施六西格玛。通过他们，你将能够发现，为什么一些顶尖级公司像摩托罗拉、强生、霍尼韦尔、TRW 等已经采用六西格玛来满足客户需求并同时获得财务利润。

我们希望这本书能为你的六西格玛旅程提供一些有用的建议和观点。

目　录

第 1 章

什么是六西格玛?

Daniel Quinn

“总的来讲，尽管六西格玛含有许多技术工具，但是，与其说它是一个技术项目，不如说它是一个促进领导方式和文化变革的项目。”

（访霍尼韦尔国际公司总裁兼首席执行官 Dave Cote）

“我们正在把六西格玛纳入我们的流程改善管理举措中。实际上，我认为六西格玛是我们改善流程下一步很自然的一个选择。六西格玛是一套工具，比我们以前所采用的方法更有效，再加上它的基本哲学，使我自己及公司的其他领导人能够超越我们现有的管理方法和管理哲学去思考。”

（访 Armstrong Building Products 总裁兼首席执行官 Stephen Senkowski）

六西格玛是一套管理制度，在过去的 15 年里，逐渐从使用统计工具改善流程为重点演变成一套全面的企业管理系统。通用电气、强生、霍尼韦尔、摩托罗拉和其他许多世界级的公司实施六西格玛所取得的成果就是很好的证明。六西格玛已经成为一个提高质量、降低成本、提高客户忠诚度以及增加利润的代名词。

六西格玛的历史回顾

“我们很快就明白了这样一个道理：如果能够控制偏差，我们就能使各部件和流程顺利运行，并达到每百万次只有 3.4 次出错率的结果，或者说达到六西格玛水平。我们的员工创造了这个名词，六西格玛就这样被叫开了。六西格玛是一种简略说法，它用来说明：如果能够控制偏差，你就能获得卓越的成效。”

（访摩托罗拉荣誉主席 Robert Galvin）

20 世纪 80 年代中期，摩托罗拉率先提出了六西格玛这一概念，Robert Galvin 是当时摩托罗拉的总裁。许多人将六西格玛的出现归功于已故的 Bill Smith。Smith 是摩托罗拉通信部的高级工程师和科学家，他发现，摩托罗拉的最终产品测试未能检测出公司当时出现的较高的系统出错率。他认为其原因可能是系统复杂性的不断提高以及由此产生的较高的出错率，并得出这样的结论：摩托罗拉需要达到较高水平的内部质量标准。他将这一想法告诉了当时的首席执行官 Bob Galvin（即 Robert Galvin），并说服他将六西格玛设定为一个质量目标，为质量设定高目标。Smith 观察整个流程的可靠性（由间隔时间与出错率之比来衡量）和质量（由流程可变性和缺陷率衡量）的视角都是崭新的。

摩托罗拉一直是生产效率和质量领域的开路先锋。20 世纪 80 年代，摩托罗拉一直是许多专家讲授质量和生产效率提高课程的场所。这些专家包括 Joseph M. Juran、Dorian Shainin（我们在 Rath & Strong 的同事）、田口玄一（Genichi Taguchi）、Eliyahu Goldratt。研究院现任院长兼《六西格玛：使世界顶级公司发生革命性变化的突破性管理战略》的合著者 Mikel Harry，参加学习了其中一些课程，在这些专家思想的启发下，他为摩托罗拉的政府电子学部设计了一套课程，包括朱兰（Juran）的质量旅程和统计流程控制，Shainin 的高级诊断工具和计划实验。

其后，哈利（Harry）与 Smith 一起研究六西格玛管理举措。哈利执掌了摩托罗拉的六西格玛学院，之后他创建了自己的公司，专门研究这一课题。哈利与 Smith 最初的六西格玛体系包括统计流程控制、高级诊断工具和计划实验，后来又加入了生产可能性（产品性能和产品复杂性）设计，通过各种项目改进质量并将质量管理与公司业绩相联系。

摩托罗拉提出并成功实施了六西格玛，不但助其实现了 1981 年 Galvin 设定的将质量提高十倍的目标，而且使之于 1989 年荣获首届鲍得里奇国家质量管理奖。根据 Galvin 的开放政策，以及鲍得里奇质量奖所带来的利益，摩托罗拉开始广泛地与人分享六西格玛制度的具体细节。

20 世纪 90 年代中期，AlliedSignal 的拉里·博西迪（Larry Bossidy）和通用电气的杰克·韦尔奇从六西格玛中找到一条公司文化变革之路，并且节约了大量成本。1998 年，《商业周刊》报道，通用电气因为采用六西格玛节省了 3.3 亿美元，这个数目是韦尔奇先前估计的两倍。这篇文章发表后，人们开始对六西格玛产生浓厚兴趣。随着通用电气采用六西格玛的不断成功以及韦尔奇的演讲和书籍的推出，人们对六西格玛的兴趣也与日俱增。

六西格玛的定义

今天的六西格玛是管理，是利润。六西格玛就是建立一套严谨的、有纪律的、基于事实的制度，通过各种流程改善和流程设计项目，获得更大的利润。这些项目经高层领导选出，由潜力巨大经过培训成为黑带的人员和黑带大师领导实施，目的是创建近乎完美的流程、产品和服务来满足顾客的各种需要。已成功实施的六西格玛项目中，大部分都是在两到六个月内完成的。这些项目是由组织中训练有素的人员利用实施精确的统计工具和流程改进方法实施的，这清晰表明了六西格玛是职业助推器。

在实践中，公司看待六西格玛的态度有两种：一种认为它是一套改善流程和产品质量的有效工具，另一种认为它是改善与公司业绩密切相关的流程和员工素质的方法。六西格玛是一种要在亲自实践中提高领导水平和改善管理技巧的方法。那些由于执行六西格玛而收益匪浅的公司很好地处理了人员、流程、顾客和文化之间的关系。通用电气在 2000 年的年度报告中是这样描述六西格玛给公司带来的巨大变化的：六西格玛将我们公司的注意力由内部转向外部，改变了我们的思维方式和培训未来领导人的方式，使得我们朝着一个真正以客户为中心的组织方向发展。

六西格玛的前身

虽然六西格玛是在 20 世纪 80 年代末由摩托罗拉提出的，但是它的前身可以追溯到 100 多年前。本节将重点讨论整合成六西格玛的几个重要方法及经验。

早在 1776 年，亚当·斯密在《国富论》中就指出，在制造业中，规模经济可以通过专业化生产得以实现。在 20 世纪最初几年里，为了提高效率，人们想出一些将制造工作流程分解成若干个小的流程和部分的制度。现代组织也仍然是以劳动专业化和流程分解为基础的。人们一般认为这些理论始于泰勒（Frederick W. Taylor）和科学管理理论。我们就从泰勒说起吧。

公司如何定义六西格玛

比较一下各公司（包括六西格玛的主要倡导者）是如何为它们的员工和客户定义六西格玛的，你会深受启发。

通用电气：什么是六西格玛？

“首先看一下，六西格玛不是秘密社团，不是标语口号，不是陈词滥调，它是帮助我们关注开发并提供近乎完美的产品和服务的高度制度化的程序。为什么要叫

‘西格玛’？西格玛是一个统计学术语，用来衡量一个既定流程偏离完美状态的程度。‘西格玛’的核心思想是，如果能够测量一个流程中存在多少缺陷，你就能系统地找出避免缺陷的方法并尽可能地达到‘零缺陷’。六西格玛改变了通用电气在任何事情、在设计的任何产品中的DNA，它是我们的工作方式。”

TRW：什么是六西格玛？

“六西格玛是结构严谨、制度严明、数据驱动的提高业务水平的流程。TRW信奉六西格玛，重点放在通过加强以客户为中心的理念，增强员工参与感，逐渐改善公司文化，最终实现由下至上的成长来大幅度增强我们的竞争力。六西格玛的最高境界就是在满足客户需求的同时获取利润。六西格玛是开发和有效提供近乎完美产品与服务的高度制度化的方法论，它将在经营、建设、制造和员工等各方面推动我们公司的全面成长。”

霍尼韦尔：六西格玛+

“六西格玛是迄今为止在加速流程、改善产品和服务以及大幅度降低生产和行政成本、提高质量方面最有效力的战略之一。它通过不懈地杜绝浪费、减少缺陷和偏差最终达到这些目标。

各大公司都在将这一增加利润的战略应用于公司各个职能部门——从设计和建设，从生产到销售再到供应管理——以便大幅度地节约成本。

不过，我们已经开发出了新一代的六西格玛——六西格玛+，它是总部设在纽约的Morris Township在航空、操作聚合物、化工产品、自动化和控制、交通运输、电力系统以及其他各个领域增长和生产力提高的主要推动力。除了将六西格玛+用于制造业之外，霍尼韦尔还将其应用于所有的行政部门。”

六西格玛是质量管理自然进程的一部分还是一个全新的事物或一种新的趋势？

Bob Galvin：我认为二者兼而有之，从最终出现的自然智能来说，你可以偏向任何一个观点。无论它是一个伟大的发现还是绝妙的数学和常识，你怎样去理解都是可以的。

Mikel Harry：我认为六西格玛明确注重业务质量，而全面质量管理却是关于质量业务的。也就是说，当采用全面质量管理时，涉及的是提高质量的业务；而选用六西格玛时，将会关注业务的质量。简而言之，全面质量管理是关注缺陷的质量改进项目，而六西格玛是以经济学为基础的战略性业务管理系统，它并非是这样开始的，但却是这样演变的。

> 因此，我认为六西格玛是个矢量变化。从手工艺时代开始回顾质量的历史，我发现它是相当连续的，每一步都是前一步的合理延续，它们是建立在相同的基本的中心原则和信念上，而六西格玛完全背离了这一连续体。实际上它是从一个全新的视角和指导框架对质量的重新评估，也可以说它是历史的再创造。但更确切地说，它标志着一段新历史的诞生，它是公司管理革命演变的结果。

▶▶ 20 世纪初到 20 世纪 20 年代：科学管理和统计学

泰勒与科学管理　泰勒的方法，即人们所知的《科学管理》，通过分析生产流程并把这些流程转变成一套可以标准化和重复性的工作任务，使得工作有形化、可衡量化。而一旦工作被细分为一连串任务，就需要一套管理系统来控制工作。计划和执行相分离的理念是泰勒体系的核心，泰勒认为计划部门的员工应该是工程师，他们的责任如下：

- 开发工作的科学方法；
- 设定生产率目标；
- 建立达到目标的奖励机制；
- 培训员工如何使用科学方法达到目标。

泰勒的系统给手工艺时期将管理工作或质量看做是端到端的单一流程这种理念以很大的冲击。1911 年，泰勒的作品集《科学管理原则》出版。到 20 世纪 20 年代，泰勒的方法被广泛采用，他的思想也影响了全世界。

福特的流水线　为了卓有成效地生产人们可以买得起的汽车，亨利·福特采用了四种方法：可以相互替换的零部件，不间断的流程，劳动分工，减少无用工作。在泰勒思想的影响下，通过对其他企业改进的工作流程的观察，福特设计的 T 型流水线于 1908 年问世了。该流水线分成 84 个不同的步骤，每个工人通过培训只完成一个步骤。福特还请泰勒来进行"时间和动作"研究从而决定每一步骤需要的精确时间以及人们完成任务所应采用的正确动作。1913 年，福特的实验和创新迎来了第一条进行大规模生产的移动流水线。福特早期采用的方法是适时生产和精益生产的基础。

Walter A. Shewhart 与统计流程控制　质量建设的渊源可以追溯到使用统计的方法来控制质量。许多早期工程是在贝尔电话实验室完成的。20 世纪 20 年代，Walter A. Shewhart 和 Juran 都在该实验室工作。1924 年，Shewhart 首次画出了控制图的草稿。这些早期工作成果中，只有 Shewhart 的控制图留存下来并以统计流程控制为人们所知。Shewhart 的工作不但为使用工程学方法明确工作流程奠定了基础，而且也为使用统计学方法量化流程的质量和可变性奠定了基础。

▶▶ 20 世纪 50 年代：戴明、朱兰、费根鲍姆与日本质量危机

鉴于 20 世纪 50 年代的质量危机，日本的上层管理者——总裁和总经理们——担任了质量部门的领导。低劣的质量使得日本产品缺乏竞争力。各行各业的领导层认为战后日本工业重建是彻底解决这一问题的惟一时机。

戴明（Deming）、朱兰（Juran）和费根鲍姆（Feigenbaum）因帮助日本在“二战”后彻底改善产品质量和竞争力而美名远扬。他们在战后几十年都是日本企业的顾问。日本的质量革命震撼美国商界后，这三位质量大师开始在美国崭露头角。他们的贡献卓著繁杂，在这里我们只想将那些有助于我们理解六西格玛起源的贡献做一下介绍。

戴明 戴明因将统计质量管理引入日本而著名，他还很重视管理责任，认为它应对 94%的质量问题负责。戴明还涉足“计划—筹备—检查—实施”（PDCA）环，并将其视为一个普遍适用的改善循环（因为 Walter A. Shewhart 首先倡导使用此环，所以也叫 Walter A. Shewhart 环）。

朱兰 朱兰发明了质量三部曲——质量计划、质量控制与质量改善。他将质量与客户满意与否相联系，强调通过一系列改善项目不断改善质量，并认为质量部门的上层管理人员相当重要。同时他还强调减少劣质产品、降低成本是提高竞争力的关键。

费根鲍姆 费根鲍姆以“全面质量控制”或“全面质量”创始人而闻名，他将“全面质量”定义为：保证产品和服务最经济地满足客户需要的一种有效机制。

▶▶ 20 世纪 60 年代到 80 年代：日本质量革命

日本公司为几乎所有的经理提供质量科学培训。与西方不同，日本的质量责任和培训不只局限于特定质量部门人员。从 20 世纪 50 年代开始，日本公司开始为员工提供大量培训课程并设定了质量改善年度课程。它们还树立了质量改善意识，在选定项目并动员和指导项目组的经理的指导下，一个项目接着一个项目都有了突破性改善。

丰田生产法 丰田生产法也许是西方所知的日本方法论中最典型的例子。它的实践——如 Kanban 和质量环——已被西方广泛研究并予以应用，但往往达不到同样效果。在 20 世纪 70 年代，人们将丰田生产法与适时生产等同起来。Stephen Spear 和 H. Kent 认为，美国公司很少能获得与丰田一样的效果是因为它们将工具与系统本身混为一谈。Spear 和 Bowen 的研究表明以下四个基本规则包含了支持丰田生产法的精髓：

1. 所有工作的内容、时机、结果都应具体化；
2. 每个客户与供应商的联系都必须是直接的，必须用一个毫不含糊的“肯定或否定”的方法来发出请求与接收回执；

3. 每个产品和服务的路径都必须简单、直接；

4. 必须依照科学方法，在老师指导下，在组织内部最可能低的水平做出改善。

在此体系内，专业知识方面需要从事具体工作的员工的知识来配合，从事改善流程工作的人需要领导兼老师的指导和帮助，控制项目上要采用科学方法以达到改善的目的。在丰田生产法和日本总体的质量观中，流程、人员和行为密不可分地存在于不断改善的文化中。

▶▶ 20 世纪 80 年代到 90 年代：美国质量运动

失去了市场份额，尤其是在汽车和电子行业市场份额的大量减少，最终引起了北美制造业的再创新，这一创新始于统计流程控制的再发现与质量循环的引进，经过适时生产和全面质量管理到业务流程再造，再到精益生产和六西格玛。

适时生产和精益生产法　精益生产法是丰田生产法这一高效管理方法和观念在美国的再现，本书第 6 章将详细讨论精益生产法。这里我们仅想指出，就像它的前身一样，精益生产法在许多情况下都失败了，因为它在实施中强调工具和特点，而不是丰田生产法的基本原则。许多公司同时使用精益生产法和六西格玛。

全面质量管理　在实际运用中，全面质量管理一般关注组织效果，而不是业务效果，尽管它标榜以客户为中心，但其用来完善需求的工具却不严谨。此外，加上已深入人心的泰勒主义，虽然有意改进流程，但是它使公司提高策划与质量的规则的努力毫无结果，令人对全面质量管理大为失望。20 世纪 80 年代全面质量管理在摩托罗拉发展为第一代的六西格玛。

业务流程再造　业务流程再造在 20 世纪 90 年代初出现在《企业再造》这本书中，Michael Hammer 和 James Champy 关于业务流程再造的讲话受到不再痴迷全面质量管理的听众的欢迎。业务流程再造随时准备应用新信息技术这个武器将各种流程自动化，以此来摒弃多余的步骤，使流程更加紧凑。管理人员追求的不只是组织成果，更有业务绩效。

全面质量管理、适时生产、精益生产和业务流程再造视工作为一体，它们将泰勒分解的互相独立的工作重新融合，中心任务就是改善流程。

▶▶ 第二代六西格玛

关于六西格玛的历史，我们介绍了它在 20 世纪 80 年代问世的一些情况，然后介绍了它的前身——从 20 世纪早期的理论到近来的全面质量管理、适时生产和精益生产。20 世纪 80 年代末 90 年代初的六西格玛（第一代）大多数情况下是由质量专家领导的，它们不是持续改善过程的一部分就是完全以质量提高为努力方向进行全面质量提高的结果。这些努力时常由于缺乏公司领导的支持，孤立无助而以失败告终。

我们所说的第二代六西格玛于 1994 年在 AlliedSignal 问世，由该公司首席执行官拉里·博西迪领导完成。第二代的特点在于它是公司业务计划的一部分，有高层领导的支持和亲自参与，这是达到业务目标的关键。与第一代六西格玛的另一个重要差别是，第二代以客户的需求为出发点。第一代六西格玛流程改善法包括四个逻辑上相联系的阶段：测量—分析—改进—控制。通用电气资本服务公司在 1995 年成功执行第二代六西格玛时，添加了“定义”这一新阶段，并把它放在第一位。于是六西格玛流程改善法就变成了目前所执行的“定义－测量—分析—改进—控制”（DMAIC）法。在定义阶段，要使用数据来分析顾客需要和要求，识别关键质量特征，以使客户满意。定义阶段在这一方法前增加了严格的规定，从而保证了客户需求并成为每个六西格玛项目的中心环节。因此，六西格玛很可能创造出具有最大效率和成果的流程。通过将流程改进，流程、产品和服务设计（六西格玛设计）与流程管理整合，用完备的方法来实施业务战略，六西格玛最终演变成能够用来推动业务发展的项目，而不仅仅是关于质量的项目。

不是通用电气 Capital 首先将定义加入六西格玛实施路径上的吗？

“我们只能这么做！我们不知道从何处开始，我们只能从定义开始，因为我们看不到流程。假如我在生产一种小商品，假如我想解决这个问题，我会知道它来自生产线的这一点。我能看到，但是若没有定义，你不知道出发点，你不明白流程图，你也不明白流程是什么样子。顺便说一句，甚至金融服务业整个行业都没有真正弄明白流程的含义。”

（访 Conseco 公司流程和生产能力部执行副总裁 Ruth Fattori）

2002 年第五期的《六西格玛论坛》刊登了摩托罗拉公司的 Matt Barney 在六西格玛的诞生地关于第一、二代六西格玛区别的讲话，他说：

“虽然六西格玛是作为一种持续不断的质量改进的方法产生的，但是今天的六西格玛与 20 世纪 80 年代的全面质量管理有着显著的差别。

六西格玛	**全面质量管理**
经理所有制	自我指导的工作组
业务战略执行体系	质量管理举措
完全跨部门	主要在单一部门内
关注培训，效果可以验证	非普及性统计与质量培训
业务绩效导向	投资收益和质量导向
……	……

第二代六西格玛是执行公司战略的、全面高效的操作系统。”

六西格玛：一个与众不同的项目　谈到六西格玛，没有人比朱兰博士更有权威，他说他虽然没有看到六西格玛有显著的进展，但他确实认为六西格玛得到了高层领导的参与和支持——这是六西格玛成功的关键因素。而除了像摩托罗拉在 Galvin 的领导下创造的神话等几个例外事件外，其他任何流程改进项目都没有得到领导层的支持和参与。

由演化到革命　六西格玛综合了我们已知的关于在制造业和服务业获得可持续成果的大量方法，这使它具有无穷魅力。但是，因为六西格玛是演化流程的一部分就将其认为是演变的、改善的项目就错了。从最初为之设定的业务目标到通过黑带和黑带大师的培训和成功的项目来转变目前和下一代领导的思维方式来看，六西格玛是个能带来丰厚的回报，并能对文化和领导能力产生巨大影响的项目。

平衡流程、人员、客户和文化的关系

大家都认为，成为世界一流公司的方法就是创造出一流的流程业绩，因为它是为客户提供一流的产品和服务的保证。一流的流程业绩能使客户及公司股东实现价值最大化。六西格玛的魅力在于它能一遍又一遍地被用来改进流程或者设计新的流程以不断满足客户的需求。

改变总是困难的，因为已有的组织结构和专业职能部门总是厌恶变革的。要改变现今公司的这种等级制度的组织内的工作方法，需要领导的不懈努力。六西格玛的优势之一在于它需要领导积极参与到满足客户需求的工作中来。此外，六西格玛中心理念即通过项目来进行流程改善，其作用强大，因为六西格玛以领导和流程中变化的人文因素为支点，参与流程的人员成为使用六西格玛工具箱促进改变的代表。改变流程就改变了人的行为。

不过，文化（内外在规则、价值观及维持和引导组织行为的原则的总和）的变革只能由组织的领导来推进。用六西格玛来推进文化变革，必须与战略和领导行为一致。

你认为公司领导做的什么事情是真正有用的？

“他们确实花钱引进了一些方法，但这些方法必须通过他们的言谈举止、他们的支持及提出问题得以展现。更重要的是，他们为我们提供了资源和时间，我不会在一个舍不得在资源上投资的公司工作。因为任何时候都会出现问题，人们发现了问题就想要解决它。他们也许并不总能找到解决办法，但他们确实想做些改进。人们想做许多事情，但却苦于没有时间。出色地完成工作并解决一些大的问题，并不是件轻而易举的事。我认为，一旦管理层投入了资源，他们就想获得这些投入带来的利润。在我看来，这才真实地反映了他们的心声。”

（访 Conseco 公司流程和生产能力部执行副总裁 Ruth Fattori）

领导强化他们期望创造的文化及组织的途径如下：

- 通过他们关注、测量和控制的事物；
- 通过他们对组织内重要事件的反应；
- 通过他们模拟角色、讲解、教导的方式；
- 通过他们对奖励、提升和雇用订立的标准；
- 通过他们提出的问题。

当被问及在推进公司变革时领导需要发挥什么作用时，Quest Diagnostics 公司的董事长兼 CEO Kenneth Freeman，给出了以下意见：

> “若想推进公司变革，你必须少说多做。沟通是非常重要的，但你必须将你让公司如何发展的想法与员工沟通，并积极参与其中，同时就你所希望看到的行为身先士卒做出表率，二者应相辅相成。这听起来也许有点老套，但我确信，在美国企业界，并没有几家公司的领导愿意挽起袖子亲自干活，许多人认为首席执行官的工作就是分派任务——只是宣布一下各自的任务，然后下周或下个月回来检查员工是否按规定去做了。对一些公司来说，这也许无可厚非。但我认为，如果你真心想推进永久性变革，你不但要亲口讲还要亲自做。这是领导能做的唯一一件大事。我的工作就是树立榜样，增加员工的信心和工作干劲。”

James Champy 在《重塑管理：新领导的使命》一书中说：管理者的工作日程需要不断定义。若你现在还不知道，让我来简短地告诉你：将目的、文化、流程及人员取代昔日的战略、结构和系统，并将它们作为首要问题。坚决奉行六西格玛，把目的、文化、流程和人员（包括客户）明确地列入领导的日程。

六西格玛的发展方向是什么？

以流程为中心，提供满足或超过顾客预期的产品或服务的公司需要新的管理模式和新的领导技能。正如 Quest Diagnostics 公司的 Kenneth Freeman 所言，成为六西格玛公司而非执行六西格玛的公司是一段充满风险和挑战的旅程。但是，六西格玛的两个独有特征会帮助企业降低风险、战胜挑战，它们是挖掘变革领导技能的能力和永远以满足客户为中心。

你认为六西格玛是拓展组织内领导人群的方法吗？这是执行六西格玛的一个明确目的吗？

“只能是这样。假如你想改变企业的文化，最好的办法是从很可能提升的人员开始，他们总是想做更多的事，他们是组织未来的领导。因此，如果他们的意识更新，彻底改变公司员工的工作方式的成功概率就会很高。”

（访霍尼韦尔国际公司总裁兼首席执行官 Dave Cote）

六西格玛帮助领导确定未来的事情：员工将要从事的工作；所需的技能；衡量业绩和论功行赏的方法；未来的职业；经理的作用以及战略如何实施。

通过人的工作才能获得成果，六西格玛从具体任务到流程，一直关注工作和从事工作的人。六西格玛给组织内所有的成员提供一种共同语言和一套工具用来完成对客户有价值的事情。在流程中工作的每个雇员采用的科学方法取代了对从事具体任务的雇员实施科学管理。在强生公司，六西格玛是卓越流程项目的一部分，在我们对该公司的 Bill Quinn 采访时，他口若悬河地就什么样的公司才是六西格玛公司发表了自己的观点，我们认为他说得再好不过了。

> “很高兴看到六西格玛继续成长并且扩展到强生的每个职位；很高兴看到它成为促进公司变革的语言，时间和专注会帮助我们达到此目标；很高兴看到它帮助我们实现并超越业务目标，促进公司各个阶层的成长；很高兴看到它使我们承担了对客户和监管机构的义务，创造出了真正无瑕疵的产品与服务——作为一家企业、一个全球公民，我们不但对环境负责，而且力所能及地从事公益活动；很高兴看到领导在六西格玛的帮助下变得非常关注成果；很高兴看到他们非常明智地通过事实和数据为组织探明方向并确保我们获得如此丰厚的成果；很高兴它帮助强生的所有员工找到他们能够获得成功的方法——他们觉得没有什么解决不了的问题，他们可以应用各种方法及领导体系使公司和个人都从中受益，他们解决了前任无法解决的问题，迎来了成功的兴奋和喜悦。当你这样做的时候，我们的客户得到的是比过去好得多的产品和服务，员工也会有更多的机会和更大的满足感，当地社区变得更加繁荣，同时也取悦了广大股东——这些都是我想看到的结果。我认为，卓越的流程项目在帮助我们实现这些目标的过程中能够发挥巨大的作用。”

结论

六西格玛正在成为世界级公司的基本哲学，因为它用丰硕的业绩证明了自己的魅力。六西格玛也是孕育 21 世纪领导人的温床，受过六西格玛系统培训的人很容易获取高层领导职位，这已是普通现象。

用六西格玛最忠实的倡导者杰克·韦尔奇的话来结束本章再合适不过了。他说："我们过去相信，现在更加坚信，任何事物都有无限的改进空间。但是过去没有一套方法或原则可以帮助我们来实现它，现在有了，那就是六西格玛质量体系及其学习、分享和永远令人兴奋的文化。"

第 2 章

为什么选择六西格玛?

Harvey Dershin

六西格玛的价值不在于它是一个新鲜事物，正好相反，其价值正在于六西格玛并不是什么新生事物。六西格玛是在集合了以往好的改进方法的基础上发展而产生的，但它更深入地延展了这些方法的应用。我们可以从六西格玛对世界范围的商务性流程的渗透程度看出它的成功。六西格玛以其独特的方式让渡顾客价值的同时还能确保自身获利的方式，赢得了成功。

六西格玛并非可以轻易运用的，它需要大量的人力、财力、时间和组织资源的投入，这就要求物有所值。本章就是要帮助你了解六西格玛所能带来的成果及其价值所在。

为什么选择六西格玛？因为它是有关流程改善的最新成果

千百年来人类社会一直孜孜不倦地寻求改善自己工作和行为的方式。大约公元前1 600 年之前，在 Edwin Smith 纸莎草纸上发现的给埃及医生的训示就遵循了六西格玛解决问题的方法的基本逻辑——“定义—测量—分析—改进—控制”（DMAIC）。朱兰博士对质量历史的阐述中也提到了 3 000 年前的中国的标准测量工具。不断寻求改进的原因非常清楚：自从以商品和服务交换为基础的商品经济产生之后，就有了消费者和生产者。消费者想要得到价值，生产者则追求效率。

几个世纪以来，随着文明的演化，各种改进工作的方式也应运而生，例如：协会、规范、法律、培训方法、对教育水平的要求、正规的质量控制、特殊工具、大规模生产（亚当・斯密的大头针工厂）、泰勒（Taylor）体系和现代出现的统计流程控制、全面质量管理、流程再造、精益生产直到现在的六西格玛。

以上的每种方法都是在效果（满足顾客）和效率（满足生产者）方面的一个进步。需要满足的一个方面时常会压过另一个方面（如牺牲质量追求产量，或追求质量而忽视产量）。大规模生产极大地促进了劳动生产率的提高，但往往是以牺牲质量为代价的。质量控制提高了顾客满意度，但往往又忽视了生产率。

随着商品和服务交换在当今社会日益复杂化（商品与服务提供者的组织构成也复杂化了），对管理生产的方式手段的要求也更加复杂。统计流程控制（SPC）为现行的管理提供了强有力的数学方法，但在设计与再设计方面却不能尽如人意。全面质量管理（TQM）为改进流程提供了有效的方法，却不能提供有效分析复杂问题的数学工具。流程再造（Reengineering）为流程设计带来了令人兴奋的工具，却缺乏分析、改进和持续管理方法。精益生产（Lean Manufacturing）为提高生产率和减少库存带来了很好的方法，但它的成功却要依赖于高质量的流程，这些方法都在与复杂组织中的不断产生的变化作着顽强的斗争。

为什么选择六西格玛？因为它是一套普遍适用的工具体系

六西格玛起源于大规模生产、质量控制、统计流程控制、全面质量管理和其他以往的改进工作的方法，但是六西格玛在两个主要不同领域内深化了这些方法：关注财务回报和顾客需求。早先的方法都是在以制造物品为中心的情况下发展起来的（在制造业大行其道之时），然而这些方法被用于非制造业是很不恰当的，它不可能产生如人们所希望的那样的成效。六西格玛则是一个可兼用于制造和服务行业的更好的方法。

在商界，人们不再制造“物品”，而是提供服务或者是从事交易。工作成果也不能储存、入库或者束之高阁，由生产线、机器和工人组成的工厂消失了。人们通常是坐在办公桌前或电脑前完成工作的。事实上，产出大多是无形的，而且生产的流程（交易流程）也是隐形的。

当今在大多数交易情况下，质量控制看起来与 Walter Shewhart 之前的制造业领域的质量控制没什么不同。优质的绩效是通过检验和返工而产生的——80 年前的工厂就是这样做的：检验、废弃或重新加工有缺陷的零件。现今你却不能废弃有缺陷的零件了，因为为了满足顾客的需求需要大量地返工。六西格玛的系统解决问题的方法使得这些流程更加清晰可见，便于量化，并可以对顾客的要求做出根本回应，这便是六西格玛在交易和系统中拥有优势地位的奥秘所在了。当通用电气看到改进的机会是如此之大，就将六西格玛运用到通用电气 Capital 中，这也是六西格玛的最早的主要应用。其他交易组织如银行、保险公司、投资公司（Express、美洲银行、花旗集团、Cignas、Conseco 和美林公司）也随之将六西格玛运用到服务和交易当中来了。

从更高层次上讲，六西格玛解决问题的逻辑与前面提到的 3600 年前的纸莎草纸上给埃及医生的训示没什么不同。这种方法就是要求在下药之前判断出问题的症结所在。这与完全质量管理的内在逻辑，即被 Shewhart 称之为“动态地、科学地获取知识的流程”也是一致的。相同的思维模式也体现在丰田的精益制造中。不同之处就在于 DMAIC 实施路径的内容和所运用的特定工具上。

六西格玛的解决问题的方法包含着三个思想，使之区别于六西格玛之前的流程改进方法。

1. 尽早倾听并且量化顾客需求：
- 清楚了解流程运转中的要求；
- 在顾客要求与组织绩效之间建立起准时生产（Just-in-Time）的环形反馈线路。

2. 运用统计方法建立流程的数学模型：
- 建立因果关系；
- 在现实中证实这些假设关系。

3. 自始至终关注组织变革管理：
- 确保重新设计的流程为目标组织所采用；
- 培养领导者应变技巧。

为什么选择六西格玛？因为它的技术价值

六西格玛由于它的测量顾客需求和运用统计手段分析并建立新的流程的两方面能力而备受瞩目。

顾客的声音

要计算作为流程绩效指数的西格玛，不仅要了解生产者在流程中的声音，还要善于倾听顾客的声音。由这两套信息可以计算出流程收益和西格玛指数。这意味着在六西格玛项目的开始阶段，必须收集顾客的需求，加工分析并且定量分类。这不仅仅对于计算来说很重要，同时对于项目领导者（所谓的黑带）也是一项很好的原则。对于一个好项目，从它开始的阶段，顾客的声音就应不断萦绕在领导者的脑际，这是技术与项目的双重焦点。

> “在一个复杂的全球化的信息技术体系开发两年之后，IT 从业者们开始寻求帮助。高级执行官们让他们采取六西格玛方法。由于不清楚确切情况，他们找到了我。在听完了将尽半天的充斥着技术术语的空谈之后，我都不知道自己到这儿是干什么来了。当轮到我说话的时候，我讲了一点关于六西格玛的知识，并且问他们对于客户需求了解多少，但却没有人回答。他们不但

不知道客户需求，甚至都没有想过谁是客户，尽管他们的执行官们曾要求他们认真了解六西格玛方法。”

六西格玛使机构能够建立起与客户之间的有效的环形反馈机制，使顾客和生产者能够就质量的问题进行有效的沟通。由于六西格玛是用来为测量做准备，组织领导者可以建立起改善品质（改变顾客认知）和流程表现之间的关系，这种反馈机制使机构能够在制定计划时考虑到顾客的需要。

▶▶ 统计方法

将统计方法应用到流程控制当中显然不是什么新创意，但六西格玛将它进一步发展了。这种发展取得了两个重要的成果：首先，统计方法能够创造流程模式以找到问题的根本原因，并且适当地解决问题。对于接受过技术或财务培训的人来说，这是一个拓宽他们视野的机会。但是统计结果并不是决定性的。工程师们和科学家们找不到流程分析的指导等式，会计师们找不到可以增加的栏目，日常工作流程又太过复杂，以致人们无法用从基本原则中发展出来的等式来表示。反而，人们应该转而使用模型，借助于回归分析或设计实验的形式。只有用统计工具，人们才可以拥有联系因果的能力——找到问题根源并最终找出解决方法。

一个工程师的黑带计划需要能够适应大生产流程的特殊工具。十年来他一直试图解决这个问题，但是都以失败告终，最后他求助于黑带项目，希望能借此彻底解决这个问题。他使用回归分析和设计实验法找到了问题的根源。那种新的设计当时还在试验阶段，他当时面临的问题是如何计算流程中的西格玛。这似乎很难，因为计算应该是直截了当的，“但是，”他说，“我已经操作几周了，完全没有出现缺陷。”这个困难倒是挺可爱的。

第二个成果，如 Shewhart 所说，在大规模生产中，要运用统计方法并不是简单地将一些经受过专业训练的统计人员引入行业，更重要的是培养一代拥有统计思维模式的物理学家、化学家、工程师和其他能够有助于发展和引导未来的生产流程的人士。

六西格玛完成了这个任务。从业者们不再满足于将平均水平与目标作比较。“配售怎么样？”这是黑带、绿带甚至六西格玛组织的执行官们常问的问题。他们知道一个残酷的道理：缺陷隐藏于平均之后。要找到缺陷，就必须从配售方面着手。

最后，六西格玛能够帮助揭穿那些不现实的公司神话。通过着眼于因果关系，收集关于这种关系的关联度的数据，一个公司过些时日就会了解关于商业的理论哪些正确，哪些谬误。

有个例子可以清楚地表明六西格玛在这个方面的表现。这个例子是关于一个制药行业的客户在引进了精益生产之后，一个大工厂的运营总监认为顾客反响的关键在于周期。然而，通过使用六西格玛工具分析了所有的潜在驱动力之后，这个团队知道了周期只是其中的一部分。60%的在 Inventory Levels 和交货的可靠性方面的改进都是来自于降低三个制造环节中的可变性。

除了解决问题之外，六西格玛还提供了设计，也就是通常用所说的六西格玛设计（DFSS）。与解决问题的方法一起，六西格玛设计构建在早期的设计方法基础上，如朱兰的质量计划，但却比质量计划更为先进。在进行“定义—测量—分析—改进—控制”的同时，六西格玛解决问题的方法主要着眼于流程改进和成本降低上，而六西格玛设计（六西格玛设计）主要着眼于增加效益，关注流程或产品设计。（当改进不能再满足顾客要求时，六西格玛设计还被用于流程再设计。）

六西格玛设计的核心如下：

- 培养对于顾客需求的清楚认识；
- 量化顾客需求；
- 运用顾客需求促进设计。

正是这样，质量功能部署（QFD）这样的工具，才能联合分析和 Pugh 矩阵共同发挥作用。这种方法也通过其他工具如失败模式、效果分析、容忍度数据分析等而得到了加强，从而保证设计的强劲生命力和产品或流程生命周期的持久。

许多年前，当时丰田美国销售公司的总裁和首席执行官 Shinji Sakai，提出了一个商业模式为，Lexus 汽车的巨大成功打下了的坚实基础。大量的市场调查使丰田公司明白了应该考虑到顾客对于豪华车的产品本身、生产和拥有体验方面的需求，对此丰田采取了以下的具体策略：

- 产品　驾驶过程中体现力量与速度、舒适与乐趣，满足社会需求；
- 生产　注重产品质量，不断灵活开发新车型，低成本地大量生产优质汽车；
- 拥有　拥有者体验（如销售、初始拥有权、交易、重购），拥有成本、心理价值（自豪感、特别感）。

这个例子很有趣，丰田公司将产品的外在内部化，着眼于顾客的模式使公司超越产品本身而从生命周期的角度将产品的模型概念化了。结果是品质层次的概念（Sakai 论文的题目）相应地发展了——在上游进入生产，在下游进入拥有者领域。在六西格玛设计思维中需要注意的是设计超越了钢、玻璃和塑料材质，成为在产品的生命周期中最重要的因素，其中包括那种微妙的“特别感”。

为什么选择六西格玛？因为它变革文化的能力

众所周知，企业拥有的文化不同于部落、民族或种族的文化。文化代表共同的理解、习性和一个企业的商业模式。六西格玛可以在如下方面影响企业组织文化：

- 它用以数据、事实为基础的解决方法和决策来指导人们的行动；
- 它为解决问题提供特别原因/一般原因的框架。

在迅速变化的环境中，举个例子，通过转移市场、新技术、并购和激烈的竞争，执行官们常会感到巨大的压力促使他们做出行动。这种压力感染了整个公司，因而所有的雇员，从副总裁到一线职工，都行动一致。

毋庸置疑的是，速度是当今商业世界里最重要的因素，但是不要忘记戴明富有远见卓识的漏斗实验。凭借这简单的演示，流动的石砾通过漏斗撞击一个目标并且试图胡乱修正来提高成功率。德明实验表明不一致的行为会使流程恶化。“shoot – from – the – hip”商务活动也是同样的道理，尽管这种方法可能使人有需要做些什么的紧迫感，但它不一定能够解决问题，而且事实上，它常常使得情况更糟。那么，六西格玛究竟如何发挥作用呢？

六西格玛的内在原则是将因果思维模式引入到企业文化之中。任何问题都并非产生于人力之外的某种神奇力量、而是产生于可确认、可量化，而且通常是可消除的一些原因。正如 3 600 年前的埃及医生被警示不要在病因未明之前妄下诊断一样，运用六西格玛方法的公司的执行官们也要学会不要在原因未明之前就急于去寻找解决方法。

执行官们还了解到问题的原因往往是两种类型的，即特殊的和一般的。将 Shewhart 思想纳入流程表现之中，不仅为执行官们节省了时间和能源，还贯穿了整个公司的运作，避免做无用功。关键在于将特别原因策略应用于由特别原因而产生的问题，而将六西格玛应用于一般原因导致的问题。

为什么选择六西格玛？因为它的组织价值

经理们的工作是什么？典型的描述是计划、组织、指导和控制。但到底计划、组织、指导和控制什么呢？一种观点认为经理人运筹谋略，创建公司，而后指导和控制其中的人员，这是一种狭隘的观点。

如果人们承认机构的工作是由身处其流程中的人们来完成的话，那么经理人的角色主要就是计划、组织、指导和控制流程。流程是为组织用来执行战略的工具，流程是雇员们用来完成他们的工作的工具。正是流程的效力推进了客户满意度，也正是流程的效率降低了运营成本。此外流程还创造了一个框架，公司正是在此框架中下建构的。六西格玛认识到并支持这个组织思想。

六西格玛就是流程管理。DMAIC 主要是定义流程，测量分析其行为以找到根本原因，改进设计以期更好的表现，同时控制这些流程。六西格玛设计注重设计关注顾客需求的流程。

运用六西格玛的公司是怎样考虑的？

- 顾客思维
- 惯常思维
- 责任思维
- 以事实为基础的数据性思维
- 延展思维
- 结构性思维
- 伙伴思维

因而，当公司选择六西格玛时，它们就选择了重视流程和管理。这可以将组织结构由职能性向以流程为中心型转变，将经理人的角色由驱使雇员转向推进流程型转变，将企业内部行为由职能性竞争向以流程为基础的合作型转变。

六西格玛通过流程聚焦、关注顾客和领导培养，促进了企业的整合。六西格玛还通过对改进的复制再生构建了企业的学习体系。许多运用六西格玛的公司都建立了知识库，如有案例分析和能够进展扩大到整个商业项目的网站。这从根本上增强了企业设计和解决问题的能力，也增强了整个企业的灵活性。

为什么选择六西格玛？因为它成效卓著

最后，一个业务改善方案的优劣是要由它的成效来评定的。任何形式的鼓吹、说教和欺诈都不可能使一个劣等的方案成为台面上的东西。六西格玛是卓有成效的——在一家又一家的公司，一个又一个的流程中，六西格玛减少了大量的浪费和返工；在制造业（从日常消费品到药品再到实验室设备）、在金融服务领域（从银行到信用卡公司再到保险公司和共同基金），六西格玛带来了数百万乃至数十亿的成本节约。

- 一个金融服务中心花费大量资金运营一个话务中心。通话质量一直存在问题，并且是由接听录音和对通话抽样和打分来维持的。随着业务的发展和公司规模不断扩大，话务量也上升了。听通话录音带的 QA 人员的数量就需要相应增加。当被问到如何对通话进行抽样时，这个中心的人员说：“我们通常要听取通话总量的30%”。当被问及为什么时，他们的回答是，“我们一直都是这么做的”。运用数据抽样法大幅度的减少了受监控的通话的数量，并且节省了本来要增加的24名员工产生的薪金费用。

- 日常消费品的制造者往往会遇到供不应求的喜人局面，但这同时也给他们带来了麻烦。要解决这个问题有两种方案可供选择：花几千万美元的成本建另一条生产线或增加现有的生产线的产量。六西格玛被用来找出并消除停工期的多种原因。处理生产线关闭的成本费用也被降低了（大约100000美元每条生产线），但更重要的是产品能够满足市场需求（剩余约100万美元）并且对于新的生产线的需求也推迟了甚至是永远地延后。这种情况也发生在其他的行业、其他的产品之上，它带来的收益数以百万计。
- 霍尼韦尔在该公司的网站上说六西格玛项目帮助该公司在1998年节约了5亿美元，在1999年也是0.5亿美元，在2000年达到7亿美元。
- 在它的2000年年度报告中，Raytheon说六西格玛管理举措的启动产生了1亿美元的税前利润和2亿美元的新增现金流。2001年年度报告则显示六西格玛为Raytheon带来了1.5亿美元的营运利润和3亿美元的新增现金流。
- 强生公司在它的独立年度报告中显示六西格玛使它在1999年节约了2亿美元，2000年3.5亿美元，2001年5亿美元。
- 福特汽车公司在它的网站上说，在2000年引进六西格玛技术的第一年，顾客驱动的六西格玛项目为该公司创造了0.52亿美元的利润。截至2002年发布年度报告时，六西格玛将有望创2亿美元的利润。以下是福特公司在它的2001年公司公民报告中对六西格玛的焦点的描述：我们已采用一种广泛的质量改进项目——驱动顾客的六西格玛项目。六西格玛是一种被证明能够降低可变性、提高效率的有效方法。由于其他的《财富》500强公司都采用六西格玛作为一种降低成本的工具，我们从一个新的方向采用六西玛的流程。我们用它来找出那些潜力最大的，能够通过提高质量和减少缺陷来提高顾客满意度的项目。

在通用电气，六西格玛不仅带来了可观的财务收益，而且建立起了一套标准的改进方法。通用电气在它的2001年年度报告中宣布，在使用六西格玛六年后，通用电气30家以上的公司都在讲共同的语言，并且这也是我们的领导者的语言——无论是过去、现在还是将来。

有的对于六西格玛有着丰富经验的公司正在将六西格玛方法推广到供应商网络中去，还有的将六西格玛方法应用到顾客环境中去。

- Raytheon将六西格玛应用到公司的针对“零散”客户和高端客户的供应商开发活动中去，这项活动已成为为该公司节约40亿美元的供应链项目的一个不可或缺的部分。

- AlliedSignal 将六西格玛引入它的保健商 Cigna 中，以便得到更好的服务。该公司使 27 名 Cigna 索赔处理代理人通过了绿带的培训，并且向它位于凤凰城的最大的顾客服务中心派了一名六西格玛黑带。尽管 Cigna 是这家中心的主人，但是这名黑带却是由 AlliedSignal 指派的。
- 在谈到将它的注意力放在客户利润率的时候，通用电气的人员这样说："六西格玛和数字化的组合正将我们带入客户的工作流程之中。"这个工作的焦点与"把六西格玛带给客户的受过培训的一支销售人员队伍"的有机结合就是通用电气的"客户中心论"和它的发展的驱动力。

结论

为什么选择六西格玛？简短地说，原因如下：

- 它既可帮助找出以往棘手问题的根本原因，还可以提供满足客户需求的设计方案。
- 它可以改进企业文化，帮助经理人将注意力焦点放在有效的流程改进上。
- 它为企业提供了一个以流程和客户为中心的框架。
- 它带来显著的成本降低和收益增长。

强生质量之旅
——访强生公司服务总部副总裁 William Quinn

（Daniel Quinn，2002 年 5 月）

下面关于强生公司质量历史的概述，节选自 Daniel Quinn 在 2002 年 5 月对 William Quinn 的采访，采访的其余部分见本书后面的章节。

强生公司成立于 19 世纪晚期，公司追求质量和改善，重点开发易造易用的外科敷料，这是无菌伤口处理理论的首次实际应用。当时我们发明了新的消毒流程，因此有了"外科敷料中最值得信赖的名字"这一宣传口号。从此，强生始终如一地追求产品质量。

我们的公司信条产生于 20 世纪 40 年代初，它是我们的指路明灯。我们的信条强调首先要对客户——医生、护士、病人、消费者及其他人负责。其次要对员工负责，接下来是社区，最后是股东。我们相信，如果我们对客户、员工和社区做了正确的事情，股东就有丰厚的回报。实际上，这一信条既是一个价值观声明，也是一个质量声明，即公司将客户利益放在第一位，认识到员工的重要性，认识到我们在社区的地位，在世界上的地位。当你考察改善质量的许多途径时，它们与社区价值或者与环境有联系，这一原则我们已经坚持差不多60年了，已经深入人心了。假如你在60年代和70年代参观我们公司，你会发现我们用更传统的方式来重视质量，检验是保证质量的重要途径。虽然我们规格很多，但我们很有耐心，因此我们有很多方法处理返工问题。

20世纪70年代，我们一些公司开始学习日本的质量管理运动。这几个公司促使我们1985年开始在全公司实施质量管理。我们以Phil Crosby的方法开始，不过在当时我们没有很好地吸收利用它。现在回想起它的14个要点，也并不是那么糟糕。但是在当时没有多少公司购买它。我们那时也没有能够理解它的基本原理的基础，这一方法与业务成果也没有什么联系，因此这种计划总是被搁置在一边。一些领导并不认为它是我的第二选择，但大多数员工却这样认为，即使那些视他们为非常重要的第二选择的人也不将它作为经营业务的方法来使用，使它成为经营业务的方法一直是我们的困难之一。

我们公司开始采用Crosby时，这是一个大型的全球范围的教育活动。大约三年后我们才发现，我们遇到了麻烦，因为它只注重教育，也就是说，它只注重形式，而不重视带来业绩的实质性的东西。于是公司的质量部门提出了这样一个问题：如何使质量运动更有成效?

我们就观察了日本和其他地区的企业，引进了以统计学为基础的能不断改善的工具，这些工具是我们后来看到的六西格玛的重要组成部分。我们主要应用一些有效的统计学工具来帮助进行改善的人，但这并没有禁锢领导的思想。一些领导看到这一情况后，认为这是件令人兴奋的事，但许多领导不这样看。尽管这些工具效力非凡，他们却看不到这些工具如何对他们所面临的困难产生的巨大的影响与这些工具对增加利润的作用。“这工具很棒，但我得让公司运作起来”这是他们对此做出的普遍反应。

20世纪80年代末，美国设立了鲍得里奇质量奖。我们欣赏它，因为它注重系统作为一个整体是如何发挥作用的，并且注重领导才能。它不但注重你所做的事情，还注重看起来像平衡计分卡的绩效。我们强生公司将鲍得里奇质量奖作为一种自我评价的方法。（我们还有一个公司申请过该奖项）1992年由于热衷于该奖项，我们设立了自己的鲍得里奇质量奖，我们叫做“质量署名奖”（SOQ），包括自我评价法和内部认证体系。在第一年时，我们的奖项很像鲍得里奇质量标准（因为鲍得里奇鼓励公司建立自己的衡量标准）。我们做了一些改变，创立了强生的专有术语，使用我们自己的信条。考虑到我们属于医用设施和药品这一受管理的行业，我们研究了一些流程并做了适当的修改。

到今年 SOQ 已经诞生十年了，它确实给了强生公司很大帮助。我们各公司几乎都使用自我评价法。一些已经属于我们旗下的公司和尚未收购的公司，都几次做了自我评价。他们中有许多公司都已经通过了 SOQ 认证项目。

我们还发现，有一群公司领导认为这是帮助他们改善的有力工具，还有许多领导不这样认为。当被问到他们既然知道经营公司要做的事情为何还要进行评价时，他们认为这是评估方法而不是促进绩效增加的方法。尽管我们一开始就认识到我们在鲍得里奇流程和结果的质量标准上存在的 60 比 40 的分歧已经消失，代之的是 50 比 50 的分歧。在执行 SOQ 时我们更加依靠具体的衡量方法，后来实施六西格玛时，我们开始确定让 SOQ 的结果部分能够按照我们的流程完善的仪表板方式运作，仪表板与业务战略关系密切。我们的问题将目标从实施质量项目所从事的工作转移到为促进业绩增长公司必须完成的工作上来。

经过十年的努力，我们已取得了巨大的进步。但是，最大最快的进步和改善发生在实施六西格玛（我们称它流程完善）后。我们先在医疗用品和诊断业务中试验，我们与几个咨询师组成的咨询小组一道，他们帮助我们了解六西格玛，根据我们公司的实际情况制定了具体战略。我们用六西格玛纠正了我们以前犯的错误，领导也开始称赞说："嘿！这东西还真管用"。我们先在操作领域获得了成功，以此来抓住领导的心。很快，我们就不必大费口舌来说服他们质量项目能带来骄人业绩。显而易见，这是流程完善项目的功劳。领导们看到成果后，就问他们能做什么以获得更好的成果。这是六西格玛项目与以前所有项目的不同之处——看公司需要什么，并有能力达到目的。六西格玛能很快引起领导的注意。

第 3 章

六西格玛及其在不同行业和职能部门的应用

Thomas Bertels、Matt Ellis 和 Rini Das

六西格玛起源于大规模的制造业，作为一种质量标准体系，目的在于制造出近乎完美的产品。自 20 世纪 80 年代中期六西格玛问世以来，已经证明它可以应用在各行各业。不过，由于行业结构的差异，执行六西格玛时应该随时调整以确保它的一致性。本章无意仔细讲述每个行业，而是只关注几个有代表性的行业，着重描述一些具体事件，以说明如何应用六西格玛。显而易见，这些都是概括性的介绍，不过，理解公司如何使用六西格玛工具箱、如何调整方向将有助于公司采取与自己的具体目标相一致的具体路径。本章主要分析以下各领域是如何使用六西格玛来提高业绩的：

- 制造业；
- 服务业；
- 工程和研发；
- 销售与市场营销；
- 卫生保健；
- 政府；
- 公司职能部门。

制造业

六西格玛是摩托罗拉在半导体业务中开发出来的。半导体制造业是一个典型的大规模行业，生产效率高低取决于流程产出能力。流程中的缺陷会使整批产品报废，因此采用六西格玛质量法再合适不过了，因为六西格玛隐含的目标是近乎完美的（百万分之三点四的出错率）。事实上，对于大规模的制造流程而言，关键是流程产出能力，或者说，缺陷会带来致命后果。因而六西格玛就成了最理想的工具箱。对于化学和精炼这样的流程工业，统计工具也能发挥威力。虽然它们的流程被明确定义了，但是六西格玛使用高级统计学来找出影响产品质量特性的能力却是极其强大的。六西格玛的严谨性和条理性使它非常适合于制药等稍有缺陷就会带来致命性后果的被严密监管的产业。

典型项目包括：

- 提高产出能力；
- 缩短安装业务处理周期；
- 将换班时间最小化；
- 降低机器速度的波动；
- 消除测试需要。

服务业

当杰克·韦尔奇将六西格玛应用于通用电气时，他强调六西格玛应该用于通用电气的所有业务，其中包括世界上最大的金融服务公司之一的通用电气金融服务公司。通用电气金融服务公司的业务范围从消费融资到再保险。在客户是流程的一部分，产品经常是无形的，衡量的范围也绝少超过财务结果这样一个环境中实施六西格玛，许多员工开始时曾经怀疑过它的效力。但是，通用电气金融服务公司实施六西格玛带来的成功促使六西格玛被金融服务业广泛采用。

金融服务业词义广泛，从提供抵押贷款到投资银行等许多不同的行业。那些涉及大量交易，业务处理周期和重复工作十分重要的行业可以采用六西格玛。同样，对于那些业务量小的流程（如商业信用交易或再保险业务），六西格玛也有益无害，这是因为六西格玛含有适时生产和流程再造工具。定义流程与降低传递次数可以带来突破性进展。这些流程可以多次反复操作，服务流程最大的困难就是，他们主要依靠员工而不是某个设备（尽管信息系统可以看作设备）。例如投资银行很可能声称每笔业务都不同，因此反对使用统一的业务流程。对一些行业，这也许是有道理的，但许多情况下，人们可能过于强调这一点而忽视了整个流程。一些招待服务行业承认他们有流程，饭店业就是一例——大型连锁饭店集团已经验证了六西格玛将一个地方的改进复制到整个企业的强大力量。

一个企业若有许多流程相似的区域，执行六西格玛的关键是避免将所有人的培训为“带”，而应该发起几个战略性的项目，以六西格玛作为通用语言，重点复制。

克服服务业对六西格玛抵制情绪的良方是描绘一幅具有影响力的画面以此来说明参与流程的人员如何充分有效地利用时间、避免返工现象以确保始终如一地完成日常工作。对于那些员工自豪于靠个人能力应对紧急情况，完成交易，关键是指出六西格玛如何使他们工作更有效率，节约出时间来进行创造性、战略性活动，或者抓住以前因缺乏时间而无暇顾及的商机。

典型项目如下：

- 缩短开新户时间；
- 消除陈述错误；
- 话务中心等待时间最小化；
- 缩短入店作业处理周期；
- 减少发票错误。

工程与研发

从事工程作业的人员认为他们的工作是创造新颖有趣的产品和服务。因此六西格玛工具箱中的六西格玛设计是工程师们有用的工具。开发与一种新流程有关的每件事乍看起来都具有创造性，这是研发工作应用六西格玛最大的阻碍因素之一。但是，研究表明整个开发中多达 75%的时间实际上是花在创造设计蓝图、开发程序、建造模型的样本、测试等重复性的工作，而这些工作都是改进项目的理想选择。由于所有的项目都必须克服这些瓶颈，因此，精练有效的支持流程对在适当的市场上在预算内适时开发适当的产品有着重大影响。此外，与六西格玛设计工具箱相关的更加复杂精巧的技术（质量机能展开、模拟、生产能力设计）都有助于提高设计决策。在这种场合使用流程改善而非设计，可以让你识别和提高具有高度重复性的支持流程的业绩，从而使用于开发创造的时间尽可能不被用来重新设计整个开发流程。

典型项目如下：

- 缩短策划图纸变化时间；
- 增加多种产品中共用零部件；
- 减少批准和改变的循环周期；
- 缩短购买实验材料时间；
- 提高试验仪器利用率。

销售与市场营销

销售与营销部门可以说是执行六西格玛最困难的组织，部分是因为销售很少被认为是业务流程，特别是在销售中，因为每个客户的销售流程都不相同，说服员工使之相信六西格玛有助于他们完成任务是很困难的。但是成功执行六西格玛的余地仍然很大，即便只是通过改善后方办公室的流程和减少行政性事务来简化销售代表的生活。营销也一样，虽然推销手段各不相同，每种产品都有适合自己的推销方式，但是卓有成效地管理推销手段或获取交易信息是一流业绩的驱动器。

典型项目包括：

- 优化销售人员配置；
- 推销周期最短化；
- 提高直接邮寄的反应率；
- 提高建议转换率；
- 缩短准备复杂投标方案的时间。

卫生保健

卫生保健费用的不断增加及大量的人员短缺促使人们积极寻找各种方法改善如医院、有管理的卫生组织和复杂的卫生系统其他部门的工作业绩。六西格玛可以在许多方面为卫生机构提供帮助，主要是通过比较低的费用为更多的人提供更好的服务以及引进和留住工作人员。医院实施六西格玛有很多好处：据医疗协会报道，每年美国的医院因医疗事故导致 44 000~98 000 人死亡。在医疗卫生行业实施六西格玛需要专业技术人员（医生和护士）的支持，并使他们明白六西格玛是一种科学的方法，无需取代他们的专业技能就可以为每个病人提供与其病情相符的治疗方案。

典型项目包括：

- 缩短病人住院时间；
- 缩短急诊候诊时间；
- 减少应收账目未收天数；
- 使髋骨置换术标准化；
- 减少跌倒和损伤投诉。

政府

业绩改善在私有行业中已有很长的历史，公共部门最近也对促成六西格玛基础的一些观点显示出浓厚兴趣。缺乏节约成本的动机是提高效力和效率的观念没有深入公共部门的主要原因，但是六西格玛的普遍特性及其强调通过消除无附加值的劳动来提高效力和效率说明，六西格玛工具箱可以使公共部门的成员在不增加投入的情况下提供更好的服务。据估计，公共部门用于刚性程序和流程中的投入占总投入的 10%到 50%。一些地方、州级、联邦政府部门和其他公共机构率先使用六西格玛来解决减少预算和居民投诉的问题，并取得了巨大的成功。

- 美国邮政服务总局五年战略计划将质量作为主要战略，使用六西格玛来支持实现这一战略。
- 弗吉尼亚州州长，马克·华纳成立了效率和效力委员会，命令该委员会“应用 20 世纪的管理工具如六西格玛，使州政府工作更有效率”。
- 印第安纳的 Fort Wayne 已开始采用六西格玛，将它作为改善市政服务的指导框架。

尽管缺乏利润驱动，陈旧的体系和组织结构以及重新分配工作带来的困难都使采用六西格玛的应用更加复杂化，但是六西格玛给私有部门带来的利益足以激发高瞻远瞩的政府官员使用六西格玛的热情。

典型项目包括：

- 增加由离心机处理的废物活性污泥量；
- 减少盗窃的发生；
- 将火码检查提高 25%；
- 减化审批流程；
- 减少建筑物改建命令。

公司职能部门

企业在总部和职能部门实施六西格玛时，似乎比在核心业务部门实施时容易些。人力资源部、财务部、法律部、信息部、安全部执行六西格玛项目，可以为本部门的业务或者其他部门业务做出巨大贡献。职能部门的项目应关注以下几个方面：

- 通过注重效率和效力改善职能流程本身；
- 使各业务单元流程标准化；
- 业务单元资源耗费最小化。

公司职能部门执行六西格玛的困难主要在于对流程缺乏了解。业务单元通常能够很容易识别出构成核心竞争力的流程，而这对于像人力资源部、财务部或者法律部门等支持部门来说则往往是个灰色区域。支持流程存在的问题是往往不存在由许多相互联系的小流程组成的单一的大流程，而是存在上百个独立的小流程，这些流程或者复杂程度相对有限，如入账；或者无重复性。这些流程总是由一个专家小组处理，往往没有很好地记录。经验表明，这些流程中大部分从未经过流程改善，这说明改善这些流程的机会众多。公司职能部门应该被纳入六西格玛体系中的另一个重要原因是改善这些流程往往会使大量内部股东受益，如每个雇员都会收到工资支票。

公司职能部分在协助各业务部门复制成功项目中也发挥着主导作用，因为他们对每位员工和经理都接触的政策和程序有重大的影响力。可以将使用六西格玛工具分析财务数据设为模板，用控制图和统计学思路来表现历史数据和投影图，也有助于六西格玛工具和理念的扩展。同样，成功规划和业务回顾此类流程也包含六西格玛理念。

典型项目包括：

- 缩短每月盘点处理周期；
- 减短专利申报处理周期；
- 缩短招新流程处理周期；
- 提高雇员民意测验回执率；
- 提高跟踪个人电脑资源的准确率。

结论

已经证明，六西格玛几乎可以应用于各行各业，但由于行业的差异，领导人员应充分认识到各自行业和部门的特殊情况，并根据各自的特点制定实施计划。下表列出了领导人员准备启动六西格玛时必须考虑到的几个方面。尽管对项目的许多调整本质上并不重要，但是诸如改变语言或使高层领导的批示更有针对性，此类简单的行动都是必不可少的，而且它还能大幅度提高六西格玛的实施效果。

因为六西格玛诞生于制造业，在流程输出的是无形的产品或者对流程观念淡薄的行业，要说明它与六西格玛的相关性就比较困难。当要关注的流程高度依赖于人时（如销售），引进六西格玛也会阻力重重。

假如你的企业在各分支处都有相同的流程，实施六西格玛你会受益无穷，但是你必须注意要改变管理方法以避免出现“非此地创造”综合征；你还必须有战略性地选择试用地点；还应避免生搬硬套，因为这样做就会忽视各地的重要差异，而这种差异恰恰会使在一个地方创新出的方法在别的地方一无用处。

语言是重要的因素，使用差异、部署或缺陷诸如此类的词汇往往会产生负面作用。许多销售人员认为差异是依靠个人技巧和能力而不可避免的副产品；卫生专业技术人员会将部署与部署兵力相联系，而不与卫生保健相关；让律师去统计缺陷也会引起毫无结果的激烈争论。

改善公司职能部门主管的流程可产生多重效果，因为这些流程涉及大量的员工，公司的各种政策和程序也关系到许多重要的资源。

透过历史看改善
——访朱兰博士

（Daniel Quinn，2002 年 4 月）

自从 1924 年以来，朱兰博士（Dr. Joseph M. Juran）就一直积极从事质量管理工作。几十年来，他创做出了许多国际上领先的参考文献、培训课程、培训书籍和录像带，这些作品被译成了 16 国语言文字广为流传。朱兰博士赢得了 12 个国家的 30 多项殊荣。他是国家工程研究院的会员；由于对日本质量控制改善以及日美友谊做出了巨大贡献，他被日本天皇授予神圣人物勋章；鉴于他毕生致力于研究企业管理产品和流程质量的重要方法和原则，以提高企业在国家市场上的竞争力，老布什总统授予他国家技术奖章；他还荣获了欧洲组织质量奖章，以此表彰他对欧洲质量做出的不可磨灭的贡献。

朱兰博士创建的朱兰研究院向世界各国的公司和机构提供质量管理方面的教育、培训和咨询服务。

问：你认为六西格玛是如何融入质量运动史的？

答：除了几个与众不同的显著特征外，我认为六西格玛与质量改善没有实质性的不同。

六西格玛质量体系是美国商界第一个引起众多高层管理人员注意的质量改善运动。业务流程再造虽然很快引起了高层管理人员的重视，但企业再造并没有形成一场真正的运动，也没有永久地成为公司管理机制的一部分。因此，我认为六西格玛在美国质量史上发挥了独特的作用，因为它使高层管理人员开始关注质量，媒体也对此给予报道。当然，日本的情形与此不同，但这在西方质量史上却是独一无二的。

六西格玛另一个与众不同的特点是以其称之为黑带和绿带的待遇来看待质量专家的独特方式，这在质量运动史上是前所未有的。类似这种情况也只出现过一次：二战期间实施的统计流程控制。当时，联邦政府专门设立了一个部门来协助公司为军队提供高质量的物资。他们雇用了一些统计专家指导公司如何运用科学取样法和 Shewhart 法处理数据。政府免费为军用物资供应商提供此类培训，各公司派遣年轻的工程师和质检员来参加培训。我确信这种培训在战争期间确实发挥了一定作用，同时这些年轻的工程师们也是首次遇到他们的同行,并就许多问题进行交流，例如，如何创建处理文字工作的流程，如何减少废品，如何处理有关检查事宜等。这是一群精力充沛、聪慧的年轻人，他们在公司内没有获得很多有益的启发。现在他们认识了很多同行，并在培训结束后继续保持联系。正是这群人组织创办了交流统计过程控制的经验的社团，为美国质量控制协会的成立奠定了基础。质量控制工程师成了一种新型的职位，他们不再是徒有奇思妙想却靠边站的工程师，他们也有机会名扬千里，他们为此种职业自豪。这对“二战”的以后阶段产生了不小的影响。

黑带与质量控制工程师很相似，作为一个群体，他们以自己从事的事业为荣。与战争时的想法不同，他们认为自己在从事杰克·韦尔奇在商业领域的工作。与质量控制工程师不同，黑带没有资格认证，这是他们的缺点。他们不必通过考试就能得到该头衔，这种情况有待改善，因为黑带的标准很宽泛，一个公司的黑带与另一公司的黑带可能大相径庭。

尽管存在这种不足，六西格玛运动还有一个独一无二的特征，即大多黑带都要经过相当严格的培训。这种培训十分重要，你怎样估计它的重要性都不为过。但不要产生误解，如你所知，培训本身没有特别之处，你们 Rath & Strong 公司的人几十年来一直在这样做，但它却是新的类型，能够使人将所学的全部知识融会贯通。

真正使得该运动在各公司竞相推广的是公司大学的创立。Bob Galvin 做了大量的工作，在摩托罗拉设立了大学，这确实帮助他将思想在摩托罗拉传播开来。

通用电气位于 Crotonville 的教育中心为整个商业知识体系做出了卓越的贡献。通用电气如今已成为前沿商业知识的专家。特别地，Crotonville 为卓越品质实践和六西格玛的传播做出了巨大贡献，杰克·韦尔奇也通过创办的企业大学为有效传达命令理通了沟渠。

现在黑带供不应求，他们要求的工资都很高。这种情况促使人们去学习这种知识，并希望参加论坛交流思想和心得体会。可以说，六西格玛已经成为希望职业快速发展的年轻人的培训基地。

当然，日本不需要内部大学的推动就将质量融入到他们的文化中。日本沿袭着自己独特的传统，日本人以自己生为日本人而自豪。他们努力成为最好的，以此在世界上争得一席之地。这一目标驱使他们大规模地进行质量改善，并日臻完善。“二战”前，日本最优秀的人才一直为军队效力。战后，日本人认识到他们必须通过贸易才能达到目标，而不是依靠军事力量。但是，他们很快发现，他们的商品销不出去——商品声誉不太好。最好的公司，即精英公司，过去供应的是军用机器，从不生产出口商品。而民用企业却在生产圣诞节早上就破损的玩具以及一闪就灭的灯泡。

日本制造的消费品口碑极差，这使日本人备感耻辱。日本的军工产品是一流的：在“二战”初期，他们生产的鱼雷效果远比我们的强，我们自行生产的简直糟透了，他们的战机也远比我们的好。而他们居然战败了，并且也没有足够的食物吃，更令这些精英们不可思议的是人们根本不买他们所生产的商品。日本人认识到，如果不提高商品质量就不能改变商品的口碑，环境要求他们加快改善商品质量的步伐。

与此相反，我们则不需要一场革命。我们的商品卖得出去，虽说质量不是上好的，但人们还可以接受。日本的产品需要彻底改善，这就是他们的领导注重持续改善的原因，但他们能够坚持不断地改善是由于取得了巨大的成功。他们发现他们能够售出产品并主导整个行业，他们看到了丰厚的利润。

此外，日本人还将持续改善的理念渗透到社会的各行各业。他们为全体劳动力提供培训从而取得了巨大的进步。当一些工人成为经理时，良性循环就开始了。这些经理知道，丰硕成果来源于工人们进行改善时释放的无穷的创造力。在我们国家，我们从未进行过此类培训。在日本，这种培训能够自发地持续下去，他们甚至在学龄儿童的时候就被教导去思考如何进行改善。持续不断的改善成了一个民族习惯、第二天性，并使日本人找回了民族自豪感。

问：今天，六西格玛在服务型公司也取得了辉煌的成就，你能简要地谈一下质量在服务型公司的历史吗？

答：美国第一个进行改善的服务机构是 Florida Power and Light，倡导人是 Marshall McDonald。他出席了一个研讨会，听到一篇有关摩托罗拉彩电生产的论文。摩托罗拉一个出产彩电的工厂出错率极高——每台电视都有几处出错，保修期内支付的维修费用高达几百万美元。于是他们就将该厂卖给了松下公司（当时，美国的电视生产厂纷纷破产，能将工厂卖出去是很幸运的事情）。

松下接管该厂后，质量经理继续留任。他查阅了多年来全厂出错产品的所有资料。松下接管后，使用了今天六西格玛的许多工具，简化了流程，排除了其中的缺陷。在三菱的管理下，同样是原来的工人进行生产，可缺陷率与摩托罗拉管理时相比，却下降了 90%，这些工人的生产效率也是原来的好几倍。

虽然这件事与发电和售电风马牛不相及，但 Marshall McDonald 听后却认为，改善彩电生产的措施也会有助于电力行业。于是，他前往日本，访问了日本的电力公司。他惊叹道："我们的质量也能达到这一水平！"他改进了支票签发程序和所有的暗箱操作流程，服务型组织如此系统地进行改善尚属首例。Marshall McDonald 设立了改善部来协助经理们的工作，并给该部门许多指导，这有点像黑带的职能，但没有公开指导过经理们。到头来，经理们都很憎恶此事。因为这种憎恶一直无法化解，Marshall McDonald 退休后，新的领导人得到反馈意见，经理们要把改善部内部化。最终，事情又回到了原来的状态。

问：你认为六西格玛的前景如何？

答：美国企业反复无常，经常改变经营方向，所以我怀疑六西格玛的寿命超不过几年。没有迹象表明六西格玛真正激发了大多数首席执行官的活力，六西格玛需要更多的首席执行官的参与。

杰克·韦尔奇在通用电气进行的质量改革令人叹为观止，取得了很大的改善。当然，他是媒体喜爱关注的人物，他也从不让媒体失望。

当一个经理离开一个公司到另一公司工作，经理层改换要安排的事是与六西格玛有关的一个问题。另外，内部领导人的轮换的做法使事情更糟。职位轮换会产生公司无法预料的负面影响。在一个职位上干两三年通常不足以产生什么持续性的反响，反而会导致许多重复建设的现象，这也是美国公司频繁转行的原因。最终这些公司连已经知道的道理都忘记了！

Phil Crosby 提出的零缺陷是六西格玛的另一个前身。零缺陷认为，质量问题即工人问题（与质量的真正含义和我所倡导的思想正好相反）。Crosby 提倡的解决方案是设计出口号、保证卡和五颜六色的宣传栏。初衷是好的，但不能真正融入组织，只是虚晃的宣传。领导一换，一切都荡然无存。这一措施失败了，因为从未进行过严格的培训，这种初步设想未能维持下去。

问：那么，你是如何使改善永不止息的？

答：我发现取得革命性成果的行动都有如下共性：

- 由首席执行官负责；
- 所有领导层都经过培训，涉及的事情不带个人色彩。改善渗透所有领导层，并成为公司的工作方式；
- 工人参与：改善的潜能得以释放，并成为每个人的责任；
- 认可成功——不是改善的部门，而是负责改善流程的人。专业咨询师与具体行事的人因此得以很好的结合；
- 改革奖励机制：以丰厚的报酬和诱人的职位奖励为改善做出贡献的人。

这五种特征就像是自然法则。只要遵循这一规律并很好地实施，就能够获得快速改善。

你还可以采用其他办法使改善经久不息。重要的一条就是使运动不具有个人色彩。因为现在领导人轮换得非常快，但是，这与领导负责制有区别。

实施六西格玛需要时间。从开始设定目标到取得辉煌成就，所有的公司用了不少于 5 年的时间，而大多数公司则花了 8~10 年的时间。1945 年后，日本用了数年时间，直到 60 年代初才见到效果。我这样说的目的并不是要挫败你的雄心，不必事事从零学起，你可以从经验丰富的人那里获得大量帮助。你所要做的最后一件事就是将它们融会贯通，进行再创造，努力快速取得成果。

不要标榜自己。每次我去拜访客户时，他们都认为自己有独特之处，与他人截然不同。但实际上，他们的问题与其他公司遇到的问题并无太大的差别，因为他们没有将自己的知识传给下一班人马，所以公司一遍又一遍地遇到同样的问题。

我的后来者想要进行改善。六西格玛就是一种改善，因为它将我们几十年来知道的许多知识融合起来，要求人们经过培训才能实施。

人人渴望成功，渴望声名显赫，渴望自己被众人所知，渴望自己开创先河。我的建议是：关注改善，不要担忧太商业化。注重长期效果，使得变革永不停息，成功就属于你。

摩托罗拉：第一个六西格玛组织
——访摩托罗拉荣誉主席 Robert Galvin

（Daniel Quinn，2002 年 5 月）

Bob Galvin 于 1940 年开始在摩托罗拉工作。从 1959 年起他一直是公司的高级雇员，直到 1990 年 1 月 11 日成为董事会执行委员会主席，并于 2001 年退休。退休后他继续为摩托罗拉服务，先后在 Notre Dame 大学和芝加哥大学学习，他也是伊利诺依工学院理事会上届主席，现在是该会董事。Galvin 荣获过各种荣誉称号和奖章，曾入选国家商业名誉礼堂名单并荣获 1991 年全国技术奖。

摩托罗拉是首届鲍得里奇国家质量管理奖的得主，奖章由里根总统在 1988 年 11 月白宫举行的庆祝会上亲自颁发。

问：假设你是六西格玛运动的真正领导人，你认为六西格玛在质量史上应占据何种地位是质量自然进程的一部分还是一个全新的事物或一种新的趋势？

答：我认为二者兼而有之。从最终出现的自然智能来说，你可以倾向任何一个观点。它是一个伟大的发现，还是只是绝妙的数学和常识，你怎样理解都是可以的。

六西格玛是最基础的知识，通过我们传授的方法及我们鼓励人人参与的管理流程使每个人都能够理解它。我们在 70 年代开始实行了人人参与的管理方法和员工培训，这两项使我们受益匪浅。我们摆正了质量项目的位置，并使像 Dorian Shainin 这样的质量方面的高层管理人员来了解它们，Dorian Shainin 曾给我们带来了计划试验与 Pareto。我也结识了朱兰博士，并在以后的几年里与他在许多方面通力合作。我在他举办的研讨会上发表演说，而他则做我的咨询师，这些工作相辅相成。实际上并不只是起草一份关于六西格玛的 18 页备忘录，然后人人照着执行，质量就会日渐改善。它需要将各方面知识融会贯通。

六西格玛进入了摩托罗拉的质量管理中，虽然没有引发质量运动，但它的确为质量运动添加了重要内容。有一天，一位职员 Art Sundry 告诉其他的职员（包括我在内）说我们的质量很差。而在此之前，我们一直都认为我们拥有卓越的质量方面的运作。这位职员在公司业务干得最好，虽然我们不愿听他的话，但我们没有充耳不闻。在接下来的周一上午所有人都开始努力提高质量。1979 年和 1980 年我们做了大量的准备工作，我们敞开胸怀，只要有益于提高质量的事，我们都乐意去做。

Bill Smith 是当之无愧的六西格玛内核的思想理念的开创者。当时他是摩托罗拉通信部的高级工程师与科学家。当 Bill 给我打电话（20 世纪 80 年代中期）说希望与我讨论关于潜在缺陷时，我立刻就答应了。现在，我对 Bill 的了解也仅限于他那时的杰出表现。我们会面时，他给我描述了他那篇关于质量缺陷的论文：如果工厂车间有这样高的缺陷率，你将它们一一纠正。在装运时，仍然还会出现这样高的缺陷率。第一次会面时，我没有完全搞懂他的意思，很快我又找到他，让他解释给我，最后我终于明白了，我很赞赏他的观点。我从 Bill Smith 及其他员工那里听到的都是我自己一直在寻找的，我认为这些观点很正确，事实证明，他们也几乎总是对的。

但是，直到 1981 年或 1982 年的时候，这一工作才成为全面协作项目。（从事这项工作的人也许认为这之前它已经是全面协作项目，我接受他们的观点——但这种观点还在变化。）

在我看来，六西格玛最大的优点是为我们提供了一个人人都能理解其精髓的思想框架。如果能够控制偏差，我们就能使各部门和流程顺利运行，并达到每百万次只有 3.4 次出错率的效果，或者说达到六西格玛水平。我们员工创造了这个名词，六西格玛就这样叫开了。六西格玛是一种简略说法，它用来说明如果能够控制偏差，你就能获得卓越的成效。我们的培训机制和人人参与式管理对质量运动非常有价值，因为我们开始让有目标的人参与进来，他们能学会如何把事情做得更好。有了参与式管理和我们给予他们的一些工具，他们就会萌发创意。质量多半是从基层开始改善的，而不是从上层开始的，因为上层并不关心它。显而易见，我们不明白该如何去改善运输部门的工作，但运输部门的人明白，我们鼓励他们这样做。

一切都很关键，一起都在增长。看到不断的增长，你就会信心百倍。

20 世纪 80 年代后期，因为公司里成千上万的个人都在做他们该做的事，许多事情也就很自然地一起改善，于是一种公司文化就形成了。

问：你谈到了公司文化，它具体指什么？

答：它是教育和参与，是倾听。我认为自己所做的最有意义的事情就是我会仔细聆听。当 Art Sundry 说我们的产品质量很差时，我倾听了。他能当着主管和其他职员的面说出自己的观点是很不容易的。实际上，我们大家都应该为他鼓掌。因此，员工知道我们会听取他们的建议。Bill Smith 打电话给我，也是因为他知道我是好的听众。

问：领导究竟应该起什么作用呢？因为你描述的那种文化在很多组织都不存在，要有一名才干出众的领导才能创造这种文化，还得舍得投资。也许不像华尔街希望的那样一季度接着一季度地进行投资，但至少也得有投资的意识并不断有新想法。领导层开始在自己的组织内实施六西格玛时，你会给他们什么建议呢？

答：我喜欢做先入为主的事，我得带头行动。在质量改善引起人们关注之前，我发现了一些有助于公司的基本原则。当然，我对质量原则的问题也考虑了好多，但与它最后成型时的却不太一样。

打个比方，我对助手说，要想更有竞争力，我们每个人都得比其他公司做相同工作的人更聪明。这是30年前的一个晚上我在家时想到的，所有的人都认为这话有道理。

紧接着，我说让我们现在就把这事情具体到个人身上。如果我本人没有NEC的Kobayashi聪明，我们怎么样才能成为最好的公司呢？他们都认为Kobayashi比我聪明。我说那我需要一个顾问。贝尔，你和从事IT的人一样聪明吗？我们一致认为他们一样聪明，就这样一直问到工长和工人。我说我们要使公司所有的人都比他们的同行聪明。他们说主意不错，只是不要花钱花时间，我说教育不会花我们一分钱，这就是原则。

我想事情应该是这样。但其余的人，包括分析师都不这样认为，不过事情不出我所料。我说我们在教育上花了多少钱呢？不管花了多少，我们的钱全都收回来了。我经常举这样的例子：让一名工人参加为期三个月的培训课程，培训费是几百美元。下一季度结束时，他们提高了生产效率，三倍、四倍、五倍于学费的钱就回来了。我知道事情就是这样，我也能证明它就是这样。

教育不但是不用花钱的，而且还能创造钱，但是想让每个人都相信不是件容易的事。我知道这在摩托罗拉能行得通，经过几个部门证实后，大家就都相信了。

因此我们创建了一套原则，使质量改善很容易得到大家的支持。

善于倾听极其重要。工长要倾听还是他认为自己必须不停地讲话？如果他认为是后者的话，他的部下一定不善于提出什么新的观点。但是，如果我们的工长、部门领导等有时也能听听别人的想法，然后说让我们来试试你的办法，那么情况就会越来越好。

许多老板也许认为他们就该指使命令他人。每次我都会劝阻他们，并说我们要学会倾听，这样他人才有机会讲话。我们搞得很正式，要求各部门每个月都将他们的观点说出来。这样，一个鼓励从基层开始创新的文化就形成了。

我做得最有意义的事情之一就是我认识到行政人员不必死死盯着质量，我是说管理层要做好其他的事——他们要做好预算和预测，要做好其他重要的工作，质量就会成为最后才关注的事。我最后强调，别忘了做这些事情。遗憾的是，质量已经成为每个人日程上最重要的事。

这种信号传遍了整个公司：董事会得把质量放在首位，每次讨论技术的会议都必须谈到质量，而每次有关预测或销售计划的会议也都必须以质量为序曲。

后来，我们发现其实不必花如此多的时间预测，因为质量已经把问题解决了。这些是领导们不必成为六西格玛设计者就可以做的事。我就没有设计六西格玛。假如大家认为只有我一人应该创新，现在这种局面就永远不可能会出现。Bill Smith带来了他的想法，其他的人带来了他们自己的观点。我们只是侧耳倾听。

问：我认为开会时将质量作为最重要的事来讨论完全是在做样子，你怎么认为？

答：这是我们做得声势最浩大的宣传。当我们称我们要引入六西格玛时，大家显得并不怎么激动。

但当 Bob 决定将质量作为日程表上最重要的事这一消息传出后，大家都说，我们确实把这事当真了。

人们总是怀疑你是否对某一计划持特别认真的态度。即使是领导认为最重要的事，许多人也会对此嗤之以鼻，因此应该转变人们的这种态度。

问：你认为六西格玛帮助你培养摩托罗拉未来的领导人了吗？

答：答案是肯定的。就像我所认识的一样，六西格玛很容易被人理解，所以，我们所有的头脑都必须学习它，然后还得强化它、传授它。因此通过理解六西格玛的真正含义及其相关概念，领导就有机会表现他们是如何帮助他人的。我认为，所有这些全都是领导才能。

问：你做过某种形式的很重要的交流吗？

答：这种事多了，各种奖项像颁发给某一部门的优秀主管奖，以表彰他们的出色表现，还举行隆重的颁奖仪式。人人参与式管理方本身就是很好的交流方式。

我总爱在办公室跺来跺去，偶尔也会与他人交谈。这种交流是无意间进行的，但很快地被传开。

这种事与其他事一样有效果，但是我们所做的最富有成效的事应该算是小组比赛制度了。我们有几千个5人、10人、15人组成的有共同目标的活动小组。事实上，他们可以进行 Super Bowl 竞赛。他们要展示给别人看产品质量究竟改善了多少，以及他们是如何利用这种方法的。他们得选取项目，然后展示他们是如何利用各种方法提高质量的，如我们是如此使用帕累托图的；我们是如此使用鱼骨图表的；我们是如此将所掌握的知识融会贯通的；这就是这些知识给我们的启迪；我们将质量提高了3%或30%等。

因此，每个小组都必须上台表演。这是一种交流，他们必须讲话，而不是倾听。开始的时候，我们安排一些小组在某处表演，并选出该处最优秀的小组参加区域性比赛，获胜的小组将参加下一轮比赛。

接着，他们会去夏威夷或巴黎等类似的地方参加更大区域内的比赛。在比赛中脱颖而出的 22 个小组到总部进行了决赛。我们用了一整天的时间听取来自世界各地的 22 个小组做的各 12 分钟的陈述，讲述他们的团队是如何提高质量的。

世界各地的员工都在等电话或者电子邮件，期待听到自己小组获取金奖的好消息。我们从一家纺织品制造商 Milliken & Company 那里学到了这些，它是 Super Bowl 竞赛的大力支持者。必须组建团队，必须设立计分制度，必须拥有大批的拥护者，——这是我们能想到的最棒的交流方案。

问：客户对此有何反应？你们有关于客户的项目吗？它们是如何运作的？

答：首先，质量日趋改善——产品规格化、按时发货、亲自实践的事都在改善。这不单单是在作秀，也不单单是统计数据。就连客户也开始说，与我们做生意更容易了，提供给他们的产品更好了，有缺陷的发票问题也容易解决了。当然，尽管有了很大的改善，也总有人开的发票有问题；有时还装运了不该装运的货物。但总的说来，为客户提供的产品和服务都在改善。

我们采用了多种方式让顾客参与我们的行动。举行小组比赛时，我们鼓励客户的参与。因此，一个小组经常有一名组员是来自于他们的客户。客户可能会说“你们没有尽最大努力”或者“你们让我们参与是为了获奖，你们应该花力气做好自己的产品”。

在我们获鲍得里奇奖后发生的事也许是最奇妙的。

作为鲍得里奇质量奖的得主，人们经常会问我们是如何成功的。我们很乐意回答这些问题，我们有其他公司没有的平台——摩托罗拉大学。我们有教室，有教师，我们的总裁也总能给那些希望了解我们是如何成功的人一个圆满的答复。

总之，这是我们迄今为止实施的最富有成效的销售活动。在向客户兜售产品时，许多推销员总是先同顾客约好，与他聊 10 分钟，说自己的产品是如何如何地好。最后，他们也许能或许不能成功地售出产品，但我们的潜在客户会给我们打电话，询问我们是如何做的。我们会说，“你为何不亲自来公司一趟呢？我们为你准备有一天的讲解课程。”我们占用了他 8 个小时的时间，不是向他兜售他们想要的产品，而是想让他们知道我们公司有多好。离开时他们会说，“我们要与摩托罗拉做生意，因为他们头脑清醒，知道自己该怎样做。”

顺便说一下，作为领导要经得起普通员工的反对意见。我们有许多职员说：“唉，我们不要再提供这些免费课程了，这要花一大笔钱呢！”但我说：“我们不但不废弃这种制度，还要为竞争对手提供这种课程。”是的，是竞争对手，他们是我们的供应商，同时也是我们的客户。假如他们进行了改善，那么我们大家都能从中受益。最后，我们还是坚持了下去，一直做了四五年。

教育不是我们的核心产业，我们不是 Juran 式的教育家，但我们能为别人提供许多实用性的建议。我记得有个销售部门难以争取到某个客户，他们就对客户说：“如果能将我们之间的业务增加一倍，我们将免费为你提供摩托罗拉大学 3 天的培训课程。”那位客户同意了，在那以后的 5 年里，该客户与他们的业务翻了一番。我们有什么损失吗？

还有许多细节，我们不能一一列入计划，这些就是我们在实践中获得的经验。如果认为有必要，我们就会考虑重新组织，把它添加进去。

问：假如你现在重新开始实施六西格玛，你将如何去做呢？

答：有些事情我们也许会进行地快些，有些则可能停止去做。但总体而言，我谈到的基本原则都是正确的。

组织变革起来是相当缓慢的，如果中心人物能引进一些理念，最终组织将能生存下去。但为何不能在半年内完成，而需要一年半或更长呢？我希望大家都能尽快接受新理念，遗憾的是，人的本性并非如此。

问：即使是自上而下的？

答：事实上，自上而下往往是行不通的。我们的主意大部分来自基层，尤其是有关公司前景的以及关于人人参与式管理和倾听的。我很少传达命令。

让我们将质量放在日程表的首位，这可能是我传达的四五件事之一。事实上，大家也都这样做了，这是有道理的。但若想创新从基层开始，你必须创造一种从基层开始创新的文化。

问：六西格玛首先是在制造业实施的，摩托罗拉是怎样将它应用于服务业的？

答：质量的代名词——周转频率，提高周转频率就是提高质量，提高质量就是提高周转频率。因此，说到周转频率，就应该想到服务部门。它提高质量的潜力很大——可以通过绘制流程图，然后圆满完成每一步，不浪费一点儿时间。采用合适的流程，可以将审核时间从 8 个月缩短到 8 周，再到 8 天。另一件事也说明了两个问题——将六西格玛应用于流程时所发挥的作用及其在变革中所发挥的拉动作用。开始专利部认为六西格玛质量体系不适合他们，然而在其他部门采用六西格玛后，他们发现自己好像被遗忘了。几个月后，他们领导决定与公司其他部门一起执行六西格玛。于是，他们在递交了精心准备的技术上无误的文件后，将如何得到专利的全过程绘制出来，然后预测在消除等候时间，每一步骤紧跟前一步骤后，将会出现什么变化。结果是专利流程得到了改善，他们努力把专利申请过程由好几个月缩短到36小时。这样一来，相同的人员每年完成的专利批准量就会增加一倍。

问：六西格玛后，质量改善革命的未来是什么？

答：在我看来，质量标准的未来是来衡量思维质量或领导素质的，这可以用统计学方法来完成，只不过从未实施过。

我认为公司每个人都可以自封为领导。虽然领导与经理不同，但两者同样重要。但领导更能够想出新奇的方法并知道如何去实施。

如果你愿意，你可以说我是领导，我们也将你作为领导看待。自封为领导后，你就必须将你采用的方法的质量和数量、实施计划及结果写成文件，记录下来。

这样，我们就有了可衡量的要素。有多少人想出了新点子？这些点子不一定要一鸣惊人——因为任何事物都可以稍稍有所不同或改善。

我们不会拿出一大笔资金让他们去试验。若有人说，他们想试验一种新的加工方法需要20亿美元。他们不可能立刻获得20亿美元，只能用5000美元或200美元来试验。

这一方法可以用来检验员工是否能想出新点子、有无勇气尝试新方法、是否愿意接受失败并承认他们无法付诸实施。

还有一点，若你是位自封的领导，想出了一个新点子，你在1月1日认为这点子很好，但到了3月20日你认为这一观点还不成熟。你只能去见上司说："我想放弃，可以吗？"上司也许会说："嗯，我认为这个主意有点怪，你可以放弃。"或者说："嘿！你这样试了吗？你那样试了吗？"

如果可能的话，我会设计一个没有人能接触的公司。总有一些办法我们试验后能行的通，或者觉得一些办法很荒唐，就放弃了。

我们要衡量领导质量，但不能以每股收益的增加、市场份额的增加来衡量，因为这只是粗略的衡量方法，它不能真实衡量你，也不能真正衡量我。我认为衡量领导如同衡量他人，我认为这就是质量的未来。

商业管理革命历程
——访六西格玛研究院的创立人之一 Mikel Harry 博士

（Daniel Quinn，2002年5月）

Mikel Harry博士是六西格玛研究院的创立人之一，也是六西格玛研究院董事会董事。在他辉煌的职业生涯中，Harry博士成绩卓著，他提出了六西格玛突破战略和六西格玛黑带概念等。他先供职于通用电气，后来加入摩托罗拉，并在此将他的六西格玛哲学理念上升为可量化的业务质量改善体系。1994年，Harry博士与

Richard Schroeder 共同创建了六西格玛研究院，并因成功领导许多大公司的战略部署行动而著名。在《财富》500 强中，通用电气、杜邦、福特汽车和索尼公司都在支持和应用他的管理体制。他还亲自培训杰克·韦尔奇、拉里·博西迪（Larry Bossidy）等首席执行官以及他们的高层管理团队和技术人员，并与他们一起工作过。Harry 博士还写了关于六西格玛的大量著作和文章，荣膺过许多组织和机构的不计其数的奖章。

他发表过许多有影响性的著作，其中包括 2001 年新近出版的《六西格玛知识设计：演示成功部署之路》，并主编了《六西格玛：引领世界顶级公司革命性变革的管理战略》，该书被《纽约时报》、《商业周刊》和亚马逊网站列为最畅销书。他的其他作品有：《六西格玛质量的本质》、《六西格玛机械设计公差》、《六西格玛可生产性分析与流程特征化》以及《六西格玛愿景系列丛书》、《技术创新系列丛书》和《六西格玛概念和工具系列丛书》。

六西格玛研究院为全球 1000 强提供业务创新培训、咨询和实施服务，以取得可量化的改善和成果。它创建于 1994 年，总部位于亚利桑那的 Scottsdale，可以提供全方位的服务和一整套数字化的工具，帮助公司在盈利、客户满意度和业务转型方面取得量的突破。

问：你认为六西格玛于质量史的契合点在哪？六西格玛该如何发展？

答：我认为六西格玛明确注重业务质量，而全面质量管理却是关于质量业务的。也就是说，当选用全面质量管理时，会涉及提高质量的业务；而选用六西格玛时，你会关注业务质量。简而言之，全面质量管理是关注缺陷的质量改进项目，而六西格玛是以经济学为基础的战略性业务管理系统。它并非这样开始，但却这样演变。

因此我认为六西格玛是个矢量变化。当我从手工艺时代开始回顾质量的历史时，发现这一历史基本没有中断过。每一步都是前一步的合理延续，他们建立在相同的基本核心原则和理念上，而六西格玛完全背离了这一连续体。实际上是从一个全新的视角和指导框架对质量的重新评估，或者可以说它是历史的再创造。但更确切地说，它标志着一段新历史的诞生，它是公司管理革命的演变结果。

Bill Smith 是六西格玛的创始人，20 世纪 80 年代初，他就产生了这种想法，那时它不叫六西格玛。当时，Bill 通过在缺陷和平均时间与电子产品出错率之间建立联系，来研究质量对产品可靠性的影响。20 世纪 80 年代中期，我加入了摩托罗拉，负责高级量化研究实验室的运作。我与贝尔一起，在实验室里进一步探索他的主张并试验提高产品质量的其他途径。这对摩托罗拉很重要，因为我们已经失去了电视和汽车半导体市场。我们思索，为什么会这样呢？经过大量的研究我们得出了产品出现质量问题的答案，其实很简单——要想提高产品的可靠性，我们需要留出

50%的设计余地，以便更好地满足客户的需要。

最初，我说他疯了，任何一个思维正常的人都不会留出50%的设计余地，这样做代价太大了。然而，当我开始用计算机模拟深入研究这一想法时，突然发现了Bill说的在复杂系统中注重交叉产品性能的许多优点。

同时Bill也将这一发现告诉了Bob Galvin（当时摩托罗拉的董事会主席和首席执行官），谈到Bill坚持要见Bob一事，Bob总是津津乐道。长话短说吧，我们继续研究这一概念，并获得了稍许进展，过了一段时间我们开始称它为六西格玛。然后，我就出版了《六西格玛质量的本质》一书。这是第一本定义六西格玛性的书，书中对六西格玛做了一些解释，以便人们能够理解它。同时，我的努力引起了Bob的注意，我和Bill就开始开发生产项目设计。即后来的六西格玛设计。没过多久，大家就开始集体行动了。

1989年，我写了篇论文，题目是《加快在摩托罗拉实施六西格玛的战略展望》。读了这篇论文之后，Bob马上派我去芝加哥创办六西格玛研究学院，将我们的努力从质量扩展到建设和服务领域。也就是在那个时候，Bill不幸去世了。这对公司是巨大的损失，大家都很悲恸。

如今，我已是公司的高级技术人员中的元老和董事会董事。Bob Galvin给了我热情的鼓励和帮助，是他培育了我这粒种子。如果没有Bob的智慧和英明领导，六西格玛恐怕永远都不可能出世。因此，Bob和Bill是六西格玛社团的杰出队员。我总说，贝尔是六西格玛的父亲，而我则是它的教父。

后来，我们在摩托罗拉以外推广六西格玛。我们开始与IBM、柯达、ABB、德州仪器进行合作，在他们的帮助下，我与其他的工程师和科学家一道开发更大的项目，进一步推进六西格玛的实施。此后，我和Rich Schroeder就去了Asea Brown Boveri（ABB）。

在ABB，我和Rich决定从经济学的角度关注六西格玛。第一年，我们通过ABB的转型业务来展示六西格玛增加收益的威力。后来，Rich到AlliedSignal与拉里·博西迪一道工作，我则着手筹建六西格玛研究院。因为当时Allied Signal陷入财务困境，经过一番讨论后，我和Rich决定在AlliedSignal首次从经济学角度实施六西格玛战略。

问：是1994年吗？

答：对，我们将六西格玛作为最主要的干预工具，取得了丰硕的成果。当然，拉里对此作了大肆宣传，杰克·韦尔奇和拉里是好朋友，他让拉里考虑通用能否引入六西格玛战略。

我和拉里、Rich讨论了一番，也领会了杰克的意思，便与他一起制定了如何在通用电气部署六西格玛的战略。首先在通用电气 Medical 实施，作为范例使用。其他部门领导看到成果后，便开始在各自部门实施。这样，就在整个通用电气实施开来。

当然，这在通用电气引起了很大的轰动，也非常感谢杰克·韦尔奇在他的传记中提到了我。杰克是位喜欢挑战性的领导，他经常使我面对一大堆想法和实践，去寻找更好的方法。可以说，在通用电气的那段时间不管是在感情上还是在智力上都使我受益匪浅，我不断发现实施和部署六西格玛更好更快的方法。有了这些挑战，我才能把六西格玛推向新的高峰。

问：这点很有意思。你是业界知识的传播者，但你是如何在一家全球性的公司传播知识的呢？

答：这还得从 20 世纪 80 年代末与 Bob Galvin 的一次旅行谈起。当时他邀请我陪他去向波音公司董事会主席那里讲解六西格玛的有关知识，波音是我们的大客户。在前往的飞机上，Bob 读了我的一篇论文。过了一会儿，他转过来对我说："Mike，这篇文章很好，我的同事读后也受益匪浅。但问题是，我如何在今年就能将它传达到世界 52 个不同语言的分支机构呢？我想这也将很快成为你的问题。"

我认为这个问题问得好，提出六西格玛与推广六西格玛是两码事。我担当起了推广它的重任，于是有了六西格玛研究学院的诞生。

现在六西格玛的整个情况是它已经在 45 个全球性公司实施了。有了这多么全面实施的经验，我们已经将它上升到科学的高度。我认为，到目前为止，杜邦是实施六西格玛最好的公司。我和杜邦公司的副总裁、公司六西格玛倡导者 Don Linsenmann 以及首席执行官 Charles Holliday Jr.目前在写一本关于杜邦公司六西格玛领导层的书，作为一个案例来深入研究实施与部署六西格玛到底需要什么。简而言之，Bob 有勇气迈出实施六西格玛的第一步，韦尔奇则有勇气和领导才能率先在全世界干练地实施六西格玛并将它与收益联系起来，最后 Charles Holliday 极有远见地将六西格玛作为业务转型工具和管理系统以高度系统化和统一化的方式使用。

问：你认为六西格玛和试验在通用电气是如何相互联系的？

答：在通用电气两者配合得天衣无缝。

问：你认为杰克韦尔奇过于乐观吗？我是说，他确信能达到目的吗？

答：我认为杰克完全知道他能从六西格马中获得什么，我这么说并不是有可靠的事实根据而是他的远见卓识。他能看出事物的容纳力以及许多常人看不到的事物之间的细微联系，并能将这些很快传递给身边的人，使他们朝着这一方向共同努力。

优秀的首席执行官都知道皮革吗利翁效应。没有号召力、洞察力和统一所有人价值观的能力，就不能成功地领导跨国公司。政治技巧在这些方面显得特别重要，你必须接触这些人并将公司愿景告诉他们，并说明质量和公司基本经济利益的关系，以使人信服的方式制定出达到此目的的路线图。

问：问题是其他的公司都不是通用电气，假如我是位希望实施六西格玛的首席执行官，我在开始执行时得考虑哪些？

答：有 Bob Galvin、杰克·韦尔奇、拉里·博西迪和 Charles holliday 这些人的认可以及索尼、东芝等世界知名公司实施六西格玛的成功实践，你还犹豫什么！没有什么要考虑的，不需要再考虑了，六西格玛不用你付出任何代价。

你可以用 UFO 等任何流行的缩略语称呼它。当你将这些字母代表的方案综合起来以“兴旺之道”来执行，你就能获得四西格玛的成效。假如你这样行事你今天可能是四西格玛公司，五年后还是四西格玛公司。假如你确实相信公司使命是成为世界上一流的公司，你就必须彻底改革，你需要集中干预来变革公司的实力。如前所述，六西格玛有这个能力。

问：你认为六西格玛实现了你所设计的目标了吗？

答：我不想让自己听起来像夕日的牛仔，只希望 Bill Smith 能看到我们的婴儿今天的模样。在那时，我们要与公司一群工程师讨论，种下这粒小种子。我们从未想过它会传遍全公司，更别说传遍其他公司、全世界，进而成为一种新的质量标准。它的历史意义有多大？我想这已经显现出来了。

关于六西格玛的神奇之处如 Nasser、Holliday、韦尔奇和博西迪、Galvin 类的人都已经说了好多了。现在以六西格玛为对象的作者也只是在重复他们的话。只要有远见卓识、有资本支持、对领导信任、不被众多信息俘虏，就能干出惊天动地的事来。世界上最有效的统计学等式也不能改变一个公司的矢量，优秀的领导会引导他们不断努力。

哪里有缺陷哪里就可以有利润增长空间。我说的不是区区小利而是巨额利润。可以说，是六西格玛使这种关联和领导能力带来利润的。

如果回顾质量的历史，不管是从戴明、朱兰、费根鲍姆还是其他大师的思想体系，我们会发现他们推行的目标与六西格玛都是一致的。只不过在他们看来，缺陷和高水平的公司衡量尺度上没有直接的联系。在他们那个时代，有电灯开关，有灯泡，但没有连接开关和灯泡的电线。他们偶尔打开开关时，会有奇迹发生，灯泡有时会亮。每次灯泡亮时，质量专家会说：“快看，快看”，但灯泡不亮时，他们就会丧失信心。六西格玛的重要特征是：它每次都会将电灯点亮。因此，六西格玛就取代了全面质量管理，成为管理公司的可靠工具，而不仅仅是提高产品和服务质量。

问：当一切发生时他们并不知道这是如何出现的吗？

答：杰克没有丧失信心，因为公司与六西格玛有联系，这一点都不复杂也不奇怪。我从密苏里来，给我现金，我们就能做更大的生意。你把大量现金放在首席执行官面前说："你想要更多吗？"你认为他们会怎样回答？这就是六西格玛的一贯做法。

问：是否有一些行业六西格玛实施效果比其他行业好？

答： 工业组织衡量的事物要比商业组织多得多,但有趣的是,在服务组织实施六西格玛要比在生产制造组织实施容易得多，而人们却往往认为在生产组织容易些。

商业组织不需要测量毫米、伏特、安培等，这些概念本身涉及相当精确的统计数据。服务人员关注的只是实践、金钱和服务，就像采摘悬挂在低处的水果只需不太复杂的工具，因此在这里六西格玛实施起来比其他组织要更快更容易。

我们搞糟了 18 道程序。尽管有许多数据资料，但多数服务组织不知道如何处理它们或者如何将它们作为指导改善的工具来使用。

下面是我在 20 世纪 80 年代时在摩托罗拉观察到的一些情况：我们收集的 85%的资料是数据资料，其中只有 15%的数据是连续性的，而我们在教室传授的 85%的工具如统计流程控制图等都是为连续数据服务的。对于 85%的数据需要的工具，我们在教育实践中却只将 15%时间花在上面，竟如此不相称！难怪统计流程控制在我们这里不能长久地发挥作用。

问：能谈一谈你见过的公司实施六西格玛后发生的最根本的文化变革吗？

答： 说到文化，我不愿遵从《通用电气之路》和杰克·韦尔奇的《Straight from the Gut》，这两本书的观点，但我认为该说的他们都已经说完了。是的，六西格玛变革了企业文化，金钱的力量是巨大的，任何能够改变流入公司的金钱数目的东西都能改变文化。虽然文化不能够创造金钱，但金钱却能够创造文化。

我们希望公司成长的唯一理由就是交易成本最小化。有其他的理由吗？你为什么希望它成长？你追求成长，是因为这样你就可以以更低的单位价格生产更多的产品从而获取更大的利润。六西格玛是关于这一体系如何运作的知识，从这个意义上讲，它是关于风险控制的。一切缺陷代表风险，但并不是一切风险都表现为缺陷。

因此你的业务是质量，质量的对立面是缺陷，你只解决了整个业务的一小部分。不过关注经济利润，你就必须关注风险，这是更重要的部分。因此我说六西格玛是关注业务质量的，而不是有关质量的业务。

第 4 章

角色和组织基础

Thomas Bertels

同其他管理举措一样，六西格玛需要一定的资源，这样组织实施起来才会有效。本章主要介绍六西格玛组织结构的各种要素及其需要建立的主要角色。六西格玛组织可以描述为项目组织和永久组织结构的混合体，这个组织结构的一些要素成为正常组织的一部分，而其他的要素则是暂时的角色。

本章前面部分旨在使你熟悉六西格玛项目中的主要角色（见图 4.1），并讨论这些角色是如何相互联系的，即工作是如何开展的。

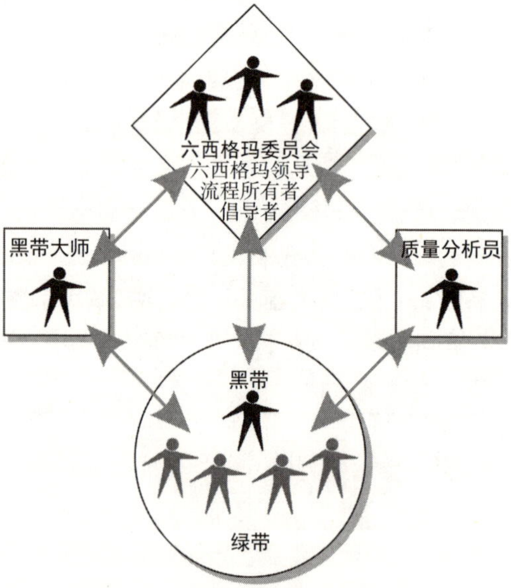

图 4.1　六西格玛组织

除了这些角色之外，六西格玛还需要有一个保证工作得以实施的结构化环境和流程化体系——组织结构。在本章后面部分，我们将告诉你如何组织好六西格玛项目，讨论组织结构内执行小组的作用，为你达到六西格玛目标提供一些指导和建议。最后，讨论设立六西格玛项目办公室的益处以及办公室的基本职责。

角色

黑带

黑带必须经过严格的培训，以便能够领导六西格玛项目。他们专业地应用六西格玛工具，与领域专家一道改善业务流程。在多数组织，成为黑带被认为是未来领导资格的必要条件。

定义 黑带是 100%的全职人员，负责在组织内实施各种六西格玛项目，这是黑带的典型特征。一般认为，六西格玛项目结束后，黑带将在组织内担任重要角色，往往是领导岗位。对个人来说，黑带不是永久职位，而是轮流学习性职位。黑带任务结束后，个人应该回到组织，在一般的业务活动中实施六西格玛工具。个人选任黑带后，多数公司要求他们担任黑带角色 18~24 个月。在此期间，黑带会停止原来的工作，全心学习和实施六西格玛工具，改善业务流程。一些公司的黑带回到原来的组织后，每年都需要达到认证标准。

选择标准 组织内领导层负责确定黑带候选人。一些公司设有指导委员会来确定候选人，一些公司要求经理推荐候选人，但是都需要确认候选人是否很有潜力。总的来说，不应该挑选那些非一流的员工或者在近期未大幅度加薪的员工为候选人。选择有很大潜力和提升希望的人为黑带，表明领导层对六西格玛的高度重视。

通常情况下，人力资源主管对候选人进行筛选，以确保他们能胜任黑带的角色（见图 4.2 中的职责）。选择候选人时，最好遵循人力资源标准惯例：如何面试内部角色候选人，也应如何面试黑带候选人。六西格玛领导或者本组织的六西格玛倡导者可以反对候选人，这一点很重要。测试候选人是否对此角色感兴趣也同样重要。有时，违背个人意愿选择黑带，会给组织士气带来诸多不良影响。

从公司外引进黑带 一些公司在内部找不到合适的人选时，会从外部选择受过黑带培训的人才。由于黑带需要接受多少培训尚无行业标准，因此黑带大师应该重新评估接受过黑带培训的外部候选人，将候选人的资格和接受过的培训与本公司的要求相比较。只有与认证标准一致时，外部认证才能被公司承认。

引领黑带进入公司 一些公司有黑带引导会议，以确保黑带能够以合适的期望加入项目。这一会议的目的是使候选人了解六西格玛将如何影响公司，引导他们进入新角色、承担新任务，为他们预先开始六西格玛项目，建立与黑带、黑带大师、项目办公室或六西格玛组织的关系提供机会。（见图 4.3）

职位描述：黑带
汇报给：黑带大师或当地的六西格玛领导
岗位职责
• 接受黑带培训，获得黑带认证 • 每年领导实施三至四个六西格玛项目，每个项目都能带来赢利性的改善 • 领导、培训和指导绿带使用六西格玛工具和技巧 • 辅导绿带进行项目选择 • 按照要求为六西格玛培训活动提供帮助 • 按照要求执行黑带大师或六西格玛领导提出的其他职责和任务
性格、技术和能力要求
• 自我激励型，不需监督，能自主完成工作 • 善于与各层次人员进行有效沟通 • 影响和领导团队的能力 • 在组织内多层职位有效工作的能力 • 使用所有六西格玛工具的能力 • 熟练使用计算机 • 娴熟的分析技巧 • 领导、培训、指导团队以及与团队一起工作的能力 • 精力旺盛，充满热情，追求卓越的激情 • 在公司内发展的潜力

图 4.2　黑带职位描述

第一天	第二天
• 介绍/会议目的 • 为何选用六西格玛？为何现在选用 • 领导注重六西格玛 • 黑带的期望 • 发生了何种变化？公司六西格玛要求 • 仪表板/战略计划 • 六西格玛主要元素 • 黑带的角色和责任 • 项目及领导替换 • 与倡导者、黑带大师和绿带的关系 • 领导和项目办公室的支持 • 六西格玛项目和工具——定义-测量-分析-改进-控制环和六西格玛设计	• 相互认识 • “软”技巧 • 有效的团队 • 技术性技巧 • 小型 • 项目展望（从始到终） • 个人项目描述 • 目标描述，询问他们最大的困难是什么 • 描述获得成功需要做什么 • 后勤问题 • 开放的论坛 • 总结及相继步骤

图 4.3　黑带培训计划

辅导　一些初始项目往往没有黑带大师的支持，常常是由于该组织还没有培养出自己内部的黑带大师。大多数公司会为每个团队安排一名外部的咨询师，在流程中辅导团队的领导和整个团队的工作。定期与黑带交流并且在项目评议时定期与倡导者会面是辅导成功的关键因素。

培训　黑带的培训以小组形式来完成，这种小组叫做波（Waves）。在许多公司，每波有四到五个星期的培训，历时四到五个月。课程包括四周的六西格玛"定义—测量—分析—改进—控制"环工具和方法的培训，另有一周关于影响力技能和有效团队工作的培训。在此期间，要求黑带将所学的概念应用于实际项目中。一般程序见图 4.4 培训黑带的目的是帮助学员获得利用六西格玛质量工具和统计学开展工作的知识，以及培养他们应用这些工具和统计学知识来解决商业问题的能力。培训方法以"行动—学习"模式为基础，重点是获取技能。这就要求参加者准备一个项目，以便在四个月的培训流程中进行演习。有了项目，当在课堂上讲到一些概念时，听课的人就会思考该怎样应用这些概念。

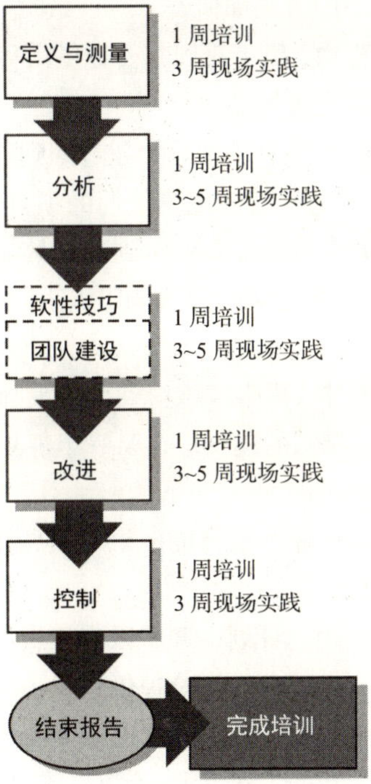

图 4.4　黑带培训周期

培训之前　在许多组织，实际流程于培训前两到三个月就开始了。黑带参加选出项目的润色工作，收集原始资料，建立问题档案，并开始与项目的主要利益人建立关系。此外，在黑带大师和其他主要人员（倡导者、协办者、流程主管、有潜力的组员）的帮助下，设计出一个项目的初步章程是很有帮助的。

黑带至少需要做下列准备：

- 问题说明　正在解决的问题是什么？
- 项目范围　流程的起止点是什么？
- 业务情况　解决问题的主要动力是什么？
- 目标陈述　理想的结果是什么？

培训过程中　在每两个培训周之间，黑带有三到四周的时间进行项目工作。在此阶段，黑带应该与黑带大师接触至少一次，以确保项目按计划进行，并应回答下列问题：

- 黑带经常与团队会面吗？
- 倡导者是如何参与的？
- 项目还可以进行下去吗？还是发现了一些问题，应该放弃该项目？
- 黑带在运用工具和技巧中效果如何？

我们还建议要求培训过程中，黑带每周都要提供项目的最新进展情况，要知道参加培训人员的反馈对他们往往大有裨益。

培训之后　许多最初黑带的项目培训需要超过四到五个月的时间。但是，黑带应该在首次培训后不超过九个月的时间内完成他们的项目，这一点很重要。因为如果不这样做的话，他们会忘掉大多数在课堂上学到的工具和技巧。这是符合另一条“行动—学习”原则的：除非人们有机会将所学的知识应用于实践，否则他们会很容易忘掉这些知识。

评价　在实施项目的流程中，黑带应该得到黑带大师的正式反馈。反馈可以从每月反馈到每年反馈一次不等。我们的建议是在第一年每月为黑带提供反馈，第二年每季为黑带提供反馈。这样做的目的如下：

- 经常为六西格玛工具的实施、取得的成果、领导技巧的实施提供具体的反馈；
- 评议及赞同改善的领域；
- 为改善领域制定消灭差距的计划，并予以实施；
- 为精益管理的年中和年末评价与讨论提供资料。

之所以初期要求如此频繁的反馈是因为从以前的职位成为黑带是个很大的变化，经常反馈能够确保黑带养成成功的工作习惯。除了黑带大师的经常反馈外，黑带候选人每年要与六西格玛领导或者内部六西格玛项目倡导者进行一次评议，以确保这些候选人知道他们离六西格玛目标还有多远，这是非常有益的。反馈流程如下：

1. 黑带大师从所有利害关系人如倡导者、后援人员、绿带、小组成员等处搜取有关黑带业绩的信息；

2. 黑带进行自我评价；

3. 黑带大师评价黑带；

4. 黑带大师和黑带对评价进行比较、讨论，需要时进行改进；

5. 黑带大师与黑带精益经理讨论结果；

6. 黑带大师为部门经理提供黑带对反馈的年中和年末总结，以填写黑带评价表。

认证　为保证黑带的素质，黑带应该经过认证。虽然每个公司都有自己的认证标准，但是大多数公司都要求达到以下的标准：

- 完成黑带课程（四周）；
- 成功完成两个黑带项目；
- 递交并通过黑带项目最终报告（电子和书面版）；
- 证明项目取得了持续时间超过 90 天的改善；
- 黑带大师和每个项目的倡导者对黑带认证的认可。

采用与欧洲学徒模式相同的方式，六西格玛黑带或黑带大师的候选人在能够表明他们已经掌握了该职位需要的技巧之前，身份一直是候选人。还有一点就是从黑带上升为黑带大师只是一个自然的过程，从而保证了黑带大师有相似的技巧和能力。

在一些组织，黑带必须通过测试。尽管这些测试有助于确保使用六西格玛工具的技术能力，但是，测试的内容和时机对如何理解这一项目会产生巨大影响。一般来说，测试应该重点确保黑带了解工具是什么，应该何时使用，如何解释结果等，并不要求黑带记住统计公式。关于时机，测试不应在课后马上进行，而应该作为认证的一部分。黑带通常不能将全部工具应用在第一个项目中。不同的职能部门和业务单元使用每个工具的程度也各不相同，这是采用测试方式的另一个障碍。假如目标是要有统一不变的格式的话，项目办公室需要设计一整套测试，或者将测试范围锁定为核心原则和六西格玛工具。

总的来说，黑带要能领导完成项目，这是很重要的。要达到这一目标，就必须掌握工具，但是只掌握工具还不够。有些黑带运用起基本工具来得心应手，但是运用比较先进的统计工具却困难重重。不过，通过优秀的组织才能，运用项目管理和影响力技能可以弥补他们的不足，从而完成项目。领导层能够意识到认证要求的重要意义，在获得充分信息的基础上做出选择，这才是关键所在。

最好不要要求所有的黑带在实施项目时都达到相同的财务目标。尽管有具体的目标有助于说明项目的重要性，但是，黑带获取利润的能力取决于他们所选择的项目。黑带往往会拒绝接受那些不能达到财务要求的项目。另外，有些项目带来的收益很难用财务指标来量化，但它在战略上却有极其重要意义。要求黑带达到一定的经济目标会阻碍他们去做业务中需要完成的工作，甚至会使黑带将全部时间花在挑选完美的项目上。

多数公司在黑带获得认证之前不会提高他们的工资。不过，在为期两年的分配工作过程中公司将会根据现有的雇员晋升原则提升他们。

▶▶ 黑带大师

黑带大师是非常有资格的六西格玛咨询师，成功的候选人应在实施流程改善和（或）六西格玛设计系统方面有很深厚的基础，还应该有黑带证书，具备娴熟的演讲技能，能够在项目实施中与内部客户密切配合。多数黑带大师有硕士学位，候选人则必须有进行改善、领导跨功能（部门）的团队、指导和开发黑带的潜能以及熟练的沟通技巧和项目管理技能。

定义 黑带大师总是将全部时间用于六西格玛项目上，并对六西格玛在组织内部的战略实施负责。黑带大师应该能够胜任在公司内各个部门和层次讲授六西格玛方法、工具与使用。他们的主要职责为：

- 有计划地经常为黑带提供指导讲座；
- 为项目把关以保证实施六西格玛方法的一致性；
- 评价黑带和提供反馈；
- 为部门内的高级行政人员提供战略支持。

黑带大师直接向业务单元的六西格玛领导汇报工作，以确保整个组织核心流程的一致性。黑带大师应该逐渐在组织内担任领导角色，并给予他们股票期权。在大部分组织，黑带大师留任最少两年。

在指导黑带和帮助团队方面，黑带大师应该做好以下工作：

- 指出需要注意的关键问题；
- 在组织沟通中发挥主要作用；
- 担任流程顾问；
- 通过团队领导而不是团队会议来工作；
- 起到教练和拉拉队队长的作用；
- 指导经理和监管人员；
- 帮助团队克服困难，解决问题。

对于团队，黑带大师应发挥支持而不是参与作用。虽然他们有时也会参加团队会议，但是他们无权进行决策。黑带大师应该每周与团队领导会面，讨论有关项目进展情况，并与组员经常保持联系。

选择标准 黑带大师候选人在独立指导黑带之前应该担任过黑带，这一点十分重要，因为黑带经历为他们提供了培训所不能替代的第一手的知识和经验。组织的高度信任是有效影响他人的关键，也是成功的秘诀。有影响力的非正式领导往往是合适的人选。他们必须能够尊重个人，并坚信雇员希望做正确的事情。他们应该无须自我推销就能表现出自信，并能直接与他人交往。黑带大师将大量的时间用来引导和影响团队，他们也应该学会通过他人来工作，使他人获得荣誉，而不是自己亲自去工作。快速高效地达到目标是很重要的，黑带大师的最佳人选是那些能够帮助团队有组织、有顺序灵活管理项目的人，这些人还必须能够激发团队行动，而不剥夺他人成为组员的权利。

一些组织要求黑带大师参加正规的培训，技巧方面的要求则没有前面提到的素质重要。具有这些素质的人往往善于表达，富于创造性，应该教他们如何进行正式培训。此外，他们还需要培养技术和组织能力，有时，选择某些具有技术或组织专长的人也是合理的（见图 4.5）。

职位描述：黑带大师
汇报工作给：六西格玛领导者
工作要求
• 支持公司、供应商、或客户所在地的改善活动
• 为黑带、绿带提供指导和帮助，指导当地的团队使用针对某一问题的改善工具
• 掌握六西格玛理论与实施
• 在公司、客户或供应商中培训/指导
• 在所有业务领域促进和支持改善活动
• 与其他黑带大师进行工作联系
性格、技巧和能力
• 持有黑带证书，完成黑带大师培训或者能说明完成了类似的培训
• 有学位证书或同等教育
• 两年以上经验或者完整的六西格玛知识
• 数学、统计学优秀，会使用统计软件
• 可以接受改变和新思想
• 坚韧、有毅力、能说服他人
• 能在公司多个层次岗位工作
• 精力充沛、充满热情、力求卓越
• 活跃的领导风格，能与各层次人员交流
• 能在活动中推广速度、结果和持续性的关键信息
• 能够快速抓住业务驱动力和基础结构
• 能够与六西格玛团队达成一致共同工作

图 4.5　黑带大师职位描述

培训　培训主要包括岗位培训，也有一些公司采用组织培训。多数公司没有正规培训的主要原因是人员不足（除非公司有 5 000 名以上的雇员，否则公司很难有足够多的黑带大师来形成一个班）。更重要的是，传授六西格玛大师必需的技巧存在很大的困难。正规的培训只是打了一个根基，技能的培养则需要真正的工作。这是管理的要求，候选人应具备下列能力：

- 使用高级统计工具；
- 指导和领导黑带；
- 管理大型项目；
- 开发并实施管理转变战略；
- 发现项目和筛选项目，以获取最大影响力；
- 战略性的思维。

多数公司由咨询师为黑带大师候选人提供指导，以确保黑带大师的素质。有些公司从外部聘用黑带大师，但是这要求有效的指导计划，以确保外部黑带大师了解该公司的文化。这些黑带大师了解其他组织实施六西格玛的方法，但这很可能不同于新公司实施六西格玛的方法。例如，黑带大师若从一个注重固定流程的公司来到一个更加强调公司战略一致性的公司，就要及时地进行调整。

认证　认证六西格玛大师的主要标准如下：

- 达到黑带的全部要求；
- 成功指导过 12 个黑带完成项目；
- 完成六西格玛设计课程；
- 完成黑带大师高级课程；
- 通过六西格玛领导的认证。

评价　六西格玛领导主要根据下列标准评价黑带大师的工作表现：

- 黑带大师与高级管理团队一起工作的绩效；
- 指导黑带及其项目的能力；
- 领导转变技巧的运用；
- 表现出熟练的项目管理技巧，领导跨部门的团队；
- 确定最大回报的先后次序的能力（财务敏感能力）。

这一过程应至少每年进行一次，第一年应适当增加次数。

▶▶ 绿带

黑带要靠团队才能完成工作，如果团队中只有黑带了解六西格玛流程，完成项目将需要很长的时间。黑带也将花费大量的时间作为项目专家工作，而不能做出更大的贡献。即使在已经实施六西格玛好几年的公司，黑带也很少超过 5%。这根本不足以将六西格玛作为解决问题的主要途径，更别说支持既定的文化变革了。鉴于这些限制条件，几乎所有实施六西格玛的公司都培训了大量雇员作为绿带。

定义 绿带或者作为黑带团队的一员，或者作为负责实施绿带项目的领导，兼职参加黑带项目（投入20%~50%的时间）。绿带领导自己的项目时，经常实施一个部门内的小型项目，而不是跨部门的项目。绿带没有固定的任期。黑带和绿带的主要区别如下：（1）绿带接受的培训少于黑带。（绿带的培训时间一般为5~10天，而黑带一般为4周。）（2）绿带兼职实施六西格玛项目而黑带总是全职的。

选择标准 组织管理层负责挑选绿带候选人，许多组织要求雇员的一定比例或者一些小组成为绿带。

- TRW要求全部雇员接受绿带培训。
- 在通用电气和西门子电力公司，任何升职都需要经过绿带培训。

分派黑带在培训期间和以后的项目中进行指导实施是它的唯一先决条件。

培训 与黑带一样，绿带的培训也以“波浪”的小组形式进行。每波需2个月，包括1~2周的培训。在此期间，绿带在课堂上学习理论与实际应用交替进行。绿带培训课程的安排与黑带相似，课程内容仅限于六西格玛的基本工具。公司绿带培训的内容和长短各异，但是，大部分行业的标准是十天。

许多公司设计了针对性的绿带培训项目，以适应公司内部的不同需要，并注重工具和进行培训的特定部门的实例的培训。

- 强生的绿带培训起初包括行政组和技术组课程，后来公司质量管理组决定为有市场和销售背景的人设计另外的课程。
- TRW的每个业务单元都开发了有关自己业务的工具和技巧的课程，因此为研究系统工程的人员设计的课程就有别于汽车部门的课程。

根据各部门的特殊需要进行有针对性的培训是有道理的。但是，这也会导致一大堆不同的课程和培训材料的出现，而要升级和保存这些是要花巨额代价的，特别是当这些材料必须用多种语言写成时，代价会更大。另一个困难是分开对各部门和业务单元培训会使全公司建立通用的语言更加困难。来自公司不同部门的代表六西格玛领导的中心工作组应负责按计划开展与项目总目标一致的课程，这些课程应该采用有针对性和及时性材料。

评价 部门管理层会用现有的流程来评价绿带，不过，团队中有绿带的或者是指导过绿带项目的黑带应该为绿带的业绩评价提供材料。

认证 一些公司如TRW和Armstrong要求对绿带进行认证。认证与项目的完成相关，时间由结束程序决定，认证绿带的一般标准如下：

- 完成绿带课程；
- 完成一个绿带项目或者参加一个黑带项目；

- 通过黑带和黑带大师的认证；
- 递交并通过绿带终期汇报。

通过认证后，许多公司要求绿带每年完成一个项目以保持绿带资格。这是必要的锻炼，也能确保绿带熟练应用六西格玛语言。西门子电力公司甚至这样规定：雇员入选批准进入绿带项目后，必须获得认证并且在西门子工作期间要一直保持认证。

▶▶ 质量分析师

质量分析师（又叫钱带）是财务代表，他们的职责是保证西格玛项目的财务和非财务利益真实可靠。一些公司为质量分析师设计课程 ，提供正式培训，但是大多数公司只要求他们进行绿带培训和一些评价六西格玛项目的政策和指导原则的培训。质量分析师负责项目业务案例的核查、已完成项目业务影响的认可、精确汇报项目财务收入。每个绿带项目和黑带项目都需要一位质量分析师。详细情况请参考第 24 章，该章具体讨论了质量分析师的这一角色。

▶▶ 团队成员

即使组织将大部分雇员培训为绿带，项目的成员也还不够。团队成员由谁参与由团队解决问题需要的流程的专业知识决定。在许多制造项目中，操作员是项目团队的主要成员。这些成员除了具有最基本的认识外，没有进行过六西格玛工具的正式的培训。因此，构建团队的任务就落在黑带或者领导团队的绿带的肩上。确保团队正常运行十分重要，缺乏管理会导致团队延迟或者不能达到目标。除黑带培训之外，我们还建议进行正式的团队发展培训。许多组织还在黑带课程中加入了正式培训（通用电气和 TRW 就是很好的例子）。

吸纳团队成员 团队成员应该由倡导者来录取，有时也可以由各区的经理推荐成员。录取为成员后，应该给他们一份团队章程或者问题表。这样，他们就会十分清楚团队目标和其他特殊规定。倡导者需要及时回答出现的任何问题。对于队员时间要求十分清楚，确保队员的监督者也了解它。倡导者应该举行一个正式的开始会议完成下列目标：

- 建立团队目标；
- 解释选取队员的目的——他们能给流程带来何种价值；
- 为队员提供机会进行角色和可能的贡献定位；
- 讲明这一角色对他们个人的益处、什么对他们是重要的；
- 询问他们有何种顾虑，认真倾听并给予解答；
- 询问他们认为他们的参与对这一流程有何好处；
- 询问他们是否愿意参与，并保证给他们提供帮助。

团队大小和成员资格指导原则　一般说来，6~8 个成员最为合适，7 个最理想。为什么？和许多事情一样，这也要权衡利弊。一方面，团队需要足够的人才会具备成功所需的专业知识和资源（从需要执行任务的人来说）；另一方面，团队要想作为小组发挥良好作用，每个成员应该能够有机会表达自己的观点，为解决问题贡献一份力量。我们通过反复的试验发现团队大小是以下两个因素相互妥协的结果：少于 6 人的团队人员不够，多于 8 人的团队会很难管理。

成员资格　选择组员的首要标准是他们为达到目标做出贡献的能力，一般要看他们是否具有解决问题或者实施解决方法的技巧和经验。组员根据项目而定，一般包括执行人员、技师、工程师、督导。如果督导拥有能直接达到目标的知识和经验，就应当将他们包括在内。以前因为预计督导可能会控制其他团队成员，督导曾经一度被自动排除在由雇员组成的团队之外。后来我们发现这很大程度上是个人问题。尽管在一般情况下，最好不要让督导做团队领导，但是也有一些打破常规而取得优秀成果的例子。

另一个经常令人担心的问题是，许多督导与其他组员一样，没有参与或者没有投入足够多的时间参与项目工作。假如能预测到这一点，应该提前进行特殊的安排或者不予考虑此人。我们建议，有时可以让一名组员成为局外人，他的任务是提一些“愚蠢的问题”。这一方法能在行政流程和相似的流程中发挥作用，因为局外人能够通过学习迅速学会这类流程的基本知识。但是在技术性要求很高的流程中却发挥不了多大作用，因为这些流程需要很强的专业技能才能解决问题。这对局外人造成了很大的压力，他们也许很难理解，并且很难为此做出努力，最终他们会产生深深的挫败感。另外，这个人还占据了一个职位，否则的话，其他具备团队所需要的流程知识的人就可以接替他的位置。

团队成员的选取标准如下：

- 功能专家——对这一工作有深刻的了解
- 有充足的时间开展项目工作
- 性格特征
  - ＜ 诚实可信
  - ＜ 积极主动
  - ＜ 仔细倾听
  - ＜ 喜欢提出问题
  - ＜ 团队精神
  - ＜ 在同伴中极具影响力
  - ＜ 在小组内工作表现良好

< 善于解决分歧

< 愿意接受任务

永久和特别团队成员 每个团队都需要几名核心队员，项目的特定方面可能需要特别的人员（例如，在控制阶段需要维护工程师来设计新的维护计划）。领导项目的黑带必须确保团队中有整个项目实施工程中需要的全部成员，必须确保能够找到完成特定任务需要的特别成员。

▶▶ 倡导者

倡导者为跨部门项目的成功实施提供支持，他们是中高级管理层的代表，具有一定的影响力，能够帮助团队克服组织层的困难。

定义 倡导者是行政人员，是六西格玛项目的支持者。他们的职责如下：

- 确保培训和项目的资源；
- 参与项目评议；
- 参与项目筛选；
- 为项目组提供战略性指导；
- 经常了解项目的进展情况；
- 帮助黑带克服困难；
- 使组织一直关注预期成果；
- 遇到意外事件时，调整团队的活动使之步入正轨；
- 经常为高级管理层提供有关信息；
- 为成效负责。

倡导者需要进行正式的项目评议，以确保一定的成果可见性和领导层支持。每个黑带和绿带项目都需要一名倡导者。

培训 尽管很多人会说，没有必要对高级领导进行基本的技术工具和概念的培训，但是许多实施六西格玛的实践说明培训倡导者对于执行任务是十分关键的。不了解流程的有关知识不但很难为流程提供指导，还会出现类似的问题：假如倡导者连六西格玛的基本知识都不懂，他们该怎样参与到项目中去？因此许多公司都要求倡导者参加为期 1~3 天的培训，使他们了解六西格运动和“定义—测量—分析—改进—控制”（DMAIC）解决问题的流程概况，以及评议和指导黑带的原则。（见图 4.6）

▶▶ 流程主管

如果一个公司要真正实施作为六西格玛体系支柱之一的流程管理，它就需要另一个重要角色，那就是流程主管。即使公司没有计划设置正式的流程管理系统，明确由谁主管黑带或者绿带进行的流程也是非常重要的。指定一名经理在项目完成后接管项目以保证其继续获得利润，这一点同样重要。如果未能指定在项目完成后接管项目人选，经常会使流程回归到起点，抹杀六西格玛项目带来的利益。流程主管负责确保团队开发的新流程和方法在业务中得以实施。

培训前

- 制定与黑带的会面时间
- 与候选人一起评议入选项目
- 讲明期望
- 与黑带订约以获得支持，同时核查问题

定义

- 评议并批准项目章程
- 评议 SIPOC 和关键质量要求（CTQ）
- 进行检查评议

测量

- 评议资料搜集计划
- 需要时提供其他的标准
- 批准六西格玛衡量标准
- 进行检查评议

分析

- 认可问题根源分析
- 指导改善重点
- 进行检查评议

改进

- 批准团队的建议
- 评议执行计划
- 为管理转变计划提供建议
- 风险分析，试验阶段进行参与
- 进行检查评议

控制

- 认可试验阶段的项目影响
- 批准控制计划
- 对流程主管人员进行非现场控制
- 参与项目结束会议和递交委员会的最终汇报
- 进行检查评议

图 4.6　DMAIC 中的倡导者角色

定义　流程主管是直接对由黑带或绿带改善的特殊流程负责的经理。更广义地说，是指对全球业绩和指定的端到端业务流程的持续性战略改善负责的经理。流程主管应该每周或者每两周与项目团队会见一次，以确保项目进展和参与决策流程。流程主管负责维护持续的改善并对流程偏差进行监管。每个黑带和绿带项目都需要一名流程主管，他们的职责如下：

- 保证全公司遵守分析及评价尺度并且实施了变革；
- 评价流程业绩，为流程业绩提供目标，倾听客户的声音以发现新的或者已经转移的需求；
- 指定六西格玛章程，组建并领导六西格玛团队；
- 批准团队制定标准流程政策、程序、系统、流程图及标准；
- 交流内部实施的最佳方法；
- 经常进行流程评议以确保获益；
- 不定时参加团队会议，与项目保持联系；
- 在吸纳高效率成员方面为团队提供建议；
- 确保成功标准跟上实际变化，并经常进行讨论；
- 确保程序跟上实际变化并进行有效传递；
- 确保相关雇员和督导都以新方法得到培训；
- 确保在项目实施阶段取得的收益在保持阶段能继续下去。

鉴于业务流程存在不同的层次，我们建议至少每一层次的 3 个业务流程应该有流程主管。

培训　一些公司，尤其是有流程管理系统的公司，要求流程主管参加过培训，至少是绿带培训。因为这使得他们对流程管理有了一个总括性的认识，并且知道了本项目结束后他们应该做些什么。

▶▶ 指导委员会

“指导委员会极其重要。指导委员会专注于设计业务进度表，然后将全公司的流程表连接起来进行实施，这样我们就有强大的力量驱动流程改善项目。如果没有这一安排，项目选择就会变得随意而且低效。现在有了进度表，作为指导委员会，我们开始更重视评议项目。这样就为我们提供了一盏明灯，使我们能够看清它的重要性，也使整个公司更加有效地学习和理解流程改善。我们会继续设立指导委员会。”

（访 TRW Space & Electronics 总裁兼首席执行官 Timothy W. Hannemann）

指导委员会是推动六西格玛实施的主要力量（见图 4.7）。大型公司会设立许多的指导委员会，每个指导委员会负责组织一个具体部门六西格玛的部署工作。经验表明，指导委员会与项目越接近，就能越好地领导六西格玛部署工作。比如说，制造型企业就应该为每个分支机构或者主要工厂设立一个指导委员会。六西格玛的治理原则如下：

- 参与、控制和负责向下传达决策；
- 实施时应考虑到产品和地域因素；
- 应注重流程；
- 项目与业务目标应明确挂钩；
- 可能时应采用现有的评议性组织结构和会议；
- 指导委员会应由业务领导组成；
- 制定集体和个人责任制；
- 六西格玛会议至少应该与公司运营管理性会议一样定期召开。

指导委员会关于六西格玛的基本功能如下：

- 选择团队和项目；
- 组织准备。

项目和团队选择

- 选取项目并设立目标
- 设定执行的先后次序
- 选择团队、领导和内部顾问
- 制定团队章程

持续团队支持

- 监控团队进展
- 确保资源到位，扫除障碍
- 向雇员授权并且培养他们
- 认可奖励他们的努力

组织准备

- 向整个组织成员传授六西格玛的知识
- 发展中等及引进的精益管理
- 明晰六西格玛项目的先后次序
- 支持日常活动中的创新

保持既得利益（项目成效制度化）

- 联系现有的衡量标准
- 保证进行沟通和培训
- 团队任务结束后继续监管项目
- 明确维护成果的负责人

图 4.7　指导委员会在六西格玛中的角色

▶▶ 六西格玛领导

六西格玛领导是行政领导，应该直接向负责六西格玛活动的行政人员汇报工作。作为执行委员会的一员，六西格玛领导是执行委员会、各团队、指导经理和督导之间的联络员。六西格玛领导的作用是学习如何便利雇员参与流程并保证行政人员和协助者获得持续成功所必要的技巧。

定义 六西格玛领导是负责公司实施六西格玛的高级行政人员。许多公司的六西格玛领导全身心的投入六西格玛运动，尽管他们有时还负责其他的改善活动或者战略规划。六西格玛领导这一角色是暂时的，因为当六西格玛成为一种工作方法的时候，就不再需要这一角色了。

选择标准 一方面，候选人可以从经验丰富、诚实可靠的内部行政人员中选取，他们需要学习六西格玛方法，从而能够更加有效地担任六西格玛领导者的工作。另一方面，为了在六西格玛开始运动时就有经验丰富的领导坐阵，公司可以从外部选取六西格玛高层执行人员作为候选人。（见图 4.8）

六西格玛领导职位描述
汇报给：首席执行官或者当地业务单元领导
岗位职责
• 为项目的选取提供便利 • 按照要求计划、协调六西格玛培训活动 • 接受绿带或绿带以上培训
性格、技能及能力
• 经验丰富的高级管理人员 • 战略性思考 • 受同行尊重 • 善于与各层次人员沟通 • 能够领导和影响团队，在组织内各层次有效地开展工作 • 精力旺盛、充满热情、力求卓越

图 4.8 六西格玛领导职位描述

如何开展工作？

明确角色和责任是及时完成项目的关键。图 4.9 概括说明了应该如何完成具体项目中的工作。

▶▶ 项目评议

为保证项目的进展，有必要经常有计划地进行项目评议。

	项目开展之前	项目开展之中	项目开展之后
黑带/绿带	• 与倡导者一起评议目的说明书 • 起草其余的章程 • 选择成员	• 管理计划 • 领导组织会议 • 协调沟通 • 联络黑带大师、倡导者和有关利益人	• 确保文件的完成和课程跟进 • 适当的时候，监管实施进程
黑带大师	• 协助团队领导 • 帮助起草章程	• 提供专业和方法指导 • 协助团队搜集和理解资料 • 协助支持者准备评议材料	• 需要时提供指导
团队成员	• 接到选任通知 • 调整日常工作计划	• 参加会议 • 执行任务 • 贡献专业技能 • 学习必要的技能和犯法	• 使用改善的方法
倡导者	• 认定目标 • 挑选黑带/绿带 • 任命黑带大师 • 起草目的说明书	• 提供指导，明确方向 • 评议团队进展情况 • 进行必要干预 • 预算控制	• 为项目实施不断提供支持 • 确保监管 • 保存学过的课程
执行委员会（包括六西格玛领导）	• 挑选项目 • 任命倡导者和黑带 • 指定流程主管	• 进行项目评议	• 结束项目
流程主管	• 选定成员 • 评议业务案例	• 参与重要决策 • 提供资料 • 参与项目评议	• 管理改进的流程
质量分析师	• 创建业务案例	• 批准结余金额	• 可以继续监管

图 4.9　六西格玛中各个角色的功能

- 倡导者每月或者至少每季度进行一次正式评议，参与人员应该包括倡导者和其他重要的内外部领导（流程主管、黑带大师和相关利益者）。外来组织的领导参与项目评议对于跨部门交流有着极其重要的作用。通常情况下，是由黑带或绿带来做汇报的，但是我们建议在 DMAIC 的后期阶段（改进和控制阶段）由流程主管来汇报项目的进展状况。
- 流程主管每周举行非正式的会议/评议，以保证项目的进展并消除可能存在的阻碍成功的因素。这些会议经常是与黑带一对一地进行的。
- 黑带大师有计划地举行指导会议，以确保项目进展与六西格玛工具的正确应用。这些会议通常也是与黑带一对一地进行的。应该将会议总结整理下来，并分发给黑带和六西格玛领导。此外，黑带大师应该经常参与项目评议与执行委员会的委员一对一地进行工作，使他们为项目评议做好准备。
- 黑带有计划地对分派给他或她的绿带进行指导，以确保项目进展和六西格玛工具的正确应用，这些指导也经常是一对一地进行的。

- 执行委员会与各团队会面，评议项目的进展情况，提出并解决问题。这是确保执行委员会了解情况、强调项目重要性、为团队及时提供目标并使之保持对项目成果的合理预期的重要途径。每队的会面时间通常是 15 分钟，其中 10 分钟用来团队的汇报工作，剩下的 5 分钟则就问题进行讨论。全体成员都应该参加评议。

责任转移

项目结束后，团队应该做好以下工作：

- **保持标准不变** 在每个项目执行流程中，应该至少使用一个主要标准对项目进行监管，继续坚持使用这一标准说明在项目结束很长一段时期内，它对于保持良好的业务水平的重要性；
- **确保流程成功** 保证安全意思是寻求将流程容易做好而不易做错的方法，也就意味着要寻找消除决策不确定性的途径；
- **建立书面程序** 将新程序写成文件或升级现有的程序，这样每个人都有工作标准，让其他操作人员和督导也参与到开发这些程序的过程中来；
- **开发程序培训** 保证需要了解新程序的人都能接受培训，保证有计划地培训后备操作人员。

保持新的业务水平的责任必须由团队转移给精益组织，项目标准也必须融入到日常的操作中来。项目结束时，团队必须判定变革的有效性：这些变革达到预期效果了吗？他们已经被实际操作流程的人采用了吗？成效的降低主要是由于没有做好从项目团队到精益管理的交接工作。当团队不再从事流程改善工作时，除非精益组织（管理、监管人员和员工）经过新程序的培训，否则他们就会回到以往的旧程序上去。虽然这一交接必须在项目成员和督导的参与下在项目实施阶段就开始着手进行，但它必须在维护阶段不断地巩固加强。流程主管是责任交接的关键。

因为项目的目标总是高于用来衡量精益组织的目标，可能将来对保持这些项目目标的重视会不够充分。例如："达到预算"（衡量督导的方法）不足以保证继续达到项目目标。为避免这一情况的出现，项目的衡量方法应当融入到日常的衡量方法中去。

到完工日，下列事情应安排到位：

- 达到或者超过目标的业绩；
- 促成改善业绩的方法和程序纪要；
- 衡量这一业绩的标准并指派人员保持这一标准；
- 由团队、流程主管和倡导者制定的过渡计划。

各团队应该负责前三件事情，并在章程中给与说明。第四件事情由团队和流程主管共同负责，倡导者给与协助。计划应该包括那些有助于确保组织继续认同和采用新措施，以及能确保突破性项目带来的改善能够持续下去的细则。团队必须与流程主管和精益组织一起工作，保证计划得以实施。

倡导者应负责项目的继续实施，并由财务部门予以检查。这里要使用指导原则来审计六西格玛项目（详细情况见第24章）。每个项目应该明确地结束，并且给与相应团队适当的认可表彰。表彰的类型及具体形式应由团队根据执行委员会设定的指导方法决定。

团队章程制度

章程制定流程是整个六西格玛流程最重要的部分，这意味着执行委员会、倡导者、流程主管和团队要做好以下工作：

- 明确达到项目目标；
- 商讨范围、定义和资源等问题；
- 消除支持、合作、成功和失败等有关顾虑。

项目选定后就应该开始章程制定流程了。执行委员会和倡导者一起起草团队章程，定义项目和有关衡量标准、定时、界限等的相关条件。执行委员会全部成员一致同意章程的规定，这一点很重要。草拟的章程要在团队会议期间发给各个成员，正式的章程由执行委员会以草拟的章程为基础，归该团队所有。团队成员在章程中写进他们各自对于项目的认识。在正式章程形成流程中，全体成员应确保自己理解章程及其意义。团队成员经常需要做以下工作：

- 为草拟的章程中的一些规定提出修改建议；
- 提出草拟的章程中未回答的问题；
- 提出他们对项目的有关顾虑。

章程的制定流程是团队进入项目的一个机会。讨论的中心通常围绕资源展开，有时是对定义方面的考虑，有时则是目标本身的问题。团队成员应与倡导者会面提出上述问题，倡导者给与支持并协助解决提出的任何问题，后者是十分重要的。会面结束时，倡导者和团队在项目的各方面达成共识（或者对解决这些问题的时间和方法达成共识）。之后，团队应该将此次会面的任何改进写进章程并将修订过的章程分发出去。

组织结构

进行工作需要组织结构将六西格玛流程制度化，组织结构的内容包括人力资源指导原则、培训和跟进程序及实施这一组织结构的项目办公室。

人力资源指导原则

公司需要有选取候选人、报酬、奖励、表彰、改善管理、沟通及庆祝的指导原则。

对各层次进行培训

一般认为，六西格玛是培训项目。但是，培训仅仅是成功实施六西格玛的一个方面，尽管它是很重要的一方面。一个培训项目通常包括下列内容：

- 黑带培训；
- 绿带培训；
- 领导培训；
- 意识培训；
- 流程管理培训；
- 六西格玛设计培训；
- 黑带大师培训；
- 给予培训人员的培训；
- 倡导者培训。

项目追踪

大多数大范围的实施都会有许多需要同时追踪的项目。为保证运动的全面成功，需要领导人员和六西格玛组织在整个组织内追踪这些项目的进展情况。几乎在全部有50 个以上黑带的组织中，使用空白表格程序不但不足以跟踪重点项目的完成情况，还不能够及时发现已经停滞的项目。因此我们建议使用跟踪软件以促进六西格玛项目的管理工作，为这一任务设计的工作包就是考虑到了实施的针对性。我们都不应该低估项目跟踪系统的重要作用：经验表明，除了增强这一工具使用的有效性的培训外，在全球范围内实施这一系统需要六个月的时间。另一方面，该软件能够使得项目批准流程采用电子化管理，从而缩短了项目通过验收并继续进行所需的时间。此外，将全部项目安排于一个系统内便于组织做好以下工作：

- 比较不同业务单位朝着六西格玛目标努力所取得的进展；
- 及时获得有关节约成本和累积收益的信息；
- 发现潜在问题；
- 便于发现知识管理和最好的方法。

▶▶ 项目办公室：融一切于一体

项目办公室负责实施六西格玛所需的组织结构，有权创立和保持六西格玛的各种程序和责任，有权指定培训项目的内容。项目办公室安排培训课程表，记录保存参加培训人员的成绩。许多情况下，项目办公室由一批专家组成，他们负责维护和改进形成六西格玛方法的培训和咨询方法、协调与咨询伙伴的关系及六西格玛的总预算。项目办公室的职员很少，大部分都是精益代表，如当地的六西格玛领导。各部门和中心职能部门会指定一名领导负责当地的活动与公司要求之间的协调工作。这些人代表了各自部门在项目中的特殊需求，他们是项目办公室的业务伙伴。

结论

存在明确定位的角色和有效的组织结构是成功实施六西格玛的先决条件，设立与业务管理结构一致的治理结构与培训管理项目的专家同等重要。随着六西格玛成为组织开展业务方法的一部分，这些结构将日益成为正常组织结构的一部分。

第 5 章

领导层的非委派角色

Jim Fishbein 和 Thomas Bertels

“这些不是自下而上的项目：首席执行官必须为之负责。”

——杰克 · 韦尔奇

“六西格玛在霍尼韦尔取得了成功，因为我们致力于确保它在公司的上上下下都得以实施。”

——拉里 · 博西迪

在实施六西格玛管理举措过程中的成败都是引人注目的。大体上说，有像通用电气这样的公司，由于六西格玛的成功实施，彻底地改变了企业的工作环境和文化。当然也有另外一些公司则白白浪费了大量的金钱和时间，还有一些虽然降低了生产成本却没有取得任何实质性收益。造成这些差别的一个重要因素就是公司的领导。本章主要介绍了领导决策的六个关键领域，只要高层管理人员亲自积极参与这些决策，公司在贯彻六西格玛的过程中必将取得更好的成绩。它们是：

- 确立实施目标；
- 安排基础工作；
- 制定全面策略；
- 管理风险；
- 调整行为绩效标准；
- 制定个人工作步骤。

本章是针对实施六个西格玛的公司中的高层管理人员而写的。对于大多数公司来说，这些人包括首席执行官、首席运营官、总裁或总经理以及直接向这些人负责的资深管理人员。但是在大型组织和跨国公司中有管理人员对于六个西格玛战略的实施也可能是必不可少的。究竟哪些人是高层管理人员主要取决于一个组织的权力结构。有些公司利用组织上的头衔，例如副总裁或者更高的头衔来称呼六个西格玛战略的负责人员。

确立实施目标

不同的公司追求六西格玛的原因各不相同，所以明确实施西格玛的目的对管理人员如何制定实施该战略的决策有着至关重要的作用。我们建议把该战略定位成渐进式的或者是变革式的。

▶▶ 渐进式战略的目标

对很多公司来说，六西格玛的威力在于它可以使企业大大降低成本，所以它们注重六个西格玛在财务方面的作用，重点寻找一些有可能带来优厚回报的项目上。注重投资回报的企业常常关注于项目层面而非战略性视角。在这种情况下，有些六西格玛项目虽然仍能够支持企业的整体战略，但六西格玛的这种战略应用主要是为了追求财务成果最大化。渐进式战略的特征是持续改进的思想，六西格玛被视为是一种新的或者更先进的解决问题的方法，其目标是寻找到那些可以为公司带来以下好处的项目：

- 可带来丰厚的回报；
- 可规避成本；
- 可解决客户投诉问题；
- 可抢占市场份额；
- 可解决以前无法解决的问题。

▶▶ 变革式战略的目标

采取变革式战略的企业把六西格玛看成是从根本改变企业经营方式的策略。六西格玛被视为促使企业改革的催化剂，它们着重于成为一个六西格玛公司而不为了实施而实施。

着眼于变革的企业想改变其组织结构。组织结构的变革要求领导层不能只注重于单个项目而是把行为和文化的改变作为关键因素。领导层必须扮演更加积极的角色。变革的最终结果就是将企业的文化改变，即在管理中利用积极获取的信息，坚持不懈地贯彻自由开放的思维方式，全面彻底地实施客户至上的思维模式，不断调整管理系统来保证企业灵活地应对外界的挑战和机遇。如果企业追求的是该目标，那么就有充分的理由把六西格玛管理列为管理人员不可推卸的责任之一。管理层应把六西格玛作为完成重要工作的方式而不是把它看成额外的附加工作，而且要给予员工各种奖励，并视其业绩提供不同的晋升机会。

图 5.1 说明了两种方式的主要不同。管理人员可先实施渐进式战略，并在企业为集中变化做好准备后再实施变革式战略（见图 5.2）。

渐进式战略		变革式战略
领导层将实施授权给专家并提供足够的资源	**领导层**	领导层深度介入，负有无法委派的责任
为了选择适合使用新工具的业务领域要求有一定认知	**文化**	要求认知和高度关注——领导者需要非常清楚地知道什么需要变革什么不需要
没有改变，六西格玛只是另一个达成愿景的工具而已	**愿景**	必须强制性地将其与六西格玛融和为一体
没有改变，不过项目可能被筛选以推动战略目标的实现	**战略**	应该清楚地表明成为六西格玛组织是战略的一部分，并说明六西格玛是如何影响和帮助达成战略目标的
变化仅仅体现在建立了一个临时的六西格玛基本结构	**组织结构**	实施六西格玛不仅仅是建立一个六西格玛基本结构，而且是重新设计组织并尽可能地采用一个流程管理系统
可能只需要很小的关注	**认可和奖励**	需要完全地重新思考以支持期望的新行为
关注于在什么地方实施，确保关键成功因素到位	**变革管理**	需要一个高水平的计划和完善可信的沟通

图 5.1 渐进式战略与变革式战略的不同

在以下情况中，六西格玛已融入了企业：

- 领导层根据事实做出决定，快速彻底地对有关“信号”和“噪声”做出反应
- 项目资金保持平衡，并保存清楚的商业资料，制定战略目标促使项目发展
- 用客户的反馈意见评定项目的绩效
- 项目渗透到公司的每个角落而不仅仅是生产流程
- 业务流程被用来实现企业的竞争优势
- 业务流程的不断改进被视为管理层重要领导才能
- 公司的流程和程序使以事实为根据的决策方式成为可能
- 非黑带与非绿带人员将会遇到职业限制
- 六西格玛工具被用来解决业务中的主要挑战和问题

图 5.2 六西格玛变革

安排基础工作

以下是公司首先需采取的行动以及应做出的决策，这些对成功起着至关重要作用，可为六西格玛的正式实施做好准备。

▶▶ 行动一：定好基调

Dave Cote 开始实施 TRW 的六西格玛计划的时候，对领导集体发出了清楚的信号——追求速度比追求完美更重要。对他来说，犯错误是实施六西格玛过程中不可避免的问题，重要的是从错误中吸取教训并很快地改正。其他的高层管理人员则发出了不同的信息，例如：

- 利润是唯一重要的东西；
- 如果顾客没有感觉到我们产品或服务的改善，我们就徒劳无功；
- 所有项目都必须与关键任务保持一致；
- 任何不支持六西格玛的人就得另谋高就；
- 每个员工在工作中都必须利用六西格玛这个工具。

负责实施计划的管理人员必须早早地定好基调并且去一贯地坚持它，六西格玛相关人员的行为都必须与公司的理念高度保持一致。换句话说，如果以公司的核心理念是规避风险，那么鼓励员工大胆犯错再加以改正就是一个错误的信息。新的领导层有可能为了实施六西格玛而冒险鼓励与公司理念相抵触的行为。既然领导的任务很大程度上就是发出正确的信息，所以，领导层特别是高层管理人员，需要对公司实施六西格玛的行动和目标定好基调。

▶▶ 行动二：调整奖金制来支持六西格玛的实施

在调整奖金制度方面，管理人员有两种选择：直接奖励或者间接奖励。

直接奖励的例子：当杰克·韦尔奇在通用电气实施六西格玛的时候，他就认识到了调整奖金系统的重要性。由于认识到了员工会努力干好可衡量并且可得到奖励的工作，他决定对管理人员实行 40%的浮动工资，以保证六西格玛目标的实现。

间接奖励的例子：TRW 把六西格玛看做是管理人员实现公司财政目标的方式之一，并保持其奖金制度不变。但是对黑带人员的股票期权却是一个例外，股票期权反映了一个公司的整体状况。参与六西格玛行动是必需的，所有员工一律要求完成绿带培训。

两种方法各有利弊。对实现六西格玛目标进行直接奖励说明了领导层对该项行动的重视，但这种策略的成功与否在于所选目标的价值。此时，衡量标准就变得非常必要了。（第 18 章详细论述了衡量标准是如何推进六西格玛进展的。）

另一方面，如果公司不设立独立的六西格玛目标，不调整奖金制度，企业很有可能还按以前的方式办事。六西格玛就会成为一种“课外活动”，一种额外的工作。

对于间接奖励制度，解决的办法就是清楚地说明六西格玛是如何推进企业实现目标，以及如何根据财政状况来衡量业绩的，同时也要证明六西格玛策略的实施是为了实现目标。例如，对车间经理的奖励制度，传统的衡量方式包括成本节约，服务水平以及存货。六西格玛实施后，则完全取决于是否使六西格玛工具实现了目标。这样六西格玛就成为一种实现经营目标的方式，而不是仅仅为了实现六西格玛。

企业的文化对于决定该企业应采取哪种奖金制度有着重大的意义。但是有一点是肯定的，那就是只有你注意到了奖励制度的重要性并使每一个员工明白他们的可变工资和晋升机会都取决于他们利用六西格玛完成既定工作目标的能力。只有这样，你才可能取得进展。奖励制度调整的决定必须在战略部署的前几周内做出，否则企业的阻力会变得很大以至于以后的调整工作几乎已经不可能了。

▶▶ 行动三：保证充足的资金供给

谁为六西格玛的实施提供资金？这看起来是一个微不足道的问题，但实际上不是这样的。每天结算时，公司需拿出资金来维持经营。领导需要决定是由各个业务单元共同提供资金还是由公司提供部分的费用 。大多数公司为了开始运行（例如六西格培训和软件设施的许可证费用）都采用一次性提供资金，而由各个业务单元负责培训费和黑带人员的奖金等。

对于大多数企业来说，我们建议在各业务单元建立中央预算，由六西格玛的领导人员负责管理该项预算。这样会使各项费用的分摊工作更加简单易行，同时也证明了六西格玛的领导人不仅仅是“徒有虚名”（我们看到的大多数企业倾向把预算的数额与权力的大小画等号）。

最初让各个部门负责自己的培训费，公司企业文化的特色就是让每个人为自身负责；所以让每个部门出资是合乎情理的。但是，对于六西格玛这不仅会造成行政上的混乱，而且也提出了一个关于公平的问题，因为大多数情况下不只是一个部门受益。也就是说，由各部门负责的项目，其他部门（未出资部门）有可能从中受益。在这种情况下，改为各个业务单元出资才能取得进展。这样，战略将顺利得以实施，项目也将更快地予以完成。

通常，黑带的费用最好由中央部门负责，这样就可以简化了六西格玛实施费用的量化工作而且可以避免“我为他们发工资就应该由我来管理他们”的思想。换句话说，黑带人员是企业资源而不是部门资源，他们的薪金发放也应该反映这一点。因为绿带人员不只是为六西格玛项目工作，他们只花部分时间在上面，所以他们的薪金应为部门财政预算的一部分。组织的其他操作也要以此作为指南，最好不要与其他培训项目的处理方法截然不同。

▶▶ 行动四：决定由谁参加

高层领导必须提前做出决定是不是所有部门都需参与六西格玛项目，而且这个决定至关重要。通常在开始的时候管理人员都会听到有些部门声称六西格玛不适合他们，因为他们没有流程，他们现已有类似的项目在施行或者现有的工作量太大而不允许有新的项目。如果目标就是实现改革，那么公司上下必须全力以赴。另一方面，采取渐进式战略的公司则不一定要求所有人员都参与其中。

六西格玛可用于任何有流程的地方，但是这并不意味着它在哪儿都可以取得成功。甚至是深信六西格玛的杰克・韦尔奇都无法利用六西格玛来提高 NBC 情景喜剧的收视率，而且如果一个多种经营的大公司的管理人员知道他们将会在实施六西格玛过程中经受痛苦的整体变革或者是领导集体的更换的话，那他们最好先推迟在一些部门实施该项战略。

关键问题是不能忽略某个部门，即使这个部门无法取得像其他主要部门同样好的效果。同样地，这要决定于六西格玛的核心所在：那些这采取渐进式战略的企业完全可以侧重于六西格玛最有可能发挥最大作用的领域。只有一个企业全力以赴才能实现文化的变革，才能用共同的方式解决问题，使得每个人都精通六西格玛。

▶▶ 行动五：决定六西格玛是不是提拔和雇用员工的条件

如果你希望六西格玛成为公司将来的经营方式，那么理论上将来的员工和管理人员精通六西格玛就变得十分重要了。正是基于这种想法，像通用电气和 TRW 这样的公司都要求他们的管理人员至少应该通过绿带培训才有资格晋升。以我们的经验，这是说明领导集体对六西格玛重视的绝佳方式，但是领导集体必须坚持贯彻这个决定。这个政策需要考虑到以下问题：

- 什么时候开始将通过绿带培训成为员工晋升的条件；
- 现职的员工如果没有经过绿带培训能不能继续留职；
- 六西格玛是每个员工升迁的条件还是仅提升为经理以及更高头衔的条件；
- 外部员工是不是也需要接受培训，他们应在多长时间内完成培训。

为了保证效率，这样的政策必须由管理人员来强制执行。很多高层管理人员都要求对职员和经理的晋升必须经过他们的审核，这虽然很费时间但却是确保该政策得以贯彻执行的有效办法。同样的，杰克・韦尔奇是落实这项政策的典范，他自称自己狂热地要求每一位身处领导职位的员工都必须通过六西格玛的培训。

▶▶ 行动六：严格地使六西格玛与管理系统保持一致

如果你不只是要停留在渐进式的变革，那你需要尽可能早地把六西格玛融入你的经营战略以及现有的预算之中。不应该把它单纯地视为一项工作而应把它看做是实现经营战略和目标的一种方式。在每一个股东都能清楚地看出项目与经营战略的联系时它才最有效，因为这样不但表明项目值得投资，而且当员工知道他们正在从事一项重要项目时，他们自身也会受到激励。

▶▶ 行动七：建立衡量收益的标准

领导层在六西格玛的开始阶段都要不时地花时间来考虑如何统计成本和利润，特别是决定仅统计可见性成本和利润还是也包括隐性成本在内。例如：

- 如果一个项目可以把客户满意度从 80%提高到 95%，它有价值吗？
- 减少占地面积有没有任何意义？
- 如果一种新产品比原计划提前两个月投入市场将有什么收益？

类似的灰色区域还有很多，包括成本规避问题，即新的或额外的成本减少了或者是不存在了，但是却没有任何对应的成本节约流向利润。最好的办法看起来是同时记录可见性成本和隐性成本，但只汇报硬性利润。硬性利润应作为通常交流特别是公开报道的利润的根据，而总利润可用于内部评估。管理人员通常只注重那些有充分硬性回报的项目，这样做是错误的，因为往往会排除了那些有可能在将来带来实际利润的项目。

▶▶ 行动八：任命优秀的六西格玛领导

管理人员把首席执行官、总裁和主席的战略性和管理性角色与六西格玛的计划联系了起来。他们的职责是在企业横向、纵向推进六西格玛战略。优秀的六西格玛领导应有威信，精通技术，有组织能力和行政能力，他们是战略取得成功的一个关键因素。具体地说，六西格玛领导的主要职能如下：

- 为首席执行管和领导人员提出设计六西格玛项目计划的建议：例如存在哪些选择和牵连，这些选择和具体的经营有什么关系等问题；
- 成立、管埋并领导六西格玛的基层组织，这通常包括对黑带大师、黑带项目文职、项目行政人员和程序设计人员的聘用和直接监督，同时也包括对在领导团队、改善管理、内部交流、知识管理和黑带人员认证方面专家的雇用和监督；
- 衡量分析落实六西格玛的进度；
- 帮助各部门主管经理鉴定有高回报的六西格玛项目；
- 建立实施流程管理；

- 建立并协助实施管理更改计划。

六西格玛领导可以从公司内部或外部选出。大多数公司都从内部招聘有经验的可靠的管理人员并让他们学习有关的技术资料，而不是在公司外部选择在这个领域的专业人员。随着计划的逐步推进，几年后这个职位也将在公司内部不断发展。因为这个职位在公司内部有广泛的联系，并广泛地参与到公司战略之中，所以这也成为向经理职位升迁的绝佳途径，同时也是高层管理人员在退休前大展宏图的绝好机会。主张外聘的人认为有实施六西格玛经验的人可以帮助公司很快地开始这项新的计划，同时由于他们知道六西格玛的作用，他们会增强员工对该项目的信心。此外，他们还可以帮助避免一些常见的错误。使用外部人员有利有弊，见图 5.3。

利	弊
把六西格玛的专业知识带到公司，帮助公司更快地开始实施战略	不熟悉公司文化，可能由于做事方式不同而引起矛盾
给员工带来激情使员工相信六西格玛确实有用	只熟悉一种实施方式，所以有可能太过于教条
因为有经验可以避免犯常见的错误	企业无法从错误中吸取教训
可能带来外部联系和外部人才	可能忽视内部候选人从而冷落了主要的股东
带来局外的中立的视角	在公司内部没有威信，对公司的日程和理念不了解

图 5.3　外部招聘六西格玛领导的利与弊

在现实中，一个组织内往往存在不止一个领导集体。在组织的每一层都有领导集体负责本部门的业务，所以在大多数公司的各个业务单元、地区等都有各自的六西格玛管理人员。至于需要多少管理人员，应该隶属于哪个团队都取决于公司的大小和地理分布。但无论如何都应该有一个人为六西格玛的首席执行官全权负责。

制定全面战略

计划的落实很重要。如果没有实实在在的落实再好的计划也是徒劳，这也说明了一个好的全面战略的重要性，能够保证战略的顺利落实。下面我们分析了许多高层管理人员在制定计划时可能碰到的一些最重要有时也最使人头痛的问题。对于最终会影响到公司每个人的战略，不应该简单地把如何实施、从哪实施的决定传达下去。高层管理人员高度的责任感和语言行动上全力支持的重要性也决定了这项战略不可以简单地委派下去。

▶▶ 培训计划：节奏应该如何？谁应该在什么时候参加什么样的培训？

你是不是应该采取谨慎的渐进式的方式，从小做起逐步推进，先证明其效果还是采取一步到位的策略，一开始就同时实施很多项目和培训？从培训计划的节奏和范围可以看出领导集体对这项新的行动的重视程度。如果你选择了渐进式的策略，公司有可能认为领导对此不是很坚决。另一方面，我们的经验告诉我们大多数一窝蜂式的培训都是徒劳的，因为这些培训不是针对公司的实际问题的。

培训计划首先应该决定那些员工应该参加培训。有两种基本选择，集中于公司的一部分员工或者确保公司的交叉部门的员工接受培训。另一个问题是要不要在培训黑带人员之前先培训管理人员和黑带大师，以我们的经验如果管理人员和黑带大师不先接受六西格玛培训，不知道怎么样来运作，这将会使战略士气大减。

最后，培训计划应该规定是先流程改善还是同时进行六西格玛的设计。以我们的经验，应先集中进行流程改善。把学习六西格玛比作学习一种语言是很恰当的，很少有人能够同时学习两种语言并把它们同时学好。所以，我们建议不要在最初的几个月里想要同时解决很多问题。六西格玛是构筑组织能力的策略，把这种方法融入企业文化需要不断地实践和解决问题，只有这样才能形成一种新的工作习惯（流程）。

▶▶ 项目选择：如何选择短期和长期项目？

项目选择的好坏对于战略的成功与否起着关键作用。在最初的几个月，选择项目相对简单，可以由高层领导集体通过共同商议很快地做出决定。但从长远来看，健全的程序管理系统对于选择真正高效的项目就显得十分有必要了。问题是应该何时建立这样的系统，这主要取决于需要培训的黑带和绿带人员的数目、经营的复杂程度以及整个战略的实施速度。对于年收益超过 5 亿美元，有一个以上厂址的大公司至少需要六个月才能建立起有效的流程管理系统来指导项目选择。

▶▶ 管理：由谁负责战略部署的那部分？

在开始的时候，很多公司都有意地选择职能交叉部门的领导人员去分析六西格玛的优点和选择，并指导他们如何在心理上度过这个很重要的开始阶段。这些领导人员往往逐步形成了领导集体，经常被称作指导委员会。无论这个集体被称作什么、发展状况如何，领导集体都必须从一开始就弄清楚由谁为行动的成败负责。

但管理集体应该采取什么样的形式呢？如果一个企业不只有一个分部，不只生产一种产品或者是员工不少于 2 000 人的服务性企业都应有一个以上的指导委员会。没有固定的原则规定什么地方需要一个独立的指导委员会，只有一些因素影响机构的形式和组成。企业的组织结构和其指导原则应该是解决这个问题时首先应该考虑的。例如，如果企业机构遍及全球并拥有全球生产线，那么领导集体下一级指导委员会就应该设在这个层面上。如果企业同样拥有全球生产线，但业务是以国家和地区来组织的，那么六西格玛的管理机构的组成应该反映这一点。最基本的原则就是避免建立独立于常规管理系统之外的独立机构。

采取何种形式要由公司的具体情况而定。对于大多数制造型企业来说，每一个车间都应该有六西格玛领导机构。虽然现在经济日益全球化，但是生产流程的设置仍然需要地方管理集体的支持和协助。

▶▶ 衡量标准：应该采用什么样的衡量标准来保证战略的顺利实施？

建立一套衡量标准来检验是否一切正常这是十分重要的。第 18 章详细论述了应该选择怎样的衡量标准。在最初的 12 个月我们建议集中考虑以下问题：

- 培训中的黑带人员和绿带人员的数目；
- 黑带员工的数目；
- 已完成项目的数目；
- 流程改进周期各阶段的平均天数；
- 已培训管理人员的百分比；
- 项目实施的深度（项目的个数及其潜在价值）。

我们推荐两个明显的后期（成效）衡量标准：

- 项目累计收益；
- 项目累计支出。

▶▶ 实施计划：什么是固定的，什么是可变的？

一个好的实施计划应说明必须落实的关键流程，以保证战略的成功。谁也无法预料到项目的第一轮会取得什么样的成绩。我们见过第一批项目为整个行动提供资金，给公司很大的激励使整个战略很快取得成功的例子；我们也见过一些计划花了很长的时间才收到了所期望的效果，而这仅仅是因为计划太过于野心勃勃从而破坏了公司在华尔街的财务信用。

我们建议管理人员根据不同情况制定三种不同的计划：悲观的、乐观的和最有可能的。制定计划的过程将使领导集体为将来在实施六西格玛计划时出现的不可避免的意外做好准备。

计划只是一相情愿。高层管理集体应该考虑该计划并且找出支持该计划的观点。很多战略家都乐观地认为：

- 黑带人员可以很简单被鉴定并且可以参与战略中；
- 部门指挥委员会将在几周内很快地建立并投入运行；
- 黑带人员除了培训之外将需要其他的帮助；

- 黑带大师可以简单地从外部招聘并很快地开始工作；
- 六西格玛的实施不会对现在的经营造成任何影响；
- 成本节约会很快实现并且有助于本财政年度利润目标的实现；
- 像公司的接管和兼并之类的重大事件不会发生；
- 华尔街和投资者对项目很热情；
- 经理和员工都支持拥护该战略；
- 长期问题会在六个月内彻底解决；
- 项目需要很少或者不需要任何资金和 IT 支持。

清楚你的战略部署的假定有利于避免主要的失误，例如：

一个大的金融服务机构制定了战略计划，认为单位的明星员工会拥护黑带人员并且提供全面支持。但是这些明星之前只接受了一天的关于六西格玛含义的介绍。但实际上黑带人员遇到了很大的阻力，用了两倍于计划的时间才完成了第一个项目，所以效果比预计的差了很多。这又导致第三季度预算的减少。不幸的是领导集体已经计划利用第一轮来为其余的战略提供资金。六西格玛领导不得不在下一个财政年的开始停止计划的实施，因为他们得不到超过年初预算的资金。

▶▶ 战略计划应该考虑的麻烦问题

战略计划应该考虑组织机构有可能会遇到的问题，下面是实施六西格玛过程中经常遇到的问题。

多地或多国问题

公司的不同层面不可避免地对实施六西格玛准备的程度不同。问题是应该同时在所有的单位贯彻还是先在最需要并对此最感兴趣的地区落实，其他单位随后呢？的确大多数管理人员都认为从来就没有一个合适的时机实行大的变革，但总有一个时机是比较好的。只有管理规范的公司才有可能在经历战略或根本商业调整的同时致力于六西格玛第一阶段的策略改善。

任何情况下，考虑一下公司对所面临挑战的承受能力都是明智的，并尽可能的推动六西格玛的进展。像大规模的突发的减员或两个机构的合并等原因是合理的，而像拖延诉讼（“我们必须把诉讼处理好”）或先前没完成的项目（“我们根本上就没有真正的完成一个项目”）就是不应该的。但我们最好是在实施六西格玛之前先着眼于最基本的流程（找到合适的管理人员，改进产品组合，关闭亏损部门）。

“与我们部门无关”问题

我们经常遇到一些企业，其中有些部门（业务）经理，说他们不能够从六西格玛中获益（或者认为他们不需要六西格玛或者认为他们还没做好实施六格玛的准备），但同时认为公司的其他部门会需要实施六西格玛。我们不同意这种观点，主要有以下三个理由：

1. 我们尚未见过实施六西格玛战略企业的任何部门的关键流程未能从中获益，就像我们前面提到的不是每个流程都与六西格玛兼容，但我们却看到一个不存在流程的部门或业务都可以从六西格玛中获益；
2. 需要改进的最重要的业务流程往往是跨几个部门的，例如，制造业中准时送货如果不与销售部发出订单的方法相协调是不可能做到的；
3. 只有为数不多的几个部门或公司参与的战略看上去不能扩展的其他部门，而这样将会把六西格玛目标局限为渐进式目标。除非企业的所有部门都参与其中，否则变革的目标是很难达到的。

管理人员应该把某些部门参与六西格玛看成是时间早晚的问题而不是要不要参与的问题，同时要有确定的时间，而且要快。

黑带人员管理问题

这个问题与六西格玛领导角色有派生关系。首先，黑带人员和黑带大师应该由谁来管理？通常我们建议在起初的大概一年的时间里由现有六西格玛中央领导来管理，然后就转由当地指导委员会或六西格玛领导负责。这样可以解决公司权力下放时会出现的两个问题：(1) 更快地建立起衡量标准和更有效的实施方式；(2) 结果可重复性更强。这样有可能会比主要集中于地方管理的情况下带来更好的职业规划选择。

我们建议黑带人员不再继续由现有的监督人员管理有以下原因：

- 黑带人员没有机会熟悉更多的流程，只能局限于解决特定部门的问题，这将使其领导才能的发展受到阻碍；
- 对现处部门的忠诚和依赖将使黑带人员很难提出现在确实存在的问题；
- 黑带人员可以互相学习，如果他们一直处在原有岗位，他们将很少有机会从其他黑带那里学到东西；
- 从绩效管理的角度来说，黑带人员并不真正适合他们原来所在的部门，因为他们原来的经理不了解黑带人员的工作，他们不可能再为黑带人员足够的指导和帮助；
- 黑带人员从事与原先同样的工作，很可能导致他们把六西格玛看作是一个独立的任务。

取消项目问题

管理层必须清楚六西格玛与其他公司层面项目和当前业务相比哪些有优先权。就算考虑到了前面提到的限制因素也需要几年的时间才能把六西格玛的技术和观点广泛应用于所有现存的项目之中，最好的办法就是集中精力搞三个或四个有战略意义的项目，其中包括六西格玛。Walter Wriston（花旗银行的前任主席兼通用电气的前董事）说，“没有人可以同时记得三件以上的事情。”高层管理层必须推迟或重新调整合并或者取消其他的项目。领导企业致力于真正重要的事请大概也就是领导者的主要任务。

在一个拥有 2 500 名员工的抵押银行开始实施六西格玛时，首席执行官问 50 名高层管理人员一个答案是 118 的问题应该是什么，没有一个人回答正确。这个问题是“现在我们同时实施多少个项目？”他利用六西格玛把所有这些项目都合在一起，形成一个解决问题的综合方法。

风险管理

很多原来追逐六西格玛的公司都放弃了。有趣的是，这些公司主要并不是因为未能取得成绩才放弃的，更多的是由于管理和经济状况的变化使公司不得不将所有与经营没有绝对紧密联系的项目取消了，或者管理团队没能很好地贯彻这个战略。以下我们讨论了其中的一些风险以及应如何去避免它们。由于风险总是来自管理层，所以高层管理者必须在每一阶段都要负责处理规避这些风险。

▶▶ 风险一：管理的变化

虽然项目负责人对六西格玛的实施起着关键作用，但如果整个项目的成功都依靠一个人的话，那么这个战略的实施可以说是失败的。六西格玛领导也是同样的道理。领导的改变可以由多种原因引起，这应该有领导团队来负责制定应对方案。突如其来的合并和兼并也会产生新的玩家、新的规则和新的产品。如果这些变化发生在实施六西格玛的第一年，结果通常是灾难性的，特别是如果负责执行的发起者这时候离开公司。那么合理的对策是什么呢？既然无法避免这些事情，能做的就是逐步发展内部的六西格玛设计的能力，并进行培训和指导以便公司能够以合理的成本快速发展。另外一个有效的方法就是把六西格玛的责任在不失去控制的前提下尽可能地下放。如果当地的经理负责六西格玛并看到其成果，那么公司管理层的变化所带来的影响往往就小得多了，最糟的情况就是新公司的管理职位被反对或忽视六西格玛的人所接任。只有高层管理人员才可以避免这种不好的局面发生。

▶▶ 风险二：经济下滑时执行计划

最大的风险就是企业当前财务状况恶化给盈利带来压力，进一步迫使公司不得不对支出特别谨慎。合理的对策就是必须使管理人员和六西格玛领导完全相信项目将会在短期内带来利润。今天的经营必须为明天的运作提供资金，这就是为什么我们认为管理人员必须积极主动地参与第一年项目的选择的原因。确保在业务及其经营环境不可避免地发生改变的情况下，六西格玛与其他资源需求项目相比有一定的优先权。经济下滑时最激进的对策就是把经济不景气变为你可以利用的优势，培养更多的员工成为黑带以加快项目的进展。

当一个大的工程公司的首席执行官得到消息说政府将要推迟执行对该公司至关重要的合同时，他不得不立即裁员 20 名，以保证公司的利润。他并没有让这些员工下岗，而是决定把他们培养成全职的绿带。由此不仅避免了裁员和重新招聘员工的费用，而且大大地增强了六西格玛企业的绩效和回报。

调整行为和绩效衡量标准

绩效衡量标准通常应该由领导层负责制定，特别是当六西格玛的目标是着眼于企业变革的情况下，只有高层领导积极参与才能向整个机构表明领导人员将会实施该项目。本部分论述了有助于实现衡量标准变革的方法和途径。

▶▶ 检查关键流程

找到了衡量关键流程的六西格玛标准，制定了与经营战略和客户需求有关流程的业绩标准，任命了流程领导人，对绩效截然不同的期望就应运而生了。此时，管理人员只负责本部门的业务就显得不够了。他们必须同时负责提供客户服务的整个流程。拓展思维提高了对经营绩效的期望，同时又带来了与个人表现有关的新的期望。

▶▶ 个人业绩的重新定位和提高

当公司致力于六西格玛战略的有关行为方面的变革时，每一个员工都需要得到反馈——根据他们在公司的表现和对六西格玛的执行情况给予评估或奖励。例如，有敏锐洞察力的经理需要学会如何获取信息并有效地加以利用以传达自己的思想。经理也需要学习如何识别出引起流程问题的特殊原因（与一般原因不同）并很快地做出反应。六西格玛强调股东参与的重要性对很多公司来说，都意味着需要加强合作，增进团队活动以及提高影响力技能。

▶▶ 六西格玛式的管理

在项目开始实施时，我们通常会问高层领导在他们使用六西格玛管理以后，各种各样的会议在将来会有什么改变。这种活动会帮助他们实现六西格玛的部分目标，而且这会给他们一个打分牌。通过这个打分牌领导人员可以在连续两个月度的员工大会上，评价自己的总体表现以及在实现六西格玛目标中所取得的成绩。

随着对六西格玛了解的增多，领导集体会不断地改进六西格玛管理方式的准则并不断确认需要怎么做才能成为一个领导团队以及什么地方需要改革。但如果他们真的希望得到改革的好处的话，那就必须设立打分牌来衡量业绩。

因为六西格玛项目是数据驱动的，领导层通过电脑和报告就可以及时获取信息以便主动采取行动。在六西格玛实施之前，领导层只能在数据缺乏的情况下做出决定或者差不多是被动地应对。

利用个人路线图来管理

无论六西格玛的目标是渐进式的还是改革式，领导集体特别是高层领导都必须清楚这项行动需要什么支持。如果六西格玛是企业最主要的四五个经营项目之一，那么领导集体就应该花费相当的精力在它上面。我们希望最初的几个阶段已经表明高层领导和员工在六西格玛中的角色是相当重要而且是不可替代的。现在我们就来看一下领导人员六西格玛之旅的个人路线图。

▶▶ 制定有效的计划

为了在竞争日益激烈的经济环境下向客户和持股人传达公司的理念，管理人员把精力主要集中于未来的18~36个月，这是一个阶段。制定阶段计划可以帮助管理人员考虑他们期望在本阶段实现的变革以及他们个人在变革中应起到的作用。

这种方式是建立在以下基本原则之上的：

- 每一位领导都有自己的优点和能力，都是与众不同的，目的不是改变他们的领导风格，而是如何充分利用他们的优势；
- 在每一阶段都有最重要的项目——A类项目，领导人员首先应该定位A类项目及其目标并做出计划来推动公司的发展；
- 计划如何执行主要取决于领导的管理风格；
- 在每阶段都有一套重要的工具供领导使用，其中最重要的工具就是领导在适当的时候提出适当的问题的能力；
- 每阶段都有一个核心理念，隐涵于领导和高级管理人员的价值观之中。

为了执行这种方式，领导需要做到以下几点：

- 制定阶段的时间范围和主题；
- 定位阶段的A类项目及所需要的活动、事件和追踪项目进度的方法；
- 分析个人领导风格，定位个人优缺点；
- 根据各自的领导风格帮助创造成功所需的条件；
- 开始实施计划，并定期地复查、检验和调整；
- 继续不断地评估、完善和调整阶段计划。

领导路线图把公司所要做的转化成领导集体怎么做才能有效地实施计划的问题。从某种意义上说，这是一个个性化的计划，它需要真正地考虑到特定领导的优缺点、个人的职业追求和公司上下级的配合能力以及领导的做事方式。职位的技术、管理和行为方面的要求都被制定成分阶段的计划。这个计划规定了该阶段的目标（A 类项目），并发展塑造了管理人员的领导风格。它的目标就是提高个人领导企业变革的效率。计划制定了未来阶段的具体目标、任务和复查点。（见图 5.4）

▶▶ 用行动来证明六西格玛

六西格玛的独特之处就在于它包括很多象征性的活动，例如：通过绿带培训并参与一个项目；在有关黑带的负责下，每周花四个小时参与六西格玛；成为一个主要项目或一系列项目的黑带明星；把六西格玛作为每一个会议议程的首要议题。每一个领导都需要与自己风格相适合的象征性活动，并被视为可靠的信号。象征性行动通常会成为公司传说和故事的一部分并能产生重要的影响。

- 杰克·韦尔奇把通过六西格玛培训作为员工的晋升条件的备忘录被讨论了几个月。
- 当 Dave Cote 在通用电气负责家用电器业务时，取消了全国范围内的广告活动，以此为六西格玛的培训集资。
- 西门子电力的领导层规定每一经理都必须通过绿带培训。
- Quest Diagnostics 的首席执行官 Kenneth Freeman 坚决要接受四周的黑带培训并完成了一个项目。

每一位领导都会发现公司将会考验他们对六西格玛的决心。无论是迫于压力公司必须减少需培训的黑带人员的数目，还是由于公司某季度不景气必须暂时停止实施六西格玛，高层领导人员都必须说“我喜欢六西格玛，它很棒，但是……因为这个原因我们需要调整计划。”这个原因应该正当充分，但是领导必须坚持路线，不能收回他最初的承诺。这并不意味着领导不能做任何变动，但无论如何不得牺牲核心原则，否则行动将遭遇重大挫折。“他说他不会后退，但现在他正在屈服……我想他对其他要求也不会坚决执行的……”这已成为很多管理人员的祈祷词。慢慢的核心原则变得不再核心。所以管理人员必须谨慎地决定什么是没有商量余地的并且无论怎么样都必须一如既往地坚持它。

结论

有效的管理差不多是公司取得六西格玛战略胜利的最大的决定因素。我们希望本章能让你思索一下管理人员应该做些什么才能充分发挥六西格玛的作用。六西格玛的优点就在于它可以带来其他方式所无法带来的竞争优势和利润。对管理人员而言，他们所面临的挑战就是应该如何利用六西格玛来帮助其领导管理公司走向未来。

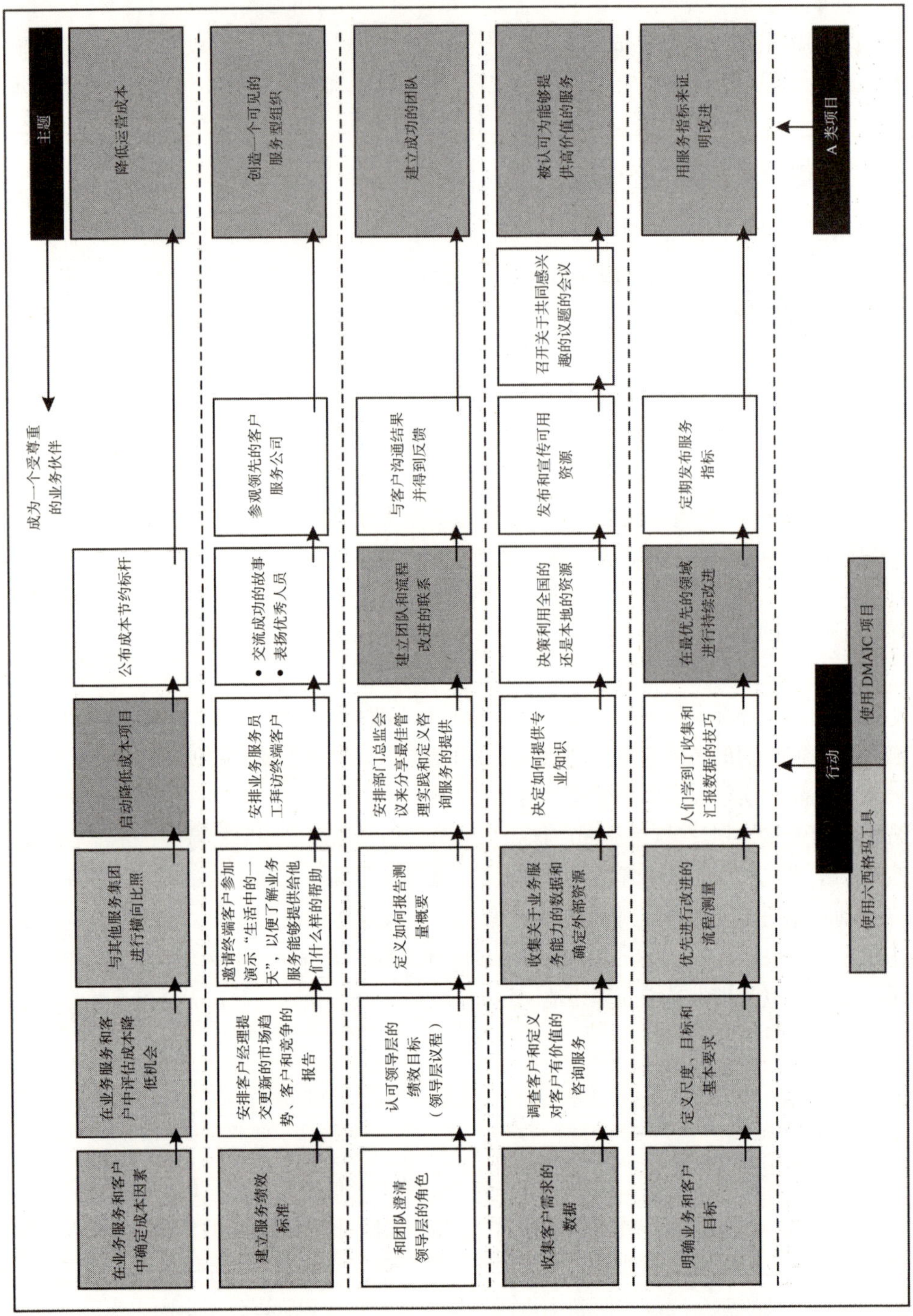

图 5.4 六西格玛之旅的个人路线

新一代六西格玛
——访霍尼韦尔国际公司总裁兼首席执行官 Dave Cote

（Daniel Quinn，2002 年 4 月）

2002 年 2 月 David Cote 当选为总裁、首席执行官兼董事会成员，同年 6 月 30 日又成为公司董事会主席。霍尼韦尔国际是一家多元化的科技和制造企业，在全球范围内从事飞行器、自动化控制、特殊材料、交通和水利系统的经营。Cote 曾任 TRW 的主席、总裁和首席执行官，这是一家总部设在 Cleveland 拥有 160 亿美元资产的大公司，主要提供自动化、飞行器、信息科技服务和有关产品。他是在 1999 年 11 月由通用电气加入 TRW 的。在通用电气的 25 年中，Cote 先后担任过制造、财务、市场、营销战略规划和管理部门的一系列高职。布什总统最近任命他在国家安全通信咨询委员会工作，委员会的 30 名成员将负责在通讯设施维护国家安全问题和应急措施方面向总统提供技术性建议。

霍尼韦尔已经发展出了新一代的六西格玛，它是一种被称为六西格玛加的专利系统。这个强大的质量系统是在 1999 年 AlliedSignal 和霍尼韦尔两个科技巨人合并时建立起来的。这两个公司都是利用现代方法服务客户需求的典范，合并前两公司的很多员工都已经知道六西格玛是使公司走向完美的一种方式。霍尼韦尔把两个公司最好的做法合二为一，增强了公司能力，并利用其流程改进方法使得公司更加优秀。

问：考虑到以往的质量控制项目和你在通用电气的经验，结合你在 TRW 和现在霍尼韦尔的领导，请你讲一下你是怎么看六西格玛以及对质量的影响的？

答：六西格玛是第一个真正有效的综合质量控制系统。我们把它看成一个有历史意义的事件，因为作为领导在过去的几年里，我们参与过很多失败的质量控制项目。依我看，这是一个很大的变革。之前我所参加的质量控制项目没有一个能提供必要的工具和关注焦点，他们太过宽泛不太实际，没有多大用处，执行起来也比较困难，又不太注重实际效果。

问：你认为六西格玛名副其实吗？它带来人们所期望的结果了吗？

答：如果正确地实施六西格玛并且利用合适的动力驱动它，它就能达到预期效果。如果只是简单地宣布六西格玛或者只任命六西格玛领导却不坚决加以落实，那么六西格玛就没有任何作用。但是如果你真正地参与其中，任命最优秀的员工并把它作为一种职业加速器，如果你把它作为一个全面的项目而不止是一种爱好，六西格玛作用将会特别大。

问：人们可以期望六西格玛带来什么特定结果吗，比如说收益率或者投资回报？

答：实际上，我并不是这样看待这个问题的。当然，无论是从 DCRR 还是从投资回报的角度来看，它所带来的收益都是很可观的。从对以前做过的项目的追踪来看，我们用不了几年而仅仅是几个月的时间就可以得到回报。

但是我认为，除了利润以外还有两个主要好处。第一，它改变了人们以往的观念，先前他们以能够处理一些流程故障而自豪，现在他们质疑所参与的每个流程。他们寻求更好的解决办法有了六西格玛，他们就可以改变这一切。

第二个好处来自六西格玛设计，它是继流程改进项目之后公司采取的又一部署。六西格玛设计的效果不容易跟踪，因为它主要可以节约成本和增加客户满意度，而不是说以前你需要10亿美元成本而现在你不需要了。

六西格玛设计能在提高客户满意度方面带来最大的收益，因为公司第一次真正地关照并且生产出客户需要的产品，并把它与公司的制造流程能力相匹配。同样的思维方法对于服务业也适用，你可以根据自身的流程能力来提供相应服务。六西格玛设计最大的好处莫过于引起公司思维方式的变革。

就如我们所描述的，纵观很多程序改进项目不难发现：如果你在开始时采取六次格玛设计，那么有很多职位是可以避免的。

问：你认为那样的话，它能帮助公司改善收入状况吗？

答：以一种良好的方式生产和提供优质的产品和服务就会促进销售。

六西格玛设计的问题在于通常需要2~5年人们才能看到它的效果。如果做得正确并从产品生产流程的最初就有一个好的开始，有时候为了将来能够进展得更快你也需要行动慢些。你发现你需要更多的资料数据，需要比以前更清楚一些东西。六西格玛设计看似使一切都慢了下来，但实际上它能比只是草草了事然后需要花更多时间解决问题、向客户道歉的行为方式更快地提供热销的产品和服务。

问：你会把六西格玛推荐给其他公司领导吗？你的建议有什么前提条件吗？

答：如果把六西格玛当做是一种爱好那是不可能取得成功的。我当然会推荐它，但是这需要公司花费很大精力才能使其发挥作用。如果一个公司或者领导还没做好准备花这么多时间和精力的话，他们最好再等一年或者根本就不去做它。

问：在实施时你都碰到过哪些文化方面的问题？是不是每个公司的情况都不同呢？

答：问题错综复杂。我原以为工程师会是最大的阻力，但我后来发现那只是特定公司的特定情况。在另一家公司我发现工程师是六西格玛最大的支持者。

你必须为各种各样的问题做好准备。在任何地方都会有人说："十天的培训，你疯了吗？我为什么要参加培训？"很多公司领导人也会说同样的话。最常听到的就是"项目太多""我们没有足够的资源来实施六西格玛""不是每个人都需要培训，不是每个人都需要同样的培训""这将会减少成本而不是消除成本""今年我们无力实施""我们必须等待更好的时机"对于新的东西，人们总有一大堆固定老套的借口。

所以，你很难预测阻力会来自何处，但你必须为之最好准备，必须坚持自己的立场，对他们说"但这是我们要做的"。

除了帮助人们学习数据和做好必要的项目外，六西格玛还是一个很重要的文化变革行动。

问：所以事实上它不只是教人们统计学方法，而且还改变了企业文化，对吗？

答：正是如此。这是一个大的观念的变革，员工将不再因为他们能处理一个有问题的流程而自豪。你要做的就是要使他们在遇到有问题的流程、产品或者客户问题时，具备相应的方法与能力去解决它。

我们经常认为处理像薪金或人力资源流程等这些简单的问题是很幸运的，因为我们都知道该如何处理。实际上，这样看问题是错误的。或者是车间的工人知道只有他们了解该如何操作某种机器时感到自豪。这怎么能是一件好事呢？

问：你做过哪些项目使客户参与其中或者让他们知道你正在改善提供的产品和服务？

答：我们实施了一个项目叫客户之声——它能确保你定期地从客户那里得到信息，告诉你现在大体上做得怎么样。如果公司愿意对出现的问题做出反应，那么客户之声的效果就会特别地好。

我认为第二个，也是最好最重要的就是六西格玛设计。如果你可以适时提供优质的产品和服务，那么客户就会青睐你的公司。这没有什么新鲜的。如果你适时推出了最好的产品和服务并且价格合理，那么你就赢了。有时候我认为我们把问题搞得过于复杂了。

问：你是如何检验六西格玛进度的？

答：主客观的标准都有。从客观的方面来说，我认为一个好的项目追踪系统非常重要，这样通过收益显示财政状况，而且你可以看到有多少项目已经落实，将会节约多少资金。你也可以追踪公司接受过培训的员工，以便了解有多少人通过了六西格玛设计培训，又有多少人通过了 DMAIC 培训，这是不是已经达到你的目标。

从比较主观的方面讲，你可以观察六西格玛设计，看一下员工是不是真地已经改变了新产品引进流程的基本原则，是不是把六西格玛设计原则融入了企业的文化。如果你有了六西格玛设计，但却没有改变 NPI，这根本就没什么用，两者必须结合起来。这更多地涉及与负责新产品新服务员工的讨论的问题。

你也可以从变化的词汇中来看：如果员工突然间改变了他们说话的方式，并在一般的交流中经常谈到 CTQ 和关键的 Xs 和 Ys，那么你可以看到事情正在发生变化。

再谈一下主观的方面，如果你利用六西格玛设计推出一种新产品或一项新服务而且客户喜欢，那就清楚地表明六西格玛正取得成效。

问：复制结果方式怎么样？通过这种方法员工可以互相学习，而且你可以以同一种方式来实施类似的项目。

答：这就是为什么要由合适的人选担任黑带和黑带大师非常重要的原因。如果你有合适的人选，那么复制结果就是他们的职责之一。但是就算你有合适的人选，如果没有真正很好的项目跟踪系统也没有用。对任何大公司来说，这是你对所有已完成项目的做法能有一个概括看法的唯一途径。

复制有两个层次。第一，当员工完成了一个项目他们需要对其进行编码以识别还有其他什么项目可能会用到。第二，对公司有更广视野的人需要浏览一下以便发现哪些可以应用到其他项目上。

问：你在前面提到人们推辞的一个理由就是他们认为这有可能不是实施六西格玛的最好时机。你怎么知道一个公司什么时候开始实施六西格玛比较好？

答：哦，我得说 95%的情况下最好的时机就是今天。六西格玛和其他很多事情一样，根本就不存在一个绝好时机的问题。说到这儿，我必须承认有 5%情况下，公司是不适合实施六西格玛的。如果公司正在进行什么大的调整或正卷入合并中，那将不适合实施六西格玛。因为每个人的精力都被分散了，并且它得不到高层领导的注意。除此之外，我得说今天就应该开始实施六西格玛。

问：当你考虑到你在六西格玛中的领导角色时，你感觉作为一个领导什么是你无法委托他人的，也就是什么是你必须亲自负责去做的？

答：首先，你自己必须尽早地去接受培训，确保你和你的团队都参加了培训，这样你就可以坦然地对员工说每个人都必须做到。员工看到会说："既然领导都愿意接受培训，我想我最好也参加。"

第二，密切注意如何把六西格玛传达给公司上下。领导必须制定一些基本的原则。每项业务都要有关键的 Ys，都应任命有威信受尊敬的全职六西格玛领导。所有的黑带和黑带大师都应有很强的升职潜力，对他们来说，六西格玛是使他们事业取得在功的阶梯。任何参加培训的员工都必须参与完成一个项目，而该项目的财务成果应由公司的财务部门来负责评定。

第三，你必须扛起大旗，表明你对六西格玛的支持以鼓舞士气。比如在我曾经工作过的公司里，我去每一个六西格玛培训班发表演讲，而这些班在我结束工作时有 5 000 名员工之多。他们都很清楚我会跟他们谈上一个小时的，因为我认为这很重要，因此他们中的每个人都有机会发表自己的观点。

在其他的公司，我无论到什么地方都要对六西格玛展开讨论，六西格玛要贯穿我的每一次谈话，无论这次谈话的主题是什么。每一个人稍加注意都会发现我老是在谈这个问题，在我看起来，好像六西格玛是万能的。这里涉及领导的作风。

问：你认为六西格玛是在机构内部培养领导集体的一个方式吗？这应不应该作为实施六西格玛的目标，有意识地提高改善公司领导的能力？

答：必须这样。如果你想要改变企业的文化和员工的观念，最好的办法就是从最有潜力的员工开始。他们能完成更多的工作，有望成为公司未来的领导。所以，如果他们一开始就树立了一种新的观念，那么你就更有可能从根本上改变员工的工作方式。

我曾经谈过如何才能知道六西格玛是否取得成功。这就是当我们不再说“我们怎么样才能既做好工作又同时实施六西格玛”的时候。相反，我们很自然地开始讨论全面质量控制、关键的 Xs 和流程规划。

问：针对在开始实施六西格玛时可能会出现的个人问题，你对领导们有哪些建议？

答：你必须很坚决，坚持六西格玛战略中至关重要的东西。倾听员工的声音，但是一旦你决定实施六西格玛就必须坚持下去。我从不允许各个业务部门单单因为他们所面临的状况不同就做他们想要做的事情，因为这样企业整体的行动将会无法执行。需要通过交流最终解决这个问题。

我还要给公司领导提一个建议：记住六西格玛不是万能的。你经常会听到这样的疑问，“如果六西格玛很棒，那么为什么公司会是一团糟呢？”六西格玛无法使你避免所有错误的决定，它只是能帮助检测公司问题的一套流程或工具。比如说，它并不能防止公司雇用一个其实并不适合某个职位的员工。

问：企业领导要不要在与华尔街沟通方面做些什么事呢？

答：我从不会为华尔街而烦恼。每天结束的时候，他们所关心的只是你的现金和利润，能使他们为六西格玛兴奋的唯一办法就是你说以前我们的利润以 5%的速度增长，但现在由于六西格玛的实施我们的利润增长率翻了一番。这才是他们所感兴趣的，但他们还会衡量你是否真的达到 10%的利润率，而不是关心你是怎么做到的。

问：在与领导集体一起实施六西格玛时，你认为合适的人选有多重要？

答：人是造成不同结果的最终决定因素，不光对六西格玛，所有事情都是这样的。如果你没能选择有正确观念的合适人选，那么六西格玛或其他的任何事都是不会取得成功的。比方说实施六西格玛项目，通常都会选择原先负责质量控制的人做人选，但这样是不对的。你应该选择那些找来负责项目资本、关键的业务经营或是新产品设计的那些员工。

问：那就是说看重员工的经营才能而不是技术能力？

答：正是如此。虽然六西格玛拥有很多技术性工具，但它最终并不是一个技术型项目，它是致力于改变领导风格和企业文化的项目。

问：你认为六西格玛最为有效的沟通方式是什么？

答：你必须抓住每一个沟通的渠道。标准的简讯或录像带通常都会起到很好的效果，覆盖面很广，但是你也必须出去跟员工交谈。譬如，到黑带和绿带培训班跟员工交流；在每次会议上每次会谈中都要谈到六西格玛至少提一下，或者问一下六西格玛能不能用到这儿。这样你就会传递给每个人一个信息，那就是六西格玛不只是一个项目，而是一种行为方式。沟通应该无所不在，无时不在。

问：你认为有没有这样一个时刻人们认为已经贯彻了六西格玛，现在应该干下一件事了，或者有没有这样一个转折点人们认为六西格玛之后应该干些其他的了？

答：必须一直努力直到六西格玛真正成为公司经营理念的一部分，你学会了用这种方式思考问题。但是必须记住，每一项新的行动都需要设立一些官僚机构。虽然这很痛苦甚至有可能与领导所要达到的目标背道而驰，但事实就是这样的，如果你想要干一些大的新的事情，就必须要有一些官僚机构。

但一段时间之后，六西格玛设计成为 NPI 的一部分。每一名工程师都按照应有的方式进行培训，他们融入到了这个90%员工都是六西格玛忠诚信徒并真正运用六西格玛的公司里。在每一个业务部门都发生了同样的事情，人们了解并把它应用到实际工作之中。新的员工将会很快地得到培训。这时候就不需要像刚开始那么多的官僚机构了，因为六西格玛已成为公司的一种行为方式。你就没必要再跟踪项目的选择了，它已成为你做事方式的一部分。

现在，官僚主义被认为是不好的，领导层都反对它，因为通常官僚主义往往是难以克服的。你经常可以看到 20 年前因为正当原因建立起来的官僚机构现在早没有什么作用了。与其他的行动一样，对于六西格玛在刚开始的时候是需要一些官僚机构的，但以后必须审查最初的基础设施，以取消那些没有用处的部分。

问：六西格玛成为一种行为方式需要多长时间？

答：我认为五年应该是够了，其中两年用来培训员工，后三年则不遗余力地来实施它。这时候你将可以看到六西格玛设计的成果，整个企业将会为六西格玛的效力而欢欣鼓舞。

问：那么是不是第五个年头就可以开始取消当初的官僚机构了呢？

答：我认为应该更早的时候就先废除一些。例如，你必须加足马力对所有员工进行培训，但过了这个最初的阶段之后就没这个必要了。我有可能会坚持进行项目的选择和追踪，这样就可以向员工每时每刻地灌输这种原则。这是一项永久的工作，切忌虎头蛇尾。

问：那你对霍尼韦尔在今后一到两年内实施六西格玛的目标是怎么看的？你感觉六西格玛已融入公司了吗？

答：不，还没有。这也是我们今后几年的首要任务之一。到 2003 年年底，我们将会确保我们的每一名员工都接受流程改进项目的培训，现在我们有大约一半的员工接受了这种培训。到 2003 年 6 月，我们所有的工程师都将通过六西格玛设计培训，而现在接受这一培训的工程师为零。这将是我们最大的任务。同时，我们将要确保我们的 NPI 项目随时随地都能得到六西格玛设计工具的强有力的支持。

问：回过头来看，在实施六西格玛的过程中有没有一些事你现在会用另一种方式来处理？

答：让我来用另外一种方式来回答这个问题。我认为六西格玛在不同的公司应该有不同的实施方式，因为每一个公司都有其不同的文化。在我曾经呆过的一个公司员工都非常听话，他们都会按照要求做出反应，领导说怎么做就怎么做了。而在另外一家公司，有很多员工非常主动。员工被动有可能会带来不太好的结果。这需要耐心，刚开始要慢慢实施以确保将来能够顺利实施。所以在这种情况下，我给领导们三个月时间来思考这个问题，然后让他们亲自对六西格玛展开研究，同时也让他们明白下一步我们将会实施它。这种方法很有效。实际上，我们取得了比预想更好的效果。

说到我有可能采取不同做法的事情就是当初没有在一开始就找到公司的关键 Ys 以确保所有的项目最终都会有一些成果。我只是在开始的时候提出了一些建议，之后调整为更加系统的方法。我要说的第二件事就是公司领导应该让六西格玛领导者来管理员工。

问：你有六西格玛管理人员向你直接汇报吗？

答：是的。这里有一个信息，而所有的公司都在寻找这个信息。

六西格玛改变企业文化
——访 Quest Diagnostics 公司主席兼首席执行官 Kenneth Freeman

（Daniel Quinn，2002 年 4 月）

Kenneth Freeman 是 Quest Diagnostics 公司主席兼首席执行官。他在 1972 年担任 Corning 公司的内部审计员，开始了自己的职业生涯。在以后的 15 年里，他在该公司的财务部门一路升迁。1985 年他当选为公司副总裁和负责人，1987 年成为公司高级副总裁，1989 年被任命为科技产品分部的总经理，1990 年又成为 Corning Asahi Video Products 公司总裁兼首席执行官。1997 年，当 Quest Diagnostics 从总公司分离出来时，他担任该公司的主席、总裁兼首席执行官。他拥有 Bucknell 大学的理学士学位，并在哈佛攻读了 MBA 课程。他是 TRW 的董事会成员、美国卫生实验联合会主席以及 Bucknell 大学和 The Healthcare Leadership Council 的受托人。

Quest Diagnostics 提供有关诊断检查、信息和服务，在美国国内处于先进水平。它是在 1996 年年底从 Corning 公司分离出来的。从那时开始，Quest Diagnostics 一直保持着较高的年利润增长率，并且在 1999 年兼并了 SmithKline Beecham Clinical Laboratories（SBCL）。自此公司迅速壮大，2001 年 3 月它在《Barron》500 强排行榜中名列第一，该杂志的排行榜是按照公司给投资人带来的收益对公司进行评定的。

从 2000 年起，公司上上下下的领导就已通过黑带培训。他们领导管理至关重要的项目，致力于提高对客户影响巨大的业务领域的经营业绩。项目涉及众多领域和流程：耐心的客服中心、物流、样本加工、销售、信息技术、人力资源等。高层领导集体正在着手实施这项重大行动以大幅度地提高产品的质量。Quest Diagnostics 已设定目标到 2004 年实现六西格玛质量标准。请看图 5.5。

问：为什么 Quest Diagnostics 要实施六西格玛？

答：六次格玛是决定公司经营业绩好坏的最重要因素，特别是在服务领域。当然了，我们有紧迫感要不断地改善健康服务的质量，因为 Quest Diagnostics 旨在帮助医生诊断和预测病情。六西格玛对我们的经营的确有很大的帮助。借助它我们可以提高服务水平，把所有竞争对手都远远地甩在后面，构筑了我们的比较优势。

我们接到很多同行的电话，他们想学习我们实施六西格玛的经验。可以预见，六西格玛将会最终成为所有医疗卫生服务提供商都必须遵守的标准。而现在对我们来说，正是倡导这种趋势的大好时机。

问：你怎么看你本人在六西格玛行动中所扮演的角色？

答：我强烈地感觉到我不能仅仅只是口头上支持六西格玛，我自己也必须要有黑带资格，身体力行做些实际工作以消除项目的缺陷。回过头来看，利用四周时间接受黑带培训并领导几个项目，使得整个公司很快地接受了六西格玛。

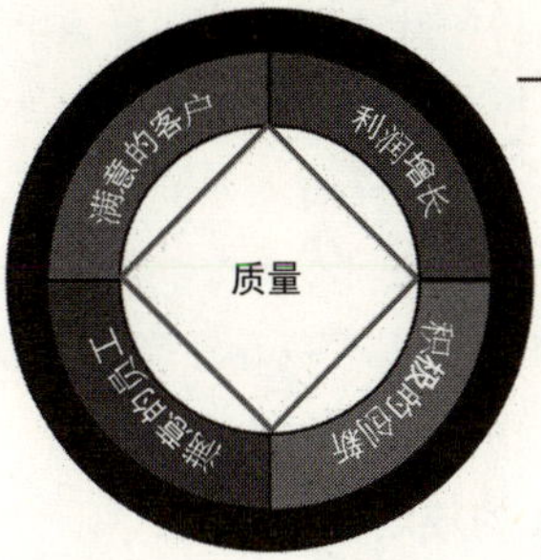

2002 年路线图：追求质量，建立行业领导地位

价值：
质量、整合、创新、有责任、合作、领导力

愿景：
专注改善病人的健康状况的人们
通过非常卓越的诊断知识

使命：
我们在客户和员工的眼中将成为诊断测试、信息
和服务方面毋庸置疑的领导者

战略目的：
诊断测试 ⟶ 保健知识 ⟶ 保健方面的黄金标准

质量	满意的员工	满意的客户	利润增长	积极的创新
• 加速六西格玛 • 推动标准化 • 确保服务和产品质量 • 改进收费流程 • 整合和承诺示范	• 增加员工满意度 • 确保一个安全和有支持的环境 • 提供合适的技能培训 • 价值多元化	• 推动客户满意度 • 改进问题处理流程 • 加速发展标准测试规范 • 改善客户关系	• 增加收入 • 符合预算 • 推动六西格玛和标准化 • 减少负债	• 增加新产品和增加业务收入 • 推动相关新产品的实施 • 改善新产品投入流程 • 增加电子订单

Quest Diagnostics™

图 5.5　Quest Diagnostics 2002 年路线图：追求质量，建立行业领导地位

问：你认为领导应采取哪些象征性的举动以表明公司的决心？

答：在我看来，领导接受黑带培训就已向公司发出了很强的信号。（我听说这个消息像燎原之火一样在公司里很快传开）一方面，这样消除了很多疑虑，因为员工会想："如果 Ken's 都已经这样做了，我想我也应该多花点心思在上面。"同时，这也给管理层和基层都注入了很大的激情，因为人们意识到六西格玛不会仅仅是这个月的又一剂调味品。

问：是什么促使你成为一名黑带的？你有没有注意到其他毅然采取行动的首席执行官？

答：我对自己说，"如果我们的员工要经受这样的磨炼，我也应该去体验它。"我经常想了解我到底给了我的员工什么样的感受，只有知道了一些，在我决定方向和目标时就可以对员工有适度的同情、了解和耐心。这与我们公司的六个公司理念是一致的，是我们对所有 Quest Diagnostics 公司员工的要求：品质、正直、创新、合作、信任和领导。

问：作为一个领导，你认为你所不可委任的工作有哪些？

答：如果你想在公司里实现某种改变，你就不能只说不做。沟通至关重要，你必须亲自参与做出表率，使这种沟通与你的目标保持一致。这看起来好像有点过时了，但在现今的美国公司里，很少有高层领导愿意挽起袖口踏踏实实劳动的了。很多人认为首席执行官的职责就是如何把工作安排下去，只是宣布决定，然后下周或下个月来检查看他们是否按要求完成了工作。这对一些公司很有效，但我认为如果你想在公司实现什么永久性的变革，你就必须脚踏实地而不是磨磨嘴皮子就行了。这是领导最重要的工作。我的工作就是做出榜样、激发热情和改善业绩。

问：你认为还有哪些行动对六西格玛在 Quest 的成功至关重要？

答：第一，我们聘用曾在通用电气工作的有经验的外部人员 Eric Mattenson 来领导六西格玛工作。在医疗卫生领域没有关于六西格玛的先例可以模仿，所以这个决定确实使我们的拥护者（客户、员工和股东）认识到我们正在做一件非常异乎寻常的事，这在我们这个行业都是前所未有的。

另外，我们用必要的资源支持这项行动，从投资于培训到任命全职员工。

接下来我要强调不懈地沟通的重要性，要充分利用每一个机会强调六西格玛对 Quest 未来的重要意义。六次格玛在公司的议事章程中总是占据重要地位。在我们一年几次的管理人员论坛上，开场白后我总会先来汇报一下六西格玛的整体情况，然后由 Eric 来谈公司的现在的工作，接下来由项目的负责人发表自己的看法。

几乎我下达的每一个口头通知或者书面文件都会谈到六西格玛质量控制，谈到公司的现状及推动公司发展未来需要做的事。

根据我们 2002 的路线图——通过质量建立行业领导地位，推进六西格玛已经成为我们的中心目标，我们所有的员工都致力于改善产品和服务质量。

同时，我们认为沟通的一致性非常重要。我们的每一位拥护者，无论是客户员工还是股东，都应该从我这儿得到相同的关于六西格玛的重要性及其对公司意义的信息。我们发表公开声明阐明六西格玛将会在今后的三年里对股东的收益有什么好处。

问：你对企业文化变革的期望是什么？这些期望是怎么实现的？

答：企业文化的变革并不是一蹴而就的，这种变化每天都在发生。我认为六西格玛是使公司不断变革的平台，而这些变化至关重要，可以使公司不断保持活力。

第一步就是确保每一位员工都能接受三小时的关于六西格玛基本知识的培训。那是在 2001 年，当时我们有 26000 名员工。

我们还挑选有潜力的员工培训他们为黑带人员。我们挑选了最好的员工，让他们离开以前的工作以接受至少两年的任命，让他们接受黑带人员培训并保证之后他们可以回到至少与以前同一层次的岗位上去。

我们网罗了十几位黑带大师加入我们的公司，为公司的迅速变革提供专业知识。

另外，我们要求所有的200名高层管理人员到2002年年底必须成为绿带人员，否则他们就得离开领导职位。你可以想象这为我们提供了巨大的动力确保我们不断努力。

问：贵公司兼并后迅速壮大是不是你决定变革企业文化的原因之一呢？

答：正是这样的。当我们在1999年兼并Smithkline Beecham Clinical Laboratories，一个比我们公司还要大的公司时，我清楚我们必须有一个与Quest Diagnostics和原SBCL不同的前进方向，才能保证新公司有一个新的开始。

很显然，六西格玛是推动文化变革的良好工具，它为所有员工的前进提供了机会和联系纽带。它他对每个人都是新鲜的，在两个公司成功融合的过程中发挥了强有力的作用。所以，展望未来，我认为六西格玛可以带来客户，并且在未来的几年里能够使企业文化发生很大的变革。

问：根据你现在所知道的，你会用哪些与当初不同的方式来实施六西格玛？

答：很多情况下，早期的黑带项目只注重非常具体的局部工作而忽视了对公司有全局意义的情况。考虑到我们通过兼并公司规模变大，在公司的不同部门往往用不同的流程和方式来解决同样的问题。这严重阻碍了六西格玛的启动，而且使复制比在采用共同系统的情况下困难得多。

我想我们一开始就在全企业范围内实施六西格玛的路子是正确的，并不只局限于关键的部门。我们在最初计划中就要求所有员工参加培训是明智的。我们开始有一点迷惘，但最终每个人都有了共同的舞台，共同的理解。我们并不是像"这个部门被选出来试行六西格玛，其他的员工和部门等到以后再讲吧"，而是所有人都投入其中，从一开始就为六西格玛注入了无限的激情和动力。

问：贵公司的指挥委员会是如何运作的？你是其中一员吗？

答：当我决定成为一名黑带人员时，我就已经决定不会担任公司指挥委员会月例会上的活跃分子。我没有参加这些会议。Eric Mattenson和Dave Zewe他们两个负责公司运作，所以有权他们监督指挥委员会。高层管理人员是委员会成员，他们参加会议审查章程、工作的进展和结果。

我认为他们做得很棒。他们在公司建立项目可复制机制的过程中，发挥了重要的作用。此外他们还积极地参与绿带人员的安排战略的管理工作。

我现在依然会做出同样的决定不担任指挥委员会的职务。但有一点必须清楚，这并不意味着撒手不管，战略决策和目标是由我跟领导集体一起制定的。所有高层领导都必须在年底通过绿带培训的决定也是由我们制定的。我发现在管理企业时我最大的作用就是在一些可能引起争议的问题上坚持我的看法。我的工作就是增强员工的激情热忱，而这些我在办公室就可以做到。

问：你能描述一下你所领导的第一个项目吗？

答：这个项目是为了缩短把医院计算机系统和我们的计算机系统连接起来所花的时间。项目开始时这个连接的过程要花相当长的时间，所以这是一个需要改进的流程。很快我们就发现在这个流程包括两个程序：许可程序和IT运行程序。我们重新设计了该流程的许可部分，希望最终能把这个流程所花的时间减少到几个工作日。在这上面我们取得了很大进步，客户也感觉到了这一点。

在IT运行程序方面我们也有了很大的进展，我们把连接的时间至少压缩了一半。我们相信我们可以做到，但这还需要几个月的时间才能配置好并投入使用。

有人问我们要不要用六西格玛来解决这个问题，我的答案是十分肯定的。我们已经作了很大的努力，CPU的可连接性和其他的流程还没解决。但六西格玛可以给公司上下带来严谨的作风，帮助我们定位客户对质量的要求并且进行衡量分析。六西格玛鼓励创新，最终你将会建立起一个完整的控制流程。

在服务部门，客户最想得到的莫过于服务的一贯性和可靠性。如果你说你会做什么事，就立即开始并保证每次都要按时完成。在我们公司，满意的客户会带来更多的客户。很显然，如果你的成本下降了，你的价格将会更具竞争力。

我还想谈一下我认为对六西格玛和服务部门的理解很重要的一点。我正在开展另外一个项目，这个流程是关于解剖病理的报告记录的。CPU可连接性和解剖病理报告记录项目更多地是为了公司的声誉而不仅仅是为了降低成本。两个项目都是为了节约成本，但真正的好处在于提高公司的声誉。我是想说我不认同“六西格玛惟一作用就是降低成本”的普遍看法。我认为六西格玛最大的优点在于提高公司的信誉同时降低成本。

问：你认为六西格玛系统在质量控制的历史中占有什么样的地位？

答：我认为六西格玛比美国公司以往用来进行质量改善的方法更激进、更直接。例如，对我来说全面质量控制是以一种用礼貌和气的方式处理质量问题，给予人们所需的尊重。它无法像六西格玛那样让人们负起责任来，它无法让公司团队以同样的方式对工作负责以实现具体的一致的目标。

六西格玛使你无处可藏，这正是我所喜欢它的地方。我是原则性很强，喜欢衡量一切的人。在我没有开始经营公司之前作财务人员时学到的最重要的一点就是，你所衡量到的就是你所真正做的，你必须有严谨的评估方法以免被欺骗。

六西格玛是一个定性和定量的质量标准。定量这个词推动公司不断改善质量。在其他的质量改善体系下根本就不存在同样的衡量制度。你可以说“我成功了”，而实际上你根本就不知道自己是不是真地做到了，或者几周后就有客户前来投诉。六西格玛使每一个员工的能力得到更大程度的发挥，他们的进步很大。让我们总结一下，六西格玛可以给公司带来创新的激情，使公司经历前所未有的进步。

问：以六西格玛的方式进行管理对你意味着什么？

答：我们想作为一个六西格玛质量标准公司被人所称道，而不是仅仅作为一个实施了六西格玛的公司。现在，我们的公司就是在实施六西格玛。我们的目标是在 2004 年年底成为一家六西格玛质量标准公司，我们正朝着这个方向前进。员工不再把六西格玛作为一种额外的附加的工作，相反，我们已经把它作为自己行为方式的一部分。同时，绿带培训将会使公司更上一个台阶，因为到那时每一个高层领导都将具备基本专业词汇、技术和经验，用六次格玛的方式来管理我们的公司。

第 6 章

精益管理和六西格玛

Rob Elliott、Matthew Gracie 和 Thomas Bertels

精益管理是被证明了的用于消除浪费和实施简化操作的有效方法。本章讨论了精益管理原则的产生、精益管理与六西格玛的联系，最后谈到领导应如何把精益管理和六西格玛有效结合起来。

精益管理的历史回顾

六西格玛融合了过去 100 年中的经验教训，并不断加以完善。和六西格玛一样，精益管理也不是一个新的概念。亨利·福特是公认的最早使用精益管理的人之一，当时他是为了生产出大家都可以买得起的汽车。福特使用了流水线作业，把原材料采购到最终将产品送到客户手中的时间缩短到了 81 个小时。流水线的概念吸收了“在尽可能短的时间里生产最少量的产品以减少库存”的观点。

但是，当客户开始需要不同款式和颜色的汽车时，这种方法的局限性就凸显了出来。福特所生产的汽车款式还无法满足客户的这种需求。这样一来，其他的制造商就可以占有一定的市场份额。时间一长，这种早期的经验就被忽视了。利用存货来减少客户需求的不确定性，注意力从效力转向了效率，优化流程的各个具体环节而不是考虑整个流程。

日本的汽车制造商，特别是本田公司，因为重新发现了福特公司早期的做法而声名鹊起。“二战”后，日本努力重建它们的工业基础。由于本土自然资源匮乏，日本的制造商需要寻找充分利用有限资源的方法。尤其是本田，在 Taiichi Ohno 的领导下，公司更是努力把福特这种做法的高效率与市场需求结合了起来。Taiichi Ohno 是几位有思想的领导之一，这些领导协助创立了一套综合的方法。经过了 30 年，这项工作最终形成了本田生产体系，在其他国家被称作“适时生产”。日本公司把这些工具的效力和各种技术结合起来，以团队工作为重点，将其融入不断完善的公司文化之中。日本公司在 20 世纪七八十年代的成功引起了精益管理在美国和欧洲的复兴，那时被称作准时生产（JIT）。但是，早期的很多适时生产的实践都失败了，主要是因为他们只注重适时生产的一些较明显的特征，像 Kanban 系统或质量周期，而忽视了它的基本原则。随着时间的推移，最初的适时生产与其他概念被一起打包，冠以世界一流生产制造、零存货生产、不间断流水作业等名头进行推广。

1990 年，James Womack、Daniel Roos 和 Daniel Jones 三人合写了一本书，记录了麻省理工学院历时 5 年对 14 个国家汽车工业所做的研究成果。这本书引入了精益制造这个词，由于这个词包含了丰富的信息，所以引起了很多产业部门的资深管理人员的注意。精益制造的最基本原理与本田的做法没有什么实质性差别，它可以应用于很多流程（尽管精益管理实际上在制造业最为有效）。这种做法的效力主要要看公司是否能够根据自己的特殊情况灵活地加以运用。

什么是精益管理？

精益管理下的流程就是用绝对少量的资源（包括原料机器和劳动力）使产品增值。在这个过程中，没有人员、设备和场所用来做重复工作，不存在安全存货，订货到交货时间最短，并且每个人都只从事使产品价值增值的工作。这儿的价值是指客户关注的行动或做法，并且如果服务到位、提供及时，客户将乐意为之花钱。精益管理可以用来有效识别公司中没有价值的环节，消除每个流程中所包含的浪费。实施精益管理的经验告诉我们，通常有 95%的环节不能给最终产品带来价值增值，只有生产该产品所需的 1%到 5%的时间可以带来增值。这就意味着贯彻精益管理的原则不但可以大幅度地缩短产品生产周期，而且还可以减少大量不必要的麻烦，降低生产成本，减少可能存在的缺陷。

精益管理是由以下理念驱动的：

- 产品零缺陷并具备所需要的所有性能；
- 产品可以批量运送；
- 产品可以根据需求随时供应；
- 产品可以及时运送；
- 可以避免资源费；
- 可以营造一个安全的工作环境，包括是身体和心理两方面的安全。

精益管理是一个过程而不是一个目的，实施精益管理的说法是错误的。实际上，没有哪个公司是百分之百的精益管理，这就像六西格玛一样，并不是所有的环节都严格地按照六西格玛去执行了。采用精益管理的公司意识到，就算本公司成功地贯彻了精益管理的原则，对完美境界的追求，即精益管理思想的核心理念也使他们无法做到这一点。

精益管理的原理和策略包括以下几点：

- “拉”而不是“推”；
- 持续流程；
- 节拍；
- 快速的产品转型；
- 减少浪费；
- 可靠的设备；
- 标准化与错误规避；
- 透明化管理；
- 系统后勤管理；
- 价值流动图；
- 改善。

▶▶ “拉”而非“推”

“拉”的基本思想就是生产必须要由需求拉动，推迟产品的制造直到有客户需要这种产品，而不是把原料“推”到生产线，造成存货。在现实中，很难把这个原则贯彻实施，因为这需要工厂做到一旦客户发出订单，就从零开始生产定购产品。但是，“拉”的方法可以使存货降低到最低水平，并且可以简化用来协调原料流动的高级制造控制技术，从而把对产品不重要的大量生产资料闲置出来。Kanban 系统可用来实施“拉”的方法，而 Kanban 卡片则作为需求信号刺激生产。

▶▶ 持续流程

持续流程的思想是建立在亨利·福特流水线生产方法之上的。持续流程也即“每时点只通过一个产品”的流程，这对减少存货至关重要，而根据精益管理，存货无异于浪费。虽然持续流程被认为是理想的，它在很多情况下却很难实现，但这种理想的想法可以通过缩短业务处理周期来减少批量生产的规模。（见图 6.1）

▶▶ 节拍

节拍（Takt time）要求公司把现有的供应（以现有的时间和生产能力所能生产的产品数量）与客户需求相搭配，节拍计算可用来确立一个流程的节奏。一旦这种节奏建立起来并与客户需求相联系，公司将着重减小节奏的差异，最终建立统一的生产率。

（见图 6.2）

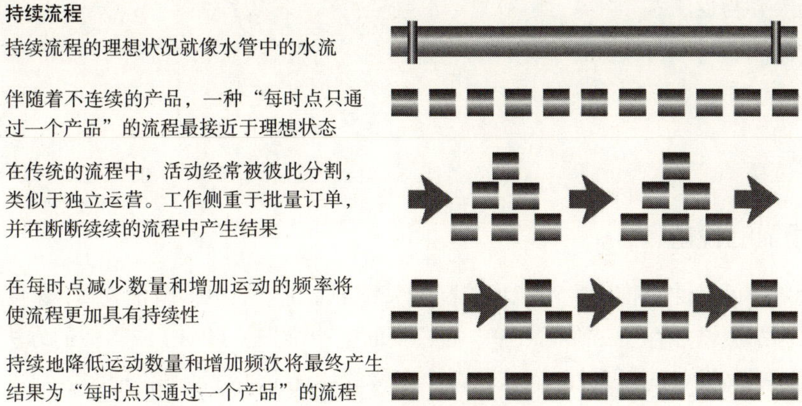

图 6.1 持续流程的原则

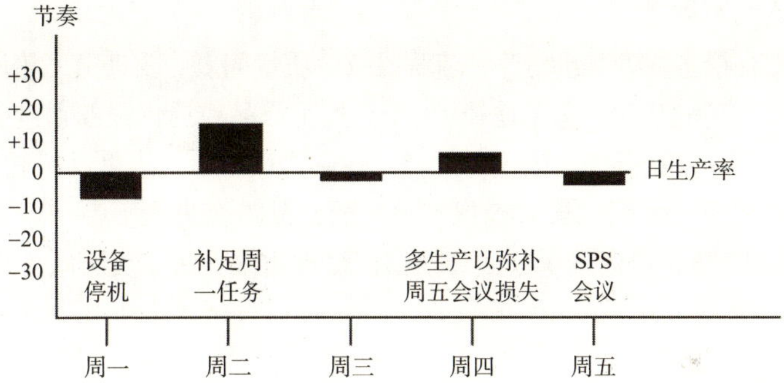

图 6.2 节奏示意

▶▶ 快速的产品转型

持续流程很难实现的一个主要原因就是很少有公司只生产一种产品，产品的改变需要重新调整生产设备。传统的会计系统把产品转型的时间看作是生产能力的流失，所以刺激公司在产品转型前大量生产一种商品，造成大量存货。通过缩短产品转型所要花费的时间，公司可以进行小规模生产，在不增加成本的情况下减少存货（例如，转型时间缩短一半，可以使产量减倍，减少了存货）。

▶▶ 减少浪费

浪费在日语里叫做 muda，是指不能带来增值的东西。减少浪费是实施精益管理的主要步骤之一，典型的浪费主要有以下几种：

- 存货；

- 过量生产；
- 废弃与返工；
- 流动；
- 运输；
- 加工；
- 等待。

▶▶ 可靠的设备

设备的可靠性是推动生产能力提高的关键因素之一，机器出现故障，速度缓慢或无法工作都会增加存货，降低效率。通过全面生产维护（TPM）或类似的方法，精益管理可以提高设备的可靠性，而这是减少存货的情况下实现产品供应与客户需求一致的关键。

▶▶ 标准化与错误规避

流程标准化有很多好处，包括改善流程，减少质量问题，改进员工培训。工作标准化是实现员工与环境互动的一条途径，无论是加工产品或提供服务它包括工人操作的专一化、顺序安排以及操作与改进的途径。规避错误，在日语里也叫 Poka—yoke，其主要思想就是减少产品缺陷或者确保有缺陷的产品不会进入下一个环节。Poka—yoke 这种方式或者防止错误发生，或者使错误显现出来，可以大大减少检验和返工的费用。

▶▶ 透明化管理

透明化管理是一种管理系统，它能使人迅即对流程当前的状况做出评价。使用彩色编码或者图表，主要是为了使车间简单化、增加透明度。

▶▶ 系统后勤管理

系统后勤管理原则也叫“5S”原则：

1. Seiri——整理
2. Seiton——整顿
3. Seiso——洁净
4. Seiketsu——清洁
5. Shitsuke——秩序

把这几项原则付诸实施可以使工作场所清洁、安全，这样不仅可以鼓舞员工士气和激情，还可以减少浪费。

价值流动图

在精益管理中，流程被称作价值流。缩短业务处理周期和价值流的流动就成为公司的核心任务。对价值创造过程的宏观了解可以帮助公司注重整体而不仅仅是注重单个的环节或某些部分。价值流动图可以帮助员工了解在产品生产过程中原料和信息的流动，并使人们发现流程中的浪费，为整个系统提供了全景图。

改善

改善（Kaizen）是指实施精益管理原则的主要行动。改善行动是在高强度的车间，利用较小的团队来推进实施精益管理。这些行动可以着眼于建立良好的后勤管理、减少浪费、提高设备的可靠性等精益管理的原则，改善也适用于渐进式的流程。

精益管理与六西格玛

精益管理与六西格玛相互取长补短，精益管理主要是防止浪费，而六西格玛则主要致力于减少差异性。它们有着共同的目标，即使得流程更加高质高效。图 6.3 表明了它们之间是如何互为补充的。

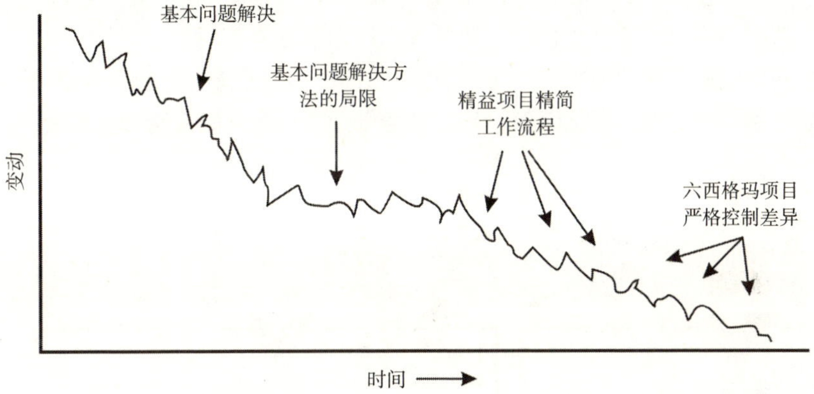

图 6.3　六西格玛与精益管理互相补充改善质量、降低成本和加速流通

精益管理与六西格玛的紧密联系有可能给领导带来麻烦，因为它们难以决定从何开始。如图 6.4 所示，无论你从何处开始，每一个制造环节都会从这里获益。把精益管理运用到管理和服务部门往往比较困难，但即便如此，精益管理仍然可以帮助公司提高工作效率，避免不必要的麻烦。领导层的积极参与对两种战略的成功都是很关键的，尤其是精益管理战略，它更是要求公司对实施过程有清楚的了解。精益管理的原则和方法可以用来优化一个环节或整个系统。在整个系统内实施精益管理原则需要对整个公司或主要部门进行详细的分析。公司可以用它来优先执行后面的环节，在此分

析的基础上选择实施新的项目。

精益管理如何引导六西格玛	六西格玛如何引导精益管理
■ 更少的库存意味着更少的损坏 ■ 小批量规模使得在产品投放前解决质量问题 ■ 降低设备利用率可以将时间用来召开持续改善会议与维护 ■ 降低给料和速度能够减少设备的磨损和损坏	■ 增加质量 • 降低批量规模 • 降低安全库存 • 减少提前期 ■ 制造能力设计以降低安装时间，允许更小的批量生产 ■ 将供应商关系建立在减少无价值检查和周期时间上 ■ 流程中的检查需求减少了，因此缩减了周期时间

图 6.4 精益管理与六西格玛是如何相互补充的

虽然精益管理与六西格玛都需要对整个机构的流程进行观察，并且涉及跨业务部门的流程，但二者还是存在实质性的差别：

- 六西格玛使用工具，精益管理则是运用原则；
- 六西格玛工具相互独立使用，精益管理原则要综合运用。

如果利用流程管理框架来确定实施项目的时机，如果管理层清楚六西格玛和精益管理是如何相互补充的，那么六西格玛与精益管理结合起来的作用将会很大。（见图 6.5）

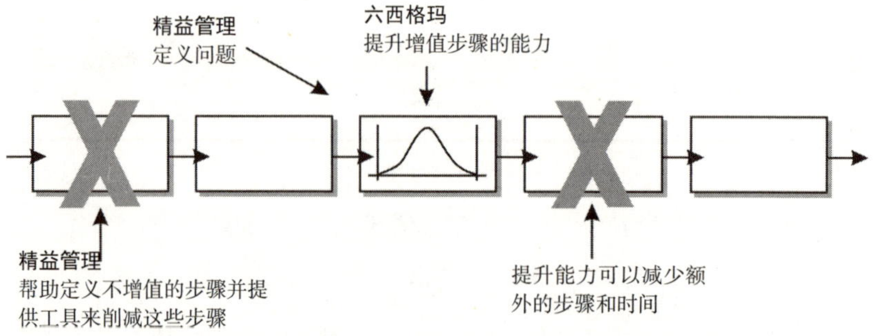

图 6.5 精益管理与六西格玛在流程中如何发挥作用

无论采用何种战略，实施的关键都在于定义和选择优质的项目。在精益管理和六西格玛作用的结合上，领导层有四种选择：

1. 先实施精益管理，后实施六西格玛；
2. 先实施六西格玛，后实施精益管理；

3. 同时实施六西格玛与精益管理，但两者都是互为独立的；
4. 实施精益六西格玛方案，整合两种工具。

图 6.6 列举了每种情况下领导层必须考虑的因素。

	精益在六西格玛前	六西格玛在精益前	精益和六西格玛分开应用	精益和六西格玛结合应用
优势	消除不必要的复杂情况和建立基线	消除差异和建立流程能力	解决所有问题的综合方法	解决所有问题的综合方法
劣势	创建精益战略需要巨大投入，最先需要从制造开始	实施六西格玛需要多年努力	分项目要求在什么时候使用什么工具的明确指导	缺乏高层管理扮演积极角色，改进显得孤立无助
挑战	如果问题是由于过量的偏差引起则没有明显的改善	存在优化了不应该首先考虑的流程的可能	困惑于等级和文件以及对资源的竞争	不知道应该关注什么
机会	制造是问题的主要区域	问题不仅仅限于制造领域	组织成熟到可以同时启动两种项目	管理层对运营有明确的步骤

图 6.6　实施精益管理战略与六西格玛战略的方法比较

决定公司最佳选择的最有效办法就是对公司的运作进行一次全面的评价，这种评价可以帮助公司发现重要的改进机会，并找到改善公司状况的途径。对以往举措的审议和对主要员工的调查，对发现公司文化障碍方面很有帮助。

结论

实施精益管理和六西格玛战略都可以帮助领导取得巨大的进步。但是，必须考虑公司是否有能力同时实施两个战略。把精益管理原则融入六西格玛中是实施二者结合的有效方法,但是这种方法需要针对经营制定一个清晰的竞争战略。精益管理在偏重制造和物流的公司尤其有效，在服务行业实施精益管理原则上是可行的，但往往效果不是十分显著。

第 7 章

群策群力与六西格玛

Ron Ashkenas、Matthew Mc Creight 和 Patrice Murphy

需要转型的组织往往面临着看似相互矛盾的挑战。第一个挑战就是，促成快速转变：破除官僚作风，破除各组之间和主要业务流程中的障碍，启发各层工作人员富于思考、活力和敬业，学习在几周或几个月等很短时间内取得突破性成果。第二个挑战是，不倦地追求精确以促使业务有更好的绩效，掌握各种工具和技巧以了解客户需求、业务流程以及财务收益和运营成功的真正动因。

本书其他章节强调过，六西格玛是对付第二个挑战的有力武器。而要战胜第一个挑战，一个众所周知的方法就是群策群力，曾经使得全球众多组织从中获益。

什么是群策群力？群策群力就是许多人聚集在一起来共同改善业绩的过程。它所提供的组织结构可以集中组织内集体的创造力和智慧来解决关键的业务问题，可以将这些思想迅速变为行动，并且快速执行。群策群力可能很简单，消除官僚作风和去掉冗余工作，也可能有明确的流程重点。它通常提供了一个清晰的业务目标的轮廓以及一种便于公司快速变革的方法。

为了理解群策群力和六西格玛是如何结合起来帮助组织取得成功的，让我们来看一下通用电气自 20 世纪 80 年代后期以来的经验。

通用电气群策群力和六西格玛的发展

20 世纪 80 年代后期，通用电气面临着现今许多组织都面临的困难。公司在前些年发生了巨大的变化：买进、卖出、缩减和增长了许多业务。但是，公司经营状况并不尽如人意。官僚作风盛行，员工害怕提出创新性想法，行动迟缓，不与客户联系。

鉴于此，公司创造了群策群力——一种将许多成功变革的因素聚在一起的过程。

它的核心基于这样一个前提，即与工作联系最密切的员工知道如何最好地改进它。群策群力过程要求并鼓励员工将其观点、活力和创造性发挥出来，促进组织取得成功。

开始时通用电气只是简单地实施群策群力，将其作为一种消除官僚作风的方法。逐渐地，群策群力的重心就转移到了业务流程上，然后到客户和供应商，再到加速变革上。到 20 世纪 90 年代后期，群策群力已经成为公司实施六西格玛的基础，并从此成为通用电气数码业务和电子商务的基础。

当通用电气开始采用群策群力时，有人对公司许多业务领导进行游说，坚持直接实施六西格玛方法。当时，摩托罗拉及其他公司正从实施六西格玛中获得巨大利润，全面质量管理运动势头正猛。然而，杰克·韦尔奇却认为像六西格玛这样高度分析化的方法会进一步助长通用电气的分析和审核之风，而不是行动，这可能不会改变潜在于官僚制度之下的根本文化，反而会限制对话。韦尔奇率先实施了群策群力，创建了一种更加灵活、更少界限、以变化为导向的文化，一种后来与六西格玛严谨的分析兼容而未成为其障碍的文化。即便是这样，繁冗的制度和机构又随着六西格玛回到了通用电气。1999 年，韦尔奇号召实施第二轮的群策群力，以清除死灰复燃的官僚作风。

群策群力的运作程序

群策群力一般由三部分组成，各部分都应尽快完成：

- 设计；
- 活动；
- 实施。

第一阶段是设计，高层领导为群策群力设定目标与期限，常常需要设计小组的帮助。如果群策群力非常集中、简单的话，设计阶段可以在一期内快速完成，但一般情况下设计阶段往往需要几周时间。

接着是活动本身，由 20~100 多个不同层次和业务部门的人员参与。大约持续一到三天，这主要取决于所要解决的问题的复杂程度。在群策群力中，业务领导要求参与者解决一个重要的业务问题或者达到某一具有挑战性的目标。参与者分成小组集思广益，筛选出几个实现业绩目标的优化方案。他们设计出具体的展示和计划，将这些想法变成行动。在活动结束时，各小组将推荐的计划提交给主办者、其他主要领导人以及 Town Meeting 的其他与会者，接着是讨论和辩论。更重要的是，高层管理人员会当即做出明确的决定。到结束时，一个行动日程表就得以通过了。

活动之后，各小组就必须立即在几周内将批准的建议和计划投入实施。根据组织的实施能力以及要解决问题的复杂程度，此阶段可以定期举行小组会议，与高层管理人员进行结构性评审会议，并以期末的正式会议来结束工作，总结学到的东西。

群策群力可以进行设计、活动、实施一个循环，也可以进行多个循环，以促进企业运作、财务和文化的改善。

工作中群策群力

过去十年来，群策群力已经被全球几百个组织运用，这些组织包括制药公司（如GlaxoSmithkline 和强生）、服务公司（如富达和苏黎世金融服务公司）、公用事业公司（如 ConEdison）、零售业（如沃尔玛）以及制造公司（如通用电气）等，这就是群策群力的影响及其可行性的有力见证。

群策群力在公司对付变化、发展并适应不断变化的业务需要时最有威力。群策群力十分灵活，可以以多种形式存在：其中一些只注重摒除带来浪费的工作，另一些则注重改善流程，还有一些在客户与供应商间建立起了合作关系。这些形式通用电气都采用过。

群策群力有助于打破组织内阻碍成功的界限，可以是位于不同层次之间的，或者是不同职能部门与业务单位之间的，也可以是不同国家和大洲之间的。群策群力对于组织文化有着深刻的影响，推动组织成员不断超越极限。员工获得了新的技能、能力和信心，形成了一个能够在原有基础上很快取得成功改善的组织。

▶▶ 简单的群策群力：康涅狄格州交通部

康涅狄格州交通部负责维护本州的公路、机场、港口和公共交通，目前需要大力改善。州政府税收的减少迫使新上任的部长裁员 10%，所以交通部就必须寻找新的方法使得工作更有效率。此外，部长还发布的一道新政令：进行重大改善，提高客户满意度。

当时的部长 Emil Frankel 需要一个有效的方法，借此来转变部门的形象并向员工说明注重这一行动的重要意义。来自领导层和工会的 40 名员工聚在一起进行了为期一天的群策群力，纷纷献计献策，最终找到了消除官僚作风和提高服务质量的方法。

由于重点放在官僚作风上，群策群力要关注各种报告、批示、会议、衡量方法、程序和政策，也就是众所周知的 RAMMPP 法。许多组织已经运用该方法成功地摒弃了官僚作风和不必要的规章和文字工作。来自相似部门的参加者分组进行讨论，并找出最优的改善途径。在将最有可能产生影响的观点集中考虑后，为改善提出建议。

然后各小组将这些演示给部长和 Town 会议上其他的高级经理。报告结束后，部长批准通过了 10 条建议，几乎全部的建议都通过了。

群策群力会带来许多变革和创新：

- 实施了授权与许可的简易化流程；

- 试行了夜间道路维护的新方法，该方法成功地提高了效率，减少了交通障碍，迅速在整个交通部得以推广；
- 需要签字的重要文件和信件数量也大大减少，这不仅减少了回复次数，还减少了工作量。

群策群力使交通部广泛开展工作方法改善活动，包括更加关注质量、关注公众参与的新途径以及关注与大型供应商和承包商相互协作的新途径。

▶▶ 一个复杂制造业的扭亏转盈：舒乐国际公司

舒乐国际公司（Schuller International）是一家生产玻璃纤维及其制品的大型公司，当时面临着巨大的挑战，公司必须扭转连续几年亏损的局面。由于公司大部分业务来自制成品，因此盈利必须来自公司旗下四个工厂的生产线上。第一个问题就是明确群策群力的目标和重点领域。一个由业务领导组成的设计小组很快召开了几次会议，研究了这些问题。他们制定了增加 150 万美元利润这一大胆的财务目标，还为群策群力活动的中心工作选定了议题，邀请了参与者，并邀他们一道努力达到这一目标。

在群策群力活动中，各小组集中两天时间进行讨论，选出最优的方案，然后为开展行动制定具体的建议。在 Town 会议上，业务领导小组表决通过几个改善建议。在接下来的几个月内，业务领导定期与实施批准建议的人员一道进行回顾，建议小组共同实施计划、跟踪结果、获取收益。所有参与者参加最后的评审会议，回顾所学技巧及在全公司降低成本的行动。

群策群力获得了巨额的财务利润，使公司超额完成了利润任务。在六个月内，公司已经完成了既定的 150 万美元的利润目标。

此外，通过一段时间的努力，群策群力带来了许多其他的改善流程。

- 一个跨职能部门、跨分支机构、实践经验丰富的小组每季度到各个工厂审议提高生产的方法，分享最好的实践经验，这项工作每年使公司节约成本 25 万美元。
- 销售预测过程取得重大改善：每月第 15 日销售预测精确度，提高到 95%。

流程效率得以提高，因此原料浪费及相关的处理成本大幅度降低。

实施六西格玛后：引进群策群力

投资于基础设施并执行了六西格玛所需的培训后，组织通常就已经具备了高级的分析能力。不过，有时种种迹象表明还存在一些问题：

- 流程改善时间太长；
- 官僚作风阻碍行动；

- 参与流程的人太少，一些主要人物没有参与；
- 出现了正式或非正式的界限，阻碍了活动的开展；
- 许多流程改善在进行，但公司还存在许多未解决的问题。

将群策群力引进到这样的环境里，会使人们的工作重心回到促进业务的增长上，并可以利用六西格玛带来的流程复杂性获利。

群策群力和六西格玛的联合

有时看来，六西格玛所要求的原则和基础设施常常会令人灰心丧气，对于那些小公司或者资源有限公司更是如此。培训绿带。快速发展必要的黑带。增强提供便利能力。实施 DMAIC 程序性原则。这似乎都是为希望快速行动的人做的准备工作。经验表明，实施六西格玛后，一般需要至少 3~9 个月才能见到效果。

群策群力能提供另一种分享六西格玛利益的途径。进行准备性的培训和活动时，就可以引入群策群力。这样不但可以即刻见效，有时甚至可以为六西格玛所需要的投资活动注入资金。同时，公司也可以将一些六西格玛思维过程和工具引入群策群力活动，开始为更大范围引入六西格玛做准备。Armstrong 早期的群策群力活动使客户服务即刻得以改善，并借此引入了流程图、流程所有权、数据分析等概念。群策群力活动实施六个月后，Armstrong 开始在此基础上实施六西格玛。

联合实施群策群力（其速度及增强其他事物的能力）和六西格玛（其严格的分析方法）时，可以获得更多的益处：

- 有助于公司将注意力迅速集中到那些能够带来业务成果的流程改善上；
- 六西格玛联合使更多的人参与讨论、交流思想、献计献策，因为此工作不单单由绿带和黑带来完成；
- 缩短了数据分据所需时间，只有最关键的数据或者样本才得到收集使用；
- 采用六西格玛与群策群力相结合的方法可以加速决策过程；
- 促使建议快速实施，重点突出可量化成果；
- 可以使用详细资料跟踪法衡量短期内的进展情况；
- 为解决未来与群策群力或六西格玛小组相关的问题提供了结构框架，也为投入和实施的灵活性方面提供了框架；
- 提高了公司提供便利和流程分析的能力。

结论

在引入六西格玛管理举措之前，通用电气用了近五年的时间来创立、引进、传播和在全公司采用群策群力。正如1996年通用电气年报中所述，群策群力说明“通用电气是如何运作的”，而六西格玛则影响“通用电气如何运作”。群策群力使得公司能够跨越界限更自由地运作，能够继续消除官僚作风，能够善于学习，能够将速度引入公司的各个方面，能够以客户为中心。而六西格玛则能提供各种工具和基础设施，使这些行为转化为系统的、可持续的、不断增长的业绩。

具备通用电气的规模、资源及深刻文化内涵的公司为数不多，因此，通常情况下并不需要群策群力与六西格玛两者结合长达十几年的转变过程。但是，通用电气与其他公司的经验都表明，适合的行为和文化是有效实施六西格玛所必不可少的。假如你的组织能够跨越各种界限，快速决策，以客户和成果为中心，善于学习，你们就可以立刻开始实施六西格玛。假如你的组织需要具有这些行为，群策群力正好适合你。假如你的组织处于二者之间，六西格玛与群策群力联合也许是组织发展的最好途径。

六西格玛与群策群力联合

——访苏黎世金融服务有限公司组织发展主任 Mo Kang

（Kathleen Carrick，2002年4月）

苏黎世金融服务有限公司（Zurich Financial Services, Ltd.）组织发展主任Mo Kang于1996年加入该公司，担任人力资源高级职位，5年前公司引入群策群力项目以来，一直负责领导该项目。在此之前，曾任Birmingham Midshires Building Society人力资源及变革部管理职位。

苏黎世金融服务总部设在瑞士，其主要业务是保险及相关的金融服务，它的四大块业务分别是人寿保险（以与投资相连的和储蓄为重点的一系列人寿产品）、其他保险（汽车、家庭财产、商业财产、运输、一般债务和建筑相关保险产品）、资产管理和其他金融服务（资产管理、投资银行业、证券交易、经纪业务、房地产和其他金融活动）以及持股公司。

苏黎世金融服务有限公司的六西格玛部署项目叫做群策群力+。公司实施群策群力已四年有余，认为六西格玛是群策群力改善项目的延伸而非新的项目。

问：你们实施六西格玛的目标是什么？

答：我们实施群策群力有三个具体目标：

1．与Eagle Star兼并后，苏黎世急需将工作重点集中在最根本的事物上，以此来扭转企业的经营局面。于是我们应用了群策群力，将重点放在核心流程（承销、索赔、风险定价等等）上，想要阻止这艘大船下沉。现在业务已经稳定，我们认为使ZFS在同行业竞争中脱颖而出的时机已经成熟，这可以通用电气过客户为中心来实现。

2．发起群策群力时，我们发现节约成本的机会很多。现在，我们已经摘到了地面上和悬挂于低处的果子，当然还有更多的节约成本的机会，但是我们不能以客户需求为代价。我们需要更加严谨的方法继续留住客户，获取利润。这一点上，六西格玛满足了我们的要求。

3．我们用了四年半时间实施群策群力，已经形成了以业务改善为中心的文化，我们希望在此基础上继续发展。六西格玛是带领我们进入下一阶段的强有力的工具。我们用群策群力稳定了业务，对企业文化产生了巨大影响。现在我们需要更严格的项目，更加重视业务目标，带来更加持续的成果。

问：到目前为止，六西格玛对企业最大的影响是什么？

答：目前我们在试行 12 个项目，预计每个项目会带来 15 万美元的收益。因此，预计的财务收益是 180 万美元。这已经对业务产生了巨大的影响，许多高层人员都希望了解有关六西格玛更多的知识及其应用。大家对此有了企盼，我们该如何对试行阶段进行管理，这是我们目前面临的问题。我们为客户提供服务的员工很出色，但是作为企业，我们在看待客户方式上存在不足之处——初次接触后我们未能再继续下去。公司内部存在大量机会，可以用来提高为客户提供服务的连贯性。人们认识到六西格玛可以给我们公司带来的价值，我们将重点放在对待客户的方式以及我们收集并用来管理业务的标准上。

假如我们能够找到使客户满意的途径，并建立相关流程我们就会有很强的竞争力。在英国的保险业，没有哪家公司有很高的客户忠诚度。人际关系一直很受重视，但是公司很少强调流程能力。我们与客户之间的关系十分和谐，但如果能再提供协调一致的服务，我们将会更加优秀。

问：谁在推动六西格玛项目的实施？

答：六西格玛项目由最高层，我们的首席执行官 Patrick O'Sullivan 推动的，他 100%地支持六西格玛项目。技术方面由我来推动，我们用了一年时间达到目前的状况。大多数管理人员都赞成实施六西格玛，一些人员在思想上有了转变，另一些正在转变。我们计划在接下的几周内对管理人员进行培训，毫无疑问这会增强人们对六西格玛的支持力度。

问：你们遇到过什么样的文化问题？

答：群策群力确实给了我们很大帮助，现在六西格玛已经融入了我们的运作方式。

我们不再惧怕改变，但是担心如何才能找到资源。我们增加管理人员的知识，用战略和挑剔的眼光审视目前所有的项目，试图合理地解决这一问题。有一些事情需要调整、放弃或取消，这不易做到，但是如果我们想获得六西格玛带来的利润，就必须这样做。

实施群策群力首先使我们在文化方面为六西格玛做好准备，我们也确实备好了这一平台。

问：你们在计划实施其他项目吗？

答：我们读过许多管理学书籍，知道实施项目需要费用，因此我们一直小心谨慎。过去的四年半里，我们重点实施群策群力——这是我们唯一的项目，我们不能放弃。我们需要在已经实施的群策群力与六西格玛之间建立密切联系。我们所做的第一步就是决定将六西格玛项目叫“群策群力+”，这样人们就认为这是我们实施群策群力成功工作的延伸，而非新生事物。虽然最终群策群力+会取代群策群力，成为我们将来使用的适当的工具，我们还是将它们联系在了一起。我们渴望从别人那里学习六西格玛，我们渴望正确地实施六西格玛。

问：六西格玛与变革领导能力有何关联？

答：我们期望六西格玛能够帮助我们促进领导变革能力的发展。我们认识到主要业务领导必须有能力领导和管理变革，过去我们采用群策群力帮助他们发展了这些能力，我们将以同样方式采用六西格玛。

第 8 章

企业文化与六西格玛战略

Tom Thomson

那些正在犹豫是否实施六西格玛战略的领导们不知该如何将各个六西格玛原则应用于公司的实际管理中。例如，六西格玛强调结构化的基于事实的解决问题的方式和统计工具，对此公司领导不禁会问：六西格玛战略能够促进企业发展吗？或者该战略只对特定的企业有效吗？是否一个企业必须在这些相同的要素上运用相似的奖励机制是六西格玛战略成功的前提？六西格玛战略的另一特点是由训练有素的职员领导并参与的富有合作精神的小团队。领导们不禁又要问：如果企业文化强调个人成就而不是跨部门互助的团队合作，或者一个企业不会大量提供员工培训机会，六西格玛战略还适用吗？

每个问题背后都体现出人们合乎情理的一些顾虑，即六西格玛战略的要求与设想和每个企业的文化是否吻合？当六西格玛应用于摩托罗拉、通用电气和强生等公司时，他们的决策层领导知道每个公司都具有独特性，他们不知道六西格玛战略该如何在他们公司运作甚至能否发挥作用。决策层对这个问题如此关心，是因为他们想知道六西格玛是否能够帮助他们实现商业目标，或者说六西格玛会不会与他们现有的企业文化背道而驰，以至于阻碍这些目标的实现。不论这些目标是实现大幅度的质量改善、成本降低还是根本变革企业文化，领导们都想知道六西格玛能否在现有的企业文化背景中发挥作用。

既然不同的领导身处的环境各有差异，他们就必须考察六西格玛战略与各自的商业目标、企业文化是否吻合。本章讲述的就是如何得出以上结论以及如何调整六西格玛战略以适应不同企业文化的指导方针：第一部分给出企业文化的全面定义；第二部分介绍六西格玛的企业文化设想；第三部分解释六西格玛的六个主要层面以及如何使每一层面适用于企业文化；结尾就六西格玛战略作为一个促进企业发展的工具进行讨论。

组织文化的定义

直至 20 世纪，“文化”一词的含义才与现在的“社会科学”和“商业文化”联系到了一起。最早在 1955 年，《韦氏新编通用词典》的八条释义中的最后一条对“文化”的定义与现代商业用语相近：“某一民族在某一时期形成的观念、习惯、技巧、艺术、工具、机构等；文明”。今天，我们从人类学角度给文化下个定义，比如说西方文化、非洲-美洲文化，甚至流行文化。

当我们用这种方式定义文化时，我们是指某个群体所拥有的一套独特的价值体系、文化信仰与做法等，以区别于其他群体并使群体成员使这些团队产生共同的生活目标、生活意义以及行为方式。在管理学著作中，文化还用来表示在组织体系、程序以及价值观的整体影响下创造出来的一种环境。在后者看来，组织的文化是调整与巩固后的系统与行为方式的产物，由于组织内部调整，使文化得以有效适应环境。随着时间流逝，这种适应过程便逐渐在其群体成员中发展成为“正确”的思维方式与行为方式。在这样的文化氛围下，他的成员将这些“正确”方法视为自然的、恰当的和正常的；相反，对于其他思维方式或行为方式，他们则视为异常，或是滑稽，甚至对其持否定态度。

组织文化是一个组织在残酷激烈的商业竞争中谋求生存与发展时所产生的，因此它的主要假设常常深深植根于该文化下的每个成员心中。事实上，组织文化的主要理论家，美国麻省理工学院的 Edgar Schein 认为组织文化应当专门用于这些根本的、主要的假　设——“一个企业的成员都有一些基本的观念或信仰在下意识地发挥作用，并且影响这个企业对自身或周围环境的态度，而组织文化就应当处于这种观念信仰的更深层面。这种观念就是面临外界环境中的生存问题或者内部团结问题时做出的有意识的反应。

基于以上理解，组织文化就是指任何组织生活中的潜在力量。这种力量随着时间的流逝将逐渐强大稳固，尤其在外界环境相对稳定时。一个成熟的文化体系不会轻易改变，但在外界环境的变化的压力下，它也可能会随之改变。

在某个方式下所学到的经验可能会被抛弃并被适应性更强的经验所取代。一些企业经过很长时期不但能够生存还能够不断发展下去，就是因为他们的文化具有很强的适应性，能够成功应对不断变化的内外部环境。

通常来说，一次只能改变文化中的几个因素。要想一次性地将该企业的主要文化因素全部剔除掉几乎不可能，因为这些因素能够帮助企业审视自己并洞察周围的世界。完全失去这些主要因素甚至可能将使企业无法做出正确的判断，因此一定会产生混乱。

不仅如此，大多数文化的主要因素在该文化中发挥着强大的作用，不应该被抛弃。事实上，如果该种文化要变革，这些文化因素是必不可少的。先前文化中的重要因素通常被用来发展新的文化，并继续存在于那些经过改进的文化当中。

文化是相对稳定的实体，它们可以支配群体成员对自己与周围世界的看法，并且很难改变。尽管文化的确在不断地变化以适应新环境，但在社会、政治、商业历史中不乏失败的例子，最终甚至导致整个文化的消亡，更不用说一个商业企业了。然而，死守着一种文化不放，同样也会带来毁灭性的后果。

一个组织的文化下面有许多亚文化。例如，同一企业中的销售部门与研发部门就有着不同的文化。为确保在销售领域生存下去而发展出的文化与研发领域的文化有着很大的区别，因为这两个部门的工作目标与环境大相径庭。与同一企业中的销售部门和研发部门相比，不同企业中的两个销售部门似乎在文化上拥有更多相似之处。

更为复杂的是，组织文化及其亚文化存在于国家、宗教与主流文化当中。生活完全被文化包围着，没有人能够独立于文化背景而存在。在这个意义上讲，没有人能够脱离自身的文化背景客观地观察和分析其他的文化现象。我们都是从自己文化的角度出发来看待和理解世界的。

对六西格玛战略中文化的假设条件的理解

六西格玛是一整套工具和流程，它可以用来实现一系列商业目标。这些工具和流程从不同的国家文化、商业文化和学术文化中发展而来，因此保留着各自的文化特点。从这一点看来，六西格玛在文化上并不中立。即使是它的名字，源于统计学语言，也暗含着一系列文化假设条件。

六西格玛的六个主要假设条件归纳如下：

1. 利用数据、分析和结构化的问题处理程序能够成功地解决问题，并做出正确决策；
2. 在经过专业训练、具有解决问题技巧的人员的领导下，掌握第一手资料的小型合作团队是寻求问题有效解决方案的最佳组织形式；
3. 凡事不能一蹴而就，只有在实现了每一个目标并将这种标准纳入组织结构的基础上，才能够获得持久收益；
4. 为了集中力量取得进步，应当在企业内部或与企业相平行的结构中建立一套等级分明的人员培训体系（通常称为绿带、黑带、黑带大师、倡导者与支持者），这一体系中的人员根据各自的作用和职责不同而有所区别；
5. 标准的建立很重要，应当在当地和企业内部建立一套标准体系；

6. 最高层领导人和管理者应当意识到促进一个组织发展与变化的动力非常重要，并且应当积极引导，同时支持其实施。

如果一些组织的文化与这些主要假设不一致，那么他们在实施六西格玛战略时会遇到一定程度的阻力。即使是那些与所有或是大部分假设相吻合的组织，他们在接受新观念、新技巧和新流程时也会遇到阻力。这种阻力或强或弱，或显或隐，但是必然会有阻力。

如果一个组织的成员赞成六西格玛的文化假设，或至少持认可态度，那么它可能会更加易于接受六西格玛。当组织成员认为需要做出改变来有效应对周围环境的挑战时，这个组织对六西格玛的接受甚至热情就会显现出来。

在实践中，大多数组织在实施六西格玛战略时既会遇到抵制又会遇到支持。为了充分利用支持力量，并且对付实际和潜在的阻力，应将六西格玛战略重点放在适应该企业的文化上来。不论企业采用六西格玛是单纯为了提高质量、节省成本，还是作为促进文化变革的主要动力，适应过程都非常重要。

为了采用六西格玛，决策者要充分理解现有的组织文化及其内涵。由于基本的文化假设在一个组织中理所当然地发挥着作用，因此它们并不是很明显，也不容易研究。所以大多数组织需要从旁观者的角度来分析自己的文化，并充分理解其主要的文化假设条件。

可以采用正式与非正式方式进行文化评估。不论哪种方式，都是借鉴了人类学方法而得出结论。对一个组织的价值、思想和观念的调查评估不会影响到主要的文化假设和结构。然而它对于组织成员确定变革的程度，以及该组织与其所标榜的价值和原则是否吻合是非常必要的。比如说，一个组织可能有一套完整的公开的价值体系，其中一点可能是团队协作。那么，通过对思想或价值的调查就可以得知团队协作精神是否真正得到了肯定，是否在实际工作中体现出来。在涉及六西格玛机制时这一类数据非常宝贵，许多组织正在进行这种员工调查。例如，强生就正在采用一套受到认可的价值调查体系（称为 Credo Survey）来指导公司内部事务（其他例子请见图 8.1）。

深层文化分析采用了综合的方式，即将工作与工作成效结合进行调查与访问。这类研究方式的目标是回答如下问题：

1. 组织如何在它所处的环境中看待自身及其对周围环境的适应力？它扮演着什么样的社会角色？
2. 组织成员如何理解处理人与人之间关系的正确方式？
3. 组织成员所认为的真理与现实的本质是什么？
4. 组织成员如何看待人的本质？
5. 该组织所认为的“正确”的组织方式和权力分配方式是什么？权利应该如何在企业内部进行分配？

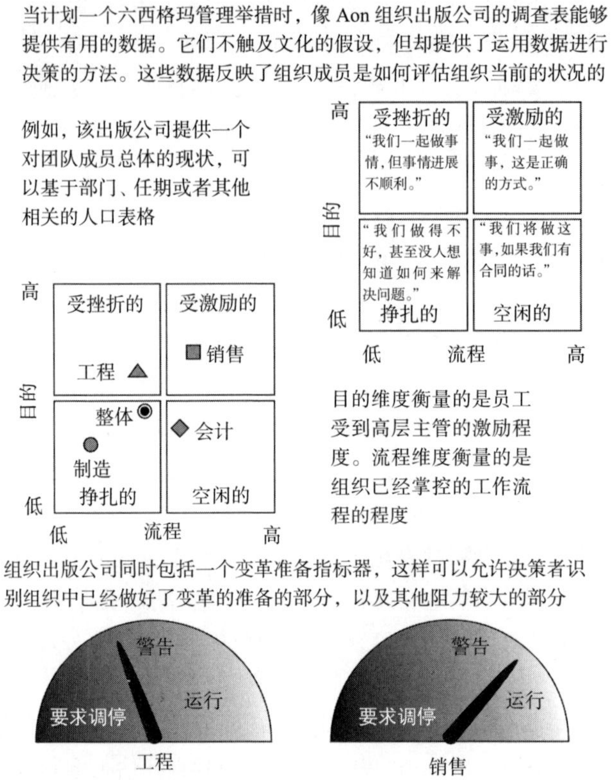

图 8.1 Aon组织出版公司范例

6. 一个组织内部的声望源于何处?
7. 组织成员如何实现企业的特征和意义?
8. 在企业内部推陈出新与循规蹈矩的关系是什么?

在回答过此类问题之后，决策者可以与来自组织内外的顾问一同着手确定该组织的文化假设。然后，找到具体方案将六西格玛应用于主要的组织文化假设中，抑或对它提出挑战。

理解文化的主要因素及其适用于六西格玛的含义

有众多组织文化的因素能够而且应当适用于六西格玛，而且这些要素可以被视为一个统一体（见图8.2）。

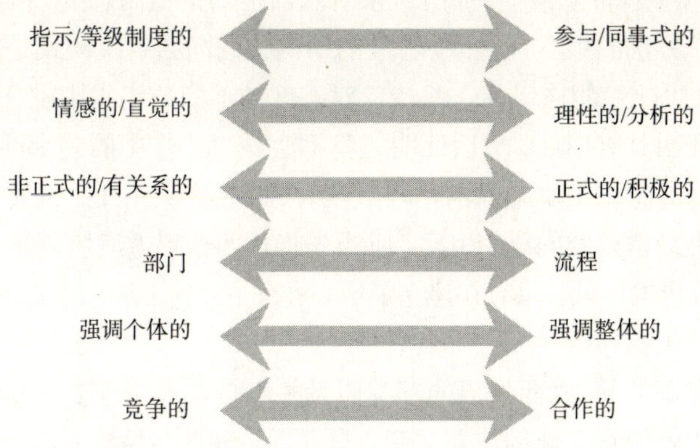

图 8.2　组织文化的六西格玛统一体

▶▶ 指令/等级与参与/合作

六西格玛的工作计划是由项目小组来完成的，这些小组能够不同程度地得到决策权与自主权。参与性强、注重合作的组织向项目小组授予权力时几乎不会遇到困难。在这样的组织环境下，项目小组通常不仅仅有权发表意见，而且可以执行决定。相反，在指令性强、等级分明的组织中，权力只掌控在高层领导手中，项目小组的决策权就受到了很大限制。在此环境下，项目小组采取行动前想要提出建议或得到许可将会比较困难。只要小组成员与管理层认为权利得到了恰当的分配，那么采用哪种方式都可以。

如果六西格玛是文化变革促进机制的一部分，并且变革的目标是建立一个更加注重合作、参与性更强的决策模式，那么最明智的方式就是先让六西格玛遵从该组织的现有文化标准。随着六西格玛逐渐显示其价值，项目小组也将享有更多的权力。如果一味对该组织最初促进机制中的文化标准提出挑战，反而有可能产生内部抵制，以至于六西格玛战略根本没有机会去证明其存在的价值。

▶▶ 情感/直觉与理性/分析

六西格玛的特点之一就是数据化的、结构化的理性的问题解决模式。如果一个组织已经倾向于具有这一特点，那么采用六西格玛时几乎不会遇到障碍。然而，一些组织特别是组织的某些部门公开对六西格玛的理性问题解决模式表示反对，这些部门如研发部，总是认为六西格玛所支持的模式与创造力和洞察力是相矛盾的；而销售部又认为六西格玛太过乏味，没有人情味。

这些组织通常并没有从整体上否定理性解决问题的有效性。但他们认为这类方法只适用于其他部门，像生产部门或财务部门，他们担心在工作中采用六西格玛会减少创造性和艺术性。研发部门和销售部门常常对六西格玛持抵制态度，因为他们认为这是对他们主要工作方法的根本性挑战。理性的结构化的问题解决模式是六西格玛实施的必要条件。如果想让六西格玛在这些持反对态度的部门或组织中发挥作用，就应当使六西格玛首先证明其有用性，然后证明它将不会减少工作中的艺术性和创造性。在这一类持反对态度的组织中实施六西格玛战略时，不应该从一开始就要求这些组织采用理性的方式解决最重要的问题。相反，应当先将六西格玛方案应用于组织成员认为存在问题、有待改进的区域。只有在建立了信心、有了经验之后，才能将六西格玛应用到他们的核心工作中去。

在这里需要强调的是，六西格玛的基本假设并不是要求所有工作都要用完全理性化的方式来完成或者说它完全排除直觉和人际关系，理性与灵感并不矛盾。但许多人担心它们有矛盾，担心采取更加理性的态度必然会压制灵感与直觉。在这种情况下，六西格玛应当作为简化工作的方式，这样就可以使他们在工作中更大程度地发挥创造性和艺术性了。

▶▶ 非正式/关系与正式/职位

文化的这一层面是指工作是如何在组织中开展的。在一些组织中，工作指令由上而下严格按照程序来传达，每个人都在正式的组织结构下行事。在其他组织中，工作是在一系列非正式的关系中传递完成的。这一文化层面会影响到六西格玛项目小组如何在组织中建立，以及选择什么样的人作为六西格玛的领导。

如果一个组织的工作流程有正式的结构，那么六西格玛项目可以在同样的结构下建立。同时，在正式结构中担任领导角色的人也可以在六西格玛项目中担当重任。在那些非正式化的比较注重人际关系的组织中，涉及人员安排时，更应当考虑到这些关系。项目小组并不一定是由正式结构所看好的人员组成，而应当由那些人际关系在组织结构图中不太明显的人组成。同样，在确定领导人选时，也应当遵循类似的原则，非正式的领导也许是最佳人选，如黑带或黑带大师。

▶▶ 职能与流程

有些组织非常注重职能性，每一项都要尽力强化其作用。设计、营销、财务以及人力资源等部门都力求将其独立职能发挥到极致。其他企业则将工作视为一系列相互关联的活动，并且跨越职能界限生产产品或提供服务。这类企业会尽力改善其跨职能的流程。

六西格玛是流程改善的一种方法，既可以用于职能部门内部，又可用于跨职能的流程。然而，从根本上六西格玛认为只有应用于跨职能的组织流程，才能够实现最大的飞跃。六西格玛对跨职能文化有一种偏爱。然而这种文化的确也能够带来职能部门内部的流程改善，但即使是实现了职能目标，最终它还是要利用这些成果作为工具和途径朝完全跨职能化的方向发展。

六西格玛战略的最终目标是使公司重视跨职能的流程，但一些组织对职能性非常偏爱，因此六西格玛首先要证明自己能够促进职能性流程的发展。在职能性文化较强的组织中，要在项目选择和人员培训上适应其文化，然后才能逐渐将组织的中心由职能性转向跨职能性。有时克服组织成员长期以来形成的职能倾向，并使他们形成整体的流程观念是比较困难的，因为他们太过注重自身的职能了。

通常，现有的评估系统加深了这种狭隘的观念。如果六西格玛的最终目标是提高组织整体效率，就要花大量时间来确保评估系统和奖励机制是在支持跨职能的、以顾客为中心的活动，而不是内部化的职能体制。

▶▶ 个人与团体

有些组织的文化注重个人胜过团体。尽管这些组织并不是刻意压制团体力量，但是因个人努力而成名的人会逐渐形成一种强化个人英雄主义的文化模式。这类组织的重心放在了富有才能的个人的行为上，而且这些人被放到很突出的位置。这些企业将逐渐忽视那些弱化个人英雄主义的流程或程序的发展。

六西格玛的重心在于发展运行顺畅，并且能够以较低成本生产出高质量产品的流程。在某种程度上，六西格玛的中心在于促进那种不需要英雄也一样能够有效运行的流程上。不仅如此，六西格玛在解决问题和创造顺畅的职能流程时很重视团队合作。

当然，在所有组织中都有大量的工作需要个人努力和贡献，并且这些努力应当受到认可和嘉奖。在这里我们需要重视的是那些需要发展有效流程的组织，他们忽视了这个问题的存在，一味地依赖个人的出色表现。

六西格玛强调结构化的问题解决模式，但在崇尚英雄的组织文化看来，流程的发展近乎于呆板。这些文化只是口头上支持六西格玛，而绝大多数成员依旧相信一个组织的发展不能依赖于有效的流程，只能依靠天才人物的贡献。

在这类组织当中，要先使六西格玛适应它的英雄主义倾向，与其共同找到解决问题的办法。在执行六西格玛的过程中，一定不要忽视对成功者的嘉奖。在一个重视个人业绩的组织文化中，诀窍在于不推翻旧英雄主义的基础上发展一个新的英雄主义。当企业的成员出类拔萃而被挑选出来，他应当是帮助一个团队获得成功而受此殊荣的。

综上所述，注重个人业绩的组织需要开展更多培训和流程咨询以便提高其团队的工作技能，并且这类企业要花费更多时间来发展这些技能。

竞争与联合

有些组织内部竞争异常激烈，个人之间、部门之间以及团队之间都有可能存在竞争。通常这样的竞争环境是作为一种推动力而产生的。竞争与奋斗可以成为一个企业发展过程的巨大动力，竞争既能带来乐趣又能创造生产力。

竞争也容易把握不住尺度，例如，本该通过合作来实现共同目标的个人与小组可能在竞争中一心想要做得比别人好，结果反而阻碍了共同目标的实现。因此，过度竞争有可能是件危险的事情。

为了使六西格玛最大限度地发挥作用，内部竞争异常激烈的组织应当更加珍视合作，至少要做到将内部竞争控制到能够促进共同目标实现的程度。为了能够使一个企业转向合作的道路，在实施六西格玛时，要更加重视合作对实现培训和促进达成共同目标的作用，而把竞争放到一个相对弱势的位置。同时还要改变行为管理系统，从而把合作行为推到一个更为重要的位置上去。在六西格玛的思想沟通机制中，要注重宣传合作下的问题解决和流程提高模式的成功案例。在某种程度上，这样的策略会将一个组织传统的竞争机制转向鼓励那些最懂得合作的员工的机制。

其他组织发展形成了一套非常注重合作的文化。如同竞争一样，过于注重合作同样也会产生一些消极影响。大多数人都希望个人对组织所做出的贡献得到认可，但有些组织的合作文化发展到几乎抹杀个人在集体中的作用的程度。在这样的集体中，个人为集体付出不同努力或做出不同贡献却没有受到不同程度的奖惩，公平公正的问题就会显现出来。工作业绩优秀的个人就会感觉受到了不公正待遇，结果就会失去奉献的动力。

六西格玛战略中的合作计划比较多，因此会倾向于更加注重合作的组织。同时，六西格玛非常重视对个人业绩的评估与个人的责任分担，而这一点正是注重内部竞争的组织的一大特点。在某种意义上，六西格玛正在努力尝试着去平衡竞争性文化与合作性文化中各自的强势。

结论

六西格玛战略是对所有组织的一项重大改革。往小了说，有大批员工将会接受培训，并投身于几项改进项目。往大了说，六西格玛培训、项目及其流程取得翻天覆地的变革，并与组织文化融为一体。

六西格玛不会对一个组织毫无用处。因此，要使六西格玛与组织文化相适应，最大限度地发挥它的积极作用，这一点尤为重要。如果一个组织的主要文化假设与六西格玛背道而驰，那么这种磨合过程就更加地有必要了。不论何种情况，组织领导采取六西格玛之前应当充分考虑他将期望六西格玛为组织带来何种效用，以及六西格玛需要做哪些调整以便在组织文化中做到物尽其用。

至于在多短的时间内能够让六西格玛在组织中发挥作用，组织领导的期望值是需要调整的。如果六西格玛的文化假设同组织的中心文化相吻合，运用六西格玛会相对顺利；相反，如果六西格玛的文化假设与该组织文化背景相矛盾，则需要更长的时间方能使其成功运作。

总而言之，六西格玛是一个组织文化变革的强大推动力。它的力量在于强调更为高效和迅速的工作方式，其目标不仅仅是维持企业生存，而是要促进企业繁荣发展。

组织文化是组织在现实世界生存的课堂中所学到的一系列策略。换言之，文化就是一个团体学习如何继续生存所得到的一个体系，并且将这种体系内化为深层次的、不言而喻的程度，使人们对此逐渐习以为常。

六西格玛不仅仅促使组织关心什么是有效的，而且要找到实现目标的最佳途径。组织不仅要实现内部目标，还要实现外部目标。在这一点上，六西格玛能够在组织生存的现实中为它提供有效的指导。六西格玛还可以帮助组织注重个人行为及工作方法，以确保企业的生存。

从这个意义上理解，六西格玛并不是理论化的、抽象的或者理想化的。六西格玛一贯注重工作的有效性，这正体现出它令人赞叹的实用性。

正是这种实用性使六西格玛成为组织生存的有效指导，并且最终成为组织文化发展的强大工具。六西格玛能够帮助组织摒弃那些过时的、无效的文化假设，并且学习更加有效的、能够应对未来竞争的文化假设。在最大限度上，六西格玛可以通过实践来帮助组织学习到中心的文化价值，促使组织不断学习新的文化来适应不断变化的世界。

文化的作用
——西门子西屋电力公司总裁兼首席执行官 Randy Zwirn

（Thomas Bertels，2002 年 6 月）

Randy Zwirn 是西门子西屋电力公司的总裁兼首席执行官，同时也是西屋董事会管理层的一员。他是 1976 年进入西屋电力公司的，曾在 Power Generation（PG）集团的许多不同部门工作过。1995 年 2 月至 1998 年，他被任命为西屋电力公司的总裁。从 1998 年开始他一直担任现在的职务。

西门子于 1998 年 8 月并购了西屋电力公司，西门子 AG 的 Power Generation 是国际电力系统最早的公司之一。截至 2001 年 9 月，西门子 PG 在全球已有 26 500

名员工。

2000 年秋季，西门子 PG 把六西格玛纳入其称为“top + Quality”的综合改进计划中，并将六西格玛作为 top+的内在动力，目标在于降低不符的成本。

问：西门子 PG 是如何对六西格玛产生兴趣的？

答：一个主要的原因是我们的质量计划不尽如人意。当时，我们规划的许多项目都无法融入企业的组织中，而且像我们这样一个机构庞大的企业，难免会做出一些错误的决定。我们没有那种每个人都可以拿去说：“好，这就是标准方案”的东西，我们的重点更多放到一些可以看得见摸得着的东西，即让人们知道质量非常重要。我们尽力将质量改善作为一项中心计划。而在我看来，将质量提高作为每个人的责任与他们每天早晨喝杯咖啡这类事情是无法联系到一起的。我想我们的确需要采用一套更为严谨的方案，而不是过去那种形式化的、松散的模式。

问：如果看一下六西格玛战略的目标，你也会计划降低商业成本、改善流程或彻底转变经营策略。看起来对西门子 PG 来说，目标是转变，文化的转变。

答：我想我们的确需要回顾一下这段历史。很显然，我们遇到的问题是很常见的。它们并不是近一两年出现的，而是过去的 10 年、12 年、15 年，甚至更多年前出现的。因此，过去的方案并没有找到问题的根本原因。是什么导致了现在的偏差，我们为何在许多问题上都有偏差，使得我们得不出想要的结论。

问：你们公司的企业文化在推动六西格玛与商业融合的过程中发挥了多大的作用？

答：一开始，文化可能是我们面临的最大挑战，因为它是那种善于探寻问题根源的文化。真要开展一个全球性计划，使每个人都在富有潜能的人的领导下向过去的传统的问题解决模式提出挑战，这对我们来说是文化的一次巨大的变革。

而且，我想，随着时间的流逝，你将会无意间形成一种对问题熟视无睹的习惯。我们已形成一种文化，那就是奖励那些能够解决问题的英雄，而不去奖励那些能够阻碍问题解决的人。不是去寻找问题真正的根源，而是让人们在问题出现之后的 10 个小时内解决问题。那个时候，已经产生了很严重的客户问题、质量问题及违规问题等。我们无意间通过不断去神话英雄而巩固了这种体制。即使到最后顾客终于满意了，那也只不过是亡羊补牢而已。

我想，我们的确需要做一些改变，找到问题的根源，这一点很有意义。即便我们只是有个良好的开端——让那些富有潜力的人接受训练，然后将他们遣回工作岗位担当重任——这对我们来说也是一件好事。

问：在你看来，一个高级官员在推动六西格玛发挥作用时扮演了什么角色？

答：我认为从一开始就应当引导人们去信任它，使大家意识到问题的紧迫性，因此促使我们立即做一些有别于以往的事，并且向大家说明为何选择六西格玛。正如我前面所提到的，我们的员工曾经尝试过许多不同的质量改进计划。尽管这些计划的初衷是好的，但是并没有找到合适的方式，并且也不是真正为我们这样的一个复杂的系统设计的。因此，我们需要做的第一件事就是确保每个人都清楚我们遇到了很严重的问题。首先，我们把问题数据打印出来，这样让每个人都意识到要采取些措施。如果说即使在经营比较好的一年，这类不符合的数据都要超过，这时你就会说，“看看，想赚到税前息前利润哪怕是一美元都很难啊！”这样一来所有的人都会对此重视。因此，如果我们着手处理这个问题，我们的经营状况就会不断得到改善。

六西格玛的另外一个重要作用就是告诉我们，这并不是一项短期计划，而将作为长期投资。如果说第一年投入一笔资金，而在同年就希望得到收益，那可真是大错特错了！因此我们应当明白，这是一项长期投资，也就是说我们需要投入可观的资金。但是我们还必须注意，在投资过程中不仅要求资金的投入，还需要人力资源的配合，这两者必须相一致，这一点我想我们已经做到了。

正如我前面所说，我们不会用通常的方式来执行六西格玛，而会注重开发它的无穷潜能。在我们第一次向经理们对此作简单介绍时，他们的第一反应就是，“我们不能丢下现在的这些人！你们不能用这个人，不能用那个人，那些人太吹毛求疵。”我想相对来说我们比较快地度过了那段时期，现在大家已经接受了这个观点，将六西格玛作为一项很重要的长期投资，并且尽快使其运转起来。

另一方面，既然一切都开始运转了，我们现在所面临的压力便有所不同，现在的压力就是看到结果。当你吸收了富有潜力的人才，并把他们放到这样的环境中去，很显然，你期望在他们不满意或承诺得不到兑现时尽快给予回应。

因此，我认为我们现在正处于一个非常具有挑战意义的时刻，也就是要检验我们的投资，并且去证明这笔投资会带来利润。现在的危险就是，如果我们的利润正好与通货膨胀率相抵，我们是否要退回原位，还有，我们是否能够用可度量的方法向人们证明，我们所做的就是一种投资。如果你投入 2 000 万美元，你就想得到 5 000 万美元、7 000 万美元甚至 1 亿美元的回报（尽管不一定在 1 年之内），因此我们正处于非常不稳定的状态，想尽一切办法去向人们说明这并不是普通的项目，而是一个整体的、非同寻常的投资。我想这正是我们现在所面临的最严峻的考验。

问：你认为如果想要经过这一步考验，并且取得切实的成就，领导需要做些什么？

答：我们确实应当坚持使用测算工具，然后从收益中总结出结论。人们从事这项事业的热情非常高。一开始就有许多富有经验的人才被吸纳进来，到目前为止，我想我们赢得了他们中绝大部分人的支持。

但在这时，我们不禁想到那句老话：对于无法衡量的事情，最好不要去冒险。如果我们在处理不相符合的数据上会花费上千万美元，而我们相信这就是成本，那么你必须收回一些成本。因此，如果你的计划就是在今年赚到1亿美元，那么这就是在测算或者说量化我们所做出的成绩。这就是挑战，因为这不是一个整体的努力，而是在尽力去获得利润。

人们不喜欢这一类计划，是因为你强迫他们去量化他们的成就。他们会说“我们遇到一个问题，”然后给你摆出十个理由来辩解他们为什么没有实现目标。但到了最后那一天，只有一个真理，那就是利润。而这需要量化。到了年末最容易计算的就是整个税息前利润。最困难的就是去计算你个人从市场获得了什么，从销售额中获得了什么，从六西格玛战略中获得了什么。还有，你将来期望得到什么。

我认为，这是我们所处的另一阶段。我们还不能真正向企业证明我们所取得的量化收益。

问：这是一个挑战，因为如果你们不能将目标分成若干份摊给每个人，那么就不能将责任分摊到个人头上。所以，你们只能把它们加总计算。一旦使他们各负其责，那么，是否采用六西格玛，或者追求总量增长或价格提高就取决于他们了。

答：如果说这个计划无法证明它会产生真正的利润，我想，除非是失去工作重心，否则我们不会把顶尖人才继续留在那的。六西格玛的潜力就在于它以目标为导向，他们所期望看到的是最终取得成就，而不会仅仅是一些无法测算的隐成本。在我看来，这正是执行六西格玛战略面临的一大挑战。

我认为这是个特殊时期。即使是在今天，我们依然认为我们的市场前景将会恶化。然而我们的计划还没有发挥到极致，因此今年将有可能成为我们业绩最好的一年，在交易量和相应的财务收益上达到高峰。而正如你所说，当你有着不同的测量标准时，面对不同的价格、数量会感到非常困惑。在不断扩大的市场中，做六西格玛这样的项目的确很有挑战性。

在第二季度，我们获得了17%的营运利润，而在三年前，这个数字还只是零。在不断扩大的市场中，要想改善业务有很多不同的手段，我认为在平衡这此事情上我们做得很不错。但是，当商业运行到这个层次，向人们证明成本有继续降低的空间就很困难。我认为，我们现在竭尽全力催生价值的方式是把重心放在比较我们与同行业巨头之间的差距，而不是去比较我们今天的成就与三年前的成就，我认为这是我们的主要战略。当然，我们还有相当的实质性的业绩差距，尽管我们已经胜过了ALSTOM和Mitsubishi这样的一些公司。但通用电气仍然领先了10个利润百分点，整整10个百分点！我们公司的不相符合的数据太大了，作为一个专业人士，看着这些数字，你会说“这简直是对我这个经理的侮辱”。但是，在这样一个市场中运用六西格玛战略尤其具有挑战性。

但是，把六西格玛与价值差距联系起来，能够有效地提醒我们问题的紧迫性。自己和自己比较已不再是什么明智的做法了，六西格玛被认为是缩短价值差距的方法之一。我们首先要找出这种差距，这正是我们这一阶段以后的任务，确保我们拥有充分的衡量标准，并明确我们的目标。接下来，我们要利用这些标准来衡量差距。

因此，我认为采用六西格玛方法，并把它应用于价值创造阶段是方案更新的绝好办法。我认为这又是个领导问题，也是通用电气管理模式的优势所在。每隔一两年，他们总会为管理层注入一些新鲜血液，设立新的目标。不仅仅是营运利润的目标，它只是其中一部分。

即使达到了 top+质量标准，我们也不会改变基本原则。领导应当留出时间来验证我们的工作的重要性，而不能仅停留在利润上。现在的挑战就是我们经营得不错，但不是最好。因此我们一定要说服人们，让他们相信六西格玛将会成为使这个差距消失的重要手段。他们不仅是要简单重复同一工作，也不仅仅是要提高市场份额。我们已设立了一个目标，也许不是很有闯劲，但对于我们来说是艰巨的——我们要把销售中不相符合的数据降到 3%。如果不从一开始就进行彻底改变，那么你就永远不会达到目标，因为这并不是说 Charlotte 或 Mülheim 生产制造流程中有缺陷，而是说整体的商业流程都有问题。

我想我们面临的挑战就是采用这个创新策略，保留我们当初所采用的六西格玛战略，同时改变工作的重心，使其适应我们现在的局面，那就是：“17%的息税前利润不错，但还不够好”。这样就会使人们更加有动力地去参与竞争，领导的部分作用就是促使人们取得超乎想象的好成绩。你所设定的目标必须是能够达到的，并且可以作为人们行动的基础。但这些目标往往会在一定程度上超出人们能力所及的范围。我想这正是我们所处的形势，也是我们可以用来重申这个计划重要性的手段。对我而言，第二点显得更难一些，因为有的人会说，“我花时间做这件事是值得的，而且得到了管理层的支持。”但是也有人会说，“我们确实没有得到支持。”

如果你看看那里的 150 名黑带或绿带，然后把他们的项目加总，你就会发现，大多都是 10 000 美元或者 100 000 美元。看起来数额很小，但如果你把它们加起来，总计会达到 3 亿美元到 5 亿美元之间。问题在于你很难让经理们说，“我愿意接受这个 10000 美元的项目开始干吧！”这是因为他们全都在想方设法地提高市场份额和销售量，他们的注意力不在项目上，加上项目实施需要很长时间，这对黑带来说需要很大的耐心才行。他们要花一年的时间来开展一个项目，同时如果你使用了管理积分制的话，那么速度的减缓也就预示着哪儿出现了问题。

我认为，我们去年犯得最重大的错误就是没有在我们的管理激励机制中采用top+。第一年，我们告诉经理，“培训×位黑带，让他们上岗的收益是不可量化的”。也许是因为刚刚开始执行六西格玛战略的缘故，我们还不懂得去量化第一年的预期目标。但它确实给了我们一些压力去培训黑带，并表明在这上面我们是认真的。我们不想给人们太多压力，甚至开始就说，“告诉我最终能带来多少利润”。然而到了第二年，你真的需要开始计算和量化收益了。但是我想我们已经错过了一个机会，没有及时地回想我们是怎样由一个部门拥有 10~15 名黑带的阶段迈向第二个更具实质意义的阶段的，这对于来年非常重要。我们错过了一些项目的原因就在于，我们没有恰当地应用数量评估，最后导致重心失衡。

在我看来，早先你在管理上所学到的就是人们看得懂肢体语言，人们能从经理的肢体语言中读懂什么是重要的。同样，我认为我们错过了一个重要方案，没有把六西格玛与激励机制结合起来。并不是说那是人们做事的唯一原因，但对我来说，运用肢体语言使得人们意识到“我要去接受评估，我要去设立一些量化目标，这样我才能知道自己到底有没有依照目标开展工作。”然而不幸的是，当我们意识到这一点时已经太晚了。

价值创造的引入又给了我们一个绝好的机会，因为六西格玛就是其中的一个方式。我们的确需要评估一下这些方案，而不是简单地说，“好的，你们的目标就是达到预期的息税前利润数额”。去年一年里，人们能够在良好的市场环境中做到这些。因此，如果没有那些额外的方案的话，你就无从知道你是从这些措施中缩小了价值差距，还是说你仅仅是倚仗着良好的市场环境。我认为我们的情况是两者兼有。观察每个项目平均所需的时间，就会发现许多警示。你必须把这些显示在计分卡上，如果真有什么问题出现，如“这的确会对长期的计划执行有危害”，那么你就必须促使经理不仅要关注利润，还要注意每个项目所需的时间。

人们能够感觉到什么才是重要的。如果你去评估一些事情，那么当你反复对这些事情表示关切的时候，也会引起其他人的重视。所以如果这件事失败了，那不仅仅是实施人员有责任，没有这样做的公司管理层也同样有责任。

问：一个跨国集团面临的挑战会加大执行六西格玛的难度，或带来一系列不同的挑战吗？

答：有两个方面。第一是跨国集团的文化层面；第二是非常庞大复杂的公司结构。跨国集团本身并不会形成发展的阻碍，也许你所销售的商品在大洋两岸稍有不同，但我觉得人们总是想把工作做得更出色。因此，作为管理者就应当为他们提供相应的工具和平台，否则他们就会有不同程度的挫败感。这种挫败感在国内和国外又是不同的。在美国，人们更加富有冒险精神。你首先要吸引人们的注意力，然后给他们展示一下你所能证明的快速收益；而同样的计划如果在德国开展，他们的态度就是，“告诉我这么做的理由是什么？它如何才能与流程相吻合？你先要证明我已经完全瞄准了，我才会扣动扳机”。处于不同背景下的人们看待问题时也有不同的态度，然而这并不会阻碍六西格玛项目的成功开展。

至于说作为一个复杂的公司在管理上会有诸多要求，这是理所当然的。这时就要求你在那些需要优先处理的事情中做出平衡，最终一一完成。我想，这个集团或公司的任何人看到我们在处理不符数据的问题上的花费时，他们绝对不会说这件事用不着这么急着处理之类的话。问题是我们所做的事情中是不是有些不需要给予优先考虑呢？你每天都必须就问题的轻重缓急做出决定。最重要的就是你的决定必须相连贯，否则会让人们觉得你走走停停。

我坚信，PG 为了实施 top+六西格玛而付出的努力对整个西门子 AG 公司来说，都是最明智的策略，而且事实上也的确是这样的。我相信，三四年以后我们将有足够的勇气说：“我们不会和其他没有 top+六西格玛认证的西门子公司合作。”在西门子这样的公司里，你有许多机会去分享战果。我们不仅仅对 PG 负有责任，如果这的确是个好项目，我相信我们也有义务把它在公司更大范围内推广。

但这的确需要坐下来，仔细考虑一下我们在全球范围内是如何销售的。就好比说，我们把商品推销给不同国家的顾客时，我们不会打出同样的广告。同理，我们不能以相同的方案把此项目在不同的国家推广。当然，这并不是说要从根本上改变这个项目，只是说要思考如何才能让不同国家人们都对它感兴趣。

假设每个人来这儿工作都想做得很好，然后出现了某个问题。这个问题的出现是因为公司管理机制妨碍了他们的工作，比如说是我们所设计的流程有缺陷，或者我们下达了相互矛盾的指令。这时，我们就负有责任。因为这并不是员工的工作做得不好或者是他们的素质不够高。

问：你说得对，这也印证了戴明博士 20 年前所说的话，他说，85%的问题都不能归咎于员工，而应归因于流程。我认为你的观点是正确的，管理者必须为人们创造出一种激发他们最大潜能的环境。

答：谈到管理，我们很难让大家明白，很多人都有能力来影响这个企业。通常，当你召集了 100 名高层经理，并且和他们谈到管理时，他们会认为高层管理是董事会那些人的事。当他们谈起管理时，他们会谈别人，而不是自己。这时我们必须告诉他们，他们手下管理着许多为他们工作的人。比如说，一个管理着 1 000 名员工的工厂经理在职责范围内可以行使的权力远远大于董事会的成员。我们董事会正在极力改变的就是要将事务下放到基层领导。在我们的组织文化中很少有指令是由董事会传达给个人，然后再去执行的。董事会不可能每天都能接触到最重要的信息，一定要让这些经理们发挥作用，让他们说，“这是我的项目，而不是董事会的”。正是那些管理着500人的工程小组或管理着1 000人的工厂经理们才有着难以置信的力量去推动六西格玛运转。我想，在这一点上我们取得了进步。

问：你必须要确信提拔合适的人选晋升，而不是那些曾经做出过成绩的英雄。

答：我们需要一些能够防止问题发生的人，目的是为了给黑带项目注入更大的潜力。当我说，“每位经理都将必须成为一名绿带”时，大家的反响强烈。你可以想像周围掌声四起的场景。

然而，有人会问：“如果这样的话，我们想要任命一名经理，或者想从别处雇用一名非绿带的经理怎么办？你现在是不是说我们不可以雇用他们？”当然不是了，你应该为那个人筹备一项个人发展计划，其中一部分就可能包括绿带培训。只是说你带去了一些观点，而且在场的所有人都赞同这些观点，他们会说，“好的，让我好好分析一下这句话，并尽力理解它。”我想，当我们离开时，我们在这一点上都达成了一致。

但你必须那么做，必须反复强调，你不能就这么让人们走。人们出去总会说：“他的话我接受85%。”我认为像六西格玛这样的理论，你必须百分之百地接受。你不能回头又说，“我什么都做了，但却出现了这样的问题。尽管从数字上看不出来，但我真的做得很棒。”

有些是关于价值体系的陈述，有些是关于工程设计的。如果你随便问一个我们的员工说：“你相不相信做事一定要遵从道德规范？”那么你所得到的答案基本不会有分歧，他们都会认为经营不能丢掉道德规范。如果你问：“为了促进经营你愿不愿意做不道德的事？”我敢说你得到的答案也是相同的，“不，我不愿意。”你绝不会得到这样的答案，“它对业务有多大好处？那真得不道德吗？”只要你说到“道德”二字，你就会听到“这是我们价值体系的一部分”。只要这个理念被归为价值体系，人们就会对其树立坚定的信念。我认为 top+应该成为我们价值体系的一部分，为客户提供高质量的服务当然是我们仍然在从事该行业的一个原因了。

问：你们有没有遇到顾客要求采用六西格玛？现在你们有没有与顾客共同开展的项目方案？

答：我们的顾客没有要求采用六西格玛，他们要求物有所值。向你的顾客解释你是如何开展一个项目的最佳方式就是你拥有一整套确定的方案。对我们来说，下一步就是要把我们的项目引入供应方，然后是顾客方。他们也希望我们对细节和质量给予足够的重视。不一定是六西格玛，但你必须把这两点融入一套确定的方案，并且获得成果。

我想我们现在需要把这个项目推广到外部世界。因为如果有顾客给我们提出更加严峻的挑战，将会促使项目更富有生机活力。期望并非来自于某个部门经理，而来自于最终购买产品的顾客。“我所关心的不仅仅是产品的质量，还有一个部门能以多快的速度开始运转？效率怎么样？工作有多灵活？”因此我们必须要让顾客参与进来。同时，我们也能从外部获得很多资源，因此我们的供应系统必须与其联系起来。也许我们还没有做好充分的准备以便在更广阔的顾客范围内去推广它，但我认为必须要做一次尝试，不断给自己提出挑战。

问：六西格玛的一项重要理念就是，一旦这个方案在企业中根深蒂固了，员工们就不会对谣言做出反应，而只会听指挥。你有没有看到人们吸纳了这个理念，有没有听他们说“你说你们在进步，你要用数字来证明”？这个理念成为管理的方式了吗？

答：我认为它已经开始成为管理的方式了，但只局限于直接参与这个流程的人们。这个理念并不是我们看待问题或解决问题的首要工具。我想，我们有必要引入一些外来的标准来看看我们的战略部署的怎样了。如果根据最佳方案，完成一项计划需要 180 天，而你用了 300 天，那么这个标准就会给你一个信号说你的速度有问题。

我认为评估非常重要，不仅仅要从 DMAIC 的角度进行评估，还要评估利润所得，以及提示我们进行地太快或太慢的信号。不幸的是，许多企业都不愿进行评估，因为评估会使一切透明化。但我认为，给员工看过评估结果之后，一定会为他们指明正确的方向。

在经营得以改善的时候，比如利润额有所提高，这时你要让人们理解真正的原则——“这是你的全部受益，但它得益于六项方案”。我想到目前为止，在确认方案的工作上我们做得还不够。我们会说，“这是所有的员工，这是利润总和，我们要实现目标利润”。我们终于实现了财务目标这是好事，但这也是为什么我认为价值创造在改变人们思维方式上非常重要的原因。你可以进行纵向比照，但你必须与你的同行中最优秀的企业横向比较。你的顾客可以选择购买你的产品，因为你做的还不错。当然，他也可以买那个做得不如你的公司的产品，或者他可以说，“我想买同类中最好的产品”。

我相信，这也是通用电气的竞争策略之一。顾客购买他们的产品是因为他们的表现一如既往。当然不光是财务成果，其中还包括诸多因素，如质量体系、评估能力等。我认为我们不需要完全照搬他们的做法，我们只需要以同行业巨头的数字为目标。事实上，在许多领域我们都有自己的竞争方略。通过不断地评估，我们要弄清楚差距还有多大。

即便我们做得很好，还是会感觉到我们没有实现所有的目标。幸好一切都在运转，我们的资源在不断增加。但当你询问顾客并发现他们还有不满意的地方，那么看到有 8%的不符数据时你就不会吃惊了。因此将项目推广到顾客是非常可行的。你不能死守着自己的标准，你必须接受外界的影响。企业的运作应该处处想到顾客：当你思考该如何安排自己的工作时，这并不是说你如何在内部完成，而是说如何为顾客做些事情。这一点即使是在我们企业也很难做到。

我们所从事的行业在不确定的情况下会变化无常。当我们的工程师还想方设法达到产量、密度和效率最大化时，我们的顾客可能会说："我想知道在下午 4 点，温度升高到 96 度，电价涨了 10 倍的情况下，我的机器还能否正常运转？"我想，如果你不在意客户的意见回馈，我们的员工可能还在一味地提高效率，生产最独特的材料。因此让整个企业都重视这种意见回馈是非常重要的。没有一个企业是完美无缺的，但如果你不注重从外部获取信息，那么从长远发展的角度来看，最终你将会走向失败。

如果你把这些事情联系起来对你的员工讲的话就会更加有说服力，如果你只对他们说："看，通用电气的利润率是 25%，而我们是 17%，所以我们做得还不够好"或者"现在对于西门子来说是个重要时刻，我们要争取提高盈利率，扩大经营规模"，他们会感觉太空洞，没有内容。如果你已经赚到 10 亿美元，那么 10 亿零 1 美元和 10 亿零 2 美元又有什么区别呢？对我们的员工而言这当然是件好事，但却不会给他们太多前进的动力。我认为我们应当将整体的方法纳入价值体系中去，比如：我们想把工作做好，我们想满足客户的愿望，我们想成为一支主力军等。只有当我们的员工开始彼此竞争，将不一致的成本消除掉，不再循规蹈矩，不再亡羊补牢，那时你才能说自己是成功的。

问：这也是杰克·韦尔奇在他给股东的一封信中所持有的主要观点，就是即使一个员工完成了商业目标，但如果他不赞同通用电气的价值体系，通用电气也不会继续雇用这样的人的。因为雇用一个持相同价值观的人，然后逐渐培养他，让他从零做起，不断进步，这比改变一个人的价值观来得更容易。

答：这也正是我们所追求的。这并不是简单地说："好，这个季度达到了商业目标！"若想将业绩持续下去，必须把它归入价值体系中，我想这也是杰克·韦尔奇在激励别人方面的过人之处。在这一点上我们对我们来说，六西格玛的 top+是一项主要的价值创造工具。但我们必须要一直跟踪它，走下去，这样才不致使其失去可见性。幸运的是，在市场日渐低迷的情况下，我们的员工意识到这个工具绝对不能被忽视。但在评估时真正的挑战是你如何进入这个价值体系当中去。也许在明年的员工意见调查中这将成为一个很有趣的问题。

问：如果人们说这是很有价值的想法，你们会把它付诸实践吗？并且这种实践

是要开展一个项目，依照该项目真正去解决问题，在现实中你必须能发现这种价值。

答：把一项计划转化为价值非常困难，这需要不断地努力。它甚至可能要求我们联合起来，共同寻求一些措施，并且从根本上理解这些措施。这样才能帮助我们看到哪些方面做得好，哪些方面做得不好，并不断改变我们的工作重心。我们可能需要每半年或每季度做一次，绝对不能忽视。

这需要三到四年的时间，而且要在不改变我们计划的基本规则的前提下进行，但这也需要更新和变革。我们是在朝着这个方向努力，但我想我们正处于一个重要时刻，我们先要自问："我们是否严肃对待这件事并要将其贯彻下去？"

但从我与安全分析员的会议结果来看，我们是从可信性的观点出发的。三年前，甚至是外界都在说："这项兼并会成功吗？PG 能否做出贡献？"当我们谈到在中期达到 10%~13%的息税前利润的时候，许多外界的分析家都说："你们的想法是好的，但能看到你们取得 10%以内的成绩，我们就很高兴了。"现在，我们已连续四个季度取得了两位数的成绩，截至本年第二季度，我们取得了 17%的利润率。我认为现在的问题是"你们能够继续发展吗"，还有"为什么通用电气能够达到 27%而你们只有 17%"。这也是价值创造很重要的来源。我们知道一部分差距是与规模是相关的，如果商业规模比较大，那么规模因素也会促进利润率的提高。但也有一部分经营业绩完全是由商业流程和效率所决定的，我们现在所利用的更为广泛的标准所衡量的就是哪部分是由商业规模决定的，哪部分是由商业效率决定的。

在接下来的三到五年内的时间，我们的目标是减少与流程相关的那部分价值差距。我个人认为，当你这么去做的时候，也意味着规模的差距在缩小。所以，这至少会使我们意识到，我们不再只是与自己竞争了。这会向我们提出新的挑战，这是比坐下来编制本年度财政预算更能鼓舞人心的挑战。这会使我们与外部世界的联系更加紧密，会使我们了解到行业界巨头的发展动向。对于我来说，六西格玛是最重要的工具之一。因为如果你看看不符的数据，非常简单——100 亿美元的 8%就是 8 000 万美元。我想六西格玛给了我们改变现状、不断进步的机会，但是人们更愿意看到可以量化的业绩，这也是我们现在必须向人们展示的。

我们应当把更多我们认为成功的项目摆到前面。同时，我们也要研究一下那些不成功的项目，并不是要惩罚谁，只是想弄明白为什么这些项目被拖延，为什么我们没能处理好它们。人们往往只想到奖励那些表现出色的员工，殊不知，在失败中汲取经验也是一种宝贵的学习过程。

人们知道什么时候要去坚信一件事，什么时候采取行动，但经理们又没有给他们的员工以足够的信任。我相信，绝大多数员工都想做得出色，并且往往是管理层为他们的出色表现设置了障碍。

第 9 章

客户关系

Thomas Bertels

六西格玛是一种在满足客户需要的同时获利的重要战略。它依据客户需求进行流程改善以提高客户忠诚度。然而，许多组织却致力于如何发现顾客需要、如何发展关系以为六西格玛的实施共同做出努力。本章主要介绍，为了确保对客户需求有一个深刻和全面了解，组织能做些什么；组织如何利用六西格玛，将它作为建立有竞争力的客户关系的渠道，如何利用计分卡确保组织与不断变换的客户需求保持一致。

了解客户需求

六西格玛这一概念的核心是衡量流程，从而找出与客户需求相关的流程能力水平。客户的关键质量要求（Critical-to-Quality, CTQ）表现在他们所购买的商品和服务中，而流程则被用来满足他们的需求。例如，当商业航空公司的客户购买飞机上的座位时，他们关心的不仅仅是能从一地飞往另一地，而是飞行的安全问题与能否按时出发和到达以及他们到达时行李能否到达等等。这些需求往往超出了实际的产品本身，而且包括了与机票代理商的接触。例如，购买机票的难易程度或者与工作人员交流时的愉快程度等等，它们都会对客户是否会再次乘坐该航空公司的航班产生重要影响。六西格玛的根本观点是，业务流程需要高度可靠性（六西格玛标准）才能满足这些关键质量要求。因此在我们所举的例子中，销售流程需要满足许多要求，如得到机票所花费的时间和精力、航班是否准时起飞和到达等。这些看起来很简单的事情对理解下列概念非常重要：

- 客户需求是什么；
- 不同的顾客或者不同的细分市场是否存在不同的需求；
- 哪些流程能满足这些需求；

• 现在这些流程的表现如何；
• 改善这些流程的成本和收益是什么；
• 改善这些流程是否有助于提高公司的竞争力。

六西格玛要求将客户的声音（Voice of the Customer, VOC）转变成可衡量的关键质量要求（CTQ）（见图 9.1）。

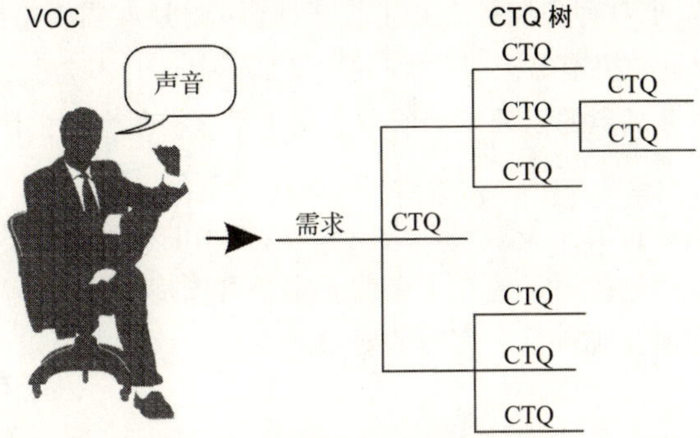

图 9.1　CTQ 动因树

通过为流程设定具体的运行目标，为客户带来价值，改善的机会就会很明确，并能通过团队章程解决这些问题。Noriaki Kano 创立的模型将关键质量要求的以下三个方面区分开来（见图 9.2）：

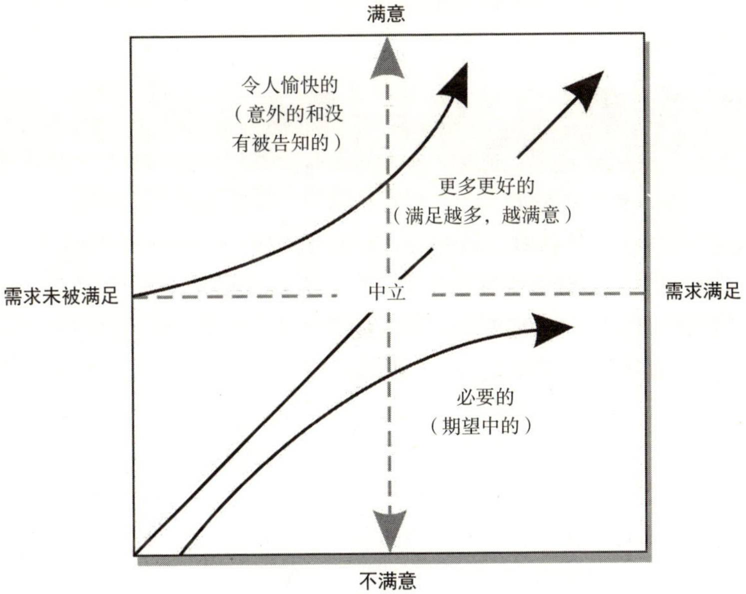

图 9.2　Kano 质量模型

1. 必要的（基本质量）；
2. 更多更好的（线性质量）；
3. 令人愉快的。

必要的或者基本的质量是客户期望得到满足的质量。如果缺少这些质量，客户就会不满意，即使这些质量都能达到要求，客户也不会百分之百满意（如航班的安全问题）。达到更多更好的要求对客户满意会产生直线性影响。这些需要得到满足的越多，客户就会越满意（如便宜的机票）。令人愉快的质量是不存在时不会引起客户不满的需要，但是出现时会令顾客满意的需要（如航空公司为乘客提供免费的酒精饮料或者优质的热餐）。

了解这一模式对提高价值至关重要，正如 Kano 指出的，这一模式不是静态的。例如，在一周内处理客户的投诉，这在十年前是完全可以接受的，是高质量的标志。但是出现了电子邮件和语音邮件后，客户的要求更高了，这时就要求必须在 24 小时内处理客户的投诉。

没有倾听并理解客户声音就会犯致命的错误。尽管注重内部业务（如低成本高收益）十分重要，但是这些要求只解决了效率这一个问题，而效果却被遗忘了。这确实能为客户增加价值吗？只注重效率的公司会遇到很多麻烦。没错，你最终会拥有最有效率的生产流程，甚至会成为成本最低的生产商，但是你生产的产品可能并不能满足客户的需求。六西格玛不但可以降低成本从而提高流程收益，更重要的是，它把注意力集中在了具体的客户需求上从而能够为客户带来价值。内部改善是必要的，但是不足以带来长期的成功，只有同时注重效果和效率才能为你带来长久的竞争力。

▶▶ 收集客户声音资料

在六西格玛培训的过程中，黑带学会了如何收集客户声音的资料，然后将这些资料转化成一个关键质量要求列表。这一列表可以用来说明流程的表现状况。只有黑带进行微观层面，即某个具体流程上的某个具体流程分析是不够的，问题在于缺少能够反映对客户有影响的六西格玛项目实施机会的宏观上的分析。我们需要一个搜集和分析需要改善的流程的客户声音的综合体系。客户声音系统不但注重现有的客户，而且注重未来和潜在的客户，它提供了一个全面的市场。客户声音系统将客户满意度和客户忠诚度融为一体，这是开展使客户影响最大化、最终带来高速增长的六西格玛项目所要求的（见图 9.3）。负责销售和营销的管理人员有责任建立一个客户声音系统。不过，在大多数六西格玛的实施过程中，在便于将客户需求融入业务表、战略规划、流程管理系统及项目选取标准方面，六西格玛领导都发挥着关键性的作用。

有了 CRM 客户关系管理还需要搜集客户声音资料

客户关系管理出现后，已经成为许多公司需要做的重要事情之一。使用得当，客户关系管理就可以促进公司增加客户知识，从而建立可以获利的客户关系。重点应放在更多地了解客户上，在与他们的每次接触中，不断改善自己。在大部分产品和服务都成为商品的这样一个时代，了解客户并将每个都作为不同的个体来对待是赢得客户忠诚的最有效途径。然而，客户关系管理经常不能回答客户真正需要什么以及他们为何离去。例如，他们的购买方式也许仅仅能说明我们提供的商品，但不能说明他们真正需要什么。因此，除非客户关系管理带来的资料和想法与从理解客户声音中获得的知识结合起来，否则客户关系管理就不能满足六西格玛战略的要求。

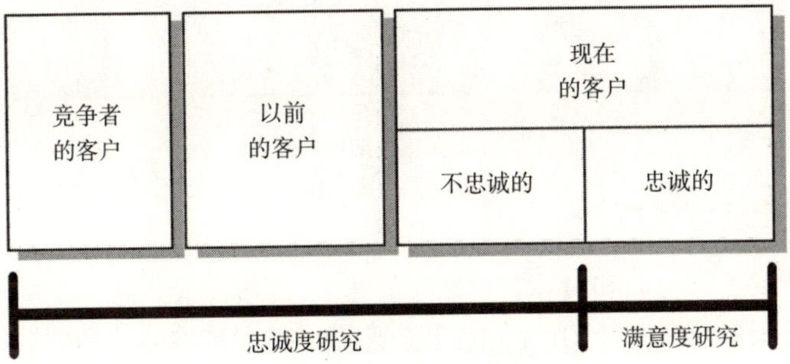

图 9.3 客户声音体系构成

▶▶ 为什么只有客户满意是不够的?

尽管许多公司早已创建了调查客户满意度的流程，但是由于他们所搜集的资料不足，所以仍然不能帮助企业确定是何种因素影响着客户的购买决定。客户满意度存在的主要问题是它往往与购买行为毫无联系。另一个问题是它忽视了竞争因素，即客户对公司的表现很满意，然而还会继续购买竞争对手的商品。图 9.4 是零售业的一个例子，尽管它的调查资料显示地点和销售支持是令客户满意的，但实际上客户转向竞争对手的一个重要原因就是销售支持。

满意度资料往往不够详细，不能反映客户真正需要什么，它所能告诉你的就是他们的满意程度。然而，当顾客很低时，满意的客户就很容易流失。因为多数公司都有衡量客户满意度固定的流程，本章的其余部分就集中在客户忠诚度调查上，一种能够反映客户真正需要什么的一个鲜为人知的方法。

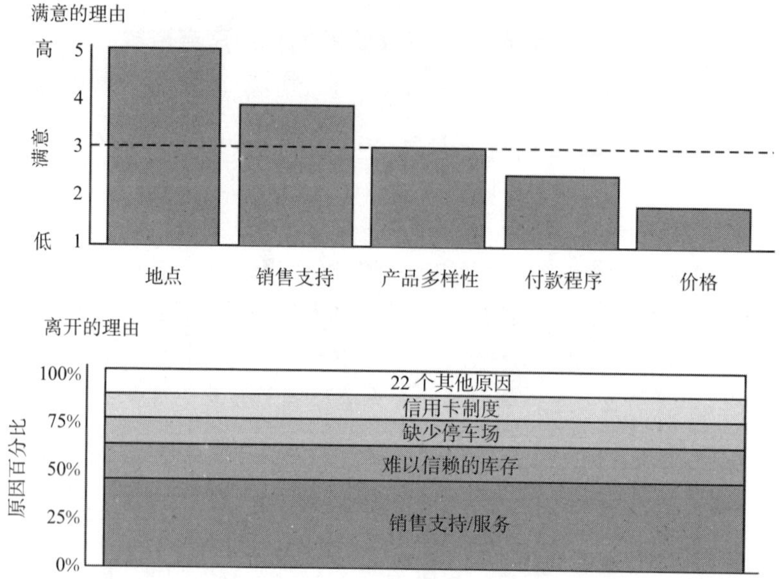

图 9.4 满意度的两难处境

▶▶ 了解客户的忠诚度

客户忠诚度是供应商和目标客户之间的纽带，即客户经常将一定的支出花费在供应商所提供的服务或者制造的产品上。客户忠诚度包含着许多帮助理解客户的关键因素，因为它考虑到了对客户一生价值观的评价，并能识别出提高客户回头率的机会。

几乎所有的行业里，留住客户比开发新客户要来得容易，这是因为现有的客户已经了解了公司与你们的能力，赢得新客户却需要付出很大的努力。客户忠诚度研究使你能够衡量出客户价值：每个客户停留在市场上选择你的产品或者服务的时间是多长？将市场上全部客户加起来，得出权益。延长与客户关系寿命期、提高客户忠诚度有助于增加客户权值，丢失客户就会降低客户权值（见图 9.5）。

由于客户变动多数公司并未意识到忠诚度的问题。客户变动是利润的主要驱动力量。现有客户被新客户取代时，成本就会增加，因为必须花费更多的钱，争取新的客户。这样一来就不能获得长期关系所带来的利益。客户忠诚度研究有助于抓住拓展客户关系带来的机会。图 9.6 说明了客户变动是如何影响利润的：1995—1996 年，尽管公司收益增加了 12%，但是只留住了 37%的客户。1995 年大约 81%的收益在第二年不能得能保留，或许是因为该公司失去了客户，或许因为客户对该公司的消费减少了。客户的质量也降低了，新客户出的价格很低。

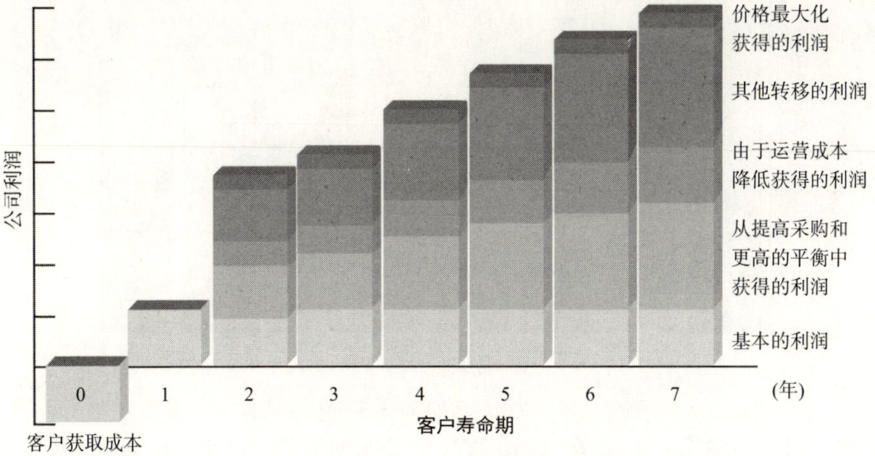

图 9.5　公司利润随着人们成为客户时间的延长而增加的原因

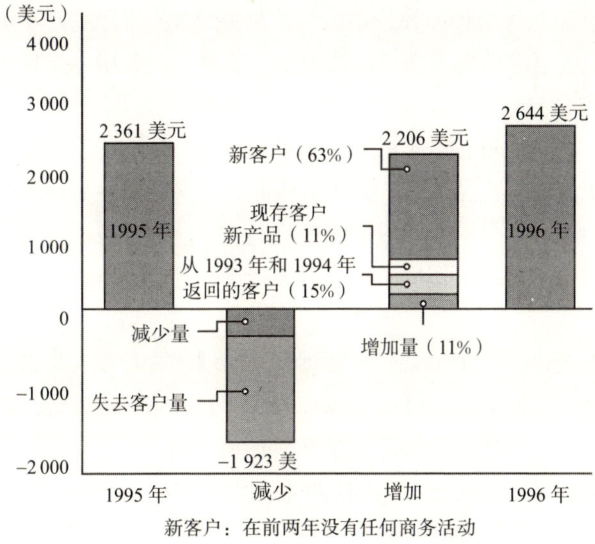

图 9.6　一个金融服务公司的客户影响状况

衡量客户忠诚度，找出客户变动的原因，为六西格玛机会提出了第一个衡量方法。当公司不能满足竞争的要求时，往往会失去客户。改善业务流程使得公司不再失去客户，同时增加客户价值，这一影响是巨大的。研究表明，客户缺失每降低 5%，利润就会增加在 25%（当然，影响因行业不同而不同）。理解提高客户忠诚度对业务的影响是设立六西格玛案例的第一步（见图 9.7）。

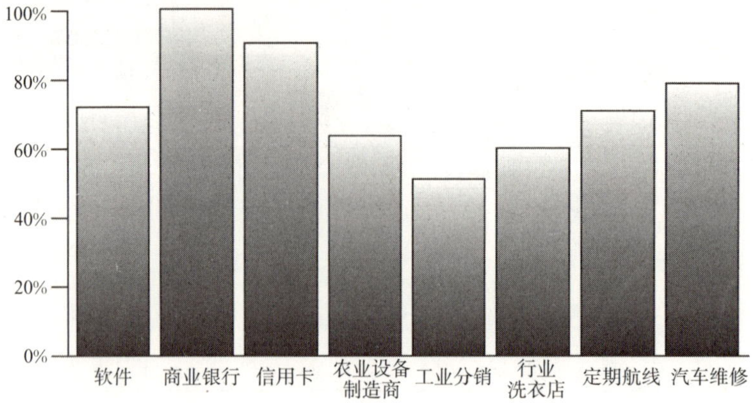

图 9.7 客户忠诚度增加 5%对不同行业的影响

客户不再忠诚于公司，存在诸多原因，并不是所有的原因都可以通过实施六西格玛就能解决的。不过，在多数的情况下，了解客户不再忠诚的原因有助于公司将精力集中在留住客户的流程上。尽管多数公司认为价格差异是他们失去客户的主要原因，但是研究表明，在几乎全部的失去客户的情况中，价格只是其中一个原因，而且往往不是最重要的原因。

通用电气 Capital 的 Commercial Equipment Financing（CEF）所做的客户忠诚度研究使其领导层认识到，不经常与客户沟通是他们失去客户的主要原因之一。当销售代表未以客户预想的频率与他们联系时，公司就失去了这笔业务。六西格玛项目就是为改进 CEF 与客户交流的方式而设立的，该项目与其他销售流程改善项目为 CEF 多带来了 6 亿美元的销售量。

客户忠诚度分析提供了一个框架，从而便于公司理解客户不再忠诚的原因，并做出相应的改善。客户忠诚度不仅是要关注现有的客户，还应包括已失去的客户。客户忠诚度研究有助于公司发现使客户转向竞争对手的有关客户服务、产品或可靠性等的一些问题，并使之能够量化解决这些问题的价值。

客户忠诚度分析可以帮助量化理解客户要求，并得出客户忠诚与不忠诚的原因。如果分析得好，它可以在确保六西格玛项目带来最大的市场影响方面提供宝贵的支持。

这种分析可表述的部分是客户忠诚度原因分析图（或失去机会的原因分析图）。图 9.8 是关于某航空公司的客户忠诚度原因分析的实例，它生动地说明了存在的机会以及公司解决了导致客户忠诚度降低的问题后可以提高的收益。该图还认真分析了客户流失或乘坐次数减少的原因。横轴代表客户忠诚的主要原因，如经常飞行计划、机上服务等等。对于每一原因，该图认真分析了保持客户忠诚高水平的关键质量要求。

在本例中，缺乏作为经常飞行计划成员的认定占经常飞行计划分类中原因的 50%，而该分类占全部原因的 32%。这就意味着解决了缺乏联系这一问题就将解决 16%的问题，由此看来，该图可用来识别重要的六西格玛项目。

客户忠诚度分析有助于回答下列一些急需解决的问题：

- 什么原因促使客户从购买本公司产品与服务或者购买竞争对手的产品与服务？
- 在客户看来，我们的竞争优势和劣势各是什么？
- 每个竞争优势或劣势对利润造成的影响有多大？
- 我们如何将这种市场情报付诸行动，并最终转化为客户和股东价值？

客户忠诚度分析的优点如下：

- 深入调查客户资料；
- 确定重要性时考虑到客户带来的净收入；
- 将客户不再忠诚的因素与利润联系起来；
- 区分客户不满意与客户不忠诚的原因；
- 深入考察竞争对手的优势。

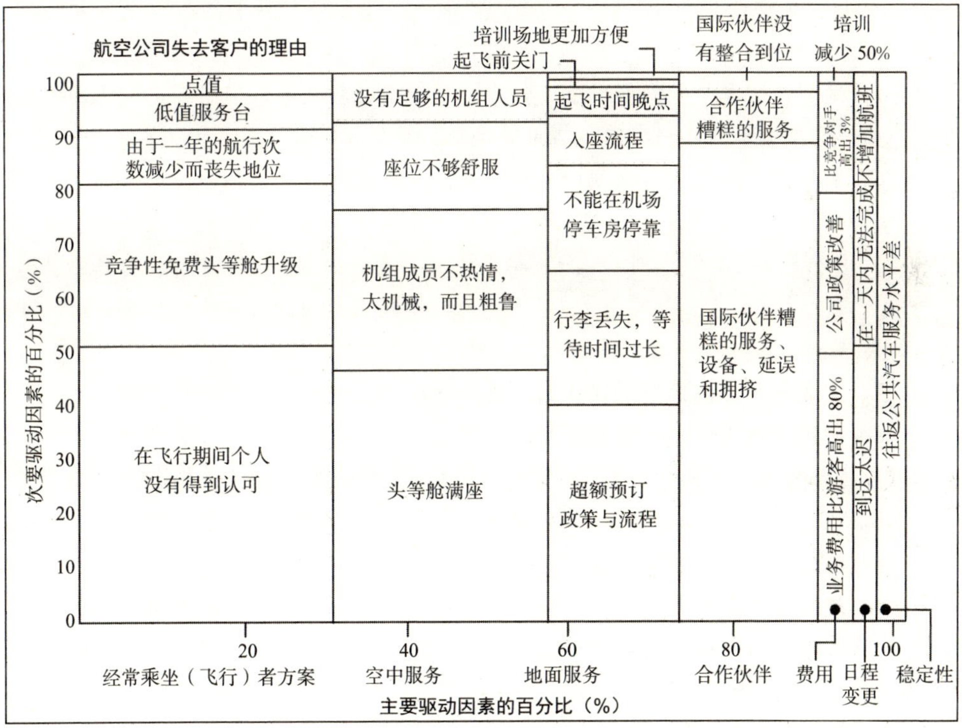

图 9.8　客户忠诚度动因

客户忠诚度分析的 10 个步骤

1. **最初资料分析** 分析最初资料时，分析小组审议的是容易得到的资料，如客户满意度调查、市场调查、行业调查等，而分析新业务或已失去的业务及发展趋势是对历史资料的补充。访问管理与营销人员以便审议现有的战略和目标并发现产业和竞争问题；

2. **市场细分假设** 在分析现有资料的基础上，负责分析的小组创建用于忠诚度分析的市场细分模型。现有的市场调研关注经济和人口统计学变量，而多数忠诚度研究则根据客户购买行为的不同来进行市场细分。然后这种细分由管理层进行审核评议；

3. **创建获利性模型** 理解获利性模型，对于通用电气通过提高客户保留率及延长客户关系来确定客户利益及存在的机会十分关键。分析小组使用现有的财务资料，为客户获利性创建了类似于图 9.5 的模型。他们与财务部门一道，使用不变/可变的成本分配法，设立能够用来计算每位顾客获利性的障碍率；

4. **客户忠诚度定义**：分析小组现在可以用前几步的资料来计算忠诚度。将忠诚与前面建立的获利性模型结合起来，就形成了忠诚度与获利性相联系的初步模型；

5. **确认访问客户并做好准备工作**：分析小组设立标准，确定要进行访问的客户，由管理小组审查客户名单。名单通过后，销售部门订立访问计划；

6. **客户研究**：客户忠诚度研究的优点之一是它始于量化细分，从而确定该特定市场的相关细则，接着是此信息为基础的更高层的量化细分。量化资料的收集过程要使用条理清晰的调查问卷，分发给一组有代表性的客户。客户忠诚的原因以选择题形式出现，还包括许多开放式问题，以反映购买行为、人口统计及目前尚未满足的需求等；

7. **完成客户忠诚分析评议**：利用访问的结果设计出客户忠诚原因图；

8. **确定改善机会**：利用客户忠诚原因找出潜在的改善机会。显而易见，有些问题很适合实施六西格玛西格玛项目。一般说来，60%~90%的改善机会可以通过使用 DMAIC 或者 DFSS 来解决。客户忠诚原因图有助于建立一个优先项目组合，这些项目把重点放在了客户最关心的问题上（见图 9.9）；

9. **建立客户计分卡**：客户的偏好随时间而发生改变。成功的企业会使用客户计分卡搜集现实资料，与客户建立双向的沟通，从而使客户观点制度化；

10. **与业务战略一致**：最后一步是将客户忠诚调查结果融入业务战略中。

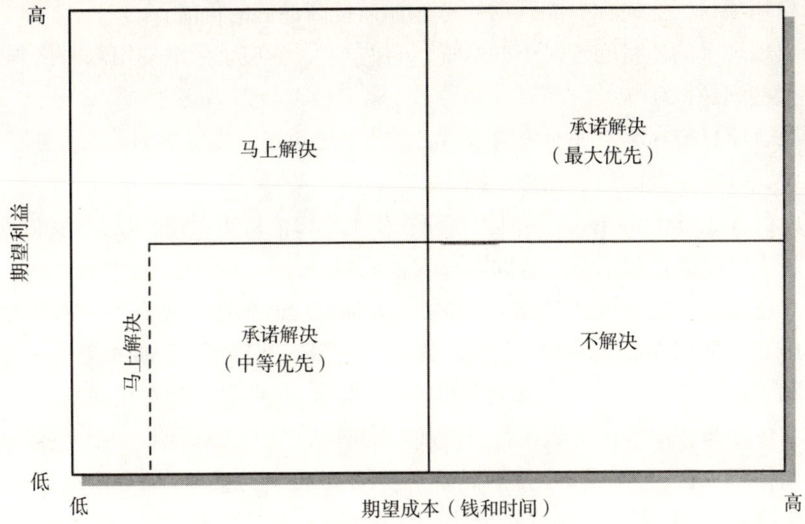

图 9.9 客户忠诚度管理

与客户共同实施项目

许多实施六西格玛的公司认识到六西格玛带来的不仅仅是成本的降低。有四种项目与客户相关：

1. 关注业务或内部客户需求的内部项目（如招聘过程）；
2. 以外部客户需求为基础的旨在改善内部流程的以客户为中心的项目（如投诉处理过程）；
3. 关注整个流程并力求双方利益最大化的共同项目，此类项目要求客户积极参与（如产品设计项目）；
4. 黑带在客户的组织内协助客户改善流程的项目（如客户制造流程）。

客户必须认识到六西格玛的影响才会有所改进。不过，在刚刚开始实施六西格玛时，就有许多项目要求客户的积极参与（如上面提到的第三种和第四种项目），这种做法实在不妥。这是因为在与客户取得联系并邀他们共同参与某一项目之前，如果你对如何利用六西格玛工具以及客户可以从中得到何种回报十分熟悉，他们就会乐意参与。在实施六西格玛的早期阶段，黑带会犯许多错误，但只要及时纠正并汲取教训，就不会带来任何麻烦。然而当有客户参与时就不同了，公司最好在组织及黑带对使用六西格玛工具为客户提升价值上有了十足的信心后，再邀请他们参与。因此，我们建议将最初的项目重点放在无需客户积极参与就能解决的事情上。当然，这也有例外：

- 若客户正在实施六西格玛并想将其扩大到供应链中，他们要求你的公司实施六西格玛项目，这时你只能行动并考虑如何提高他们的价值；

- 当出现严重的质量问题时（如退货、召回等），你应该考虑使用六西格玛来解决这些问题。

采用联合项目或在客户处实施的项目，有助于公司建立多层次的关系，更好地融入客户流程，形成巨大的竞争优势，例如：

通用电气 Medical Systems 不但为客户提供 CT 扫描仪等医疗产品，还将自己的黑带和黑带大师派往医院工作，帮助客户改善流程。

与客户密切合作也会遇到问题。一些公司敦促供应商采用六西格玛，企图从供应商内部实施六西格玛降低的成本中获益。因此，若黑带项目将生产成本降低 3%，客户也企望购买价格降低 3%，人人都想获得收益。那么，这些节约的费用该如何计算？如何分配？如果与客户合作实施项目，你能真正获得收益的大部分吗？当大客户请你加入其六西格玛项目时，你应该考虑到的不仅仅是其现实的意义，而更应是其战略性的意义。反过来说，你可能没有选择余地，因为越来越多的公司要求供应商将采用六西格玛工具作为与他们合作的条件。

另一个问题是客户可能会因此了解了你的成本构成，或者你会了解到对方的成本构成，这同样会改变讨价还价过程中的力量对比。

使用客户计分卡

找到购买行为和客户不忠诚的原因十分重要，但是，这对于充分利用六西格玛对客户造成长期影响来说，是远远不够的。一个问题就是客户改变需要时间，再者，即使改善了流程，你还必须确保客户认识到了这种改善，并因此改变观念。以客户为中心需要双向交流以得到及时的反馈，从而对他们的需求不断做出评估。这一过程可以通过使用图 9.10 中的客户计分卡完成。简单地说，计分卡是用来评估客户对公司所提供的产品和服务看法的工具。计分卡不仅仅是以客户的感情为基础的，这是计分卡与客户满意度调查的主要区别。使用计分卡时，你给客户的是核心业务流程的运作资料。例如在保险业，客户最担心的是，有疑问时如何才能找到保险公司来解答。保险公司可以将计分卡评估流程作为一种沟通工具来完成以下事务：

- 告知客户公司的监管过程及其业绩；
- 为客户提供机会，表明他们对这些过程的期望；
- 请客户根据提供的资料及自己的感受为公司的表现给予真实的评价；
- 为客户提供表达其他所关心的问题的机会。

衡量 类别	客户 种类	实际 绩效	实际 西格玛	评估 极好　　　差
背书				
平均周转时间 （全部流程平均水平）				5 4 3 2 1
可接近性 （全部流程平均水平）				5 4 3 2 1
知识				5 4 3 2 1
账单				
时机 （全部流程平均水平）				5 4 3 2 1
完成 （全部流程平均水平）				5 4 3 2 1
索赔				
及时支付				5 4 3 2 1
周期时间 （问题解决所耗费的全部时间）				5 4 3 2 1
销售				
会议频率				5 4 3 2 1
知识				5 4 3 2 1

图 9.10　客户计分卡

为了将客户衡量表与计分卡的概念融入已确立的公司经营方法中，你需要将核心流程的所有权交到那些拥有日常决定权的人手里。另外，为了确保客户能够理解这些决定对他们的影响，必须指明高水平的衡量方法与低水平的流程指标之间的联系。这可以通过建立流程管理系统来完成。如果你设置了流程管理系统，你也许想使用内部监控流程指标的衡量表来作为客户计分卡的支持文件。这样，客户就可以了解你公司数据资料的动向，并利用这一信息完成计分卡评估。与客户会面所获取的信息就可以用来构建和改进计分卡，以提高公司全力做客户关心的事情的能力。

六西格玛和市场研究

六西格玛为加强市场调研的有效性提供了强大的工具箱。公司使用六西格玛工具箱的工具就能估计出新产品和服务的潜在价值以及购买动机。六西格玛工具箱工具之一的联合分析法就是六西格玛如何补充并帮助现有市场研究的一个例子，联合分析使完整的产品理念与客户做出的权衡得以比较。通过创建不同的特征与表现特点的影响购买行为的统计模型，公司可以专注于客户价值最大化的理念。尽管这种方法并不新颖——市场调研公司多年来一直在应用这一工具——将其融入六西格玛方法，作为将此技巧内部化的一种途径却是十分有利的。

通过联合分析得到的资料，为行动提供了综合性计划，这些资料指明了下列事项：

- 优势　针对客户的重要的特性和优势，公司由此获得竞争优势；
- 进入价格　针对客户的重要的特性和优势，公司和竞争对手都具备；
- 不重要的特性和优势　公司或竞争者不具有的特征，针对客户来说并不重要的特征（这些特性可以不予重视）；
- 劣势　竞争对手具备，但自身不具备的对客户主要的特征（如果可能的话，纠正这些劣势）；
- 公开的机会　针对客户的重要的特性和优势，目前市场上没有人提供的，即新产品/定位机会。

这一过程的主要步骤包括：

- 了解客户需求，设立流程管理系统和统计流程控制等方法以衡量、监控与管理流程表现；
- 与客户会面，谈论计分卡及仪表板的概念，获得他们对公司表现的最初评价；
- 创立具体客户的仪表板并在内部进行评议，明确需要改善的地方；
- 一段时间后，总结仪表板和计分卡的运作业绩，寻求优良业绩的原因以及改正不良业绩所要采取的行动；
- 与客户会面，评议仪表板及相关内容，请客户再次进行业绩评价；
- 进一步讨论能促进客户做出购买决定的业绩衡量法的改进机会，谈论下一阶段的目标。

构建具体客户的仪表板和计分卡所需的资料经常不同程度地自动分散于整个公司（如果能收集到的话）。一些资料要靠人工收集，另一些则直接由公司系统直接监控。因此，建立中心数据库有助于将全部客户资料保存在一起。

结论

组织创造价值是流程与客户的结合点，不了解此结合点的要求就不可能在市场上胜出。六西格玛能帮助公司认真倾听客户的声音，理解产品所要解决的问题以及帮助客户变得更有效的途径。

扩展到供应链并将六西格玛作为工具，与客户和供应商保持一致，可以带来巨大的利润回报。当公司能够很好地管理内部流程时，改善的最好机会往往就存在于功能部门及组织间的空白区域。

以客户为出发点

——访 Conseco 流程和生产执行副总裁 Ruth Fattori

（Daniel Quinn，2002 年 5 月）

Ruth 从 2001 年开始担任 Conseco 流程和生产执行副总裁，负责监管 Conseco 保险与金融运行中创建一流的客户服务和成本效益体系这一长期性工作。她曾任西门子人力资源部高级副总裁，负责西门子在美国全部公司的人力资源安排。在此之前，Ruth 曾任通用电气 Capital 副总裁兼首席质量官，负责六西格玛质量项目的设立及其在全球的实施。Ruth 是鲍德里奇质量奖的评委，拥有康内尔大学机械工程学学士学位。

Conseco 提供一系列保险、投资和租赁产品，拥有约 946 亿美元的资产。它在美国、中国拥有庞大的特许经营机构，潜在客户达 5 000 万户。公司成立于 1979 年，1982 年投入运营，1985 年成为股份公司。

问：六西格玛是改变质量知识体系而与质量毫不相关的事物吗？

答：我认为六西格玛的产生是各种因素作用的结果，人们都很清楚，是杰可·韦尔奇和通用电气使这么多人了解了六西格玛。这一理由正确与否无关紧要，事情原本就是这样。通用电气成功地做了很多事情，许多公司便争相模仿。我想，如果没有拉里·博西迪和韦尔奇的功劳，六西格玛不会如此受欢迎。

问：多数人认为全面质量注重流程的质量，而六西格玛的目的是改善流程，更注重客户、衡量标准和利润，这一切都具有战略性。假如当时韦尔奇也致力于实施全面质量，那么全面质量也会给通用电气带来同样的影响，你同意这一观点吗？

答：确实，在通用电气 Capital 实施六西格玛之前，六西格玛并不像它现在这样以客户为中心。我们以客户为出发点，而不以解决问题为出发点。客户希望我们做什么，我们就做什么。我们不制造产品，这与提供金融服务有着很大的不同。有人说它们没有区别，我想这些人可能从未在这两个行业工作过，因为它们的确有区别，只有当你走过生产线时，你才能看到废弃的材料。在通用电气，我们必须了解客户所指的缺陷是什么。

问：Capital 是第一个实施六西格玛的金融服务组织吗？

答：据我所知，通用电气 Capital 确实是第一家。尽管其他组织也曾尝试过，但我想他们可能并没有获得高层领导的支持。我认为这些组织实施六西格玛的广度和范围都不及通用电气 Capital，它这样做了，是因为通用电气是制造企业。韦尔奇是从制造业开始实施六西格玛的，只要韦尔奇注重的事情，每个人都必须注重。

你可能会退缩，说自己不愿意。但是事实上你没有理由退缩，因为你并不知道它是否能发挥作用。

问：不是通用电气首先将定义“D”加入六西格玛“MAIC”实施路径上的吗？

答：我们只能这么做！我们不知道从何处开始，我们只能从定义开始，因为我们看不到流程。假如我在生产一种小商品，假如我想解决这个问题，我就会知道问题出自生产线的哪个地方。我能看到，但是如果没有定义这一步，你不知道该从哪儿出发。你不明白流程图，你也不明白流程是什么样子。顺便提一下，甚至是金融服务业整个行业都没有真正弄明白流程的含义。

问：你是经过很长时间的考虑才产生这一想法的吗？

答：不是的，我在通用电气 Capital 第一次作演示时就产生了这一想法。元月的第一周，韦尔奇让人们去 Boca，接着 Capital 的员工要去波多黎各。我们就是在那儿开始了新的一年，我也在那儿将定义加入到了 DMAIC 实施路径上。

问：你是如何产生这一想法的？

答：我也不知道。我在施乐公司服务部门工作过好多年，因此我了解制造业，又有服务业的背景。我知道何时客户会给我们电话，如果他们不打电话来，证明我们的产品没问题。我知道，我们必须在第一次就把问题解决好，如果不这样的话，后果不堪设想。因此，我很快学会了理解客户所说的机器出的毛病，我必须认真倾听。客户所说的毛病，可能与技术人员告诉你的不一样，因此必须认真倾听，必须了解系统和流程。这一经历告诉我，理解客户极其重要。如果我们不知道要解决何种问题，我们怎么能够去解决它？需要解决什么问题，我们并不知道，在金融服务业，这只能靠直觉。

假定你处理的是电子或书面工作，不计算处理时间，你就不知道工作做的是好是坏，因为你不知道处理时间。你看到一群人在接听电话，但你并不知道他们的工作质量如何。而在制造业，你总能看到质量好坏。退回的保修单高高摞起，随后你会发现生产线上出了问题。在服务行业，话务中心是我们的保修处理部。客户打电话并不是告诉我们有多优秀，他们只是有问题时才打电话找我们。但是话务中心并不知道问题的根源所在，他们只能简要地解决一下。因此我们必须将话务中心的信息反馈到生产线，即我们所处理的文字工作。我们必须记录下来才能发现问题出在哪里。多数经理并不负责管理这块事务，他们或许并不知道质量很差，或许目前并不关心质量，他们也并没意识到低劣质量所要付出的代价。

多数公司知道处理时间是什么，但是有多少公司能将客户打进电话的原因记录下来，进行监管、跟踪、绘成图表，然后送达到最初引起问题的人手中，并保证缺陷得以纠正？除非理解了这一过程，并从客户角度思考问题，否则你就不能纠正缺陷。在办公室里，他们不一定知道客户为何打来电话。

问：你认为公司领导做的什么事情是真正有用的？

答：他们确实花钱引进了一些方法，但这些方法，必须通过他们的言谈举止，他们的支持及提出问题得以展现。更重要的是，他们为我们提供了解决问题的途径及时间，我不会在一个不提供资源的公司工作。因为任何时候都会出现问题，人们发现了问题就要想解决它。他们也许并不总能找到解决办法，但他们确实想改进。人们想做许多事情，但没有时间。出色地完成工作并解决一些大的问题，不是件轻易而举的事。我认为，一旦管理层进行了巨额的投入，他们就想获得这些投入所带来的利润。在我看来，这真实地反映了他们的心声。他们知道你不会在第一个月就能解决问题的。这确实有天壤之别。

问：你能谈一下有效沟通或者韦尔奇著名的座右铭及 Gary 所做的一些事情吗？

答：交流就是汇报成果，每个月的交流包括询问你在做什么，你是如何做的，一共有多少项目举出一个例子。Gary 将一个项目作为一个例子，说明他是否在对华尔街分析师甚至员工谈话，接着是其他黑带想完成他们的项目，因为他们希望 Gary 下次能采用他们的项目作案例。如果你想投资一大笔钱，你就想知道你能获得多少收益，你当然会问一些问题。这比座右铭要好，内部事务是重要的，干起来也有趣，但绝不像 Gary 询问成果在哪里那样。在通用电气资产服务公司，每年十月我们都举行座谈会，在 Conseco 也一样。

问：在 Conseco 实施六西格玛与通用电气 Capital 实施六西格玛有不同之处吗？

答：既有相同之处，又有不同之处。出现的问题及进行的培训都是一样的，在选取第一批黑带时，不一定所有的人都合适，你必须做一些调整，这是共同的问题。在 Conseco，我发现人们确实渴望六西格玛，他们知道他们需要改变，但不知道该如何去做。我们所要做的就是为他们提供资源和工具，因此六西格玛实施地很顺利。通用电气现在可能愿意实施六西格玛，可是在当时的金融服务公司，人们对六西格玛一无所知。如果他们不知道六西格玛是何物，他们怎么会愿意实施它呢？

问：你认为六西格玛为通用电气带来竞争优势了吗？

答：当然！如果带不来优势的话，我们也不会去做。纠正了流程缺陷，我们就可以以更低的成本生产更多的产品。有时我们可以将节约的成本用在别的地方，例如，在给客户降价时，我们有优势，因为我们可以毫不犹豫地说我们的产品成本在降低。如果商品价格保持不变，我们可以赚取更多的利润，做一些新的改变。如果我想扩大市场份额，就可以降低价格，但还可以获得相同的利润。

问：回顾过去，在通用电气做的哪些工作今天你会以不同的方式去做？

答：我的回答不只是关于通用电气。我认为你必须了解你目前的状况，这样你才知道首先把什么作为工作重点。Conseco 有三种业务，位于不同的地方。假如我想区别对待，我就得了解他们各在何处。这如何讲呢？对于其中一个业务来说，节约成本是最重要的，这同制造业修补缺陷相似。因此，我会重点找出问题，并应用“定义—测量—分析—改进—控制”进行改善。另一个业务包括许多体系，业务十分复杂。我们并购了很多公司，试图解决如何将他们融为一体，如何满足客户要求，如何解决客户衡量标准不存在的问题等等，这可不是件容易的事。我们不了解自己目前的状况，就不知道首先该做什么。人们可能在弥补缺陷，但是不一定知道时机选取是否适当。当存在严重问题时，解决这一问题可能会使情况好转。因此，在我看来，要考虑到客户和流程，并要进行改善，你就必须知道如何开始。如果老板关心利润回报，你最好以改善开始；如果你认为自己不了解客户和流程，但有一定的时间，你就可以以客户和流程为出发点；在通用电气不同的业务处理的方法也不一样。

在 Conseco，我们对高级管理人员进行一周的黑带培训，为初级经理提供两天的协调培训。我们为他们提供足够的培训，这样他们就很容易给自己定位，并主动实施各种项目。

问：凭你的经验，将六西格玛融入公司处理业务的方式需要多长时间？如何融入？

答：即使我明天就离开 Conseco，我也会说，Conseco 现在引进的已经足够了，尽管我们引进六西格玛还不到一年半的时间。我们拥有足够的理解和信任以及良好的管理，还有一些有用的工具。有许多领域不存在问题，因为员工了解流程。还有一些地方，可能是由于实施的时间晚，或其他原因，以致没有很好地融入公司处理业务的方式中来。但是，当你听到各层管理人员用定义—测量—分析—改进—控制术语讲话，听到他们说“运行的定义是什么来者”或“因为衡量方法不同，我们不认为会在这个具体流程上产生效果”等时，你是何地兴奋。

在 Conseco，人们渴望六西格玛，我认为这是公司在一些方面快速发展的原因呢。

问：回顾一下 ABB 是在何时采用六西格玛的，你认为 ABB 与通用电气实施六西格玛的主要区别是什么？举个例子好吗？

答：ABB 是最初与摩托罗拉合作的六个公司之一。因此整个六西格玛体系当时也在 ABB 得以发展，黑带的概念就来自这六个公司。我认为全面质量管理有点扭曲统计学。我们开始有冲劲，接着稳定下来，然后就会偃旗息鼓。随后，我们会再注入活力，又有了冲劲，接着稳定下来，逐渐变弱。当时创立了黑带和黑带大师的角色，同时我认为当时所有的业务都在全力实施。

问：你认为接下来出现的是什么？六西格玛会如何演变？

答：我希望六西格玛能更加融入基本管理实践。如果我是一名中层经理在上管理课时，我会去学习这些知识。如果我是大学生的话，我也会学习这些知识。如商学院的人力资源课程一样，六西格玛也应是基础课程。新员工应该学习这些知识，一旦他们掌握了这些知识，公司就有了基本语言，然后就可以在此基础上建设公司的文化。我认为，创立、了解并谈论流行词语，不管它是定义—测量—分析—改进—控制或者是其他人的流程，都是很重要的，因为这使我们成为公司这个家庭的一员。

问：什么是共同语言？

答：说到共同语言，X 和 Y 是通用电气用的专用语，但有些人说是 P 和 Q，还有其他不同的名称，这其实无关紧要。当你营造一种文化时，你想在该文化中使用相同的术语，你是否称他们为黑带这不重要，但是你必须指定专门小组对各种改进项目负责。项目有大有小，小项目一天、一周或一个月就能完成，大项目则可能需要半年才能完成。但是，在我看来，不管你了解六西格玛的哪一部分，你必须具备一些结构性知识和方法，这些是常识。

问：你认为实施六西格玛最普遍的陷阱是什么？人们在哪里跌倒了？

答：他们不提供资源，认为这没有很大意义；他们不实施改善项目或流程图。20 世纪 90 年代初有多少人使用流程图呢？为客户提供服务的公司进行客户调查已经有 25 年了，客户调查并不是一个新生事物，但是他们有何变化呢？如果有改进的话，也纯属巧合。因为没有重点，你就不知道原因和结果。如果人们注重某一领域，但不知道如何将他们聚合在一起，这就是失败。如果你不衡量就对结果给予奖惩，那你也错了。在 Conseco，我们注重利润，我们不注重项目和人员的多少，我们只想知道我们能为股东带来多少红利。

问：你对于用六西格玛来衡量业绩的人有何建议？

答：衡量很重要，因为它能决定奖励机制结果，而奖励机制又能促使人们行动。有明确的标准来定义奖励参数，这是最理想的情况。在财务方面，你必须设定目标，并努力达到这一目标。你得到早期的范围，并给予定义，这样你就知道自己是否愿意实施某一项目，然后你再控制、跟踪这一项目。财务部肯定会批准，因为你的预计及其结果都是合理的。

我们每个月都跟踪经营成果，并跟踪实际财务情况。我们一直跟踪到季度末，不管它是储备 P&L 或是现金影响，我们每个月都能知道。

问：为了更快更好地办事，是应该重点节约成本还是应该注重的无形东西呢？

答：我会以客户为出发点，法律对各行业都有规定，特别是对金融服务业。我们必须遵守规则，否则就会受到严惩。因此，出现违章情况我们会立即纠正，即使要付出代价。假如我们不予以纠正，将来就要付出更多的代价。这样一来，只要我们有新创意，我们就以客户和法律为基础，来决定是否应该将其付之行动，而不管它是利润高还是利润低的项目。如果它既合法又对客户有利，我们就去实施；否则，利润再高我们也不会实施。

问：以六西格玛方式管理是什么意思？

答：我从未用过这种表达方式，我只能揣测它的意思。可能是以数据为动力，以客户为中心，以流程为导向——六西格玛给了我们许多规则。重要的是拥有强有力的工具支持的优质管理，人本身也是很重要的。文化改变以及跨越阻隔的个体协作方式等。我认为单靠定义—测量—分析—改进—控制是不能完成这些事情的。

问：若存在必须克服的文化障碍，实施六西格玛需要多长时间？

答：时间长短随公司状况的不同而不同。当公司面临危机时，人们很欢迎变革，六西格玛正是合适的工具箱。如果公司经营状况良好，他们会说："我为什么要改变，为什么要投资呢？"尤其是公司员工士气高昂，业务蒸蒸日上时，他们更不愿改变。

问：你认在实施六西格玛的同时，还可以实施几个其他项目？

答：在杰克·韦尔奇担任总裁时，他往往是一次实施一个项目。然而，我认为有点偏颇，人们可以一次实施两个、三个或四个项目。但是，如果你一直在谈论一件事，人们会认为这事很重要，如果你谈论两件事，它们的重要性就会降低。当你有四个项目时，我可能会选一个我愿意执行的，而放弃其他项目。我认为这是分不清轻重缓急。如果你从优质管理来看六西格玛，它的优点是可以将任何项目包含在其中，比如说，我们可以关注客户也可以关注供应商，这是六西格玛项目的一部分。

问：你认为 DMAIC 与流程管理之间有何关联？许多人说先实施 DMAIC，流程管理体系就会慢慢建立，流程管理真正始于这种导入性结构，你同意这种说法吗？

答：在金融服务业，两者都不可缺少。想想制造业和金融服务业的不同之处，你就会找出答案，不管在制造业还是在金融服务业，DMAIC 都是改善，都是在减少缺陷。而流程的范围更大，是端至端的。流程可以有多种衡量方法，缺陷可以有多个定义，可以有许多员工参与，可以要求经理去了解整个流程，而不是只修补缺陷。

问：你认为这是发展趋势吗？

答：我认为以流程为中心是基础，不彻底了解流程，就会失去 DMAIC 和六西格玛带来的优势。必须以客户为出发点，必须了解流程，然后才能决定将 DMAIC 应用于何处，需要多少个小组、多少资源。

但是，真正令人吃惊的是，有许多人不知道客户究竟想从流程中得到什么。在 Conseco，我们花费大量时间从客户角度去定义缺陷。提到缺陷，人们简直视它为异端，但是还必须修补它。假如我是流程主管，有 10 种衡量方法，5 种有效，5 种无效，那么，我就必须了解，哪些方法重要，哪些能很快见效。但前提是我必须了解整个流程，否则我就会乱用资源，然而我们不能同时做各种事情。

问：许多客户问，如果能够实施六西格玛设计，并从零开始重新设计整个流程，为何还要应用 DMAIC，把重点放在一个问题上或者流程的几个小片段上呢？

答：重新从零开始设计流程，有点太奢侈了。假如你现在就有客户，他们会为流程改变等待六个月吗？你还会遇到这样的一个问题，即传统体系。若没有传统体系，问题就容易解决得多，但这并不现实。人们总认为重新从零做起会省去很多麻烦，其实不然。多数情况下，这是行不通的，但有时必须从重新开始，否则事情会更糟。但是还必须解决问题，以免失去客户。在市场上，找回失去的领地是很不容易的，因为客户的记忆力很好。

问：你认为应该怎样实施部署六西格玛？是同时在各职能部门和业务单位布置，还是先在某个业务单位试行？

答：我喜欢同时在全公司部署六西格玛，这就如同大爆炸，但这是改变文化最简单易行的方法。从高层开始进行倡导者培训，接着是低一层的倡导者培训，最后是协助者培训。

培训倡导者的同时，聘任黑带，培训黑带，建立术语，然后要求高层管理人员向每个人提出同一个问题，寻找答案，提出一些有关项目的问题。即使在通用电气，也不是一次性地培训完所有的员工。但是对于规模大小适当的公司，我会选择一次培训完全部员工，因为我想让高层人员促使每个人工作。

问：高层领导自己也必须接受培训，这重要吗？

答：我们让 Gary 实施绿带项目，但是我想有必要向高层管理人员教授整个课程吗？我认为没有这个必要吧，他们只需要有一个大概的了解以便理解黑带和黑带大师的培训内容了。让他们很庆幸的是，黑带大师接受了培训而不是他们自己。

问：以不同的标准将六西格玛应用于不同的业务，其难易程度如何？

答：如果六西格玛是一套哲学方法，是优质管理，如果你想让员工说“这里出了问题，我很乐意解决它”，如果你想为员工提供解决的工具，这些都没有什么不同。不管你的业务是当地的小杂铺，是小小的夫妻店还是大公司，都无所谓，因为根本原则是一样的。有时收集资料可能需要更长时间，但是他们都有客户，有流程，而且都有缺陷。

第 10 章

流程改善——DMAIC

Keith Peterson

六西格玛的 DMAIC 方法是一种严谨的、经过论证的解决问题的方法。它包括一系列工具和流程图或者说应用这些工具的顺序。它还是一种以数据为决策基础，具有逻辑性、系统性的流程改善方法。DMAIC 法包括五个阶段，即定义、测量、分析、改进与控制，它们是用来帮助团队从头至尾地完成一个流程改善项目的。为了达到六西格玛的质量标准，也就是百万分之三点四的缺陷率，必须采用系统而严谨的方法。

虽然 DMAIC 建立在早期的解决问题的方法的基础上，如 PDCA 循环法、全面质量管理和业务流程重组，但贯穿于 DMAIC 项目的严谨性是 DMAIC 不同于早期方法的一个重要方面。DMAIC 项目要求的是一种必须严格执行原则的方法而并无捷径。

另一个重要的不同的方面是领导团队应该选择那些可以带来最大回报的 DMAIC 项目。早期的质量活动只是在流程改善方面对员工进行培训，增加团队的活力，教授团队领导一些简易的技巧，然后让他们去“把工作做得更好”。许多这样的团队缺乏明确的目标，他们需要企业领导为他们制定明确的目标，即他们应该解决的具体的企业问题和应该取得的经营成果。DMAIC 方法建立了与利润的重要联系。DMAIC 项目不将通过逐渐增长取得成果作为其目标，典型的 DMAIC 项目目标是要求将流程缺陷率降低 10 倍。而过去的项目并没有注意到这个问题，或者那些运行良好的流程只实现了 50%的改进目标。

每个阶段都有其用途：

- 定义阶段　团队对项目、流程以及客户认为的关键质量因素进行定义；
- 测量阶段　团队确定了当前流程的缺陷率，用数据精确地定义会出现的问题以及出现这些问题的条件；
- 分析阶段　团队分析数据、创建详细的流程图，以找到问题的根本原因并提供改进的机会；

- 改进阶段　团队专注于分析阶段确定的根本原因，同时进行概括、选择、设计和改进试点；
- 控制阶段　重点是通过创建一个有效的系统来管理流程的运行以巩固所获得的成果。

这些步骤的顺序显示了一个线性过程。然而，事实上团队经历的是一个往复的过程：随着流程知识的增加，他们经常要返回到前面的阶段，重新审视所做的假设。例如，在改进阶段形成并已经实施的建议如果不能解决问题，他们就要返回到分析阶段甚至测量阶段来确认到底缺少了什么（见图 10.1）。

项目选择

项目选择是领导的责任，这将在本书第 21 章详细论述。简而言之，团队的责任不是发现需要实施的项目。业务领导们的职责是部署需要改进的流程并确立改进工作的核心，企业领导团队还负责确定最初的工作范围，制定预期的项目收益。

当把项目同企业关键问题联系起来，并且显示项目效益与提高财务能力或者增加客户满意度有关时，项目更容易成功并取得重要成果。项目应该和客户相关的（内部的或外部的）规定的流程有着密切联系，另外，领导应该能够定义什么是缺陷。他们的目标并不仅仅是“提高效率”或者“让客户更加满意”。

当团队成员努力钻研流程并对问题有了更清晰的认识时，他们会更改项目原来的范围和结果，然后将这些更新的提案提交给管理层批准。

定义

定义阶段的目标是确定项目核心，即预期的收益是什么？取得这些预期的收益需要哪些资源？定义阶段的另一个目标是明确识别流程与客户并了解客户的需求。六西格玛是以客户为中心，以数据为决策基础的，为了做到这一点，就必须对客户及其需求有所了解。

定义阶段是项目的基础。一个商业方案要做到有充分理由应用这种方案，花费的时间和资源来解决问题。无论是团队领导、黑带或者是绿带，都需要和倡导者一道为项目范围提供文件资料并判断项目对客户和企业产生的影响。

该工作在项目章程中已经注明，项目章程是流程改进团队和管理层之间的合同，它将通过问题陈述识别当前状况。项目章程通常包括某些像废品率、周期时间、成本等具体标准。要为项目建立时间表，团队成员要在项目范围的基础上确定。项目目标

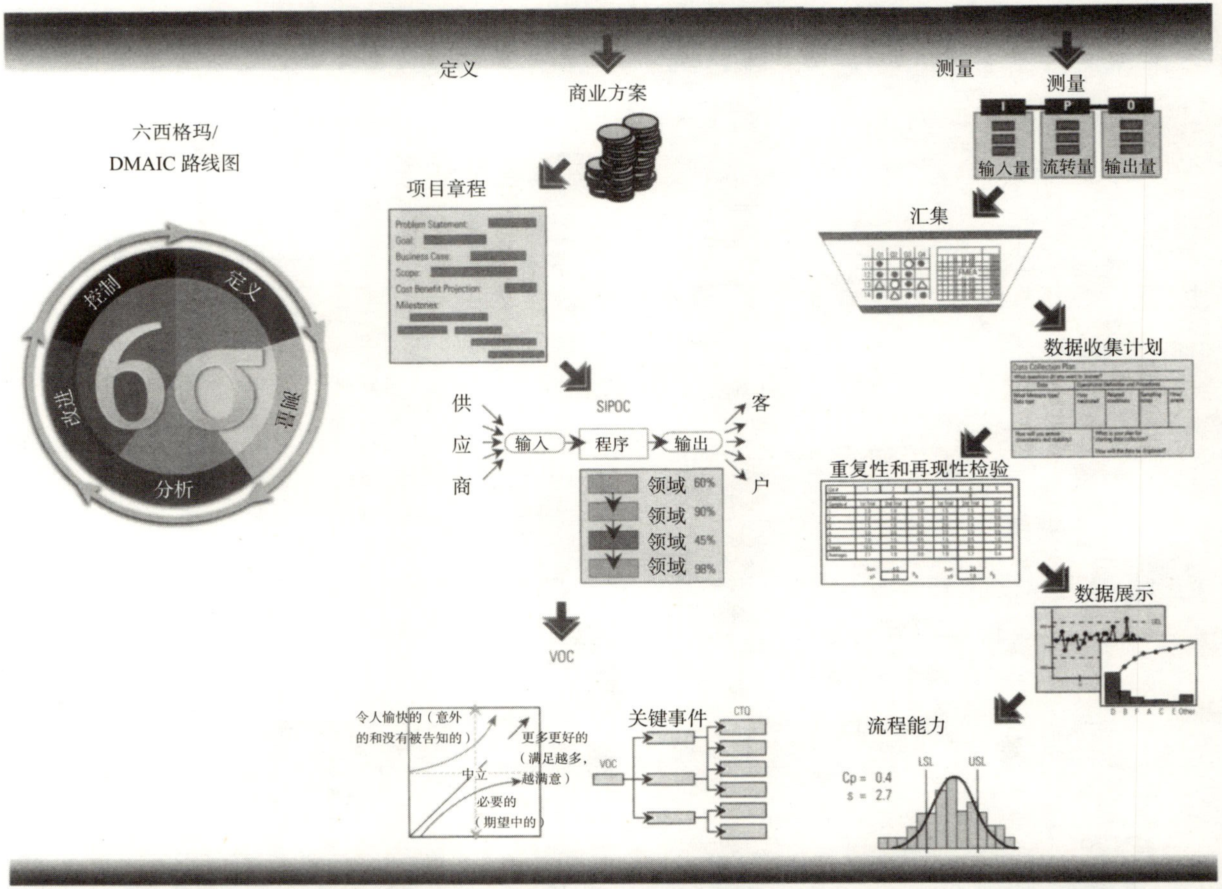

图 10.1　六西格玛路线图

注：由于篇幅有限，该图只翻译出主要路线标识，具体解释已酌情删除。——编者注

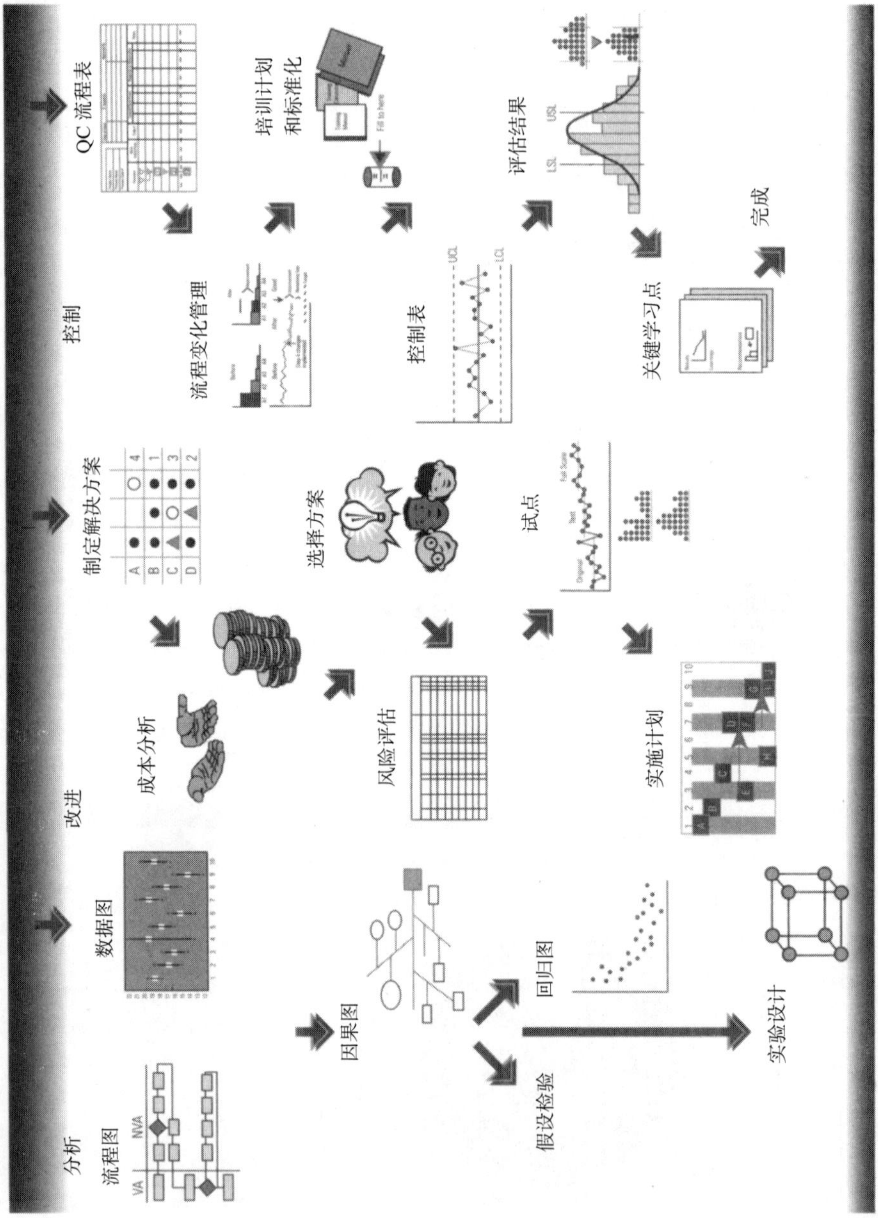

图 10.1 六西格玛路线图（续）

的确立与项目最终为企业所节约的成本相关。在财务部门的协助下，对该项目的财务影响做出判断是明智的举措。由领导层选定项目，指出最初的范围，然后让黑带和团队成员会面。在项目的最初阶段，倡导者会邀请团队成员召开一次会议作为项目的正式开始。他们会对目标进行说明，并从一开始就证明这是由领导支持的企业项目，而不是通常的质量部门成员向团队成员寻求帮助以改进产品质量的活动。

团队的工作是从章程开始，然后确定产生问题的业务流程，绘制出 SIPOC 图（一张高级流程图）以分别确定供应商、输入、流程步骤、输出和顾客（详细到每个顾客的名字）。这种高级 SIPOC 图和项目章程的范围保持一致。事实上，团队可用 SIPOC 图来帮助企业领导层确定一个合适的范围。SIPOC 图也是确定流程中客户的工具。然后大多数团队会继续努力去制作流程图，直到绘制出更为详细的流程图。如果这时的流程图还不够完整，详细流程图就可以在测量和分析阶段完成。

因为 DMAIC 项目需要对流程做出根本的改变，所以很早就确定风险承担者和建立适当的交流计划非常重要。风险承担者通常包括经理、流程工作人员、上级部门、下级部门、客户、供应商和财务部门等。风险承担者分析可用以判断个人或团体对项目承担义务的多少，并使他们的义务与项目的成功实施相匹配。风险承担者分析还有助于制定出合适的风险承担者交流计划。

在澄清问题、确定好项目范围后，就可以收集有关顾客心声的数据。SIPOC 有助于确定客户和流程输出。团队必须确定客户需求以判断流程输出，通过多种渠道收集这些数据，包括被动的渠道（如现有的投诉、服务电话和回报的数据）和主动的渠道（调查、一对一会面、焦点小组）。收集这些数据的复杂程度和问题本身的复杂程度相对应，同时也要和解决这些问题的潜在回报相对应。

收集完数据后，团队就开始进行整理分析。类似图有助于确定团队搜集的客户意见反映的一般问题或趋势，另外，它还是将分散的客户意见整理成完整的显示客户需求图片的工具。这些组织起来的评论可以把客户语言转换为流程语言。这样做首先可以深入客户所关心的问题的每个方面，确认关键质量要求（CTQ）。CTQ 树形图是帮助完成这项任务的工具。

最后，团队成员要和发起人或倡导者会面，讨论目前的进展情况。这就是关卡评审。发起人会重新检查一下团队的工作，以保证工作未偏离目标。对项目范围和重心的任何变动都必须在这个阶段讨论并达成一致。在任何阶段进行的关卡评审都可以保证让企业获悉项目进展情况，了解团队正在从事的活动以及项目是如何进展的。

完成定义阶段所需要的时间通常取决于以下三个因素：

1. 在领导层或倡导者交给黑带和改善团队之前，项目章程的完成情况；
2. 所需客户数据的多少，是内部客户还是外部客户；

3. 领导团队的黑带的经验。

如果项目章程非常完整，客户需求简单，则该项目可在一周内完成定义阶段。然而，如果项目缺乏管理层明确指导或者需要对大量的客户进行分析，则定义阶段很可能需要一两个月时间。

完成 DMAIC 方法的定义阶段可以确保：

- 问题和方案定义明确（项目章程）；
- 确定了流程（SIPOC）；
- 确定了风险承担者（风险承担者分析）；
- 用从客户那里搜集来的实际数据确认并检验客户需求（VOC 分析）。

定义阶段常用的工具包括：

- 项目章程；
- SIPOC 图；
- 风险承担者分析；
- 顾客心声分析；
- CTQ 树形图；
- 类似图；
- 满意度分析。

测量

有了定义阶段为项目打下的坚实的基础，黑带和团队就开始了解所有影响流程输出的流程变量。其目的是收集真实的数据，缩小团队在接下来的分析阶段需要调查的潜在原因的范围，并最终判断出当前流程满足客户需求的程度。

第一步是评审流程图及客户需求，寻找流程中每个能达到或不能达到客户预期的地方。从流程图开始，团队确认输入、流程和输出尺度，这有利于详细了解当前流程的运行情况。编辑完目录后，团队要区分优先顺序，集中力量收集关键尺度。优先矩阵是一种非常有效的工具，团队可以利用它来理解流程及其输出，并根据这种理解来确定潜在的尺度。在确定的尺度中，通常大约有 25%会成为关键尺度。

列出最初的尺度名单后，团队就要制定数据收集计划。判断当前流程的尺度不足以详细理解流程中发生的一切。因此，我们需要新的尺度。好的数据收集计划包括每个尺度的完整的切实可行的定义、所收集的数据类型（不相关的或连续的）以及数据记录计划。另外，团队还要确定每个尺度的可能的层次因素。团队可以用层次法进一步地分析数据。通过分解数据，得到关于流程的重要见解。收集完数据后，团队会提出“谁参与了进来”、“使用的是什么机器、材料或装备”、“什么地方发生了故障”等问题以避免重新收集另外的数据。在决定应该收集的尺度上，那些和流程相关的输入数据非常关键。通过抽样法，数据收集量最少，同时又不会影响数据的质量。

一旦有了集中的经过改进的潜在尺度，团队就要验证这种系统是否可行。在制造流程中，发现半数以上经过评估的测量系统并不能充分检查出实际缺陷。不合格的产品会被鉴定成合格的产品，相反，合格的产品反而被认定为不合格的。这种现象既让客户感到困惑也降低了企业的生产率。重复性与再现性可以对测量系统的效率进行评估。在现有项目中，许多测量问题都是直接由错误的操作定义造成的。操作定义不仅要清楚地定义出好的输出或有缺陷的输出，而且要对测量流程、所需要的具体工具以及其他所有需要特别考虑的事项进行描述。不清晰的操作定义和由重复性与再现性检验过的测量流程共同产生的潜在后果在 2000 年总统大选时得到了充分的体现：什么是有效的投票？如何对它进行测量？这些问题在大选中看起来很简单，但事实证明情况并非如此。

确定了尺度以及检验了测量系统后，团队就可以收集数据了。流程循环的频率直接影响测量阶段所需的时间。从大规模的制造流程获取信息比在一年只有四次交易过程中收集要容易得多。收集数据需要整个团队的参与，同时很可能需要另外几种资源。黑带负责协调这些工作，但如果只有黑带一个人收集数据，那么项目就会停留在测量阶段。

收集到数据后，团队通过展示数据从而对流程及其现状有了大体的了解。运行表、控制表、频率图、排列表也常用于此。

- 运行表和控制表有助于团队成员了解流程的长期表现并决定流程的稳定性，有助于确定流程的偏移、走向或周期，还可以弄清楚哪些潜在原因在发挥作用；
- 柱状图通常用来从流程中总结数据以及决定流程是否满足客户的需求；
- 排列图可帮助团队利用 80/20 规则深入研究并集中解决那些引起大多数故障的因素。

完成 DMAIC 方法的测量阶段可以确保：

- ➢ 对尺度进行了确认和定义，数据已经收集完毕（数据收集计划）；
- ➢ 对测量系统进行了检验（重复性与再现性）；
- ➢ 用数据显示来决定流程是否稳定以及现阶段流程变异的大小（数据显示）；
- ➢ 确定当前流程满足客户需求的能力（流程能力）。

测量阶段常用的工具包括：

- 数据收集计划；
- 重复性与再现性；
- 优先矩阵；
- 运行表；
- 控制表；
- 柱状图和其他频率图；
- 排列图；
- 流程西格玛水平的计算。

最后，团队使用关于流程输出收集的数据来确定流程能力，用西格玛尺度来确定流程满足客户需要的能力。当前流程的西格玛水平可以作为检验以后项目成功的基准。

测量阶段的最后一步是更新问题陈述和团队章程，在具体问题上集中使用这些数据。

完成测量阶段所需的时间取决于可以使用的数据、所需的数据量、流程循环的频率。即使开始时没有数据可用，大多数团队也能够在两到四周内完成。

分析

分析阶段的目标是运用测量阶段收集到的数据确定、检验组织可能存在的问题的根本原因。这个阶段的目的是找出一系列导致流程出错的原因。分析阶段包括单纯的检测工作，即运用从数据中获得的线索提出假设，再运用简单的或高级的统计工具验证这些假设。

分析阶段的第一步是确定问题的潜在原因。团队首先要做的通常是制定详细的流程图，当问题出现在业务处理周期上时尤其如此。他们可运用所谓的增值价值流动分析，识别产生价值增值和无价值增值的流程步骤。大多数流程分析都使用这种方法来显示当前大量无价值增值的流程步骤，激励团队找到减少这种情况的方法。流程分析法在交易流程中特别有用。

分析流程的步骤是非常重要的一步，但仍不足以消除产生问题的根源。团队运用测量阶段所获得的见解，集体讨论流程问题产生的可能的原因。因果图（也被称为鱼骨图）是整理团队的意见与了解原因之间潜在联系的有效工具。团队运用“五个为什么”方法，建立关于缺陷和流程特点之间因果联系的理论，因果表为进一步研究提供了流程图。在这个阶段，潜在原因只是一些推测。在测量阶段产生的数据和潜在的附加数据现在被用来检验和量化所推测的因果关系。

为了检验和量化可能的原因，团队可以运用整套统计工具。应用什么工具取决于可用的数据类型和获取历史数据的能力。

- 回归分析和离散图是量化两个或更多个连续变量的有力工具。回归分析不仅可以检验两个变量是否相关，而且可以揭示出两个变量的相关程度。
- 假设检验是在两组或者更多组之间进行对比时所用的一种方法。团队可以用不同的工具和方法检测组与组之间的差异。离散和连续数据可对较早产生的假设进行验证。
- 实验设计（DOE）可用于检测是否有足够的历史数据可用。被动地观察流程很难发现因果联系，运用实验设计，团队可以主动地改变输入和流程变化趋势，决定流程输出的效果。这种特别有效的统计技术可以决定两个变量之间的交互作用。这种交互作用常常会引起流程的极大改进，但只有主动地同时改变所有要素，才能发现这些交互作用。这是实验设计的主要功能和后继利益。

团队运用因果表分析潜在原因，确定说明流程变量的关键因素和流程中客户发现的缺陷。统计软件可以帮助团队迅速对其进行分析，但是如何获得数据却常常是个问题。许多团队必须返回到测量阶段收集附加数据。查出问题的根源后，团队就可以进行下一步的工作。

> 完成 DMAIC 方法的分析阶段可以确保：
>
> - 确定潜在原因（因果图）；
> - 制定详细的流程图，使用增值价值流动分析，寻找机会来提高流程的效率（详细流程图）；
> - 运用统计方法对潜在原因进行验证，量化这些原因对流程性能的影响（回归分析、假设检验和实验设计）。

完成分析阶段所需的时间取决于能否找到可用的数据以及团队对问题产生原因的判断能力。大多数团队可以在一到三周内完成分析阶段。

> 分析阶段常用的工具包括：
>
> - 详细的流程图和附加值流向分析；
> - 因果图（也被称为鱼骨图或 Ishikawa 图）；
> - 回归分析和离散图；
> - 假设检验；
> - 实验设计。

改进

团队确定了缺陷产生的根源后，其工作重点就应该转移到寻找解决问题的办法上。改进阶段的目标是实施处理这些问题的解决方案。改进阶段常常包括企业的其他部门，因为接受解决方案对于保证结果的稳定非常重要。

问题的根源是在分析阶段确定的，之后团队就运用诸如集体讨论、创造性工具或其他有助于创造性解决方案提出的方法，开始制定可能的解决方案。多数情况下，一个问题会有多种解决办法。此时团队可以用成本或执行速度等标准来确定最优方案。

如果团队在解决办法上达成了一致意见，就要开始进行成本/效益核算。大多数公司会从财务部门派一名代表指导团队完成这一工作。许多企业要求团队向倡导者或赞助人提交一份正式的提议。一旦解决方案通过，团队就开始进行潜在风险评估。团队会用失效模式和后果分析（FMEA）这种结构化的方法来确定、估计、优选和评估提议中的解决方案存在的风险。在许多情况下，团队必须修正原来的解决方案，包括制定对策以防范潜在问题的发生。

现在团队已经做好了实施的准备。如果可能，在全面执行解决方案前他们会先在小范围内进行试点。进行试点不但能够证明解决方案是否真正有效，而且有助于克服企业中存在的潜在的障碍，为度量满足客户需求的新流程的能力提供关于流程性能的实际数据。一旦试点证明解决方案有效，团队就可以进一步制定真正的实施计划。

大多数公司要求黑带把正式的流程管理方法运用于其他项目。在这个阶段，团队的构成需要做出改变以反映这种变化，新增加的人员使得那些推进流程的人得以传授信息。建议制定正式的风险承担者计划，以防没有机会参与团队工作的人反对。

这个阶段的时间长短取决于执行解决方案时可以使用的资源的多少。DMAIC 项目是以低成本解决方案为目标的，它不需要做出重大改变，有的项目只需要改变软件或硬件。因此，完成改进阶段的时间在一周到三个月之间。大多数情况下，团队只要完成实施计划就可以进入控制阶段了。发起者在项目的这个阶段起着关键作用，他或她的工作重点应该集中在为项目的实施提供必要的资源。

完成 DMAIC 的改进阶段可以确保：

- 找出问题根源的有效解决方案；
- 分析解决方案的潜在影响和实施成本（成本-效益分析）；
- 证明方案有效的试点阶段（试点）；
- 如果必要的话，评估实施风险；
- 完成解决方案的综合计划，包括预算、时限和责任（实施计划）。

改进阶段常用的工具包括：
- 意见形成方法；
- 优先矩阵；
- 成本-效益分析；
- 试点；
- 失败模式和效果分析；
- 项目管理工具；
- 风险承担者规划。

控制

控制阶段的核心是保持所取得的成果。为了实现这个目标，团队要建立一种监控方法防止流程恢复到原来的状态。在控制阶段，团队人员和流程所有者以及实际工作人员应该通力合作，确保在团队完成其工作后，新方法仍然被使用。

完成改善阶段后要做的第一步是确保解决方案切实可行。大多数企业要求团队计算流程的西格玛水平，对流程性能做出正式的评估。除了流程能力这个尺度外，团队常常会将项目开始前和项目开始后的流程能力进行对比。

完成 DMAIC 的控制阶段可以确保：
- 对结果进行了估价、存档和批准（结果评估）；
- 计划得当，能够保持所取得的成果（QC 流程表或回应计划）；
- 培训和标准化战略恰当，能够确保新流程变异最小化（培训计划和标准化）；
- 项目已经记录，并已移交给流程所有者（终止项目）。

控制阶段常用的工具包括：
- 流程西格玛水平；
- 控制表；
- 标准化；
- QC 表及回应计划。

一旦证实解决方案是可行的，团队就会创建一种有效的监控方法。运用 QC 表或回应计划，团队不但可以制定新流程计划和即将收集的测量，还可以决定关键流程变量的下限。测量系统为流程所有者提供管理流程所必需的全部尺度。团队的另外一项重要工作就是为新流程提供培训并规范目前的流程，使变异最小化。当这一切都安排妥当后，管理新流程的责任就交给了流程所有者。

虽然现在项目已经结束了，团队还要按照适当的格式将实施项目过程中的教训记录下来，包括团队在其工作期间对未来项目的意见。当所有工作完成后，团队才正式完成其使命。许多公司常会召开一些小小的庆祝会或对团队进行奖励，这能够反映出企业对该项目的关注程度。最后，由黑带完成项目文件。如果有规定的话，还要提交文件作为书面证明。

完成这个阶段通常需要一周到三周的时间，长短主要取决于流程所有者在多大程度上愿意接受管理新流程的责任。

结论

DMAIC 方法是一种改善企业现有的流程的强大工具。这些工具早就为人所知，但把这些工具融入流程图中（这是一种处理复杂的关于系统问题的全面的方法）是它与其他问题解决方法的最主要的不同点。DMAIC 从客户的需求开始，确保整个项目都以客户需求为中心。最后，这种主要以数据及尺度为基础做出的决策可以确保所取得的成果能够保持下去，并能够满足客户的需求。这样即使团队解散了，黑带还能够继续从事其他项目。

DMAIC 常用工具

定义阶段：

- 项目章程；
- SIPOC 图；
- 风险承担者分析；
- 顾客心声分析；
- CTQ 树形表；
- 类似图；
- 满意度分析。

测量阶段：

- 数据收集计划；
- 重复性和再现性；
- 优先矩阵；
- 柱状图；

- 排列图；
- 运行表；
- 控制表；
- 流程西格玛水平的计算。

分析阶段：

- 详细的流程图和附加值流向分析；
- 因果图（也称为鱼骨图或 Ishikawa 图）；
- 回归分析和离散图；
- 假设检验；
- 实验设计。

改进阶段：

- 意见形成方法；
- 优先矩阵；
- 成本-效益分析；
- 试点；
- 失败模式和效果分析；
- 项目管理工具；
- 风险承担者规划。

控制阶段：

- 流程西格玛水平；
- 控制表；
- 标准化；
- QC 表及回应计划。

使产品质量精益求精

——访 Armstrong 建筑产品公司总裁兼首席执行官 Stephen Senkowski

（Jim Fishbein，2002 年 4 月）

Stephen Senkowski 是 Armstrong 世界工业公司的分公司 Armstrong 建筑产品公司的总裁兼首席执行官。Armstrong 世界工业公司的总部设在美国宾夕法尼亚州的兰开斯特。Stephen 同时还是 Armstrong 董事长办公室的一名成员，该机构的主要工作是促进和管理各种跨行业、跨部门的变革。他是建筑产品公司前任负责美洲地区的销售、营销和新业务的资深副总裁。在加盟建筑产品公司前，Stephen 曾任

Armstrong 子公司 Worthington Armstrong 公司的总裁。Worthington Armstrong 公司是一家生产栅格产品的合资公司。他在任期间，这家公司是输电网悬挂装置系统业界的领头羊。Stephen 的职业生涯开始于 1973 年，当时他是 Armstrong 位于宾夕法尼亚的 Marietta 的天花板厂的工程师。Stephen 还在地毯模型、绝缘材料、护墙板等企业担任过领导职务。

在制造和销售吸声天花板、悬挂系统、商用与民用隔音墙方面，Armstrong 建筑产品公司在世界上处于领先地位。该公司在美洲、欧洲和亚洲的业务量达到 75 亿美元。Armstrong 于 2001 年夏开始了六西格玛评估，同年 12 月开始对其高级管理人员进行培训并召开了专题讨论会。黑带培训与项目实施于 2002 年 3 月开始。

问：请问身为公司领导，什么使你认为六西格玛是提高 Armstrong 产品质量的必然举措？

答：你知道，我们现在把六西格玛作为我们的流程改进计划的一部分。确实，我把六西格玛看作改进我们流程的必然举措。六西格玛工具比我们原来使用的工具功能更加强大。它的基本理念使像我这样的企业领导人不得不对我们目前的管理方法和管理理念以外的方法和理念进行深入的思考。流程管理思想是六西格玛的基础，只不过它更加严格。这就是为什么我认为它是我们下一步要做的事的原因。

问：Armstrong 建筑产品公司赢得了 Baldrige 质量奖。这是否为实施六西格玛做好了充分的准备？

答：是的。六西格玛胜过那些使我们赢得 Baldrige 质量奖的方法。甚至在我们写流程材料、接受采访，并于 1995 年获奖时，不仅仅是 Armstrong 建筑产品公司，整个公司都在思考如何完善企业整体业务的改进模式。坦白地说，如果我们当时就能够弄清楚什么是六西格玛的话，我们会更早地实施六西格玛。

问：尽管我们任命 Armstrong 六西格玛顾问的时间还不到六个月，但我知道你早就考虑实施六西格玛了。我们常听到领导们说开始实施六西格玛从来没有什么最佳时间。在现在引入六西格玛的问题上，你们是如何达成一致的？

答：我们制造集团三年前就将六西格玛看作为一种理念和方法论，但那时我们的最高领导层没有采纳，他们不知道其实我们当时就应该实施六西格玛。Mike Lockhart 担任首席执行官时，他很早就告诉我们，总有一天我们会采用六西格玛的，但他并不知道具体是什么时候。事实上，当他 2000 年 8 月加入我们公司时，就认为"可能再过一两年我们就要开始实施六西格玛"。他渴望我们将来能够实施六西格玛，但真正促使我下定决心的，不是因为人们经常谈论它，也不是因为它是我们的流程改进体系的下一步，而是因为在我了解了企业及其经营成果后，发现我们在市场中已经处于非常危险的境地。这是因为我们无法提高产品的市场价格，我们无法扩大市场份额。所以，我们需要提高生产率。事实上，在过去的几年里，我们的生产率并没有任何提高。因此我去找 Mike，说我们该采取一些措施了。我想六西格玛就是我们必须要做的。尽管他对于 Armstrong 是否已经做好准备还有些犹豫，但我知道他想让整个公司都采用六西格玛，他只是说："告诉我你需要什么。我们先在建筑产品公司实施六西格玛。如果效果不错，再大力推广。"所以，在达成一致的问题上，我们围绕的中心是我们要获得尽可能多的帮助和工具来提高企业的生产率，并且我们需要马上开始实施六西格玛。当你把数据拿给人看，并指出我们所面临的现实情况是我们都希望收入会越来越多，我们的供应商也是如此，但我们却不能提高价格以弥补成本的增加，因为不管怎样这些增加的成本要有所补偿。他们很快就会发现解决成本增加的主要方法就是提高生产率。

问：提高生产率意味着现在就要实施六西格玛，那么请问企业实施六西格玛的最佳时间是什么时候？

答：是的。我们现在就需要改进，即使是生意不好的时候。这样的话，当以后生意好转时，我们就可以进一步提高生产率。那时你就能够真正感受到六西格玛的实际效果了。

问：作为六西格玛的领导者，有哪些是你亲自负责而不会委托他人去办理的呢？

答：从首席执行官那里获得批准时起，我就决定亲自将这件事告诉每个人，即使有时我对应该说些什么还不是十分清楚。坦率地说，在向人们解释我们为什么要实施六西格玛时，我是一边实践，一边摸索。当我们做好准备，知道下一步应该做些什么时，我会对所说的话稍做改动。现在情况会有所改变，特别是在项目运行时，不同的赞助商和倡导者会更多地谈论起这件事。但从真正实施项目前直到现在，我们就一直在谈论它，向人们解释它。在了解哪些可行、哪些不可行后会适当修正所说的话。例如，近来我们开始培训倡导者和黑带，让他们了解为什么六西格玛非常重要。因此到现在为止，在两件事上我起着关键作用：一是就为什么我们要实施六西格玛和人们进行交流；二是尽量用简单的术语说明为什么我们要实施六西格玛，就像讨论"为什么现在就实施"一样，并在实践中不断改进。

问：你亲自选择项目吗？

答：是的。但我不将这个包括在内是因为整个领导层都参与了项目的选择。虽然我是公司的领导，但也只是领导层的一分子。参与项目选择的不只是我一个人。作为领导，我没有派别人去做。在这个阶段我不得不亲自参与进去，而且只能这样。将来，我们一次会选择 30 个以上的项目。我不知道我是否会参与 30 个项目的选择，但在选择第一批项目的这段时间内，我们要在整个公司树立一个好的典范，因此我想无论如何我都必须参与进去。

问：你在开始选择项目前就知道这一点，还是随着项目选择的进展才做出这样的决定？

答：不，在开始选择项目前我就从书上以及在与像你这样的人交谈中了解到了这一点。在对我应该在这个过程中扮演的角色思考过之后，我清楚地认识到参与项目选择的重要性。总之，我认为要成为一个好的领导，在开始阶段的参与至关重要。

问：你为领导层的一员，你探索用六西格玛方式工作意味着什么。作为整个六西格玛计划的一部分，你如何看待这个问题？

答：我们很久以前就讨论过这个决定，我们是用它来做项目还是用来进行改革。如果只是做项目的话，我们可以组成顾问组培训每个人，教他们学会使用不同的工具和方法，而不把它看成一件大事。但如果我们想按照六西格玛的方式进行管理，作为领导我们就必须进行一些重大的改革。首先，如果我们要领导变革，就不仅要把六西格玛看作一系列强大的工具，看作人们用来管理有回报的项目的更好的方法，还要把它看作是一种帮助企业领导们评审企业关键信息的理念。新的理念要求我们彼此信任，对流程所有者也要信任，这样我们对企业的认识就会一致。例如，销售和营销领导查看订单的产生过程时，他们需要知道其他人看到的是什么。同时，他们需要知道他们是从小组或团队的角度来看待问题，而不是从一个部门或孤立的流程的角度来看待问题。

其次，关于按照六西格玛的方式进行管理的讨论的近期效果是我们改变了会议方式。这是我们以不同的方式思考领导会议并在参考你的一些建议的基础上做出的。议程的要素和以前一样，但之前我们要用半天时间完成的会议现在半小时就可以了。这是因为我们不讨论正在进行中的事情，而是讨论必须做出改变的事情。这帮助我们弄清楚什么必须做出改变，以及做出这些改变需要哪些资源。

最后，在我们完成流程的 CTQ 定义时。我们最终要使流程所有者和这些流程的尺度有更高的透明度。这不是因为我们坐在一起进行讨论，而是因为我们对会议进行了精心地组织，这样大家都能够看到那些流程 CTQ 的测量结果，看出我们工作的方法、发展趋势和它给我们的信号。如果我们有这方面的问题，那很好，否则我们就继续前进。另外，有一点很简单，就是我们在会议之前提供的离线数据，可使我们不像以前那样反复评审那些讨厌的数据了。

问：你说过一个主要的驱动力是发现了什么可以促进生产力的提高。而你现在谈到变革，这超出了生产力的范围。你们能够进行变革是最近发现的呢，还是一直就有这样的计划？

答：在我开始读有关书籍时，就很清楚我们要进行选择。我们做项目是为了取得快速地改进，还是把它融入我们的经营方式中。通过阅读这方面的书籍、我们过去管理改进的经验以及从质量管理中学到的知识，包括为我们赢得 Baldrige 奖的流程，我清楚地知道我们所需要的不只是恰当地运用一些工具。我们了解这方面的历史，所以对我来说半途而废是毫无意义的。如果你没有使它在企业里扎下根，就只能在短期内得到快速提高，但结果却维持不了多久。那不是我们企业所需要的。我们要做得更好，要不断提高。最重要的是不仅要改进我们的工作，而且要指出哪些是我们不应该做的，因为这同样可以促进改进。这并不是一件容易的事，至少在书上以及你们的描述中是如此。很明显，六西格玛会促使我们提出这些问题。

问：交流中最重要的是什么？把事情弄清楚还是说服别人？

答：我能够想到三个全局问题，一个具体问题。首先，把它与我们的过去联系起来。我认为我们应该早点实施六西格玛，因为我们有过取得成功的经历。把六西格玛和我们的过去联系起来，我想那可以减少人们的恐慌，也可以使人们更加了解 Armstrong 要做的是一件合乎逻辑的事情。因为六西格玛不完全是个新生事物，许多关于六西格玛的原理我们在 20 世纪 90 年代中期就接触到了，而且也一直在思考这个问题。因此，这可以帮助人们了解它。人们不能完全理解六西格玛，这主要是因为我们宣传的声势并不浩大（没有进行大规模的培训）。我最希望的是当人们听说这些时，至少他们会说他们知道我们所做的是在进一步完善我们以前已经做得很好的事情。这些会使我们的工作进展得更快。

其次，我们如何实施六西格玛。显然，在我们谈话时，事情已经发生了一些变化。我们的最高管理团队正在学习了解它对我们的意义，因为六西格玛的目标是变革。我必须强调第一步不是匆忙地训练黑带和实施项目，而是出席像我们和 Rath & Strong 一起参加的会议，了解它对我们的意义，我们应该如何实施六西格玛，如何选择黑带和项目等。我们要一步一步地了解我们所做事情的具体细节，然后我们再来选择项目。

再次，我们如何做出引入六西格玛的决定，这肯定要由我来决定。但是来看看我当时做决定时的情景吧。第一，我们负责光学处理系统的副总裁 John Mikita 和制造集团的其他成员以前就知道这件事。因此，他们对此绝不是一无所知。第二，显然我们有过质量改进的背景，因此我们还有流程聚焦的基础，只是或许还不够强大。第三，当 Mike Lockhart 任首席执行官时，他说过：“总有一天我们会采用六西格玛的，但我不知道具体是什么时候。”我知道我可以找 Mike 并告诉他我现在就想实施六西格玛，然后说出充足的理由。就这样我的提议被批准，最后我们的生产率得到了提高。我们需要进入下一步，因此我告诉别人我是如何做出决策，让他们知道我的思想过程。这一点非常重要。

最后，我开始培训最初的黑带和倡导者。我明确告诉他们，你们的责任是实施六西格玛。我告诉他们："我一定会支持你们的。如果你们在工作中遇到障碍的话，一定要告诉我。有别人在场时我不会每次都说，但一定不要让各种各样的命令妨碍你们的工作。"我还专门告诉黑带六个月后我希望他们能够取得一定的成果。如果没能做到的话，六个月后他们就可能不是黑带了。

这并不是针对个人的威胁。我要明确表明我们必须在整个公司实施六西格玛。既然他们处在这项工作的最前沿，六西格玛能否在企业里成功实施就取决于他们的工作。我的责任是保证改革的成功，所以他们遇到困难时就应该毫不犹豫告诉我。

问：对那些还处在考虑阶段的高级管理人员你有哪些忠告？

答：首先，领导们要非常高效地利用他们的时间，这一点至关重要。作为公司领导，我确信我们不会一次这一半领导参与实施六西格玛，下一次另一半领导参与实施六西格玛，第三次又把他们混在一起。我们要确保领导团队团结一致，共同工作。我敦促每个领导尽早参与进来。例如，全体领导都必须参加高级管理人员会议、企业流程管理会议和第一轮的项目选择会议。这就使我们讨论六西格玛、了解我们必须做的工作变得更容易，它还能够促进我们相互质询。例如，有人会问："那是我们需要的正确的尺度和关键质量特性吗？"如果你的领导团队中有人能够代表大家说话，那么这样的事就不会发生了。这是我们从流程中学到的重要经验。

对那些真正考虑实施六西格玛的企业领导，我会说除非你认为你的企业一定会失败，否则就应该痛下决心。不要犹豫，没有理由拖延。当我在八月份去找 CEO 时，我就对他说："麦克，我们必须这样做。"我想得到 CEO 的批准，因为我们必须在这上面花钱。我们讨论了整整一天，最终决定马上采取行动，不再有任何耽搁。然后我开始与团队的其他成员讨论这件事。

另一件事是许多人可以用华丽的辞藻和难懂的术语来说明实施六西格玛的必要性，但我认为领导必须在自己的意识里发现它的必要性，了解它的真正含义以及有哪些事是他们所要做的。我认为，建筑产品公司的改革是为了避免像中国的污水处理那样一滴一滴地进行，效率极其低下。虽然这不是很动听，但事实就是如此。如果不改变我们的经营方式，不寻求不断改进，不将六西格玛在企业扎根，不想使得我们的产品质量达到更高的水平，那么我们就会在未来的竞争中失败。情况就是这么简单。其他公司也许会用动听的口号来说明实施六西格玛的必要性，但我对此并不担心，因为我也可以那样说。我想说得简单还是复杂必须同你的企业的具体情况相符合。很显然，我想说得尽量简单一些。

问：哪些事是企业领导应该避免的？

答：企业领导应该避免的第一件事是不要继续坚持以前的管理活动、议程和实践等。你必须确保这些事不会阻碍你的变革，因为这是改革的第一步，我们要成为与众不同的企业领导。

企业领导应该避免的另一件事就是不要只用它来实施六西格玛，它适用于你想改变的任何事。不要为了追求完美而停滞不前，要不断前进。你可能会解释，我们只想做一点改变，因为我们对此不是非常了解。坚持做下去，不要试图创造一种完美的模式，因为你不可能一下子从书本上找到解决问题的方法。

问：你如何把六西格玛与企业战略联系起来？

答：在产品开发领域我们有具体的战略，就是为客户创造价值。在我们确定六西格玛项目时，这些项目必须在我们的企业战略范围内，而且必须和我们客户的关键质量特性因素联系起来。非常关键的一点就是我们知道新产品会增加我们的利润额，同时也会给我们的客户带来价值，因为他们的综合业务水平得到了改进。因此我们不能坐等完美流程的出现，我们必须不断地进行改进。例如，如果具有一定水平的 NPD 是基础战略的话，我们必须确保该流程可以生产出新产品。我们追求的不是最低的成本，尽管必须这么做。我们追求的是在该流程下生产出的产品能够达到的最低成本。此外，我们还要把每个流程的 CTQ 尺度与企业的战略联系起来。

问：在开始六西格玛时，你就想到了六西格玛项目会同企业战略联系起来吗？

答：我们知道我们需要从一开始就将它们联系起来。在最初参加的几次会议上，你问我们："六西格玛和你的企业战略有什么联系？"你通过项目选择带给我们的方法要求我们将六西格玛与我们的战略联系起来。我记得在使用这种方法时我们曾说过："哦，这里还缺少实现企业战略的项目。"我们也说过："或许我们对战略定义得不够清楚，或者说它不符合企业战略只是我们个人的抱怨。"你的方法迫使我们把项目选择流程变为一种战略性的任务。

第 11 章

六西格玛设计

Craig Smith 和 Stefan Schurr

不用提醒企业领导也知道优质高效的新产品和服务开发流程是企业战略所必需的，只靠提高操作效率是不足以提高企业竞争力的。Hamel 和 Prahalad 这两位最有影响力的企业战略专家，在《未来的竞争》一书中提醒我们企业的竞争是为了建立“智力型领导”，从而影响各自产业的方向和形态。他们的许多理论都是建立在当前的现实的基础上的，许多领先的日本企业，像丰田、本田、索尼、佳能都已经在各自的行业取得了“智力型领导”的地位。这种非凡的地位是通过领导和管理新产品与服务开发流程而取得的。许多六西格玛设计流程的理念、工具和方法都是从这些公司的战略和经验中提炼出来的。这一章首先讨论六西格玛设计理论和实践基础，然后提供定义、测量、分析、设计、验证（DMADV）这一整套工具以及 DFSS 设计团队最常用的实施步骤。

六西格玛设计的先行者

我们用来解决新产品和服务设计问题的许多工具和方法是在 20 世纪 80 年代和 90 年代竞争的严酷竞争下形成的。美国制造业，特别是汽车业,非常想知道为什么日本人的效率如此之高，他们发现优秀的日本公司的企业文化里渗透着以下几个主题：

统计思想 领先的日本公司把他们的产品开发战略建立在持续的全面质量控制（TQC）上。TQC 强调统计控制，这和 Walter Shewhart 一直倡导的统计控制非常相似，即确保产品与目标的最小差异。当西方追求像卓越这样更抽象、更崇高的理念时，日本人在学习如何将统计数据用于解决产品问题和提高服务质量上来。当然，像福特、施乐、摩托罗拉和通用电气等公司里也有一些员工有着和日本人一样的统计技术，但问题是这些人没有对企业的领导和战略形成真正的影响。

关注客户满意度　日本公司确保明确的、设计良好的业务流程始终关注客户的声音。

产品设计和流程关联　在倾听完客户的声音后，新产品开发的重心放在确保用问题解决流程来消除客户需求、产品和服务设计理念三者之间的不一致，确保它们能够很好地联系起来。

协同设计　高效的新产品开发方法在定义阶段就必须非常精确（见图 11.1），日本人在减少新产品和服务的开发时间上也做的很成功（见图 11.2）。

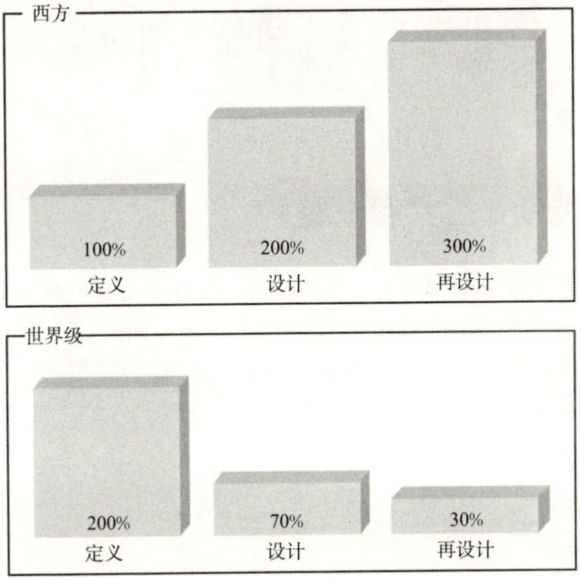

图 11.1　新产品和服务定义

这种时间上的极大的节约是通过以下方法取得的：

- 高效的个性化设计任务；
- 同时开展的设计活动（这与按顺序进行的设计活动相对应）；
- 减少设计过程中职能介入；
- 建立多学科的团队。

日本公司通过始终运用三种专门工具来支持这四点，以实现制造世界级产品的雄心。

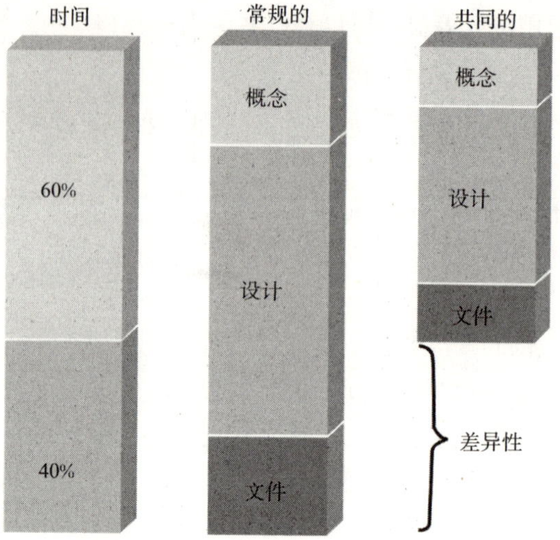

图 11.2 新产品和服务开发时间

早期卓越设计工具箱一瞥

为了取得在各自行业中的智力型领导地位，日本领先公司使用了许多工具、技术和方法。大多数是 TQC（同 DMAIC 方法相似）普通的统计工具箱，但有三种工具箱值得特别一提：

- 质量功能展开；
- 工程的 Taguchi 哲学；
- 可制造性设计。

质量功能展开

当美国汽车业巨子们（特别是福特公司）以丰田公司为榜样时，它们发现日本公司用来管理在新产品、服务开发流程的概念部署阶段的集中的资源投资的方法之一是质量功能展开（Quality Function Deployment, QFD）。三菱重机在 20 世纪 90 年代早期，创建了质量功能展开用以应付政府的紧缩银根政策。为了满足非常苛刻的客户的需求，他们需要上游产品的质量能够有很大的提高。

我们最好将质量功能展开描述为计划和控制系统。从概念上讲，质量功能展开是建立和推动严格的因果关系的手段，从客户的声音到详细的产品和部件规格，再到详细的流程操作条件（见图 11.3）。

从技术上讲，这是由一些矩阵来完成的。矩阵的输入既有定性的也有定量的。它是按不同的等级组织在一起的，从最高层的客户的声音（VOC）到最低层的详细的程序。质量功能展开的主要功能是确定时间、资源和改进计划。这个流程通常用以下四个矩阵来描述。

1. **计划矩阵** 也称为质量屋，它提供有关客户的各种需求方面的信息，并设法将它们和具体的设计要求联系起来。
2. **展开矩阵** 它可以使我们更详细地了解因果关系，转换计划矩阵所确定的关键质量特性（CTQ）并把它同子系统需求联系起来。
3. **部件计划和控制矩阵** 确立了子系统需求和具体的部件规格之间的关系。
4. **流程设计矩阵** 解决生产相应的部件所需的流程设计需求。

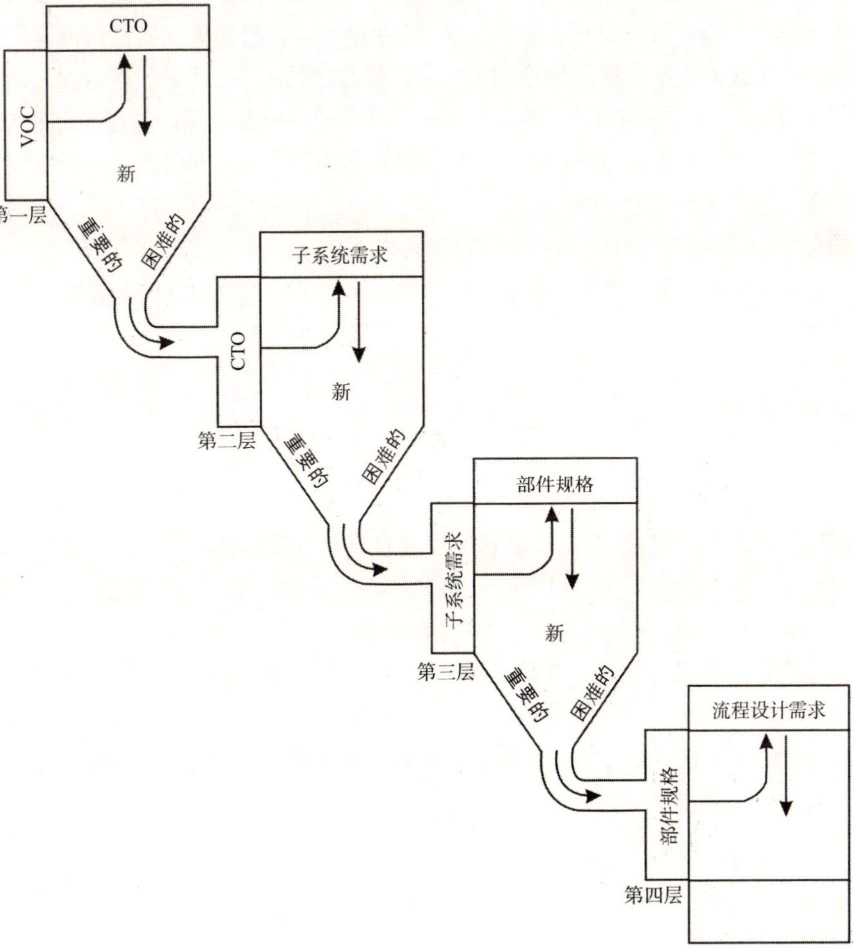

图 11.3 展开客户的声音

完成这些步骤后，在整个产品/服务开发周期内部署目标设计标准前，分析信息和寻找机会变得很重要。一个重要的教训是，丰田和其他公司用 QFD 强调开发流程中的平衡点，并将它作为应用资源和详细的统计分析的先兆。

▶▶ 工程的 Taguchi 哲学

从 20 世纪 50 年代开始，Genichi Taguchi 博士就因质量工程的演变哲学（经常被称为 Taguchi 方法或方法论）而闻名遐迩。当 Taguchi 应征入伍帮助改进战后日本残缺不全的电话系统时，他的哲学体系就形成了。在 1957—1958 年，他的第一版关于实验设计的两卷书出版了。由于他对质量工程所做的贡献，他因此赢得了日本的戴明奖。20 世纪 60 年代，Taguchi 使日本企业的领导层相信只通过简单地遵守规则所取得的零失误率可能是毁灭性的。他解释说，任何由于其自身的关键属性而偏离了目标的产品、服务或流程都会成倍地增加供应商以及客户的成本。因此，当西方人把质量看作符合要求和适合使用时，日本人正赋予产品质量一个意义深远的定义，即与目标的最小差异。这句朴素的话语掩盖了它所蕴涵的深奥的道理，同时也让人误以为把这一理念融入企业无须太多的努力。

根据这一理论，Taguchi 的主要目标包括以下几点：

- 设计、制造、交付能够对付难以控制的环境和不受构成组件的差异影响的产品和服务；
- 确保生产、交付的产品和服务达到令人满意的程度，保持与目标的最小差异；
- 树立产品和服务的可信度。

Taguchi 提倡产品、服务或流程的优化要遵循以下三个步骤。

第一步：系统设计　即选择最合适的工具以实现产品或流程开发的目标。Taguchi 方法的这一部分属于古典工程学。关键问题是对象或系统的目的是什么？这位工程师从目的出发，创造了可以实现目标的对象或系统。用科学和工程知识选择材料、决定制造设备需求以及设定关于产品、服务和流程敏感性要素的规格说明书。

第二步：参数设计优化　参数设计决定了产品的参数值和流程要素的操作水平，它们对环境和其他干扰因素不是很敏感。通过模拟实验设计的顺序，考虑到了噪音因素，最适宜的环境被揭示出来了，而它是为了实现与目标性能的最小差异。通常设计者在这个阶段有着丰富的设计概念。

第三步：允许偏差设计　如果产品、服务或流程产生的差异仍然过大，为了进一步减少公差就要考虑一些更昂贵的解决办法。Taguchi 提倡只在必要的时间和必要的地点才做昂贵的投资。与之相对，在西方的设计流程中用的不是先进的归纳或统计推理，而是尝试通过极端保守的说明书来取得同样的结果，而这会产生大量的冗余和浪费，最终导致产品成本提高。

第二和第三步与西方的传统方法大相径庭，这是因为前者主要依靠先进的统计思想、多元分析和实验设计等方法。

可制造性设计

先前介绍的工具和方法是设计流程的辅助方法。可制造性设计有它的操作基础，而且可制造性设计（Design for Manufacturability, DFM）的工具和方法都不是新的，它根源于价值工程。可制造性设计的目标是以客户满意的价格交付高质量的产品。它指的是通过关注以下因素来简化操作的一系列实践：

- 降低部件成本；
- 应用模块设计；
- 简化操作；
- 标准化并运用标准部件和材料；
- 流程性能设计。

像索尼和丰田这样的公司已经把这些规则应用于它们的发展流程许多年了。西方也有一些很好的例子。

- 当 IBM 开发 Proprinter 时，它设计出的打印机和以前的型号相比，零件使用减少了 79%，装配时间减少了 83%。
- 最近，戴尔电脑公司的 Optiframe Chassis 电脑的装配时间减少了 32%，服务时间减少了 44%。
- Texas Instrument 公司的 HI Tank 电子箱的流水线成本减少了 50%，组成部件减少了 58%。

当把可制造性设计作为设计流程的关键设计要求时，可制造性设计工具箱就成了我们现在所说的 DFSS 的重要工具。如图 11.4 所示，设计世界级的产品不仅需要拥有符合客户需求的设计，而且还要满足生产上的操作要求。这不但保证了设计得以投产，而且使得制造流程在可应用的技术和成本上得以优化。

六西格玛设计的基本原理

从这些早期产品和服务的开发方法中又形成了许多基本模块，它们就是今天人们所说的六西格玛设计（DFSS）。六西格玛设计的目标是确保开发流程交付的产品和服务尽可能地达到最高的六西格玛水平。

没有六西格玛设计，企业也能够取得巨大的成功，现代的六西格玛设计的关键元素几乎不能说是全新的。在最优秀的公司这些关键要素中很多都已运行良好。成功的产品和服务开发活动同六西格玛设计的理念和实践是一致的。人们往往会在不知不觉中按照既定的方法行事。为什么我们需要正式的六西格玛设计方法呢？如果一个公司没有六西格玛设计也可以成功的话，那么为什么不把决定是否接受正式的六西格玛设计计划交给企业呢？老一套的回答往往是，如果不使用六西格玛设计，新产品或服务要取得很高的西格玛水平会极其困难，而正确的答案应该是开发新产品和服务的责任非常重大，不能放弃。

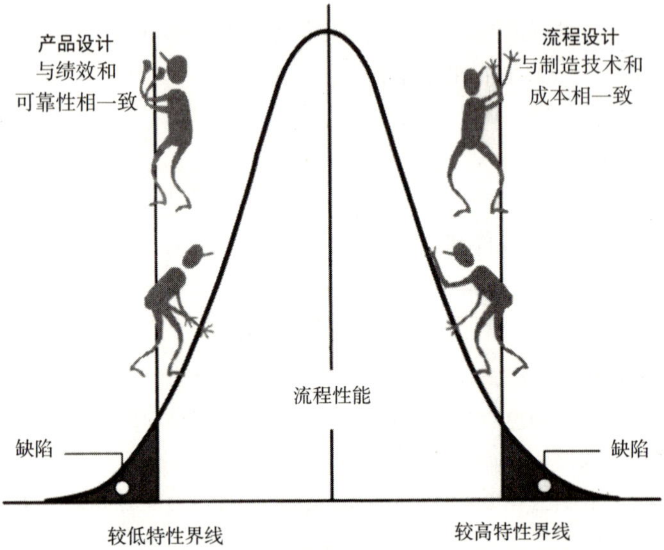

图 11.4　可制造性设计

先前讨论的一些哲学没有和具体的学科完全结合起来，这是因为设计质量只能由专家来决定。新产品和服务的开发往往不能保证规格和结构同兼并、战略或财务流程联系起来。因此，我们只看到了其中一些工具的零星的应用，而受益程度是同企业应用的水平成正比的。如果只是断章取义，然后将其注入传统的"让专家来做"的企业文化，那么，即使用现代的六西格玛设计方法，也起不到任何作用。在 20 世纪 80 年代许多企业犯的错误就是集中精力于支持卓越设计的工具而不是创造了成功产品和服务的公司所反复使用的管理理念。对这种理念笃信会不可避免地导致业务流程的重新定位（见 11.5 图）。

事实上，建立能够不断交付新产品并达到六西格玛质量水平的新产品开发流程非常困难，这里的关键词是"不断"。很显然，许多企业没有不断地询问关于这些产品和服务开发运行状况中的基本问题，因此他们也就肯定不能保证能够用客观的实际数据来回答这些问题。通过一系列关卡评议来指导新产品或服务团队，以及提供工具箱解决在开发的每个关键阶段出现的问题，六西格玛设计就能够用来消除这种不连续性。

- 通过优化下面的比率能够增加重要的经济价值：

$$\text{产品/服务价值} = \frac{\uparrow \text{功能} \times \text{流程能力} \uparrow}{\downarrow \text{成本} \times \text{时间} \downarrow}$$

- 设计对产品/服务成本的影响达到 70%
- 不能把领导新产品或服务流程的改进工作交由其他人来办理
- 消除改善的职能障碍
- 加强和客户的合作，严格执行解决问题的方法来补充传统业务或技术能力
- 在概念选择和新产品开发阶段，需要更多的资源
- 需要改变流程和结构，需要学习新方法，需要进行重要的投资和交易
- 由于学习曲线的存在，因此在 DFSS 的早期阶段需要有耐心
- 要匀出一些时间以确保适当的企业变革的发生
- 西格玛水平高的产品和服务要比西格玛水平低的产品和服务有更好的表现

图 11.5 DFSS 原理

▶▶ 六西格玛设计的演变

摩托罗拉公司证明采用能够复制与传授的方法可以加速企业的学习进度曲线。摩托罗拉应用了六西格玛设计重新设计了它的 Bandit FN 传呼机之后，公司可以根据客户的需要制造出保有 72 分钟接收记录，预期寿命达 150 年且无须测试的传呼机。

AlliedSignal 和通用公司实施六西格玛后，进一步提高了管理新产品和服务的效率。质量功能展开和多功能任务组等强大的改进理念，不应只属于勇敢追求卓越设计崇高目标的人们。如果他们的企业文化不接受这样的行为，他们会感到灰心丧气。

当代的新产品和服务开发方法在一开始就取得了成功，这一点显而易见。这足以说服其他蓝筹股公司采用六西格设计方法，杜邦、西门子、Black & Decker、Ford、Caterpillar，强生、ALSTOM、Dow 化工、TRW、3M、通用电气 Capital、苏黎世金融服务公司、标准生活和 Barclay Card 公司只是一些追求六西格玛设计的结构化方法的公司。

总之，我们的经验是设计服务业用的流程不如制造业用的流程那么明确。服务流程通常难以进行评估，因为它们的结构和交付的成果都是无形的。然而，这也为我们提供了很大的机遇。服务业，特别是在金融业加快了采用六西格玛设计的步伐。六西格玛设计在制定人寿保险政策、发展信用卡和 IRA 产品上同设计油箱和刹车系统一样有效。《产品问题》的一篇报道就是六西格玛在服务业越来越受欢迎的一个例子，该刊是保险精算师协会的时事通讯类月刊。在这样的刊物里，人们看不到有关六西格玛的讨论。文章鼓励保险精算师将六西格玛设计作为获得以下利益的方法：

- 直接获取客户知识；

- 所有权和跨部门的投资；
- 尽早发现客户需求的改变；
- 理解市场的视角更为开阔；
- 及早做新产品推广活动。

把六西格玛设计应用于服务设计一般不需要调整实施路径。如同交易领域的DMAIC项目一样，大部分服务设计项目不需要作为DMADV实施路径的一些高级统计工具。在客户的声音阶段，六西格玛服务设计需要特别关注与客户接触的数量，服务产品需要客户在流程中发挥积极的作用。提供空运或抵押是两个简单的例子，设计流程的团队需要注意客户和流程之间的相互影响。斯堪的纳维亚航空公司的Jan Carlson将之称为“真实的时刻”。每当客户同服务提供者交互作用时，就有可能存在缺陷。因此，服务的设计必须尽可能地优化，以确保流程的始终客户都很满意。

很有意思的是，即使像索尼和东芝这样的公司都采用了六西格玛设计。他们承认摩托罗拉、通用电气及其他公司对新产品开发方法的发展所做出的贡献，并将六西格玛设计看作是一个伟大的开发管理流程和信息管理系统。这个系统能够保存他们需要经过几十年的学习才能够获得的经验教训，把成功的实践固定下来有助于企业在重要人物离开时将知识保存下来。结构化的六西格玛设计方法可以让最佳实践在新产品开发过程中继续加以运用。

▶▶ 工具和方法

除了先前谈到的三种新工具和方法外，六西格玛设计还应用DMADV方法框架，应用许多支持DMAIC的工具，像回归分析、假定测试、重复性和再现性、失败模式和效果分析（FMEA）与实验设计。同时引入其他工具使客户需求的确定工作更为便利，而当进入开发阶段时，六西格玛设计会支持团队的决策流程，诸如：

- 结合分析；
- 多代产品规划；
- 概念选择方法（Pugh矩阵和公理设计）；
- 创造性工具；
- 设计计分卡；
- 模拟技术（蒙特卡洛、水晶球）；
- 非线性QFD；
- 可靠性工程；
- 统计公差。

大多数企业都会调整实施路径以适应它们的具体需求。

DMADV：六西格玛设计实施路径

新产品和服务的开发过程实质上就是解决问题的过程，需要解决问题的工具来支持。为了反映产品和服务开发小组面临的问题的不同，已经形成了几个可供选择的指导改进小组的框架。最受欢迎的便是 DMADV，它代表定义、测量、分析、设计和检验。

定义：确定项目范围、指导项目进行。

测量：收集和量化客户、技术、业务和规定的设计数据。

分析：开发、研究高级的设计理念。

设计：设计出详细的产品、服务或流程。

检验：确认设计的成果和开发流程，证明其适用性。

实施路径（见图 11.6）可以让我们大致了解一下六西格玛设计方法的部分工具，而且它还显示了这些工具间的联系。

▶▶ 项目选择

如同 DMAIC 一样，项目选择的质量对于 DMADV 项目的成功是至关重要的。在实施六西格玛设计的最初阶段，每个人都在学习这种新的方法，有必要把项目完成的时间限制在 6~12 个月。许多实施六西格玛设的公司决定在此阶段列出新产品开发过程的要素，以保证完成项目的时间不超出此范围。尽管从长远来看，当六西格玛设计方法成为企业设计与新产品和服务开发的内在要求时，就不需要再有这种限制了，但确保项目范围适当还是很重要的。对于设计工程师来说，没有比在一个没有明确定义的项目上停滞不前更令人沮丧的了。六西格玛设计不但可用于产品和服务设计而且可以用于流程设计。项目可集中于以下这些领域：

- 开发新产品和服务；
- 对同一流程的多个方法进行规范；
- 重新设计那些长期失控的项目；
- 优化当前的流程性能。

▶▶ 定义

六西格玛设计定义阶段的目的是对项目有明确的定义，制定详细的项目计划以带动项目的全面执行。

从战略的角度看，项目设计对企业至关重要。企业实例为我们提供了充分的理由，它主要解决下面这些问题：

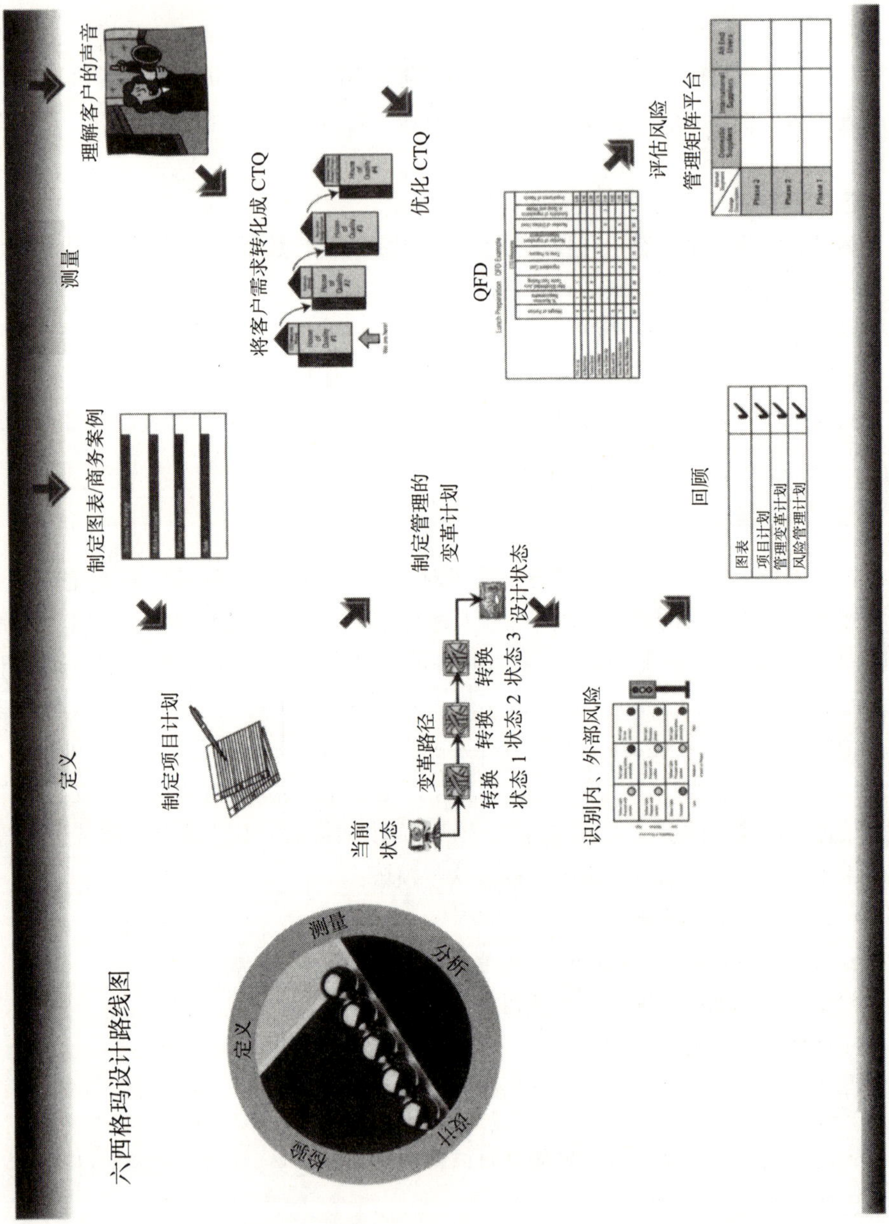

图 11.6 DFSS 路线图

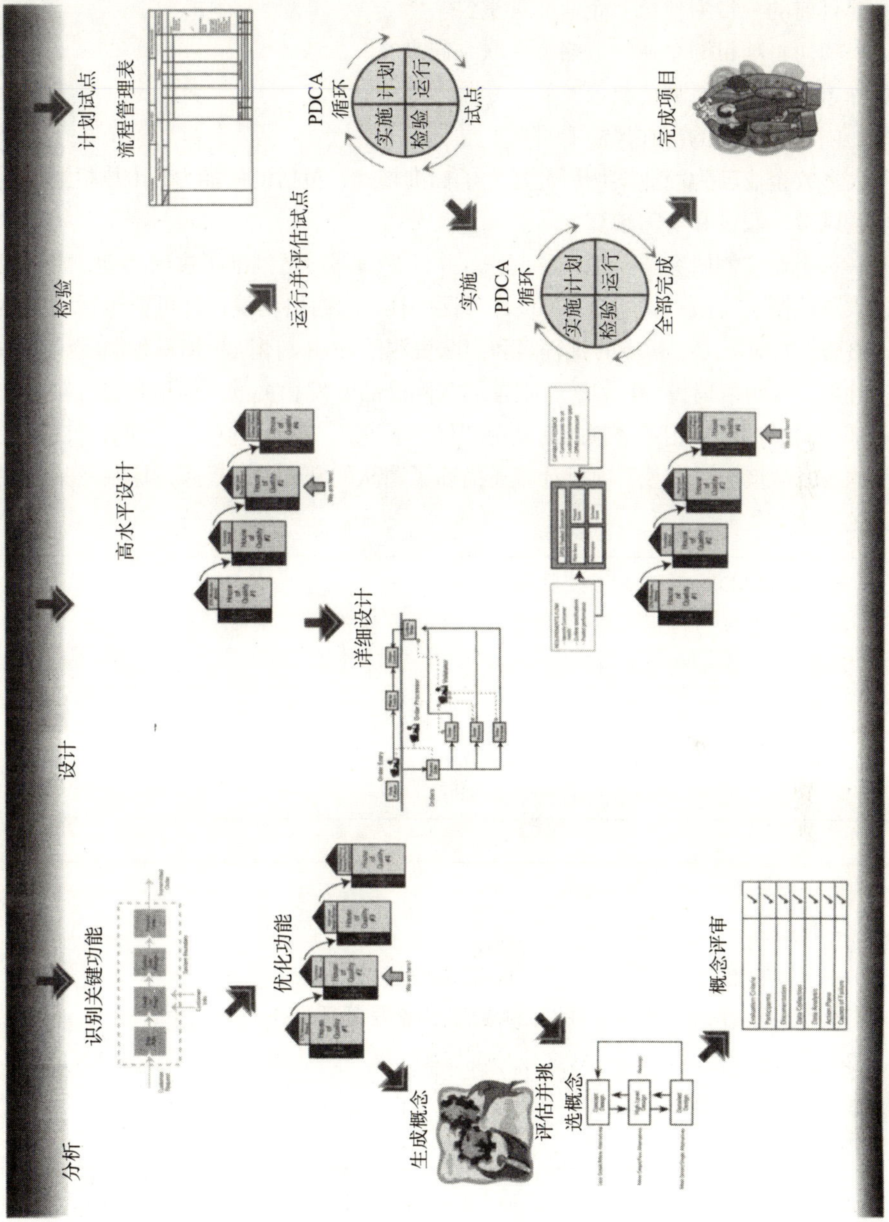

图 11.6　DFSS 路线图（续）

- 什么需要设计或重新设计？
- 谁将成为新的或修正的产品、流程或服务的客户？
- 目前的项目为什么对企业非常重要？
- 如何将项目同企业的战略方向联系起来？
- 市场或企业有哪些机遇？
- 同项目相关的潜在风险有哪些？

大多数企业已为商业案例研究建立了标准格式，包括供应能力、市场机遇、顾客影响、风险、假设和所需预算。

一旦企业实例研究清楚地建立起来，并且管理部门已批准了这项活动，团队就可以进入章程制定阶段。如同 DMAIC 许可证一样，六西格玛设计许可证包括问题或机会、预期、供应能力、初步的日程表和团队资源的描述。团队根据章程制定出详细的项目计划。六西格玛设计项目，特别是那些同产品开发相关的六西格玛设计项目，需要将那些同时进行且相互依赖的活动协调好。因此，一个好的项目计划对于确保最终产品的按时生产至关重要。项目计划还描述了团队的文件管理、修订控制及其他关键要素的方法。

完成 DMADV 方法的定义阶段可以确保：

- 企业或市场机遇有着明确的定义（企业实例和团队章程）；
- 确立了初步的目标（项目计划）；
- 解决了潜在的障碍（管理变革计划）；
- 确定了内、外部风险（风险评估）；
- 确定了关键点和关卡（评审计划）。

定义阶段常用的工具包括：

- 项目章程；
- 市场分析工具；
- 项目分析工具（趋势图、 排列图、流程管理图）；
- 项目规划工具和软件（工作分类结构、程序评估审查技术图和 GANTT 图）；
- 范围内和范围外工具；
- 风险管理计划。

通常，六西格玛设计项目会在随后的阶段遇到困难，如不能生产出样品，团队不能够获得重要的资源，关键设备不能根据设计要求进行生产等。为了减少或完全避免这些问题，建议团队花一些时间制定出详细的变革管理计划，确保企业已做好了支持项目的准备。团队确认关键发起人和股东，设法预测他们对项目可能做出的反应，并采取相应的措施以使问题最小化。同样，团队应尽量确定失败的主要风险，并制定解决这些问题的风险管理计划。

在定义阶段的最后，团队为首轮的关卡评审做好准备，将当前的工作向高级管理人员和关键的技术人员汇报以确保项目的正常运行。因为相比较设计或检验阶段，在项目的这个阶段的修正所付出的代价相对要小一些。

▶▶ 测量

测量阶段的重点是了解内部和外部关键质量特性要求（CTQ）。详细了解客户的要求对项目的成功至关重要。因此，收集客户声音数据意义重大，这方面研究的质量和数量与投入市场的产品和服务的成功直接相关。第一步是要确认和区分客户并对他们进行分类，然后制定数据收集计划。团队用聚焦组、调查和观察等方法从客户那里收集实际的数据以了解他们的需求。

完成 DMADV 方法的测量阶段可以确保：

- 能够确认客户的需要；
- 对客户的需要进行了区分，并转化成关键质量特性（QFD/质量屋）；
- 评估了竞争对手的能力（基准）；
- 对风险进行了重新评估，并减少了风险（风险评估）；
- 确定了关键点和关卡（评审计划）。

数据收集一旦完成，团队就开始了一项艰巨的任务，即用关键质量特性树或其他工具把客户的声音转变为关键质量特性。通常，六西格玛设计项目反映了相互冲突的客户需求。在组装第一个 QFD 矩阵（质量层）前必须区分客户需求的优先等级。质量屋方法的一个重要特征是集中于那些可测量的性能目标。团队不但要集中于从客户那里得来的数据，还要用基准法确定竞争对手满足市场的这种需求的能力。

QFD 矩阵模型一旦完成，团队还要重新审视定义阶段。如果需要的话，还要对章程、项目计划或风险评估计划进行更新。通常项目的范围需要重新定义，如果所有的需求不能立刻满足的话，可以用平台管理矩阵作为阶段性方法。

在测量阶段结束时的关卡评审集中于评审客户分类法以及最重要的客户需求、竞争力和团队的平台策略。

测量阶段常用的工具包括：

- 数据收集计划；
- 客户分类；

> ➢ 客户调查（询问、访问、聚焦组、调查）;
> ➢ 客户的声音；
> ➢ 满意度分析模型；
> ➢ 基准；
> ➢ 质量功能展开；
> ➢ 平台管理矩阵。

▶▶ 分析

分析阶段的目标是对不同的概念进行评估，并根据预算和可以使用的资源挑选出最符合关键质量特性的概念。这个阶段的可见成果是产生一个看上去能够满足需求的概念。

第一步是列出一个所需功能的清单。功能是流程、产品或服务应该满足的活动，而不管所用的是什么设计方法。一旦所有重要的功能都有了，团队用 QFD 把它们绘制到 CTQ 上，确定那些对设计来说非常关键的功能。如果可能的话，分析阶段的下一步是列出可供选择的满足客户需求的概念。概念包括产品特性、关键流程、信息系统、人力系统、材料、设备和工具，它是通过创造或基准技术形成的。初步概念形成后，团队还要排除一些概念。Pugh 矩阵是用来选择最佳概念的，它用其中一个概念作为评估其他概念的基准。当名单上的概念减少到五六个时，团队再充实每个概念以确保它的可行性，这实际上也是高水平设计的开始。

> 完成 DMADV 方法的分析阶段可以确保：
> ➢ 形成关于职能要求的完整目录（职能分析）;
> ➢ 规划出一系列概念，确定一个可行的概念（Pugh 矩阵）;
> ➢ 对挑选出的概念的潜力进行评估（流程性能）。

> 分析阶段常用的工具包括：
> ➢ 质量功能展开（QFD）;
> ➢ 创造性工具；
> ➢ 基准；
> ➢ Pugh 矩阵。

最后，团队根据客户和有关各方的反馈做一次设计评审，挑选出最终的概念。设计评审是一个客观地评估设计在流程的不同阶段的质量的流程。在开发产品和服务时，设计小组将听到包括客户在内的外部的声音反馈到设计上。一个好的设计评审有助于保证设计满足客户的需求，促使设计流程有效运转，并提供高质量的产品和服务。

此时，团队可以继续设计所选概念的全部重要因素，来完成高水准的设计了。最后，团队还要预测一下设计符合 CTQ 的能力。

分析阶段结束时的关卡评审集中于关键功能和概念、Pugh 矩阵和流程能力预测。

▶▶ 设计

设计阶段的目的是通过实验设计或模拟促进拳头产品和服务的设计，从而决定产品适应性的关键因素。团队还要根据概念开发出详细的和高水平的设计。

详细设计和高水平设计的流程是一样的。一旦设计的关键要素确定下来，团队就可以把这些要素放在优先地位，确立这些关键要素的要求。设计要素可以包括产品、服务、流程、信息系统、人力系统、设备、材料和工具等。根据细节的要求开发出不同的设计，然后按照要求进行测试。设计原则是一些有助于开发出简洁的高质量设计的指导方针，它要运用到像将和顾客打交道的人数最小化等的一些原则。

完成 DMADV 方法的设计阶段可以确保：

- 制定出详细的设计要求（设计要求）；
- 绘制出详细的流程图，确定关键流程控制项目（流程管理计划）；
- 计算出流程能力（设计计分卡）；
- 详细说明关键部件的特征（详细的设计）；
- 完成产品、服务或流程的完整而详细的技术说明书（文件）。

然后挑选出最终的设计并发展和实施它。通过在数量上模拟设计要求和影响输出性能的流程变量之间的关系（也叫表现功能）来对这种设计进行正式测试。运用企业知识、基准、尝试和原型、试验、模拟、数据和风险分析来发展这些表现功能。如果功能需求很复杂，就用一种称为设计分解的技术在功能层次上对表现功能和设计要求进行详细说明，以减少设计流程的复杂性。

设计阶段常用的工具包括：

- 质量功能展开；
- 模仿（蒙特卡洛，预测方法）；
- 实验设计（DOE）；
- 原型快速设计；
- 失败模式和错误分析/错误模式错误分析（FMEA/EMEA）；
- 统计公差；
- 设计计分卡；

> ➢ 规划工具；
> ➢ 流程管理计划；
> ➢ 设计评审。

在每个层次，团队评估是否可达到目标功能水平，差异是否可以接受。根据统计分析，团队可以从详细流程和部件规格说明中了解变异，以预测整个系统的性能。QFD 矩阵把团队指向系统的平衡点。当有了最抽象的可以建立质量屋的数据时，团队就可以专注于下一个流程。这样一项严格的 CTQ 就流向了控制设计参数。一旦高水平设计被批准，设计要求被就被固定了下来，团队就要进行更加详细的设计。

详细设计的困难在于要将在这个阶段做出的决定组合在一起非常复杂，既要保证设计的不同部分最后能够组合在一起，同时又要满足客户与业务的要求。统计公差是用于保证所有详细的设计要素的差异不超过整体目标的差异。

不仅在设计的最后阶段有关卡评审，几乎在流程的每个中间步骤都要对开发过程进行设计评审。至少要分别对高级设计和详细设计进行一次评审。高级设计评审有两个主要目的：技术评审集中于评估性能测试的完整性和准确性，确定潜在的风险，保证遵守法律和各种规章制度；而企业评审则旨在确保计划在执行详细设计上是恰当的。详细设计评审通常限制在技术讨论的范围内，确保所有的设计要素非常完整并且可以对设计进行试点。

设计计分卡和质量屋一同使用以便根据每个 CTQ 对团队所取得的成果进行客观的测量。完成后，计分卡可用于计算整个系统以及各个组成实体（部件、流程、性能和软件）的西格玛水平。它的使用有助于保证设计集中于 CTQ，用统计模型对性能进行预测以及确定需要改进的地方和简化差异计算。像 QFD 矩阵一样，六西格玛计分卡根据设计程序的抽象性可分成不同的等级。

最后，团队要对设计组件进行测试，为试点和全面部署做好准备。

▶▶ 检验

检验阶段的目标是运用原型对设计进行测试为执行做好准备。这个阶段的成果包括工作原型文件和完全执行的计划，这个计划揭示如何控制流程以保证流程能力。

试点是在小范围内对整个系统的测试，其目的是收集数据来评估新产品、服务或流程并借以确保全面实施的可行性。团队在试点阶段通过计算流程的西格玛水平来检验产品、服务或流程是否能够满足客户的需求。一旦完成试点并进行了评审，团队就制定实施计划，确定如何全面铺开设计。通常在移交完实施责任后，设计团队就正式结束了流程，他们从中也获得了一些宝贵的经验。

完成 DMADV 的检验阶段可以确保：
- 完成试点并对试点结果进行了评估（试点）；
- 制定了全面的实施计划（实施计划）；
- 项目已移交给执行组（结束）。

检验阶段常用的工具包括：
- 规划工具；
- 标准化工具（实施路径、检查清单）；
- 流程管理图；
- 项目文件。

最后的关卡评审是用来确保企业已经准备承担监督设计的责任。评审包括实施中遇到的问题、原因分析、补救措施、继续实施和监督计划。此外，在最后的评审中应该有一部分集中于确认在项目进行的过程中应汲取的主要教训。

当前流程设计背景下的 DFSS

应该注意的是 DFSS 是一种支持新产品、服务和流程的开发和引进的工具。其目的不是代替现有的设计方法，而是将它们和 DFSS 理念和方法结合起来，从而提高和强化这些方法。根据我们的经验，这种结合通常有助于：

- 更深刻地理解客户需求；
- 确保设计中包括所有对客户来说非常重要的特性；
- 提高设计流程的效果的透明度以及提高控制水平；
- 增加了重要性排列的结构化程度和精确度，而这是许多其他设计方法中所没有的；
- 遵循“预防胜于治疗”的原则，促进企业文化从反应到预防的转变。

那些在新产品开发流程上投资很大的公司经常在如何将两种方法结合起来方面不知所措。它们一般有两种选择：（1）将 DFSS 工具箱的工具添加到当前流程里；（2）放弃当前的流程。

事实上，两种方法的结果往往差别不是很大。即使在完全放弃当前的新产品开发方法的情况下，公司仍然必须根据 DFSS 实施路径对目前的一些工具和方法进行调整，以保证所需要的性能和方法在新的流程里都有所展示。从 DFSS 工具箱里挑选一些工具来补充目前的方法非常合理，但需要对管理流程的方法做出相应的改变。这两种方法都是可行的，但只有当前流程的差距分析可以显示我们应该选择哪种方法。虽然DFSS工具箱可以提供一些功能强大的统计方法，但DFSS和当前流程的主要差别不在于所使用的工具的不同，而在于如何管理流程以确保结果“与目标的最小差异”。

DFSS——领导者应牢记的20点

1．对你的企业开发和推出新产品与服务的能力进行正式的评估。

2．像对待一项重大投资一样对待DFSS的实施，注意力应集中在投资成本、利润和投资回报上。

3．你的企业很可能没有可以显示当前的开发流程运行状况好坏的数据。做好在流程管理和测量上进行投资的准备，为DFSS的实施打好基础。

4．每隔三五年计算一下你在DFSS上的投资。

5．实施DFSS是一项艰巨的任务，正因为如此，实施的阻力会很大，所以要对人们改变旧习惯的行为进行奖励，而不仅仅是只看结果。

6．克服不必要的官僚主义。

7．DFSS项目比DMAIC项目更复杂，所以要做好相应的规划。

8．DFSS所需要的指导与培训比DMAIC多，所以也要做好相应的规划。

9．为了将表明企业重点已经从反应转变为预防，要准备彻底评审开发项目的资源要求。

10．让重要股东了解六西格玛的基本原理，你不可能在真空里引入DFSS。

11．不要只让专家们制定DFSS计划，从一开始就要有来自各部门的团队的参与。

12．将客户和供应商包括在新产品和服务开发项目中。

13．培训你的客户和供应商，让他们了解DFSS理念，教会他们使用DFSS工具和方法。

14．对于新的流程设计要考虑用DFSS，这样项目实施起来会更容易，也可以完成得更快。

15．选择DFSS黑带甚至要比选择DMAIC黑带更谨慎，要确保他们受过良好的训练，他们的任期长达两三年。

16．为从事DMAIC流程的黑带创造机会。开始时分配给他们较小的任务，这样他们可以在较短的时间内完成，从而学会如何使用工具。不要在一开始就分配给他们一个需要几年时间才能够完成的大项目，这只会让他们感到沮丧。

17．不要为了支持你的传统的开发流程，随便从DFSS工具箱里挑选一些工具。DFSS是关于工具和方法的，同时也是关于领导、管理和文化的。

18．不要忽视创造性——一个好的创意可以改变你的未来。

19. 倾听客户的意见可以有重要意义，避免只做表明上的努力，一定要获得确凿的数据。

20. 保证你的开发团队得出的数据在 DMADV 流程的所有阶段保持“与目标的最小差异”。

上述工具栏里的 20 点是对重要的经验教训的总结，从事 DFSS 的领导们应该将它们牢记在心。

科学方法不能代替创造性

六西格玛非凡的成就可能部分要归功于它鼓励将科学方法运用于企业流程中，只有日本式的全面质量控制取得了类似的成功。促成了科学和技术上重大突破的创造性思维的重要性没有得到人们的足够的重视。尽管统计思维和严格的原则对减少差异非常重要，但在取得突破方面创造性思维也同样重要。DFSS 业内人士需要注意这一点，应该通过各种途径培养人们的创造性思维。我们的经验是工程师们会抵制各种创造性的开发活动。然而，一旦加入这些创造性活动，往往会取得很好的成果，而工程师们只是习惯于使用根据先进的统计工具开发出来的模型和工程进行演绎推理。有一点很重要，那就是我们都有创造性思维的天分。问题是 DFSS 业内人士能否加速其创造性思维的产生过程。DFSS 可以在以下几个方面促进创造性解决方案的形成：

- 通过使已经形成的办事风格和 DFSS 项目所要求的目标之间的矛盾更加尖锐，向设计团队施加压力。用弹性目标迫使团队想出一些不寻常的方法；
- 询问的问题应该是正确的并且保证用数据来回答这些问题，这会让创造过程集中在适当的领域。

结论

DFSS 方法被证明是非常强大的方法，这是因为它有以下三个优点：

1. 它是关于如何管理流程和使用资源的一个具体的哲学。
2. 它是一种特定的方法论和实施路径。它可以确保设计团队在每个关键阶段始终非常严格地使用这些工具。它有关卡评审做支撑以确保所提的问题很恰当并用数据来回答这些问题。
3. 它是一系列工具和方法。它可以帮助团队回答在每个关卡评审阶段所问的一些重要问题。团队工作以客户需求为出发点，并要以最高效、最经济和最优的方法来满足这些需求。

DMADV 常用工具

定义阶段：

- 项目章程；
- 市场分析工具；
- 流程分析工具（趋势图、排列图、流程管理图）；
- 项目规划工具和软件（工作分类结构、程序评估审查技术图和 GANTT 图）；
- 范围内和范围外工具；
- 风险管理计划。

测量阶段：

- 数据收集计划；
- 客户分类；
- 客户调查（询问、访问、聚焦组、调查）；
- 客户的声音；
- 满意度分析模型；
- 基准；
- 质量功能展开；
- 平台管理矩阵。

分析阶段：

- 质量功能设计；
- 创造性工具；
- 基准；
- Pugh 矩阵。

设计阶段：

- 质量功能展开；
- 模拟（蒙特卡洛，水晶球）；
- 实验设计（DOE）；
- 原型快速设计；
- 失败模式误差分析/误差模式误差分析（FMEA/EMEA）；
- 统计公差；
- 设计计分卡；
- 规划工具；
- 流程管理计划；

- 设计评审。

检验阶段：

- 规划工具；
- 标准化工具（实施路径、检查清单）；
- 流程管理图；
- 项目文件。

第 12 章

流程管理

Rob Elliott、Steven Pautz 和 Dan Chauncey

你根据流程管理系统的概念对企业进行了重组，同时开始实施六西格玛。这种重组计划对六西格玛的成功有什么意义？

“我怀疑在旧的企业结构下六西格玛能否奏效。事实上，企业不能通过改良来进行变革，也不能通过改良来实施六西格玛。我们需要统一的方法，用五种方法做同一个流程根本行不通。重组计划迫使企业以流程而非产品为中心，从而基本上解决了这个问题。同时它还明确了流程的所有权和责任。我们把企业组织形式的实践和文化两方面结合起来，从而成百倍地增加了成功的机会。”

（访 TRW Space & Electronics 总裁兼首席执行官 Timothy Hannemann）

流程管理是管理一个或几个流程的一种体制，它把责任和义务端到端地分配给流程所有者。流程所有者的责任是推动流程性能的改善，保证流程能够满足客户和企业的需求。流程管理既可以用来管理单个的流程，也可以用来管理企业的整个流程（既可以用来管理企业流程的最高层，也可以管理其以下至最底层的流程）。整个企业的流程管理方法统称为流程管理系统。流程管理并不是新的概念。到目前为止很少有公司会执行全面的流程管理方法。然而，随着六西格玛的流行，越来越多的公司开始重新评价流程管理思想，并用它来为六西格玛的实施制定框架。

建立有效的流程管理系统需要全心地投入以及严格的原则等，而且多半要改变企业的文化。本章将讨论以下几点：

- 什么是流程管理？为什么流程管理非常重要？
- 为什么按部门分类的企业是有缺陷的？
- 流程管理和流程所有权之间的联系？

- 如何建立流程管理系统图？
- 如何创建并检验流程管理系统？
- 推进流程管理过程中遇到的主要挑战有哪些？

为什么要实行流程管理？

一个公司在流程管理上的成熟水平同它的市场效益息息相关。以那些满足客户需求、实现业务目标的核心流程为中心将整个企业联合起来，同时利用 DMAIC 和 DFSS 尽量减少这些流程的差异和浪费，这样会形成一个强大的组合。全面实施的流程管理有六大功效，它们可以作为六西格玛工具箱的完美补充。

1. 通过将其转变为流程目标中的客户需求来联合客户需要；
2. 通过执行战略目标实施企业战略；
3. 选择战略项目，创建高效的项目层次；
4. 在整个企业提倡以事实为基础的思维方式，促进企业文化的改变；
5. 把独立的 DMAIC 和 DFSS 项目建立的尺度统一为涵盖整个流程的机制来保持所取得的成果；
6. 管理流程的生命周期，主动地改进流程。

▶▶ 把客户要求结合起来

把企业流程和客户要求结合起来是流程管理的核心。以客户的声音为起点，流程管理可以帮助确定业务流程的成果，在流程目标和客户要求两者之间建立起直接联系。就可用六西格玛项目改进关键流程，提高客户满意度和忠诚度。

▶▶ 实施企业战略

正如许多企业所认识到的那样，六西格玛不仅仅是个质量计划，它是一个实施企业战略、实现企业战略目标的结构化的方法。尽管流程管理不能代替战略思维和规划，却是推动企业战略目标实现的关键因素。通过把战略目标同企业的核心流程联系起来，企业领导可以认识到目前的现状和期望的状态之间的差距，并通过 DMAIC 和 DFSS 项目缩小这种差距。完整的流程管理系统可以帮助企业确定关键的平衡点，改进流程和提高企业的整体效率。

那些以企业战略为中心实施六西格玛的人认识到在执行战略中遇到的大多数的挑战都是由流程性能低下造成的。例如，一个企业希望成为业界领袖，但它的新产品开发流程不够灵活，无法立即将新产品投入生产。另一个企业则希望利用其在产品质量上的领先地位获取额外的收益并将其和市场上的其他商品区别开来，但是客户频繁的投诉和其他缺陷让他们的希望落空。诸如“优质的服务、低廉的成本是我们与竞争对手不同的地方”的高调必须转化成实际的行动。

用流程管理作为组织框架，企业规划流程可以变为公司和企业领导之间的互动式的讨论。领导们应该制定一张如何为企业的每个核心流程提供数据的流程图，而不是制定一个没有详细执行战略的企业计划。

▶▶ 选择战略项目

虽然为第一批黑带和绿带选择项目比较容易，但项目确定和选择的专门方法并不能提供足够数量的重大意义且定义明确的项目以维持大规模的实施计划。流程管理可以促进项目选择，因为它可以让我们对企业的整个流程有个全面的了解，并且帮助确定需要改进的流程的步骤。另外，流程管理系统包括测量系统。这种测量系统可以大大减少定义阶段和测量阶段所需的时间。流程所有者用流程管理方法负责建立流程目标，监督与企业和客户目标相关的流程性能。他们还负责确定那些可以大幅度提高企业整体流程性能的项目。

▶▶ 促进文化变革

训练黑带和绿带要以事实和数据为基础做出决定，而不是根据主观好恶或其他非客观的标准。为了改变企业文化，六西格玛要求领导者也要这样做。企业高级管理人员可以利用仪表板将信号和噪音区别开来。将仪表板和流程管理方法结合起来会对企业文化产生深远的影响。

▶▶ 保持成果

尽管六西格玛方法强调在控制阶段确保单个项目成果的重要性，但是缺乏全面的流程管理方法往往会造成控制阶段成为难以维护的孤立的控制系统。流程管理将这些孤立的解决办法结合为全面的、端对端的控制系统，这些孤立的控制系统是为了确保流程不会返回到前一阶段。流程管理不是针对单个的控制系统，而是将这些尺度合并成为一个涵盖整个流程的系统，以确保六西格玛项目的成果在项目结束后还能够保持下去。

▶▶ 管理流程的生命周期

随着时间的推移，流程会变得非常复杂而且效率低下。以简单的工作流程开始最终导致形式和信号的压力过大。流程要经历一个生命周期，在这个周期里，快速变革等可用于应付内部和外部环境的变化。企业的特定知识成为流程的一部分。通常，那些涉及流程的产生的知识消失了，取代它们的知识发生了进一步变化，从而偏离了流程最初的意图。最后，导致流程性能降低，不能满足客户和商业的需求，由此产生了改进新流程和设计项目的要求。

用流程管理方法迫使企业高级管理经理人员不断地对每个流程按照所要求的那些交付成果的能力进行评估，主动地进改进流程。流程所有者现在手头上的工具可用来决定是否需要改进流程。

职能型组织的缺陷

流程管理只有在用于整个流程时才有效，才能跨越职能的限制。它不能通过经理个人或单个的部门或功能组织成功实施。

大多数组织是按职能对企业组织进行分类的。企业按照组织图上的描述运行：销售部门负责销售，运输部门负责运输，财务部负责数字资料的整理等。但事实上，没有一个职能部门是可以完全脱离其他职能部门单独运作的。当每个职能部门执行单独的任务时，这些单独的任务或活动是企业流程的一个组成部分。它们开发新产品，为客户提供想要的产品和服务，或雇用合格的员工。由此看来，一个企业就是一套流程（见图 12.1）。

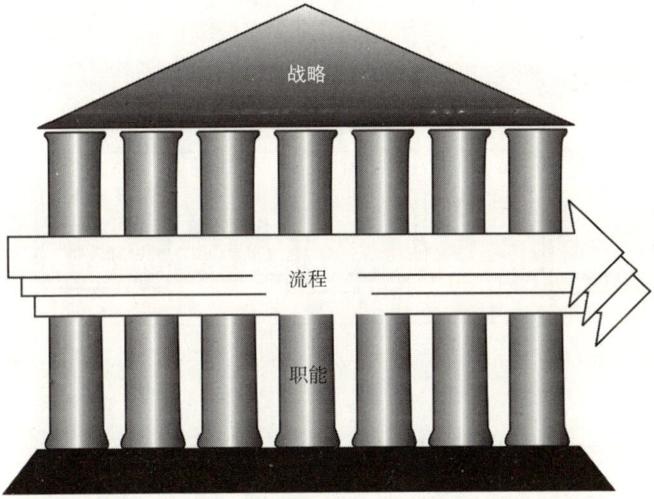

图 12.1 流程管理跨越职能限制

流程管理和流程所有权

当流程运行时，如果不指定一个流程所有者负责管理流程就开始实施流程管理，那么只会浪费时间和精力。流程所有者通常是负责以下事项的经理：

- 监控和分析流程测量，保证达到最佳运行状态；
- 当数据表明有问题出现时，及时做出正确的反应；
- 按需要进行改进或重新设计；
- 为涉及执行流程的活动提供指导和方向；
- 解决界面问题。

确定流程所有者比较容易，负责工程的副总裁通常是新产品开发流程的所有者，负责销售和营销的副总裁负责开发客户来源。定义流程的界限，防止流程所有者之间发生冲突通常要难些。在企业里，决定采用流程管理作为组织结构，而不是职能结构，关键是要应用有组织的方法管理界面定义的流程。

建立流程管理系统图

我们用流程管理系统图这个术语来描述一个企业中流程之间的等级关系。流程以不同的级别的形式存在，最高级是企业的核心和动因，称为第一级流程。企业流程可以细分为若干个持续增长的等级。

▶▶ 流程水平

从所有的实用目的出发，流程管理体系至少需要确认前三级流程，也就是第一级、第二级或第三级流程。图 12.2 就是个简单的例子。

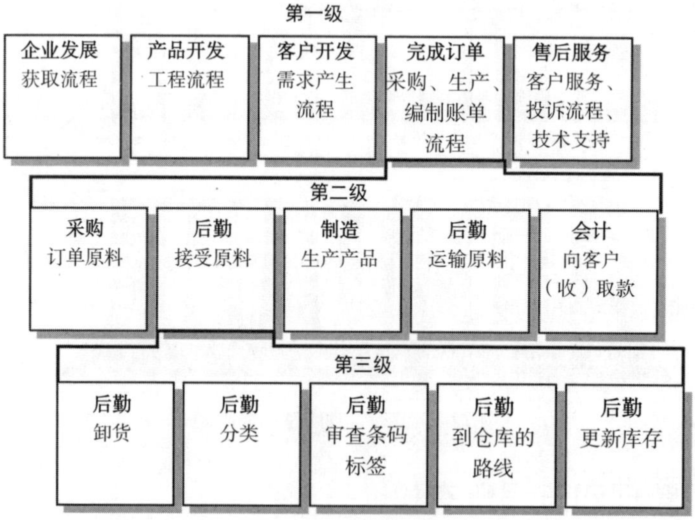

图 12.2　流程等级范例

当建立了能够确认 DMAIC 和 DFSS 项目和管理这些流程的日常运行的流程管理体系后，实施该系统要采取行动提高流程性能，应从第一级开始实施至少到第三级，这一点很重要。

核心流程

核心流程是指企业用来制造和交付产品和服务的那些流程。以下是第一级的核心流程：

- 企业发展；
- 产品开发；
- 客户开发；
- 完成订单；
- 售后服务。

促成流程

促成流程是用来帮助企业建立促使企业正常运行的支撑性框架结构，人力资源、信息技术、风险管理、质量保证、法律都是促成流程的一部分。它通常不接触外部客户，没有核心流程那样完整集中。例如，完成订单的核心流程是真正的端到端的流程，而法律或人力资源方面的促成机制只是不连贯的一些流程的集合，它们无法像新利润管理、终端等直接相连。以下是第一级流程的几个例子：

- 质量控制；
- 信息技术；
- 法律；
- 财务；
- 人力资源。

平行流程

在现实世界中，很难实现直线流程。大型公司为不同地方的不同层次的客户群生产多样产品或提供不同的服务。以下是一些例子：

- 医药品制造流程和医疗设备制造流程不同；
- 对证券公司来说，投资机构和个人投资者不同；
- 美国雇用员工的法律要求和德国的不同。

大多数公司组织对技术、市场、产品和地理方面的反应都不同。流程管理体系必须适应这些差异，最好用现在的组织结构作为指南，来决定哪里需要用平行流程来适应这种真正的差异。这样，不同水平的流程都可以平行存在，不会互相干扰。

▶▶ 创建流程管理系统图

最高领导者负责确定第一级和第二级流程以及其所有者，这可以通过不同性能的工具来完成。如图 12.3 的树形图就是说明如何确定每一级流程的例子。

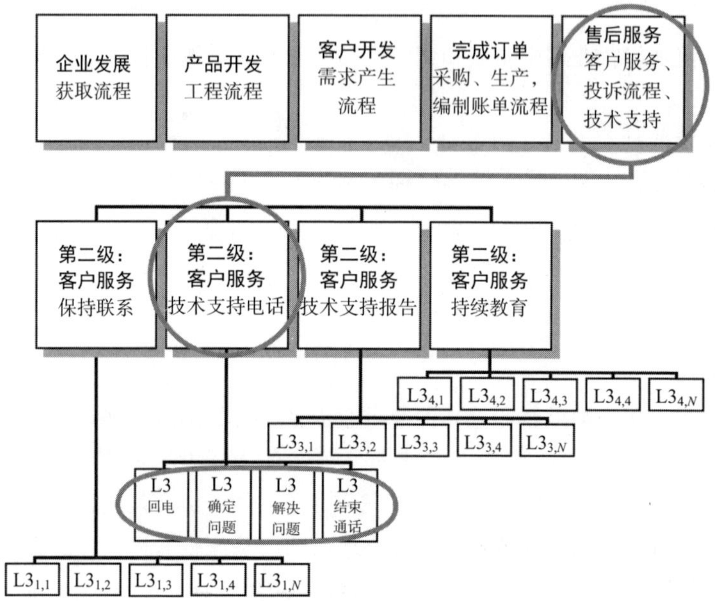

图 12.3　流程等级树形图范例

该树形图所缺乏的是对单个流程所有者的确定。在这一部分中我们会继续用这种售后服务流程作为例子。

▶▶ 谁设计了流程管理系统？

关于流程管理系统的实施，主要有两个执行者：

- 指导委员会；
- 流程团队。

指导委员会负责定义整个流程的管理战略，包括系统在多大程度上被用来管理企业，与现有的管理体系和结构的结合程度、细节等等。此外，指导委员会还要负责确定核心和促成流程，建立最高级流程目标，以最高的标准分配流程所有权。

一个流程团队包括每个流程所有者，流程涉及到的所有职能部门的代表以及黑带大师。黑带可帮助流程团队使用整个方法。流程团队还负责为各自的流程开发流程管理系统，其成员通常和流程管理团队相同。如果流程管理系统得到发展，流程管理团队就要负责流程的日常管理。

如何创建流程管理系统？

定义、建立、运行和评审是单个流程中设计、实施真正的流程管理系统执行方法的四个阶段。这个方法为流程管理系统的改进、执行、管理、提高和扩展提供了基本结构。

▶▶ 定义

定义阶段的目标是对分配给流程所有者的流程进行明确的定义。

流程的任务（见图 12.4）概括了每个流程的目标，流程任务应包括以下几点：

- 流程为什么存在？
- 流程如何同企业的战略目标相联系或对实现企业的战略目标有什么作用？
- 流程从哪里开始和结束？
- 流程的目标是什么？

目标	售后服务流程可以为客户提供售后支持。另外，这个流程包括完整的产品说明库的维护，为其他业务单元提供有关客户需求和产品缺陷的信息反馈
重要性	售后流程支持我们实现提高客户满意度的战略目标，增加客户的回头率，在产品设计和送货流程中利用客户的声音
边界	新的销售流程 始于：维护说明 包括：处理和报告技术支持的电话 终于：客户服务代表的继续教育
流程目标	• 达到 97%的客户满意度 • 24 小时以内回复 • 用现有的文件答复 80%的电话询问

图 12.4 售后客户服务流程任务范例

SIPOC 图（以其 5 个部分词的首字母命名）提供了高水平的流程概述，帮你定义范围，它包括以下内容：

供应商（Suppliers） 信息、材料和其他各种流程输入；

输入（Inputs） 供给流程的关键性输入；

流程（Process） 流程步骤的高水平的综述（典型的是 4 ~ 7 步）；

输出（Outputs） 流程的关键输出；

客户（Customers） 运用流程或从中受益的人。

SIPOC 图可以为所有选出的流程提供监测，图 12.5 为我们举了一个例子。

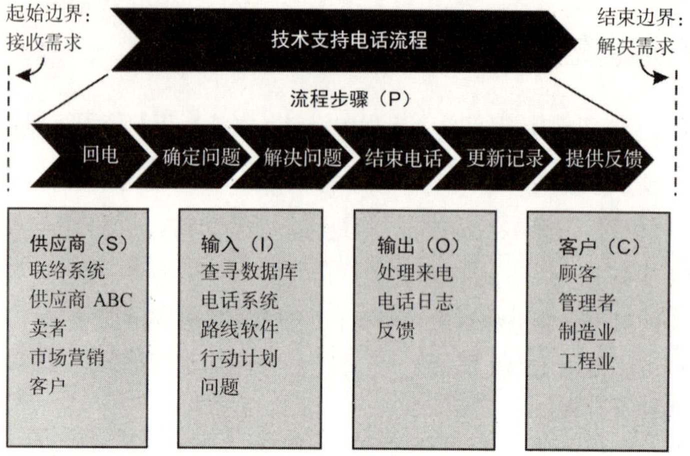

图 12.5　SIPOC 范例

为了确定客户需求，团队需要收集有关客户的声音的数据。团队会用 DMAIC 工具（例如 CTQ 树）作为了解客户需求和期望的主要方法。不管客户是国内的还是国外的，都可以使用这种流程。此阶段的可见成果是一系列可以测定的客户需求和可能存在缺陷的相应的定义。

定义阶段的常用工具

- CTQ 树形图
- 近似图
- 集体讨论
- 客户的声音

▶▶ 创建

创建阶段的目标是通过证明流程的循环、客户需求、测量方法以及性能，增加关键流程的知识。

画流程图的第一步是要详细了解流程的运行情况。总的目的是证明流程，这样才能对它进行测量、规范和（最终的）改进。画流程图的目标是确定关键流程，并输入尺度，这对保证流程的输出和满足客户的需要很重要。一旦创建了流程图，团队就开始评审整个流程图，确定最关键的步骤，寻找：

瓶颈　　　流程性能的局限。

返工循环　经常需要重复的步骤。

移交　　　球丢掉的可能性。

该阶段的下一步是确定流程的尺度。从 CTQ 开始，团队确定输出尺度，显示流程在哪里输出符合客户的需求。输出尺度必须靠先前制定的构成缺陷的定义来验证。一旦其中有一套输出尺度得到确定，团队就用流程图集体讨论潜在输入和流程测量标准。流程尺度可以作为流程是否按需求传递信息的首要指标。这种最初的讨论列表范围要缩小到可控制尺度的数量范围内，并且可以查找。优先矩阵有助于评估被建议的输入或流程尺度是否影响流程输出。

如果确定了最初的尺度列表，团队就要创建详细的数据收集计划。当进行数据收集计划时，应该考虑流程循环频率和样本需求。只要有可能，推荐用控制表来显示尺度。收集的数据样本可用于验证尺度效果，以跟踪检查流程的绩效。最小值数据收集计划可以解决以下问题：

- 如何收集报道所需要的数据？
- 需要手工收集数据吗？
- 收集数据的样本计划是什么？
- 分析数据需要哪些工具？
- 需要用什么格式显示？
- 谁接受性能报告？多长时间接受一次？
- 性能报告的结构和内容是什么？
- 当前的流程存在多少缺陷？

收集的数据可以帮助团队计算现在的流程的西格玛水平。最终，这些尺度会转化为仪表板系统，以便及时审查所有相关性能的测量标准（仪表板在以后的章节会详细讨论）。

创建阶段的常用工具

- 部署流程图
- 测量方法优先矩阵
- 数据收集计划
- 控制表

▶▶ 实施阶段

实施阶段的目标是在责任范围内切实执行流程管理。

这一阶段要用到流程管理表，它把流程图的图解效果和展示矩阵关系的能力结合了起来。它还可以通过记录以下事项便利流程管理：

- 流程名称；
- 流程所有者；

- 流程的步骤；
- 谁执行这些步骤；
- 何时执行这些步骤；
- 流程中收集数据的地方；
- 谁负责收集数据；
- 收集数据的频率；
- 数据如何显示。

如果有多种方法可以执行现有流程部分，团队需要决定必要的标准化程度，流程的关键方面应该实现标准化。一个惯常的做法就是对某种工作方法进行定义，这种方法对涉及到的全部变量都做了详细说明。它一旦得到应用，就可用于做以下几方面的工作：

- 减少个体或集体之间的差异（以使流程输出可以预测）；
- 为工作中的操作员或经理提供答案；
- 为训练新员工提供基础；
- 为追踪问题提供线索；
- 提供获得和保留知识的方法；
- 在异常条件下提供指导方向。

工作方法标准化需要考虑两点，即流程的细节水平和确保符合标准流程的方式。影响产品质量、成本或运输的行为应该标准化，符合标准化实践的程度与引进的水平直接相关，这种水平可以通过整个流程管理中直接参与设计和有效的沟通流程来获取。如果存在的差异过大，就有必要实现标准化。六西格玛工具可以用来显示哪个方法最有效。有了标准化，工作人员就需要学习新方法来完成他们以前所做的同样的工作。

如果公司需要进行大范围的改革，制定一份让主要的风险承担者了解信息的沟通计划就显得非常重要。这可以使合作更方便，最终促进改革的成功实施。参看第 19 章的有关内容。

如果流程管理系统安排得当，评估公司的现状与未来实施了流程管理系统后的状况就变得很重要了。评估应该从以下方面如何受影响着手：

- 工作；
- 工作量；
- 报告关系；
- 奖金和奖励；
- 测量系统；

- 决策制定。

最后，团队应该制定出详细的实施计划，处理下列事情：

- 流程管理表；
- 交流计划；
- 资源需求；
- 训练需求；
- 实施时间。

实施阶段的常用工具

- 流程管理图
- 交流计划
- 培训计划
- 控制表

▶▶ 评审

评审阶段的目标是对流程定期进行评审并按要求对系统重新进行设计。

制作日程表要以流程为基础来决定流程尺度评价的频率长短。每月循环一次的流程不需要每周都进行评审，但是一天循环许多次就可能需要了。

此阶段的目标是评估流程的安全性，决定是否需要改进或重新设计。马上可以做出明显的改进，但是正式的 DMAIC 项目经常需要解决更复杂的问题。在有些情况下，对尺度的评审可能会反映出流程完全不能满足客户的需要。这种情况下，开始六西格玛设计项目会更合适些。

这种评审有许多不同的形式，层级测试结构最常用于评估独立项目和整个企业流程绩效。在此过程中，高级主管人员评审核心流程绩效的频率比下一级管理层小，大约每两周进行一次流程评审。

一个典型的流程评审会议先从大体上总结关键流程领域的整体绩效开始。然后，评审团队开始深入研究发生变化（有的变得更好，有的变得更糟）的具体领域，弄清楚到底发生了什么。流程所有者或分析师通常会深入钻研或进行深度分析。从当前的 DMAIC 或 DFSS 项目得出新信息，根据其对绩效评审的影响进行评估。讨论结果可能会制定出行动计划。公司会周期性地对流程管理体系本身进行评审。

评审阶段的常用工具

- 流程管理表
- 控制表

流程所有者应该用来促进评审的问题包括：

- 比较流程目标，流程的绩效如何？流程的总体西格玛水平是多少？
- 流程的绩效稳定吗？
- 有哪些差距？这些差距为什么存在？
- 我们应该如何对待这些差距？这些差距需要我们采用DMAIC或DFSS项目吗？
- 输出和流程/输入尺度之间相关吗？为什么？
- 我们能够保持早期DMAIC/DFSS项目的成果吗？
- 客户需求仍然有效吗？我们对测量系统进行评审了吗？
- 流程的绩效在多大程度上和我们的竞争力相关？

如何验证流程管理系统？

如果在整个企业部署流程管理，为了确保子流程同高级流程相统一，很重要的一点就是通过不同层次的流程将尺度和流程目标相结合。例如，如果业务处理周期是完成指令流程的一个关键性的测试标准，那么从每个子流程来看，业务处理周期尺度应该是流程管理图的一部分。每个子流程是整个流程的一部分。同样地，如果整个流程目标的缺陷率是低于百万分之五十，此目标需要分解到每个子流程目标里。尺度统一可能是一项复杂的任务，通常需要有序的部署，也就是每个第一级流程管理表都是在开始子流程之前完成的，用最高级流程确定的关键尺度作为较次级流程管理系统设计的参数。

典型的问题

执行流程管理的努力可能会因为以下原因而失败：

- 没有全面了解或准确定义客户需求和企业战略；
- 系统没有清楚显示流程绩效和财务成果之间的关系；
- 组织之间的冲突未能解决；
- 流程所有者缺乏经验或权威来推动流程绩效的改进；
- 公司不能以事实为基础做出决策；
- 流程管理团队没有权力改变流程；
- 有限的预算和资源在领导者失去兴趣之前使系统得不到发展；
- 没有将尺度与奖励机制结合起来，使得流程所有者软弱无力。

结论

流程管理是发展以下内容的机制：

- 在企业战略目标和达到目标所需的具体的流程绩效之间清晰的界限；
- 达到和保持竞争优势所需要的性能水平，评估企业流程绩效所需的测量系统；
- 独立的和跨职能部门流程所有权，以及流程绩效评估、报告和改善做出解释。

流程管理通常需要公司文化做出改变。这样，整个公司上下都要承诺保证流程管理的成功。资深领导应该追踪流程的进展，积极与每个流程所有者商讨流程图的定义、流程尺度的设立、尺度与企业业绩水平的联系。他们最后还要讨论流程的实施问题。流程管理只有在较低级流程所有者在其级别范围内控制、解决事情，提出他们控制不了的问题时（例如由下而上的评审）才有效。企业的目标是从上到下的，但是绩效改善却是从下向上的。

流程管理从整体上帮助公司变得更理性，它还建立了对企业的学习非常重要的反馈循环。把流程管理系统与六西格玛方法结合在一起的企业在市场会更有竞争力，更容易取得成功。

常用语言和方法论
——访TRW Space & Electronics公司总裁兼首席执行官Timothy Hannemann

（Scott Leek，2002年4月）

Timothy Hannemann是TRW首席执行官办公室的一名成员，负责公司60亿美元的航空和系统业务。他还是TRW空间电子集团的总裁兼首席执行官及TRW管理委员会成员。他于1991年5月至1992年12月期间担任TRW空间和防卫部门的执行副总裁和总经理。1969年，当时还是技术人员的Timothy Hannemann加入了TRW。从此他的大部分职业生涯就集中在支持国家重点项目的技术和管理上。1984年，他被任命为TRW空间交流部电子发展操作公司的经理。随后在1985年晋升为国防通讯部门副总裁和总经理。1987年他被任命为电子系统集团的副总裁和助理总经理，1989年成为总经理。

Timothy Hannemann毕业于伊利诺斯技术学院，在该学院获得了电子工程学士学位和硕士学位。1981年，他参加了南加利福尼亚大学管理政策学院组织的高级管理人员课程班的学习。由于他本人对研究高级半导体所做的杰出贡献而获得了TRW雷蒙技术运输金奖。

TRW 在空间系统、空运电子子系统及其他国家安全和民用飞机高级技术方面处于领先地位。它的产品涉及监督、交流/传递、导弹防御、空间科学和商业交流等等。TRW 空间电子集团于 2001 年春开始使用六西格玛评估法，同年 8 月首次将这种方法应用于教育和专题讨论会。9 月初开始实施黑带及项目。

问：你如何看待首席执行官在领导和实施六西格玛中的作用？

答：我从两个角度来看这个问题：实施前和实施后。开始部署前，我想我的主要作用是让大家看到应用六西格玛的前景，让公司集中力量坚持不懈地实现这个前景。我们公司这几年实行过几种不同的管理举措。因此在我们的企业文化中，若想获得成功必须要有坚持不懈的精神和顽强的毅力。我们员工和企业文化不能忍受三天打鱼、两天晒网的行为。

在我们开始实施后，就坚持精神来说，我发现需要的比我料想的要多很多。领导不仅要大肆宣传，还要解决几乎所有的日常问题。我几乎每天都在忙六西格玛。你要实施六西格玛，靠读几本书和讨论讨论是不够的。

开始实施后，我发现有一件事情比我料想的发生的快得多，那就是我们的思维过程和谈论我们的企业和制定解决问题的方法时所使用的语言已经真正开始改变了，对此进行鼓励是领导作用的重要方面。看到这种改变非常令人高兴。

问：这种转变对企业有用吗？

答：当然有用。它可以帮助我们关注更多的问题，我们开始从更广的思路来看问题，而不仅仅是用"正确"的方法看问题。这种广泛的观点让我们把重心放在顾客身上。我听说，我们的员工开始从客户的角度考虑问题了。

问：当实施六西格玛时，有哪些事是首席执行官必须亲自做的？

答：牢牢记住你所从事工作的理由、所需要的激情和坚持不懈的精神，千万不要错过任何机会。领导有很多工作要做，你必须把实施六西格玛作为你企业最重要的一项工作来做，确定实施的细节。在下一级领导用同样的激情和毅力实施该项目时，你也必须抓住要点。

问：从文化交流角度来看，使用六西格玛可以取得哪些实际成果？实施六西格玛还不到一年，请问你在企业文化方面看到了显著变化了吗？

答：即使在很短的时间内，我已发现我们处理问题、思考解决问题的方法确实有了变化。作为一个团队，一种文化，我们已经开始正视自己流程的缺陷了。如果我们有毅力坚持实施六西格玛，如果我们坚持走自己的路，我们一定会成为更优秀的企业。我们要对企业进行流程改造，这会对企业仪表板产生明显的效果。我们为六西格玛所做的努力会在仪表板上显示我们的业绩得到了改进。

问：许多人认为六西格玛不能用于像人造卫星设计和制造这样产品周期长的企业。你对此有何看法？

答：是的，有人确实这样认为，而且大多数六西格玛的书籍更使人们这么认为。在大多数书籍中，六西格玛的实施集中于周期短的制造企业。人们研究统计数据，并据此断言，对他们的企业而言，有些工具不适用。这也许有些道理，但人们忽视了问题的要点。六西格玛不只是统计学，它是一种方法，一种思维流程和思想框架。我有过 TQM 和其他计划的经历。它们不能让我们用更广泛、更系统的方法处理流程问题。我们处理的事情同企业战略和重要尺度紧密相连。我想整个六西格玛思想体系是充满活力的，在任何企业中都可灵活运用，不论生产周期的长短。在我们企业中实现某些利益确实需要较长的时间，这要求我们有顽强的意志。另一方面，我们有许多流程，通过对它们的改进，我们可以很快得到一些短期利益。我想我们在很早以前就克服了“我们与众不同”的思想。

问：建立指导委员会重要吗？指导委员会的工作重点应该包括哪些？

答：是的，指导委员会的建立极其重要。对我们来说，指导委员的工作重点在于开发企业仪表板，然后在整个企业连接和部署流程仪表板。这为我们改进流程提供了强大动力。如果没有指导委员会，项目选择的流程效果就会差很多，随意性也大很多。因为我们的仪表板已安置好，并且投入了使用，所以我们指导委员会开始集中于项目评审。这么做会使整个企业了解到它的重要性，同时也使整个企业能够更有效地学习和传播流程改进。我们会继续保持指导委员会的存在。

问：根据流程管理系统的概念你对企业进行了重组，同时开始部署六西格玛。这种重组计划对六西格玛的成功有什么意义？

答：我怀疑在旧的企业结构下六西格玛能否奏效。事实是企业不能通过改良进行变革，也不能通过改良实施六西格玛。我们需要统一的方法。用五种方法做同一个流程根本行不通。重组计划迫使企业以流程和产品为中心，从而基本上解决了这个问题。同时它还明确了流程的所有权和责任。我们把企业组织形式的实践和文化两方面结合起来，从而成百倍地增加了成功的机会。

问：在实施六西格玛的过程中，你们的领导层的工作方式是如何改变的？

答：问题讨论得越早、越广泛，也就越容易解决。讨论越充分，解决方案也就越多。而且，它迫使我们讨论得更深入、更详细，它可以让我们讨论一些很难处理的问题。回顾过去，仪表板流程促使我们进行了一些讨论。在其他情况下，这样的讨论也许永远不会发生。

问：对那些正在考虑实施六西格玛的企业领导，你对他们有什么建议？

答：先学爬，再学走。先学走，再学跑。实施六西格玛需要时间。安排一位企业高级领导处理细节问题，让其他领导成员完成一个指导委员会流程。不要试图用你执行其他管理举措的方法来实施六西格玛。最后，记住实施六西格玛是一场马拉松长跑，不是短距离赛跑。像对待马拉松长跑那样实施六西格玛，坚持不懈，直至成功。

第 13 章

使用仪表板管理

Uwe H. Kaufmann

大多数公司开始实施六西格玛时，都会发现企业现有的各种指标不能够用来确定改进机会。用六西格玛方式管理企业需要正确的尺度，同时还要能够正确地解释尺度，并采取正确的行动。本章说明仪表板如何帮助企业领导们根据事实做出决策，确定潜在项目。同时，本章还讨论以下几个问题：

- 什么是企业仪表板；
- 为什么仪表板很重要；
- 如何发展仪表板；
- 潜在障碍及其解决办法；
- 如何看懂和解释仪表板的指标。

什么是企业仪表板？

如果我们相信业绩是战略、产品、员工，特别是流程等关键变量的一种功能的话，那么如果没有判断和管理日常业务流程的系统方法，我们如何真正做得到以绩效为中心呢？答案是我们做不到。仪表板就是一种管理与绩效相关的流程方面的重要系统。

本章所讲的仪表板是一种可以使管理部门和流程所有者能够迅速了解流程基本情况的一系列核心尺度的可视性图表。它和汽车上的仪表板不同。仪表板通常是实施流程管理系统的结果。使用仪表板不仅可以帮助我们确定流程的绩效差距（我们可以通过实施 DMAIC 和 DFSS 项目来减少这一差距），而且还能够帮助企业领导们运用六西格玛的基本概念做出基于事实的决策。

平衡计分卡和六西格玛

许多公司已经开始用平衡计分卡来指导他们的企业。平衡计分卡的概念是由Kaplan和Norton提出来的。它丰富了企业典型指标的内容，例如财务流程、客户及员工测量。平衡计分卡是将企业战略转换成一种集对象、尺度和目标于一体的方法。它运用因果思维，提出财务目标并确定完成这些目标需要的相应绩效尺度和性能。它是要通过进行一系列分等级的先/后和因/果测量，从四个角度实现这种平衡：财务、客户、企业内部流程、学习和成长（见图13.1）。

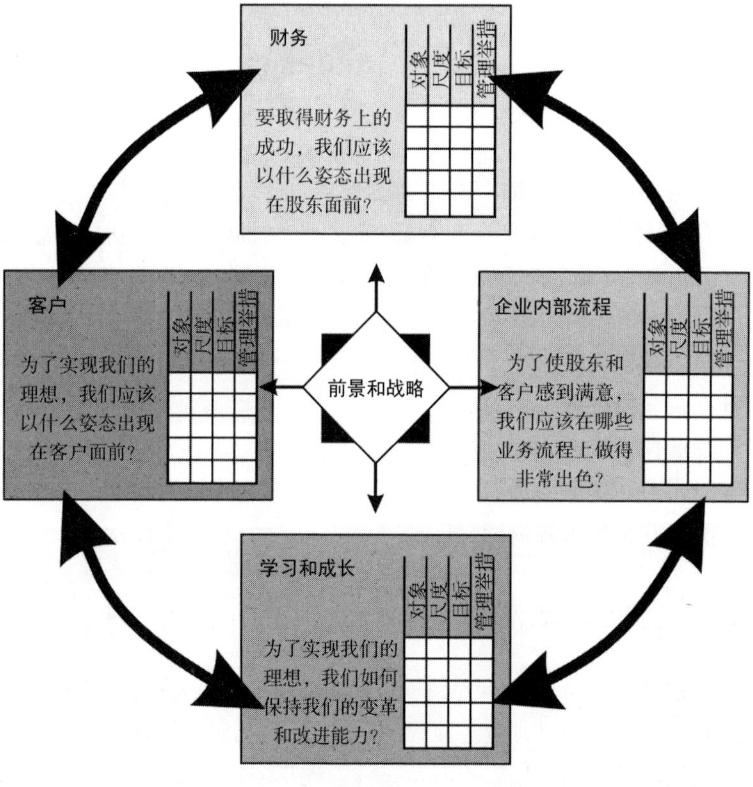

图13.1 企业平衡计分卡一览

采用平衡计分卡比运用一套尺度会有更多的回报：设计计分卡的流程需要建立因果关系才能通过改进客户和流程的主要指标来提高落后的财务指标。如果你的企业把平衡计分卡作为管理工具，你可能已经开发了许多关联点和尺度，那么你的企业已开始向实施仪表板系统的目标前进了一步。

六西格玛作为以客户为中心的流程改进战略，弥补了平衡计分卡的不足之处：

> ➢ 六西格玛项目可以用于处理平衡计分卡中客户和流程大小的性能差距；
> ➢ 平衡计分卡的关联点有助于验证设计计分卡的因果的假设，它们还可以作为流程尺度的重要的一部分来提高财务水平；
>
> 已经使有平衡计分卡的企业可以用六西格玛作为执行计分卡内在战略计划的改进战略。而还没有采纳平衡的仪表板的企业可以用六西格玛建立仪表板系统以达到同样的目的，即将企业的测量系统与其战略目标连为一体。

为什么使用企业仪表板？

我们经常说，“计划周全的事情容易做好”，这句话只在一定程度上是正确的。你只要看看周围的大部分企业，看看所收集、分析、分配的数据量就知道，很明显在许多例子中，这个判断并不正确。经常收集数据，但却不起作用。管理部门只有使用重要的尺度进行评审并使之发生作用时，测量方法才能提高性能。但即使评审了数据，采取了行动，我们也经常会行为不当，用错误的数字误导人们或用正确尺度使他们受益，尽管这种改变只是正常变化的结果。但是这和六西格玛和流程管理有什么关系呢？

- 首先，通过建立联系客户的核心流程的尺度，我们预计会有一定程度的改进，仅仅因为我们开始收集数据了；
- 其次，借助区分信号和噪音的统计法则，我们可以看出这种改善是否只是暂时的、不能持续的，或者这种重要的绩效改变是否可以证明流程确实得到了改进；
- 再次，既然这些尺度和客户需求息息相关，那么我们就要集中于重要的尺度，反复进行评审而不是只评审一次，因为这正是客户所关心的。我们要长期关注这些尺度；
- 最后，如果我们准确了解客户需要什么，什么可以推动绩效改善的理论，就可以验证这些理论是否真的正确。如果我们是正确的，改进流程推动因素的性能（假设其他一切都不变）就可以根据客户的满意度来做更改。如果我们错了，我们就必须再检查我们的假设，可能就会发现我们的思维的漏洞，或被忽略了的客户需求。这可以继而帮助我们提出更好的理论，以便更准确地描述客户的需求及我们企业的运行情况。

仪表板审查可以帮助领导者和流程所有者了解企业的推动力量，对信号和噪音做出正确的反应，鼓励明智的改进，而不是像救火一样着急时才做改进。这种审查还会对错误运行的刻度盘做出处理，而不是询问行动计划，或者只集中检查几个数字而不做改进计划，这种审查实际上是低效率的。仪表板审查应该包括以下几点：

- 通过仪表板及时评审相关尺度的可视性的描述；
- 评审当前的业绩、历史和趋势；
- 适当的行动计划和流程改进方案。

▶▶ 通过仪表板及时评审相关尺度的可视性的描述

仪表板上的刻度盘将企业目标、客户与相关程序和推动企业目标的输入尺度联系了起来。建立仪表板时，大多数领导团队认识到现有的尺度不够充分。想使仪表板运行，需要使用新的尺度和采取新的尺度。在绝大多数情况下，容易测量的和容易获得的东西都不足以开发出真正反映企业战略与目标的仪表板。

▶▶ 评审当前的性能、历史和趋势

仪表板评审对于帮助领导团队做出更好的决定非常关键。这个评审要及时以保证能够迅速采取措施。仪表板通过显示当前的性能并把尺度应用于历史环境中，从而有助于避免临时救火的仓促。用控制表和其他数据显示有助于领导团队把注意力集中在真正推动企业发展的指标上。数据收集必须及时。企业仪表板还有助于支持文化从救火模式到采取预防措施的模式的改变。为了采取适当的行动，企业需要显示数据和运用统计方法以做出正确的决定。可操作的评审主要是以财务信息和计划相对照进行的。只用财务目标管理企业类似于看着后视镜开车。在以满足客户的需求并获得利益的目标行进过程中，看前面的东西更重要。

▶▶ 适当的行动计划和流程改进方案

管理评审通常将仪表板结果和事先确定的最低限度进行比较。当没有达到要求时，流程的输出不能满足企业或客户需求时，就需要采取行动返回先前的流程。管理团队可以考虑采取小小的变革或者快速实施 DMAIC，甚至可以是 DFSS 项目来进行改善。企业仪表板可以用来帮我们确定绩效差距，从而让我们知道项目的优先顺序和项目选择。

如何开发仪表板？

已经开始实施流程管理的公司可以只用测量阶段确定的尺度来组装仪表板。但是，一个完整的流程管理系统没有必要设计一个可以把六西格玛思想融入到企业当前经营方式中的仪表板。事实上，大多数企业甚至可以通过采用现有的绩效尺度并把它们应用到仪表板格式中，就可以改进它们的经营水平。

以下是我们建议的六个仪表板开发步骤：

1. 建立预备尺度；
2. 设计仪表板；
3. 建立数据收集系统；
4. 使仪表板运作；
5. 修正尺度；
6. 使流程制度化。

开发仪表板是一个项目，这不是黑带能够在他们的改进项目中自动完成的。你一定期望黑带项目通过对一个流程及它的绩效指标提出不同的看法，来充实企业仪表板，因为这是黑带的主要任务之一。但是，不要指望他们给你提供大致的情况，即企业的所有指标。仪表板只与企业的运行状况有关，而建立仪表板是管理部门的任务。

▶▶ 建立预备尺度

什么使尺度有关？为了达到客户的期望、实现赢利，必须从客户需求开始考虑。不幸的是，客户常常并不在流程尺度中表达他们的需求。他们甚至不关心流程而只关心产品和服务。如果问他们，他们可能会说他们只要周到的服务。“好的服务”究竟是什么，用什么衡量，那是银行要做的事。DMAIC 工具箱里有些工具（如 CTQ 树）可以用来收集与客户的声音相关的数据，并把它变为可衡量的若干种需求（*Y*s）。为了寻找改进机会及缩短性能的差距，企业需要估量他们需经过多大的努力才能满足客户需求。

我们可以采用与关键业务需求相类似的方法，客户尺度使用的是有效的观点，然而企业需求提供了效率的观点。企业领导们可以用战略性陈述或企业计划确定对企业发展至关重要的需求，将这些需求应用到前面所提的流程中。这些需求就可以添加到成果尺度中，或者称为 *Y*s，并显示在仪表板上（见图 13.2）。

客户流程的下一步是确定流程和输入尺度（*X*s），最大限度地满足客户 CTQ。同样地，企业仪表板会识别并显示 *Y*s（企业需求的重要因素）和 *X*s，以满足那些 *Y*s。

由此可以看出，仪表板的功能在于通过测量了解两者之间的关系的相关 *X*s，并对照 *Y*s 预测产生的结果，即 $Y=\mathrm{f}\,(X_1, X_2, X_3, X_4, \ldots, X_n)$。滞后的 *Y* 尺度的改进（企业或客户需求）要求 *X*s 做出相应的改进。

▶▶ 设计仪表板

设计仪表板是非常有创造性的活动，它没有理想的现成的设计模式。甚至通过表格计算或数据支持的人工推动系统也能够成功地画出所需的表格。有时，现有的管理信息系统（MIS）可以显示出信息。但是，需要参考大黑带以保证对各自的尺度所选择的指标能够做出统计分析。

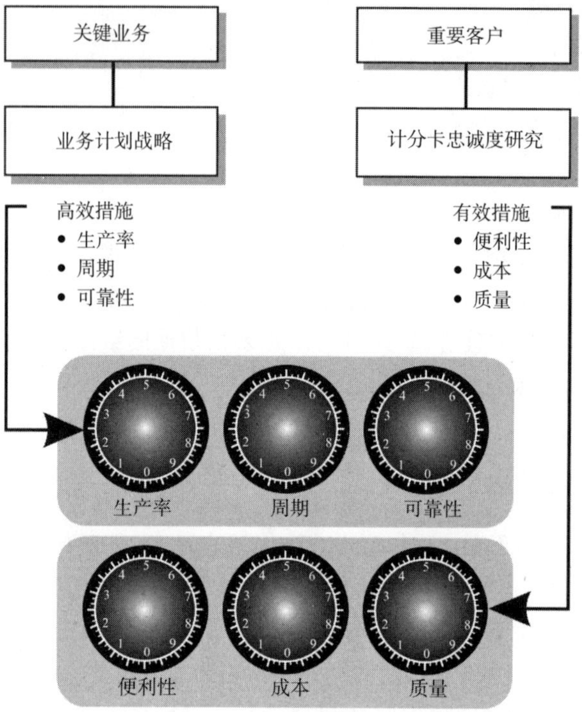

图 13.2 仪表板

建立数据收集系统

输入仪表板系统的数据质量决定了获取信息的质量和决定的正确程度。因此，数据收集系统应该保证将相关的适量的代表性数据输入系统。如果数据收集是自动的，则该系统会自动传送代表性数据。但是，在大多数情况下，原始数据是人工收集的，以这种方式收集的数据的质量取决于操作定义的准确性和训练的彻底性，以及所涉及的人员动机的大小。开始使用重复性和再现性是有效的，这是对测量系统的重复性和再现性所做出的评估。分析研究结果中的变化找出有多少变化是由操作者、技术因素或者其他测量的对象（部件、单位等）的差别引起的。这种强有力的工具可以识别系统的不足之处。

使仪表板运作

安装合适的仪表板不能自动说明它们已成为企业日常运行的一部分，把仪表板应用到企业中一般是分阶段进行的。

第一阶段：在开始，企业肯定不大相信新系统的作用。经理还是看以前的报告，用老办法做决定。现有管理行为的模式仍然会被用来对流程的不良消息做出反应。行动计划同仪表板没有什么联系。

第二阶段：企业开始对仪表板有了一些信任。他们越来越喜欢看这些仪表板并不再使用现有的报告。管理部门定期开会观察仪表板上显示的数据，得出结论，以此控制生产过程。毫无疑问，这些数字指标很重要。在这一阶段人们常犯的错误就是只看到和感觉到仪表板上的一些表面现象，就急于使用，却忽视了隐藏在一般原因和特殊原因变异后的问题。

第三阶段：程序所有者开始意识到每个尺度的推动作用，他们开始研究驱动因素如何影响潜在的刻度盘。那些经理定期开会，试图理解数据的形式，尽力区分信号和噪音并以数据为基础做出决策。他们是采取短期行动，还是采取长期的行动，这要由数据变化的性质决定。更复杂的问题及功能问题则放入流程改进或流程再设计中，这是由黑带或绿带来执行的，黑带或绿带设法找出问题的根源。重点比较目标价值和当前结果不再是流程控制优先选择的方法，思想体系随着理解流程和相关变异而变化。

企业领导们需要花费时间培训员工使用仪表板，提高他们的积极性。企业领导们还要进行大量的示范演练，这样才能建立仪表板并让大家适应仪表板的工作。当然，如果一开始就毫不费力地正确操作仪表板，那是再好不过了。

▶▶ 修正尺度

从零开始建立有效的仪表板系统需要花费时间。即使已完成仪表板，也需要时间来发展它。开发正确的仪表板尺度是一个尝试、改正、再尝试、再改正的过程。它的特点是不停地评估仪表板上的尺度，看它同企业在市场上取得的成功是否有关。出于实用目的考虑，最好不要等具备了所有潜在的尺度，再用重要客户与企业目标受到的相关影响来评估这些潜在的尺度。因此，最初的仪表板开发努力的结果将会是尺度的首次测试，而尺度需要使用数据来进行验证。再一个因素是不仅深入理解随着时间推移企业发展的真正原因，还要让客户需求和企业需求迅速做出改变。这还需要添加新的刻度盘，抛弃旧的刻度盘，需要调节目标或标准以反映改善或变化。

▶▶ 使流程制度化

最后一步是把仪表板融入管理系统。现在应该使用技术加速经过验证的流程。人力资源部门开始把如何使用仪表板作为日常培训计划的一部分，这些培训计划包括培训新员工、管理人员和日常工作人员。

潜在障碍及其解决办法

创建并使用仪表板是不容易的。通常在刚开始或在使用过程中会有一些要注意的事项。图 13.3 提供了典型的注意事项概要及其解决办法。

问题	解决办法
我们正变得过于透明，我们将可以测量	• 交流是关键。从开始就考虑和所有风险承担者进行交流，设法创造共同需求。与流程所有者一道，包括其他潜在风险承担者的交流，让他们知道他们是此项活动的一分子，他们会对活动结果产生影响。让他们参与领导而非袖手旁观，犹犹豫豫地看别人在做什么 • 确保透明度不会导致以前的业绩受阻，而是能够提高未来的业绩
我们没有正确的数据，也不会相信可以获得的那些数据	• 不要从大体上谈论数据，只谈论你需要用来控制流程的信息 • 确信对数据的需要不存在误解，澄清要从数据中提取的信息 • 尽早使用信息技术，让这些技术支持此项行动 • 在开始，使用很容易获得的数据，这会比预想的要多。人工或自动建立一张你正收集的所有数据的图表
我们在真正测量正确的指标吗	• 解释指标的层次以及同企业结果及客户利益的关系 • 开放交流途径：接受批评，接受变革。由于环境的发展，仪表板的企业指标也在发展，没有一成不变的事物，做好适应的准备
数据收集花费时间过长或者根本无数据可用	• 有时当你寻找的指标不能测量时，可以用其他尺度代替。但要保证替代尺度能够提供真正有价值的信息
仪表板对于管理企业作用有限	• 告诉企业里所有的人你作为企业的领导对仪表板结果非常感兴趣，使评审仪表板成为日常领导小组会议的一部分。用仪表板控制企业，得出结论或做出决策 • 没有完美无缺的事物，所以，要接受仪表板的客户化并不断增强其性能

图 13.3　建立仪表板遇到的问题及其解决办法

读取企业仪表板

读取仪表板的第一个原则是创建可视性图表。这些可视性图表可以提供最初的流程的运行情况。数据画面或显示有助于刺激假设生成，它是程序改进的关键步骤和了解数据的首要原则。脱离背景的数据是没有意义的，本表中的历史数据有助于提供相关的背景。

不像人根据主观好恶看问题，仪表板运用统计指标帮助管理团队不必对虚假信号做出反应，也不必实施对提高流程绩效无益的短期行为。当开始程序评审时，下面的问题非常关键：

- 流程变异是多少？
- 流程是否稳定？
- 流程是否可行？

变异是许多因素影响流程的结果。关于六西格玛应该考虑两种变异：普通原因变异显示流程是稳定的，你看到的变化是可以预料的；特殊原因变异表示有一些特殊的东西，你经常可以出识别单个的影响因素。关键是区分普通原因和特殊原因并做出适当的反应。对那些管理流程的人施加压力不会对普通原因的状况产生什么有益的影响，除非使用 DMAIC 或 DFSS 方法有计划地减少变异。流程只是不能满足客户的需求，除非流程中的变异减少，否则什么都不会变化。如果立即采取比较小的行动可能会增加这种变异。特殊原因变异保证了矫正措施的调查和实施，它会避免此类事情再次出现（如果这种变化是不需要的）。然后，重要的是识别变异的种类并做出适当反应。图 13.4 为我们如何区分这两种类型的变异以及采取哪些适当行动提供了一些指导原则。

普通原因变异	特殊原因变异
具体的表现	
• 它显示为正态分布（例如，变异与标准变异的差别在±3 以内），这正是人们所期望的。在此范围的变化是随机的。程序稳定，变异只是一种噪声	• 变异与标准变异的差别超过±3 或表格显示其他形式比如趋势、趋向、多峰分布等 • 流程内部发生了变化，这不是随机发生的 • 流程不稳定，发出了信号
适当的行动	
• 试图通过解释单个数据来减少普通原因变异是不可能的。所有数据都是相关的，不只是高点、低点，或你不喜欢的点 • 改进稳定的流程比弄清一个具体的原因还要复杂，它需要投入更多的时间和资源。稳定的流程通常需要对流程做出重大改变 • 管理层应该发起并领导解决普通原因变异的活动，需要采取的行动可能是一个黑带改进项目	• 当控制表发出出现特殊原因的信号时，应立即查找其原因，查明当时的情况有哪些不同，多寻找原因 • 改变意味着损失，不要试图对该流程做出根本性改变，因为那费时费力 • 想方设法避免特殊原因的再次出现，或者如果结果很好的话，就要记住这个教训

图 13.4　普通原因变异与特殊原因变异对照表

结论

发展企业仪表板本身就是一个项目，对企业仪表板的不断评审和调整同改变流程一样重要。读取企业指标是一项管理任务。它需要我们做好准备，集中精力，并愿意进行企业文化的变革。

仪表板、数据图表和流程管理结合起来作用就会非常强大。它可以帮助领导团队确定流程的运行情况（绩效的改变是由于特殊的事件还是通常的流程变异造成的），建立一个流程输出能够满足客户需求的流程绩效改进计划。如果不进行变革的话，企业的整个战略就注定会失败。

第 14 章

六西格玛实施准备

Thomas Bertels 和 Kishor Pendse

实施六西格玛之前的时间通常是最关键的。在这个时期，企业领导层需要在企业中展开是否要达到六西格玛水平的对话，并制定实施的基本行动准则。本章提供了从项目准备到项目启动的实施路径。

当企业领导层决定认真考虑将六西格玛作为处理企业一些亟待解决的问题的潜在方法时，准备过程就开始了。当负责的高级主管明确了实施的最低要求时，准备阶段也就随之结束。此时，领导层已经做好了实施这个项目的准备。此阶段的目标是寻求企业及其领导层的加入，并且选择能够帮助实施六西格玛的合作伙伴。

让企业及其领导层加入

使企业引进六西格玛是重要的一步。这个过程处理的方式向企业发出了一个信号，定下了整个项目的基调。独断的企业负责人在认为六西格玛是解决企业问题的答案后，会立即着手实施。结果，他要克服很多阻力才能够成功。大多数企业负责人知道整个领导层的支持是重要的第一步，也是成功的关键。

▶▶ 培养意识：培训领导层

尽管六西格玛已经大约有 20 年的历史了，大多数主管们对它还没有形成一个清晰的认识。例如，六西格玛究竟是什么，它和以前的方法有什么不同，为什么六西格玛对他们有价值。因此，培训这些主管们是至关重要的第一步。大多数公司通过案例研究或邀请六西格玛专家在他们例行的会议上发言使所有的主管对六西格玛有一个初步的了解。例如：

- TRW 从通用电气和福特邀请六西格玛领袖在其年度管理会议上发表演讲，让大家对六西格玛有一个大致的了解。
- 通用电气邀请通用电气前任董事、现任 AlliedSignal 的 CEO 拉里·博西迪向它的高级主管们解释通用电气为什么要实施六西格玛，以及实施六西格玛会为公司带来的哪些利益。

最初介绍的重点不是工具或技巧，而是关于六西格玛能做些什么的具体例子。大多数公司在最初定位时高估了六西格玛的作用，最初定位只是建立已经在其他公司运行的六西格玛。在公司参与导入六西格玛方面，培训是必要的因素，但光靠培训往往又是不够的。

▶▶ 评估商业需要和现存的数据

下一步是确定六西格玛是否是解决当前问题的正确方法，对商业需要的评估经常包括以下这些成分：

- 现存的数据和报告；
- 采访高层管理人员；
- 六西格玛准备程度评估。

现存的数据和报告 现存的数据和报告能够提供大量的信息。当将数据整理完后，常常使得困扰企业多年的问题一下子变得显而易见。大多数公司使用企业战略和其他运行数据让人们去认识问题。内部研究、外部研究、基本数据可以帮助我们进一步地确定哪里需要改进。

公司有时会使用劣质质量成本评估来确定机会，或者使用客户反馈来了解客户的偏好，例如：

- 通用抵押公司是通用资本下属的一个公司，该公司曾做过一项客户调查，调查结果清楚地表明要赢得市场份额需要对交易质量进行大幅度地改进。
- 西门子 PG 公司使用不一致成本评估来确立改变的例子。

现存的数据常常清晰地向我们表明机会的大小，正如西门子 PG 公司公司总裁兼首席执行官 Randy Zwirn 所说："六西格玛是我们最重要的工具。只要你看一下不同的数字，就很容易明白，因为这道算术题很简单：100 亿美元的 8%是就 8 亿美元。"

采访高层管理人员 采访高层管理人员是了解企业所面临的挑战以及促进公正地做出关于六西格玛的决定另一个方法。这些采访通常通过询问下面这些问题来了解企业的一些情况。

- 你认为企业面临的主要的挑战是什么？有必要做出改变吗？客户、员工以及供应商会做何反应？
- 在确定了企业的战略需要后，你认为公司应该如何解决这些问题？你从什么地方了解到六西格玛的？你认为它有用吗？

- 处在当前的位置，什么变化会对你产生积极的影响？如果你拥有这家公司，你的注意力会集中在什么地方？或者你的投资的重点会集中在什么地方？
- 做出这些改进对公司、对你本人有什么价值？
- 你认为公司员工是欢迎还是反对六西格玛或者类似的管理举措？为什么？
- 要使六西格玛或者类似的管理举措的取得成功，公司必须做出哪些变革？谁必须加入公司来？这可行吗？
- 公司以前经历过这样的变革或推广过类似的项目吗？结果如何？
- 公司是如何做出决策以及如何处理矛盾的？你认为这些方法可行吗？
- 你大体上如何概括公司的企业文化？
- 你和整个公司对企业未来的方向有清楚的认识吗？
- 在做出改进的决定时，公司的高层管理人员还有其他需要考虑的地方吗？你认为他们还需要知道别的什么东西吗？有他们需要与之谈话的关键人物吗？
- 如果你必须向 CEO 提一条建议，你会提什么样的建议？

这些采访应该包括不同部门、不同级别的管理人员。尽管这些采访只能提供一些定性数据，但理解手头上的问题对制定一个切实可行的方法是至关重要的。

六西格玛准备程度评估　六西格玛准备程度评估能够为我们提供更为详细的资料。考虑六西格玛的主管们在实施六西格玛的管理举措前应该花几个月用于准备程度评估。准备程度评估让公司主管们对六西格玛和公司的准备程度有所了解。此外，它还有助于：

- 产生紧迫感。
- 赢得领导层的支持，确定指导委员会可能的人选。董事和大股东中有谁真正支持六西格玛？谁特别渴望这种变化？
- 描述一下六西格玛会使企业做出怎样的改变？
- 直接形成全面部署策略。

在评估中，企业行政部门和各个部门的关键人物（可能成为指导委员会的成员）要做下面的工作。

- 学习六西格玛：什么是六西格玛以及其他公司的在这方面的经历。
- 评估流程的成熟性：目前的流程是否以及在多大程度上满足客户和企业的需要？
- 评价时机：考虑到企业目前的其他管理举措，时机是否成熟？

企业通过六西格玛准备程度评估可以做到以下几点。

- 评估准备程度并着手写一份不这样做所导致的困难的倡议。

- 大致描绘一下实施六西格玛后公司及其流程的状况以及要取得成功公司还要做出哪些改进。
- 确定公司在运营方面存在的障碍：如果需要的话，人力资源结构需要做出哪些改变？沟通流程能够迎接挑战吗？
- 确定达到此目标的可能的全面部署策略：应该从哪里开始？什么时候？
- 确定实施六西格玛可能的人选。
- 确定为了取得成功在领导层和领导方式上必须做出哪些改变，主管们必须分别以及共同从事哪些最重要的项目？这现实吗？需要哪些帮助？
- 草拟这种变革的成本及其收益，所付出的财务的、企业的以及个人的成本值得吗？
- 明确陈述公司为什么必须变革、不进行变革所付出的代价以及六西格玛是如何适合这样的变革的。

在确定如何推出六西格玛时，应该考虑下面这些因素：

- 高级主管的支持程度；
- 企业文化以及过去所经历的变化；
- 整个企业的危机意识；
- 可利用的资源；
- 重心和积极性，放弃其他事情的能力；
- 目前的支持结构（回报、认可、发展、职业道路）；
- 和目前的管理举措相适应。

进行六西格玛准备程度评估

1. 和企业的高级主管会面，以获得来自高层的关于以下问题的全面的观点：
   - 企业战略/目标/管理举措；
   - 目前面临的挑战；
   - 结构和关键人物；
   - 以前的质量、变革及其结果；
   - 当前的措施；
   - 当前关于六西格玛讨论的状况；
   - 采访中敏感的政治问题。
2. 确定被采访人，考虑好采访的细节。
3. 进行采访。
4. 评审其他相关的文件和措施。

5. 整理数据。
6. 使用事先确定的标准，分析数据，确定下列问题：
- 企业的目标和面临的挑战是否可以（直接或间接地）由六西格玛来解决；
- 企业是否已经做好了变革的准备；
- 如果六西格玛合适的话，如果去推行它；
- 如果六西格玛合适的话，其潜在目标是什么；
- 是否还有其他需要注意的问题。

7. 准备并递交调查结果、支持数据和关于下一步的建议书。

最后，当为全面部署战略选择目标领域时，应该审查以下这些因素：
- 战略手段；
- 结果在多大程度上可以重现；
- 领导层的支持和对这个问题的兴趣；
- 目标领域在企业的瞩目程度；
- 跨职能部门和职能部门的适用性；
- 目前的提议中不包括的领域；
- 领导层或者重要客户的需求；
- 快速取胜的潜力。

让咨询委员会来管理这个过程

很多公司成立跨职能团队来帮助准备六西格玛。这个团队的任务是评价六西格玛对于公司来说是否是正确的战略、企业为实施六西格玛做了多少准备以及指导实施六西格玛的最低要求。其成员通常包括来自企业及其各个职能部门的代表。要挑选一个德高望重的董事来领导这个工作组，以确保工作组能够和企业的最高层取得联系。这个团队要和企业的高级主管保持密切的联系，以确保工作组的建议能够符合企业领导层的需要。在一些企业，该团队的作用只是提交报告，而另外一些公司要求它制定实施指南，选择咨询伙伴。此团队的责任范围和应提交的东西需要在一开始和发起人商议。

评审实施基准

目前，已经有很多公司成功地实施了六西格玛，这样，基准就有了可能。使用基准访问可以帮助你理解你的实施选择。通常，你会看到在你所从事的行业中以及其他行业中成功和不成功的实施先例，这样你更加清楚怎样才能进行成功的实施战略。当TRW 发动六西格玛时，核心团队分析了通用电气、福特、强生、太阳和其他公司的实践，从而清楚地了解到哪些是可行的，哪些是不可行的。此外，很多公司雇用有着六西格玛背景的人员，因为他们可以从他们角度帮助基准评审。

整个过程和时间表

完成这个过程需要的时间从几周到一年不等，加快这个过程意味着质量和参与程度的降低。然而，决定的本质是需要取得一致的同意，而不是独断专行。即使是最有权力的企业领导也要取得领导层其他成员的支持，这样他们的决定才可能在企业产生持续的影响。然而，有时如果领导层的少数成员明显反对，从而不能达成一致时，要做出决定是否继续执行这个计划。

确定最低要求

企业领导要为所有的业务单元确定共同的要求。领导们所面临的问题是在过于严格和过于纵容之间取得一种平衡。有些公司为六西格玛制定了一长串的企业标准，但各业务单元常常不予配合。另外，那些没有或者企业要求很少的公司，后来在部署项目时可能会有着太多的变数。负责这个项目的企业领导人应该制定一些指导原则或者最低要求，为各业务单元提供框架（见图 14.1）。下面列举的表明有些关键问题是企业领导必须着手解决的，这些问题表明企业领导层对整个企业的期望。在开始的 100 天内放弃这些要求可能是致命的，都将被看作是缺乏决心的一种表现。因此，企业领导必须认真制定以下要求：

- 要培训多少黑带？
- 要培训多少绿带？
- 绿带需要完成项目吗？
- 每个业务单元必须接受多长时间的培训？
- 黑带是全职还是兼职？
- 黑带和绿带分别要培训多长时间？
- 黑带是继续在他们原来的部门发挥作用还是向某个独立的机构汇报工作？
- 如何选择黑带？
- 黑带在此岗位上要做多久？
- 是否需要有人填补黑带以前所从事的岗位？
- 接受绿带培训是被提拔的一个必要条件吗？这项要求何时生效？
- 六西格玛将在所有地方的所有部门实施吗？

TRW 六西格玛质量——最低要求

- 由企业负责人领导
- TRW 管理委员会将参加为期 2 天的高级主管会议来开始这项计划
- 包括全世界所有地方的所有的职能部门
- 六西格玛包括 DMAIC 和 DFSS，以及两者的需求计划
- 人员
  - 倡导者
    - — 精力全部集中于六西格玛的很有发展潜力的人，直接向企业领导汇报
    - — 在整个企业备受尊敬的人
    - — 不负责日常的质量工作
  - 黑带（全职，接受过 4 周的培训，在 4 个月里至少培训过 16 天，在授予黑带前完成过 2 个项目）
    - — 200X 年前的最低数量：企业自定
    - — 25%的黑带将成为黑带大师（这是负责管理监督和接受咨询的高级职位）
    - — 有两年的 100%致力于项目的经历
    - — 需要成为大家的朋友
    - — 需要确定提拔那些在两年的任职期间做得很成功的黑带的流程
    - — 所有的黑带都要向六西格玛倡导者/副总裁汇报
  - 绿带（和黑带一样接受过 DMAIC 培训，在两个月里至少接受过 10 天的培训。从事项目工作，保留其目前的职务）
    - — 都领取薪水，培训到 200X 年底
    - — 从事有关项目组工作
  - 所有的员工都要接受意识培训
  - 200X 年 6 月 30 日生效，没有完成培训和六西格玛项目的人不得提拔到副总裁以上职位
- 培训
  - 培训计划规定为黑带提供至少 16 天，为绿带提供至少 10 天的包括所有 DMAIC 环节的培训
  - 培训应该和项目的实施密切相关
  - 提供至少 2 天的 DFSS 培训
  - 利用外界的帮助以启动项目
  - 内部的“人员培训”工作要在 6~9 个月后开始，要求喜欢教学的人员进行培训
  - 培训要按以下顺序进行：领导层、培训人员的培训、所有的工程师、所有和供应商打交道的人
- 项目
  - 和主题联系（每个企业打算完成的主要目标）
  - 为项目确立包括财务收益的选择标准
  - 项目倡导者为项目确立的基础
  - 财务部门独立审计收益/成本节约
- 跟踪项目、分享最佳实践的数据库
- 召开有 CEO 参加的最佳实践季度论坛
- 发言和交流关系，这要和其他管理举措相适应
- 六西格玛是个注重实效的项目

图 14.1　TRW 六西格玛质量——最低要求

▶▶ 要培训多少黑带？

简单地用占员工总数一定数量的百分比来确定需要的黑带数并不是最有效的方法。所需黑带数取决于你所从事的行业、你想要在多大程度上改变你的企业以及将这些人从他们的岗位上解放出来是否会对你的企业产生重大影响。一个多元化的（生产大量的各种各样的产品，在很多市场上销售）的企业比产品比较单一或者只在一个地方从事生产销售的企业需要的黑带数要多。

企业领导希望企业改变的程度常常是更为重要的因素。如果黑带数量较少，那么企业将不会发生太大的变化。在一个拥有 10000 名员工的企业只培训 10 名黑带，对企业的影响不会很大；但如果在这样的企业培训 500 名黑带却又显得太多了。企业不能提供有意义的项目让这些黑带去做，领导层也不能适当地支持这些项目。此外，培训这么多的黑带要付出惊人的代价。最后，六西格玛的推出要符合市场的需要——一个快速成长的或者财务混乱的企业是不能够集中足够的精力来培训大量的黑带的。

▶▶ 要培训多少绿带？

要培训的绿带的数量取决于战略部署的目标：

- 希望改变企业文化的企业领导常常要求每个员工都接受培训；
- 那些注重成本和企业能力的公司只要求主管和其他重要人员成为绿带，而让下级营业部门自行决定在他们各自的部门中谁应该接受绿带培训。

▶▶ 绿带需要完成项目吗？

只有与实际应用联系起来时，培训才会有效。因此，企业领导应该要求每个绿带完成一个项目。然而，这些项目不一定是个人项目，绿带可组织起来共同从事一些项目，或者成为黑带项目的成员。

▶▶ 每个业务单元必须接受多长时间的培训？

大多数情况下，让各个业务单元花两年时间培训一定数量的黑带和绿带是合理的。但某些时候，例如，企业领导希望让员工产生一种紧迫感时，要求在第一年就培训出一定的数量的黑带和绿带也是合适的。

▶▶ 黑带是全职还是兼职？

黑带应该是全职的，全职的黑带将来要从事领导岗位。有时，某个企业希望培训一些兼职的黑带作为企业额外的资源，并且（因为种种原因）不希望他们像质量管理人员一样，总是全职的。但根据我们已有的经验，兼职的黑带完成项目的时间要长得多，在使用工具方面也不像全职的黑带那样富有成效。

▶▶ 黑带和绿带分别要培训多长时间？

培训黑带一般要四到五个星期的时间，其中四个星期用来进行 DMAIC 培训，一个星期则用来进行重要技巧和团队精神的培训。绿带的培训通常需要 10 天。确定最短的培训时间很重要，因为如果企业领导没有制定出明确的要求，很多业务单元会缩短培训时间。结果，A 部门的黑带无法和 B 部门的黑带交流。让每个黑带和绿带接受同样的培训有助于在他们中间建立起共同的语言，建立起一个框架让他们可以分享最佳实践，取得同样的成果。

▶▶ 黑带是继续在他们原来的部门发挥作用还是向某个独立的机构汇报工作？

两种方法都可以取得成功。如果黑带继续在他们原来的部门发挥作用，他们在取得倡导者的支持上，不会有什么困难。这样做的不利之处是他们没有什么机会去解决他们工作范围之外的问题。真正的问题往往不能够得到解决，因为黑带们不想损害他们和当地的管理部门之间的关系。这两种方案都是可行的，但要有适当的项目评审机制加以补充。

▶▶ 如何选择黑带？

如果六西格玛是企业的一项重大管理举措，那么那些被挑选为黑带的人应该是企业里最聪明、最优秀的人。不幸的是，大多数营业部门不愿交出他们最优秀的人才。因此，对企业领导层来说，详细说明成为黑带的意义，并保证挑选最好的人才的标准得以应用。很多公司将挑选黑带和业绩回顾与评定联系起来。

▶▶ 黑带在此岗位上要做多久？

大多数企业将黑带的任职时间定为两年，这样做的基本原理是给他们两年时间，让大多数黑带至少完成 6~8 个能够为企业带来实际利益的项目；而如果黑带的任职时间超过两年，其他很有潜力的员工就很难脱颖而出。在黑带完成两年的工作任务后，企业应该给他们分配一些具有挑战性的任务，让人们都知道在结束黑带工作后可以被提拔到重要岗位。然而，指定黑带的任职时间是很重要的，因为这样做可以避免黑带在做了很短的一段时间后被各自部门要回。

▶▶ 是否需要有人补充黑带以前所从事的岗位？

是否需要有人补充黑带以前所从事的岗位取决于企业中空缺职位的数量。除非企业正处于高速增长阶段，让黑带从各自部门中独立出来可以创造一种使得他们集中精力解决妨碍企业生产能力的流程问题的健康的机制。

▶▶ 接受绿带培训是被提拔的一个必要条件吗？这项要求何时生效？

根据我们的经验，那些规定只有接受过绿带培训的企业领导人才有资格被提拔的企业比那些没有这项规定的企业要更为成功。我们建议公司在实施新管理举措后 6 个月培训公司主管，在新管理举措运行一年后将接受绿带培训作为提拔的条件。

▶▶ 六西格玛将在所有地方的所有部门实施吗？

大多数企业都不愿冒风险，除非在整个企业都实施了六西格玛，否则六西格玛实施的重点将会是那些已经被证明了的使用相似的技术能够运行良好的领域，像制造、业务和质量部门。如果六西格玛的目标只是商业上的，即限于具有很高经济回报的项目，那么这种情况是可以接受的。然而，如果目标是变革的话，那么领导层应该考虑是否应该将六西格玛推广到所有的地区和所有的部门，包括历史上并非流程优化重点的领域，像服务、销售、营销和工程领域。考虑到企业的文化，有些将变革视为六西格玛目标的企业领导人会喜欢用循序渐进的方法。例如，有的企业可能在非传统的领域里创造更加直观的试点项目作为在规定的时间内在企业里循序渐进地推广六西格玛计划的一部分。

挑选顾问

很少有企业在没有外界帮助的情况下启动六西格玛战略。这是因为他们没有能力培养大量的黑带和绿带，也不能客观地评价准备情况和实施障碍，也没有足够的资源从头开始做一个项目。提供六西格玛培训和咨询的公司每天都在增加，选择适当的合作伙伴是非常重要的，因为每个企业都有其宗旨，在实施的中途改变合作伙伴会产生严重后果。下面是在选择合作伙伴时必须考虑的一些重要问题。

- 你想为整个企业只选择一个合作伙伴吗？大多数公司只选择一个合作伙伴，以免去不得不和各种公司和各种战略打交道的麻烦。然而，在有些情况下，当你的选择无法支持在一些地方的实施，你也没有足够的能力提供所有的训练和必要的支持或者缺乏一些六西格玛项目时，你不得不和两个或两个以上公司打交道。
- 顾问了解你的公司文化吗？如果你们公司高度分权，注重协商和团结的话，那么将六西格玛视为唯一的决策方式的公司可能不会是你正确的选择。
- 这家咨询公司只提供六西格玛咨询服务还是业务范围非常广泛？那些只了解六西格玛的公司会将每个挑战都看做是六西格玛问题，而这可能是不适当的。
- 领导层支持这样的选择吗？
- 无论你的企业在什么地方，顾问是否有渊博的知识、足够的能力、影响和语言技能为你提供帮助？

- 咨询公司是否在你的行业或相关部门有着良好的声誉？如果你挑选的咨询公司对你所从事的行业一无所知（例如，你是一家服务公司，而它们的经验却在制造业），你将不得不花费大量的时间让它们熟悉你的业务。
- 你是和那些推广六西格玛的销售人员一道工作吗？警惕典型的咨询业务模式，即你上一次见到高级代表的时间是在签署合同的时候。只有当对方的职位很高，并且有多年的领导咨询业务的经验时，你才能从六西格玛项目中受益。
- 顾问对你的企业的员工了解吗？能够提供改变管理层见解的专家意见吗？如果有对你的企业文化和公司问题比较了解的内部的咨询人员的话，我们建议你和既了解这些问题，又能够提出关于实施六西格玛客观的、富有经验和见解的公司建立合作关系。如果你和一家擅长技术培训的公司建立合作关系，你将得到有关技术方面的指导，但这对实施六西格玛却往往是不够的。
- 你的合作伙伴提供全面的六西格玛服务，还是只能提供 DMAIC 培训？大多数公司很快就会需要有人帮助他们进行六西格玛设计、流程管理或仪表板。如果你的合作伙伴不具备这些能力，你能够与其他具有这种能力的公司建立合作关系吗？
- 咨询公司提供服务保障，还是希望在收益中占有一定的份额？分享收益是一把双刃剑，因为它能够刺激咨询公司提出可以在短期内有回报的建议，但从长远来看，却会损害你的企业。尽管我们不赞成分享收益，但我们却建议你寻找一家能够保证提供一定水准的服务或者确保取得一定成果，或者愿意建立一种机制将它的利益和你的目标联系起来的合作伙伴。

和咨询公司建立一种伙伴关系是很重要的。如果你只是利用咨询公司提供培训，那么你就错过了学习他们在不同行业推广六西格玛经验的机会。另外，你要确保你的团队正在努力推行六西格玛，你聘请顾问只是希望借鉴他们的建议，而不是让他们做出决策。

结论

万事开头难。只要企业领导一谈论六西格玛的潜力，企业员工就会警觉起来，特别是那些以前没有有效应对变革经验的企业，反对的力量会越来越大。使用六西格玛准备程度评估可以帮你确定潜在的障碍。动员企业员工对寻求广泛的支持十分关键。企业领导既要在领导层获取足够的支持，又要制定出具有挑战性的目标。确立最低要求有助于表明企业领导们的期望，让其意图为大家所明白。选择合适的顾问在开始实施六西格玛时也同等重要。

第 15 章

启动六西格玛

Scott Leek

六西格玛实施的成功与否和企业在启动阶段的计划和执行的好坏程度有着直接的关系。这个阶段通常是指实施开始后的三到四个月的时间，从领导者决定实施六西格玛开始，到对第一个项目进行评审结束。本章将讨论下面这些问题：

- 为什么启动阶段如此重要？
- 如何建立治理结构？
- 开始时要做出哪些决定？
- 如何避免错误的开始？
- 如何表明承诺？

为什么启动阶段如此重要？

启动阶段为整个实施过程定下了基调。大多数领导者知道他们只有一次把事情做正确的机会，尤其是当企业在大规模的变革举措方面有过坏的经历时。大多数高级管理人员和员工是根据他们的最初的印象做出判断的，因此这个阶段犯的错误往往是致命的或者会导致实施的延期。

有一点是确定无疑的，那就是在启动阶段，企业会对领导者提出挑战并考验他们的承诺。一些领导通过采取象征性的和实质性的行动来表明他们的承诺。Tim Hannemann 是 TRW Space & Electronics 的总裁兼首席执行官，在实施的头三个月里他重新调整了企业的领导层，将流程管理作为企业结构的指导原则。尽管这给企业的高级管理人员和经理们的工作带来了极大的负担，他们必须想方设法使之顺利运行，但这次重组向整个企业表明六西格玛不是一个补充计划而是企业管理方法的核心。

如何建立治理结构？

领导们的迫切任务是组成指导委员会。指导委员会的成员也是企业的执行委员会成员。六西格玛的负责人也是这个小组的一个成员，他负责主持召开和六西格玛有关的指导委员会会议。

指导委员会最初要处理的问题包括：

- 指导委员会应该如何组成？指导委员会的结构是什么？它包括哪些成员？
- 指导委员会多长时间开一次会？
- 指导委员会的职责范围有哪些？
- 会议通常的议事日程是什么？

在启动阶段指导委员会必须具有领导能力，值得信赖。指导委员会组成后，必须要确立其相关的责任和义务。最低限度的责任，尤其在启动阶段，应包含：

- 确定是否要立即处理流程管理、仪表板和六西格玛设计；
- 选择最初的黑带、项目和倡导者；
- 评审最初的项目；
- 发展全面的交流计划；
- 确定如何处理挫折和失败；
- 决定衡量改进的方法；
- 建立追踪项目和进度的基本框架。

确定实施的意图、愿景和目标为实施六西格玛奠定了基础，而方针和实施战略的确定则为实施六西格玛建立了框架。指导委员会需要建立关于六西格玛的决策基础，它既可用于启动阶段，也可用于其他阶段。

指导委员会成员应该了解六西格玛的哪些内容应该由指导委员会决定。在实施的最初阶段，指导委员会应该安排人员进行指导和监督。高层领导们要向对六西格玛方法和运用有着透彻了解的专家请教，这样当出现偏差时，他们可以尽力去弥补。要做出明智的决策，领导者必须对六西格玛的工作方式和如何用它来推动企业战略的实现有着透彻的了解。一些企业要求其中高层管理人员接受过绿带培训；其他人员接受绿带培训的时间可以稍短些。

▶▶ 确定是否要立即处理流程管理、仪表板和六西格玛设计

关于实施六西格玛要做出的一个重要决定是企业在多大程度上致力于执行业务流程仪表板、流程管理系统或六西格玛设计（DFSS）。企业的意图和愿景很可能决定

这些是否包含在战略部署中。如果它们都包括在内的话，那么在启动阶段必须为它们确立最低标准，同时还要制定关于时机和执行程度的政策。

仪表板和流程管理系统的实施常常被认为是六西格玛战略的一个可有可无的部分。经验表明，执行业务/流程仪表板和流程管理系统的企业的六西格玛实施更有成效，而且可以将其成果制度化。通过使用仪表板来推动企业战略的实现的想法和平衡计分卡方法很相似，它能够与企业战略联系起来。

六西格玛设计（DFSS）所关注的东西则完全不同。如果大量的项目需要流程、产品和服务设计，那么 DFSS 培训和项目就应该立即进行。然而，在大多数企业，DFSS 的实施通常都不在启动阶段开始。

选择最初的黑带、项目和倡导者

在确定了实施的目标和方向后，领导层必须迅速将其注意力转移到选择最初的黑带、项目和倡导者上。选择初始项目的一个主要目标是建立一系列的试验案件，并增加在短期内取得一系列成果的可能性。在完成改进项目上以及取得一系列成功来创造、增加变革的动力上获得经验，在启动阶段显得特别重要。

评审最初的项目

项目评审应该由项目倡导者和企业的高层领导在项目的每个重要阶段完成后进行。企业需要建立项目评审流程，这个流程应该明确，严格，可以测量，并能够始终如一地执行。评审流程非常重要，这是因为：

- 它使方法和工具的学习成为可能；
- 它能够使正在进行的项目更好地列在优先地位，资源得以更好地部署；
- 它能够确保企业致力于那些有更大影响的项目；
- 它能够促使项目及时完成；
- 它能够为项目获得资源并在消除障碍时获得帮助；
- 它考虑到了如何分享最佳实践。

在全面实施六西格玛的过程中，进行最初的项目评审是个重要的里程碑，因为第一次会议将为以后的实施定下基调。指导委员会应该每隔四到八周对项目进行一次评审来确保整个实施运行正常。在大多数公司里，由领导团队或指导委员会的最高层来检查初始项目的进度。如果企业很早就能够根据数据做出决策，重事实而不依个人观点，倾听不利的消息，同时避免责备人，那么就可以做出榜样让企业的其他员工效仿。举例来说，大型联合企业的 CEO 总是不断地问“你对缺陷的定义是什么”，以此来提醒黑带和指导委员会的成员们在执行六西格玛时什么才是重要的。领导团队的成员需要将自己视为供人效仿的榜样，并为指导委员会项目评审会议做准备。

制定全面的交流计划

领导小组需要制定一个全面的六西格玛交流计划来解释实施六西格玛的原因、内容和方式。当我们明确地将六西格玛和它对客户、员工和重要的企业尺度的影响联系起来时，我们就有可能动员起员工的奉献精神，让他们产生变革的紧迫感。有关交流计划的进一步资料可参考第 19 章。

确定如何处理挫折和失败

另一个关键方面是企业如何对待难以避免的失败和挫折。在一开始就做好思想准备是至关重要的：一些项目不能产生预期的回报，一些黑带候选人不称职，一些主管做出许多有损人们对六西格玛信心的行为，例如不断地向传递消息的人发问或者询问意见而不是事实。指导委员会应该确定如何处理这些问题。

决定衡量改进的方法

最后，管理举措的短期的（最初的六个月）或长期的（一年、三年或五年）成功应该如何测量，需要有明确的规定并经过大家讨论。最初使用的尺度可能主要集中在接受过培训的以及授予证书的黑带的数量，这些都应该被看作是主要指标。更重要的尺度包括节省的费用、营业额的增长、业务处理周期的减少、产品缺陷率的降低和客户满意度的增加等。最好再增加一个行为尺度，我们可以用调查来评估企业在变革的无形的方面所做的努力，如预期是否明确，管理团队的可信任程度以及他们是否根据数据做出决策。

建立追踪项目和进度的基本框架

除了需要有进行项目评审的流程外，企业还需要有追踪项目状态和进度的流程。它至少包括以下功能：能够回答关于项目数量、项目类型、项目持续时期和财务成果的一些基本问题。

指导委员会需要定期地召开会议，通常是一月一次，来处理支持和交流问题，还要为下一轮的项目做出规划。开会时间有时被用于指导委员会成员的培训（见图 15.1）。

指导委员会
项目
• 哪些项目正在进行？哪些项目正在考虑
• 如何确定各种机会的优先次序
• 完成了哪些项目？为企业节省了多少费用
结构/人员实践

图 15.1　指导委员会的核查清单

• 那些被挑选出来接受培训、参与项目的人有哪些才干
• 企业有什么样的培训计划
• 为重要人物准备了哪些项目
• 如何将项目和预期的营业成果结合起来
变革管理
• 我们是根据以前的先例来管理企业的吗
• 管理小组全力投入六西格玛项目的实施了吗
• 我们确定实施六西格玛的迫切需要并和员工交流了吗
• 我们定期和整个营业部门交流当前六西格玛的实施情况吗
• 对于员工做出的重大贡献，我们给予表扬和奖励了吗

图 15.1　指导委员会的核查清单（续）

经验之谈：TRW Space & Electronics 公司启动的六西格玛

2001 年 8 月，TRW Space & Electronics 公司开始部署六西格玛。Lisa V. Kohl 是负责六西格玛部署的副总裁，他负责决定前 100 天执行的最低要求和企业应该做的最重要的事。

根据我的经验，在开始的 100 天里企业要做的事情包括八个方面。第一个也是最重要的就是教育企业的高层管理人员，这对培养他们全力投入流程是必不可少的。人们经常谈论"投入"，但实际上，他们没有真正理解他们所全心投入的是什么。如果你要避免在实施六西格玛的一开始就犯错误，你要明白你的工作的意义。如果高层管理人员不理解这个流程，那么根本就不会全心投入，六西格玛也不会持久。高层管理者必须引进六西格玛计划。显然，你需要从实施六西格玛项目的人那里购买。在这里某种程度的专断往往是必要的，你需要明确向人们表明实施六西格玛不是可有可无的，而是必要的。教育和企业高层领导的个人引进会使人们相信企业会执行六西格玛。

第二，烧毁你身后的船只。将你的部队带上岸，然后将船只烧掉，这样你就没有了退路。对于 TRW S & E 公司来说，这涉及到企业的重大改组，这建立在流程管理制度的概念上。

第三，第一批黑带的选择至关重要。选择那些很有潜力并且受人尊重的员工成为黑带，这会引起大家的关注。企业的其他员工会认识到我们是会认真执行六西格玛的。

第四，引起人们对六西格玛的兴趣，但也不要引起他们太多的兴趣，以至于你不能够满足他们的好奇心。变革管理是一件重要的事，但人们往往并不相信。我们认为那些好的主张自己会显现出来，引起人们的注意。说服人们接受新思想和变革是极其重要的。

第五，制定六西格玛框架结构。这不像你想像的那样，如果细节问题没有处理适当的话，就会使人们对整个计划丧失信心。当心步伐不要迈得太快，不要让你的部队过于深入前线以至于得不到及时供给。

第六，在头 100 天里不要对培训做出改变。让它继续进行下去，寻找到基线后，再做必要和适当的改进。同时，可能存在追求六西格玛设计的巨大诱惑和强大压力，但我不会在头 100 天里推荐使用它们。许多果实伸手可及，我们没有必要去摘最高处的果实，这就好比 DFSS。

第七，项目选择非常关键，不要做那些不可能完成的项目。你只能一点一点地建设罗马。移动企业仪表板上的指针需要同时进行很多项目，它很少发生在只实施一个项目的情况下。

最后，你不能单独行动。有些事你并不明白，但你却没有意识到这一点。尽管研究和阅读可以提供许多重要的信息，但光从书本中是学不到六西格玛的。认真选择你的顾问，信任他们，在做出关于企业的决定之前聆听他们的经验。

开始时要做出哪些决定？

在启动阶段需要强调的是制定指导项目执行的政策，既包括近期的政策（为黑带示范小组和初始项目奠定基础）也包括长期的政策（为整个实施定下基调）。这些政策、方针应该包括以下内容：

- 项目选择和批准；
- 黑带候选人的选择和批准；
- 颁发证书的条件（黑带、黑带大师、绿带）；
- 工作的要求和预期（黑带、黑带大师、绿带、倡导者）；
- 评估程序和流程；
- 项目评审；
- 项目追踪和汇报；
- 认可程序；
- 候选人提拔和重组战略；
- 财务指导方针；
- 知识分享流程。

▶▶ 培训领导者

为了使企业的董事和经理们对实施六西格玛更加投入，在部署六西格玛之前，必须让他们有机会了解六西格玛。理解了什么是六西格玛、六西格玛的工作方式以及六西格玛能帮助我们取得什么样的成就，会增加人们对这项计划的投入热情。这项计划将根本改变企业管理、解决问题以及改善绩效的方式。

大多数行政决定是由工作组做出的，最常见的要素包括：

- 举例说明其他公司是如何执行六西格玛的；
- 介绍六西格玛的工具和方法；
- 解释如何将六西格玛的概念运用于管理决策；
- 确保领导者建立个人领导计划；
- 讨论六西格玛有什么不同之处；
- 解释它与过去或现在的其他举措有什么联系。

解释六西格玛的理论仅仅是一个起点，大多数高级管理人员希望看到六西格玛是如何帮助其他公司获得成功的具体的例子。这就要从执行过六西格玛的企业里邀请一些人来做有关的讲座。

了解执行中的困难是不够的，高级管理人员需要了解六西格玛工具箱的工具和方法以及如何用它们来解决现实中的问题。通过模拟可以向人们展示六西格玛工具和方法是如何被用来改进企业流程的。

使用事实和数据是六西格玛的一个关键因素。让领导们知道黑带和绿带是如何利用工具的也很重要，而高级管理人员的培训也需要涉及领导层如何运用六西格玛知识来更好地做出决策；向经理们解释特殊的和普通的原因变量可以极大地促进计划的引进。

光有教育是不够的。有效的高级管理人员的培训还应包括帮助他们建立个人领导计划，让他们掌握将六西格玛计划目标转化为支持行为的方法，以向企业的普通员工表明领导们在这件事上是认真的。

经理们亲眼目睹各种管理举措是如何提出以及如何夭折的。你要使他们知道六西格玛和其他类似的管理举措有何不同。要举出具体的例子，说明为什么六西格玛值得他们付出这么多的时间和努力。除非领导层能够很清楚地说出这种区别，否则就不可能获得整个企业的支持。有一种方法能够有效地帮助领导者清楚地说出六西格玛的主要前提。那就是让他们发表一篇简短的演说（持续不久于 30 秒），概括一下什么是六西格玛，为什么它如此重要。

最后，每个企业都有很多正在进行与实施的项目和管理举措，解释六西格玛与过去或当前的管理举措有什么联系非常重要。此外，把六西格玛和过去成功的管理举措联系起来能够提高可信度并激发大家想出新的不断改进的办法。举例来说，TRW 汽车公司从一开始就清楚地表明卓越操作计划（在六西格玛之前若干年实施的一个节俭生产管理举措）将继续执行并被视为六西格玛的一个重要的先驱。

▶▶ 切断退路

惰性是很多企业里都存在的一个严重问题。总存在着一种诱惑让人们回到以前的老路上，变革总是困难的。许多领导者只好采取果断措施切断所有的退路，向整个企业表明我们已经没有了别的选择。切断退路可以采取很多方式。Tim Hannemann 是 TRW Space & Electronics 的 CEO，他为了支持流程管理对企业进行了重组。在通用电气，韦尔奇将参与这项计划作为晋升的一个条件，并打算将六西格玛包括在像预算规划、战略评审和企业领导的继任计划等企业流程里。每一个企业必须决定自己使用的方法。但不管采取何种措施，都要发出这样一种信息，即企业已经没有了退路。切断退路对企业领导是一种真正的考验。

▶▶ 选择第一批黑带

我们建议选择黑带的标准应该是很有潜力的未来的领导者。这些标准尤其要用于挑选第一批黑带上，这些人的选择至关重要。它有助于向整个企业表明，企业领导层在执行六西格玛上是认真的。这些人将经历企业第一轮的大规模培训（关于选择黑带的更多内容可参考第 20 章）。企业领导们必须对这件事给予高度关注，并亲自过问。在实施的初始阶段，人们对这项计划知之甚少。很可能理想的候选人正在从事重要的项目，让他们放手这些项目很可能会产生非常严重的问题。然而，为了表明领导层对六西格玛的认真态度，他们不能够让日常事务妨碍六西格玛的实施。我们建议通过人力资源数据库诸如最近的提升或评估来检查候选人名单，以此来确保第一批黑带能够经受企业所有的审查。如果选择来自质量部门的专业人士或者那些不是因为做实事而受人尊敬的领导，那么这将宣告计划的终结，或者至少增加了另一个需要克服的障碍。选择黑带的过程并不因为选择完第一轮候选人就结束了，领导者必须在选择未来的黑带的过程中扮演着积极的角色，确保他们理解并且引进任务。正如第 4 章中所概括的那样，黑带的定位在确定示范团体的新的作用方面非常有用，同时增加了企业里向其他人发出关于六西格玛的积极的信号的人的数量。

▶▶ 引起人们对六西格玛的兴趣

切断退路将推动企业实施六西格玛，引起人们对六西格玛的兴趣则能够拉动企业。这种拉力可以通过许多途径实现。奖励和表彰那些在早期追求六西格玛的人可以取得这种效果，各个企业可以摸索适合自己的方法。在确定什么可以引起他们的兴趣方面，聆听员工们的需要可以为我们提供重要线索。惩罚那些不参与实施六西格玛战略的人。这足以强迫那些反对者参与进来，但要使得那些持中立态度的人积极实施六西格玛则需要有不同的激励机制。

▶▶ 设制框架结构

六西格玛的持续需要一定框架结构的支持。建立一个六西格玛项目办公室直接向六西格玛领导者汇报工作，并协调实施过程的方方面面，从培训的后勤保障、培训支持到培训课程的修订和交流管理。这些都非常重要，但却常常被忽略。设制框架结构也表明六西格玛战略正在实施运行之中。

▶▶ 避免改变培训课程

关于六西格玛培训听到的最多抱怨就是它不针对某个特定的行业。然而，使六西格玛培训一开始就服从企业领导者的要求并不总是非常有效，而且以后可能会产生严重的问题。第一，即使培训材料是针对某个行业的具体的需求来设计的，也会引起人们的抱怨。甚至当所举的例子具体到某个行业，每一个业务单元会要求更加具体的例子。第二，如果不进行基线测试就根据客户需求改变材料并不能证明更改过的课程更好以及它值得人们在上面花费时间和金钱。第三，当企业执行了一些项目，在企业内部有了一些可供使用的案例时，材料的用户化常常是比较容易的。最后，在启动阶段用户化要消耗大量的资源，花费很多时间。此时速度是成功的关键因素。经验表明在头六个月里坚持使用核心材料是至关重要的，它可以使我们避免陷入无休止的讨论之中。六西格玛工具和方法需要能够适用于你所从事的行业，使用在制造业中执行六西格玛的例子并不能表明六西格玛能够解决你的企业的真正需要。

▶▶ 选择正确的项目

在启动阶段，领导小组需要确保项目能够成功完成。根据经验，我们建议高级管理人员要花大量的时间来选择项目，以确保最初的黑带没有在永远完不成的项目上浪费时间。这些项目有：

- 减少库存；
- 把现金流量增加 50%；
- 将客户的投诉减少 90%。

无疑，这些目标都令人想往。问题是所有这些项目都不可能在六个月内完成。

不要从事那些已经有了解决办法或者微不足道的项目，这同样重要。这些项目包括：

- 把周转时间从 60 天减少到 58 天；
- 优化停车空间的分配；
- 安装光学识别软件来消除关于业务处理周期的抱怨；

- 提高对自助餐厅食物的满意度。

第 21 章将详细地为我们提供了选择重要项目的方法。

充分利用顾问

将咨询伙伴仅仅作为在提供培训方面能够获得的外来的帮助是一种浪费行为，其他企业的经验教训能够使得公司对一些典型问题有所准备。顾问们能提供一种来自外部的重要观点，他们也能帮助企业避开一些常见的陷阱。然而，领导者不能将执行的任务交给他们去做。

如何避免错误的开始？

在启动阶段做得正确非常重要，不做错事也同样重要。实施六西格玛意味着有时要有些创举。企业要在无数有诱惑的行为（其实它们都是陷阱）中做出选择，不知情的企业会落入陷阱成为牺牲品。这些行为能够很快让企业有幸福感和成就感，但实际上，它们往往会分散企业对项目的长期目标的注意力。有的企业在六西格玛流程的测量上有很多报道，而在六西格玛结果的测量上却报道的很少。这是我们应当避免的常见的陷阱。

在启动阶段避免潜在的问题或错误的开始尤其重要，因为企业将评审在这个阶段采取的每一个行动，并由企业的高层对此做出解释。在如何避免这些通常的错误和陷阱上，其他章节将对以下这些问题做详细论述：

- 没有有效地使领导层参与进来；
- 对项目没有显示出投入热情；
- 在如何将六西格玛和企业战略结合起来方面没有做适当交流；
- 没有将项目和企业重要的优先项目或流程仪表板尺度联系起来；
- 没有使最优秀的人才成为黑带或绿带；
- 低估了对企业变革的抵制力量。

在这里我们探讨其他两个陷阱：

- 过于强调培训大量员工；
- 没有让中层管理人员参与进来。

企业在实施六西格玛过程中，最容易落入的一个陷阱是“大量的员工接受培训”。企业一般都认为如果培训出大量的黑带和绿带，并让他们在最短的时间内完成大量的项目，企业就会发生很多积极的变化，同时这又会提高企业的财务成果。

尽管这个公式成立，很少有企业能够在启动阶段准备管理这种规模的实施。仅仅培训大黑带和绿带，而没有实施重大的有意义的项目，那样只会浪费时间和金钱。接受培训的黑带和绿带的数量应该由能够确定的、有资源可以动用的有重大影响的项目的速度来决定，而不是由人为制定的培训目标来决定。负责推动六西格玛的高层领导最终需要确定企业可以支持的项目数和黑带数，并根据显示成果的需要做出适当的平衡。

在流程的开始阶段没有让中层管理人员参与进来同样也是致命的。大多数企业采取的方法是从企业的高层领导开始培训，许多企业领导将选择最初的黑带和绿带作为培训的一部分。然而，正如大多数企业领导所知道的那样，他们没有时间选择所有未来的黑带，评审所有的项目。用不了多久，中层管理人员就必须在计划中起着积极的作用。如果企业领导没有很早就打算将这些任务移交给下级部门，并制定的明确的目标，中层管理人员没有要积极参与进来的理由。

如何显示投入热情？

六西格玛的成败取决于企业管理层表现出来的投入程度，它的途径包括：

- 改变领导小组会议的议事日程（将六西格玛放到首位）；
- 问正确的问题，例如“这个流程的缺陷是什么”；
- 愿意讲述企业神话；
- 对项目所带来的成本节约有着合理的预期。

图 15.2 为我们提供了指导委员会将遇到的问题清单并对可以表明他们的投入热情的行动提出了建议。

看得见的承诺	
问题	行动
为了准时完成项目，为其他的工作提供学习机会并动员整个企业支持六西格玛，必须管理好项目组	创建并运行一个项目评审协议，它可以指导我们的行为而用不着胁迫或过于严格的控制
少数正确的尺度必须能够监督并推动改进，同时将它置于控制之下	建立并有效地使用仪表板和平衡计分卡
随后实施的项目应该提前计划好，并能够从对以前进行的项目的学习中受益	• 用明确的企业案例和适当的尺度建立优先项目筛选渠道 • 建立选派黑带候选人渠道 • 确定如何将项目运用到其他领域
为了使人们能够更好地响应，节约成本，需要进行内部培训和手续简化以将所有权从顾问转移给顾客	执行培训计划：人员配备、预算、优先项目、许可材料与可信性等
推动改进的 CTQ 必须以客户为基础并有数据/事实支持	建立用来确定客户和商业 CTQ 的合理的流程（客户的心声）

图 15.2　显示对六西格玛全心投入的途径

六西格玛是大规模的变革行为，需要领导们的支持。企业员工会模仿领导们的所作所为，而不是他们所说的话	• 制定并使用变革管理计划，这既是为了企业，也是为了领导者本人 • 建立继续学习计划
只有有意识地向流程管理转变，才能够将六西格玛变革制度化，并保存变革的成果	建立并执行流程管理计划，包括战略和预算计划、流程所有者以及企业结构等
工作绩效应该和绩效目标、评价技术和激励实践与动机等相对应，这些很少和六西格玛操作或公司的价值理念有联系	评审并修订人力资源结构、设定目标和观念：表彰和奖励、绩效管理、职业管理、信息使用和价值观念部署等
不充分的交流会成为变革的障碍	执行包括角色在内的交流计划和传递流程
如果没有强有力的支持，六西格玛拥护者就不会存在，或者没有强烈的动机	黑带和黑带大师的职业计划/监控流程

图 15.2 显示对六西格玛全心投入的途径（续）

结论

在实施六西格玛的启动阶段期间做出的决定和采取的行动向企业发出了关键的信息。以极大的动力开始这个项目，并避免在一开始就犯错误非常重要。然而在开始的 100 天里，要在制定计划和采取行动之间做出平衡是很困难的。正如 TRW Space & Electronics 公司总裁兼首席执行官 Tim Hannemann 在接受本书作者采访时所说的那样，“领导并不仅仅是制定纲要，还需要处理日常的问题……同样，你必须实施六西格玛，你不能满足于纸上谈兵”。标志着实施的启动阶段结束的具有里程碑意义的重大事件是由高层管理人员首次召开的正式的六西格玛项目评审会议，这给重要的实施阶段划上了圆满的句号，同时也为以后的项目评审打下了基础。

企业领导在如何开始六西格玛上的观点
——访 TRW 汽车公司 John Plant 和 Bryce Currie

（Jim Fishbein，2002 年 4 月）

TRW 有限公司拥有大约 65 000 名员工，在全世界 24 个国家拥有近 200 家工厂，横跨全球所有主要的车辆制造区。TRW 汽车公司是 TRW 有限公司下属的一个公司，John Plant 是这家公司的总裁兼首席执行官。Plant 是 TRW 最高管理层中一员，同时也是公司管理委员会的一名成员。他负责的产品和系统范围很广，包括转向装置和悬架、商业转向装置、刹车、电子、紧固零件、安全系统、引擎零部件和售后替换零部件。TRW 汽车公司在世界综合车辆控制系统领域处于领先地位。从 1999 年 8 月直到 2001 年 10 月担任现任职务前，Plant 一直是 TRW Chassis Systems 公司的总裁兼首席执行官。在 TRW 公司于 1999 年 5 月购入 Lucas Varity 公司后，

Plant 也担任 TRW 汽车公司的执行副总裁兼总经理。Plant 于 1978 年加入 Lucas Industries 公司，他在各种财务和一般管理职位上任过职，并于 1998 年成为 LucasVarity 汽车公司总裁。在加入 TRW 公司之前，他一直担任此职务。加盟 Lucas 公司前，Plant 受聘于 Touche Ross 公司，在那里他成为一名会计，随后又取得了会计师执照。他毕业于伯明翰大学，取得了伯明翰大学的商学、经济学、和法学学士学位。

作为 TRW 汽车公司的副总裁，Bryce Currie 则负责 TRW 公司全球范围的六西格玛计划和组织工作。以前他是 TRW Chassis Systems 公司负责六西格玛的副总裁。他曾在欧洲担任过五年 TRW 公司和 LucasVarity 公司售后服务营业主任，最近担任 TRW 公司欧洲零部件和服务的执行官兼总经理。他获得 Purdue 大学电气工程理学学士学位和西密歇根大学工商管理硕士学位。

TRW 汽车公司在 2001 年的春季开始对六西格玛的实施进行评估，2001 年 8 月开始对高级管理人员进行培训，并召开了专题讨论会。同年的 9 月上旬便开始着手黑带课程和项目。

问：去年夏天你们开始六西格玛时，正是 TRW 汽车公司发生很多变化的时候。请问你们是如何推出六西格玛战略的？你认为选择的时机适当吗？如果你当时和现在懂的一样多，你的做法会有所不同吗？

JP：现在回首 2001 年，当时 TRW 公司确实有很多重要的事情发生。我们把汽车业务重组为公司的一个独立的部门，这确实引起了很多管理上的变化。这些是我们在准备操作计划，进行合并工作，充分利用现有设备，并继续执行所有已有的管理计划像卓越操作计划的同时完成的，它们也是我们在启动六西格玛的同时完成的。回过头来看，这真是一件不容易的事。尽管如此，但我们还是完成了，而且我相信开始实施六西格玛是正确的。我认为时机的选择并不重要。在某些方面，我们将六西格玛作为一个激励手段，用来向整个企业表明，这就是新的 TRW 汽车公司。我们实施六西格玛有五、六个重要原因。其中之一就是希望在整个企业里建立单一的、流线型的管理流程。我们要确保有更多的流线型流程，并能够对其进行测量，同时确定如何用六西格玛来实现这些目标。这些都是非常有益的，它不会对任何事形成阻碍。我不知道它对我们有多么大的帮助，但我想幸运的是，我们不知道会发生这么多变化。既然我们已经完成了这些变革，我认为时机选择的负面影响恐怕没有那么大。

我不会做任何改变，因为我们已经做得很好了。但现在看来，有一点我们做得不是很出色。我们没有取得重大成果，所以还不能说我们做得非常完美。但我又认为我们不可能取得更好的成果了，因为目前我们没有偏离自己的目标，并且取得了我们能够取得的成就，也实现了我们预订的目标。因此，即使从现在看来，我也不会做任何改变。

我们惟一可能做的改变是在将超过 7000 名不领取薪水的员工培训为绿带时，我们会让自己有四分之一的偏移量。我们会在一定的时间段内重新进行切合实际的校准，这就是说在整个计划的时间表上有三个月的偏移量，即从第 15 个月开始到第 18 个月结束。除此之外，我想我不会做出任何改变。我想我们应该多召开一、两次关于六西格玛的会议，这样会让我们的目标更为集中，这将会使我们目前 90% 的成功率提高到 95%。尽管如此，我对我们所取得的成就仍然非常满意。

问：如果其他高级管理人员有选择余地的话，你是否建议他们等待更好的机会来计划和发动六西格玛？

JP：这就看你怎么定义好的机会了。有时你可能会说我没有别的事可做时就是实施六西格玛的好时机。高级管理人员可以很好地休息一下，并且说我没有什么事可做。我想在一个高级管理人员的生活里，这样的事不可能经常出现。我不知道是不是这样，但我想说没有什么明确的标准可以判断什么时候是实施六西格玛的好时机。或许一年之中你可以进行很多次启动六西格玛的准备工作，但很难说哪一次是最佳时机。我认为这样的最佳时机是不存在的。

问：你经历了很多变革，关于六西格玛与执行计划的关系，你一定会核查许多财务计划以确认财务成果，你认为这个对六西格玛计划有帮助吗？你很早就将实施六西格玛所带来的费用和成本的节约列入预算，你认为这有用吗？

JP：我们实施六西格玛的顺序是，首先在 8 月份的高级管理人员讨论会上发动六西格玛，然后执行黑带和绿带的培训计划。我认为没有人告诉我们说如果我们做这些项目，我们就能够将这些项目并入你们的操作计划中，并且这将会在 2002 年显示出成效。我认为当时我们对 2002 年计划了解得还不够多，我们所知道是我们是在 9 月和 10 月在一个有着 70 000 员工的大企业中实施六西格玛，并且我们要为 6 000 或 7 000 人提供培训。我们并不知道具体会节省多少费用，以及如何确保实现这个目标。

我们所做的是继续执行我们已有的卓越操作计划，这是我们两年前制定的一个不断改进的计划。我们将它作为我们行动的基础。它确实能够帮助我们测量我们想要测量的东西。确实六西格玛在某种程度上是一种信仰行动，我们愿意做出承诺，保证六西格玛计划会降低我们的费用。我们将六西格玛并入我们的操作计划来补充现有的卓越操作计划。在一年中剩下的为数不多的几个月里，我们能够提供证据表明这些项目能够节约我们的费用。

所以我不能说六西格玛是 2002 年操作计划的一个重要特征。我们也不知道我们在节约什么，我们正在从事的是什么项目。因为你想想，我们只确定了我们想要解决的 Big Ys 问题。

我们只说过对我们企业来说什么是关键流程。在早期阶段，我们在发动第一个批黑带项目的同时又召开高级管理人员研讨会来确定哪些是 Big Ys。因此要确保每个项目和每个 Big Ys 联系起来或者我们认为对企业至关重要的事情不会发生。随着项目的深入，我们需要培训更多的黑带。在重大问题确定后，我们就可以指导六西格玛企业的项目选择流程，以确保项目的对象是我们认为的关键流程。显然，我们希望所节约的费用能够和我们付出的努力相对称。它现在得到改进了吗？集中在我们所希望的地方吗？显然答案是肯定的。这很可能成为 2003 年计划的显著特征，因为我们有整整一年的时间。因此它将不再是信仰行动，与我们 2001 年的或许有点蹒跚的步伐相比，它将是一个更加精确、更加具有激励作用的预算过程。

问：很多高级管理人员说，如果你不将它列入预算，就说明你并不是认真的。你同意这个观点吗？

JP：我不知道能否直接将它们联系起来。我当然同意测量会带来成果。仅仅因为六西格玛可以将节约的费用列入预算，我就说它会指引我们取得成功吗？我不能随意将两者联系起来。但我想说的是，我们决定集中所有的热情、精力和决心实施这个计划。我们这样做不是为了赶时髦，而是尽量去取得成功，这就足以保证我们在开始阶段取得我们所需要的东西，而不仅仅看所节约的费用是多少。我认为在启动六西格玛的第二、三、四年内，因节约而产生的动机因素要比第一年更为重要，因为它可以使计划能够长期执行下去。我认为我们有充足的理由开始实施六西格玛项目，而节约本身并不是问题所在。

BC：我们能够不断前进的一个重要原因是我们为黑带和所有的指导小组确定了目标，因此他们，特别是黑带，将把对成果的解释作为他们评估体系的一部分。所以即使评估体系不在目标流程之内，它也是团队用来取得目标流程的方式。目标流程是很长远的目标。我们正迈向 2003 年，通过预算和整体战略规划流程，六西格玛的意义将变得更加明确。因此就有了对每个地区指导委员会来说非常重要的一些测量，因为有明确的目标。它不是目标流程的一个独立的部分，但六西格玛是他们实现目标流程的一种方式。

问：在过去的四到六个月内，在你们的庞大的企业里建立了一种六西格玛管理体系。在你看来，关于管理六西格玛的企业结构哪些行得通，哪些行不通？

JP：组织设计对我们取得成功非常重要，关于这个，我们做了四个方面的工作。首先，我们建立了高级管理人员领导小组，这样我们可以在企业的最高层会议上讨论六西格玛。第二，我们让 Bryce Currie 担任六西格玛的副总裁，他也是领导小组的一名成员，领导六西格玛计划。第三，我们建立了各种相应的机构。不管是为了产品定义还是为了突破地域限制，我们将公司划分为 14 个产品和地区操作组。每个操作组由一位负责操作的副总裁来领导，他也是领导小组的组长。例如，我们成立了负责北美刹车生产的部门，我们也成立了指导欧洲的生产的部门。每个部门都由一位担任某个企业领导职务的副总裁来领导，他们负责指导在各个地区实施六西格玛。就像我们在企业的最高层会议上谈论六西格玛一样，根据地区和产品来实施六西格玛由这 14 个地区指导小组来完成。每个小组对其范围内的六西格玛实施有完全的领导权。第四，为了方便每个地区指导小组，我们任命了一位黑带负责人，Bryce 领导各个部门的六西格玛计划。每一个地区指导委员会任命一位黑带负责人。他要向我汇报关于整个公司的情况。他的作用是启动项目，给予适时的指导并辅助副总裁实现六西格玛目标。我认为这四个方面的工作为我们提供了一个总的框架，让我们能够在如此大的一个企业实施六西格玛。

BC：我们有许多专门的指导小组，它们的作用是创建我们需要标准化的如工程、客户拓展或信息系统的流程。这些小组也都有一位黑带负责人，他们的责任是将这些标准化的过程和全世界的地区指导小组联系起来。如 John 所说，这些地区指导小组加入各个地方的产品组和它们的 P & L。这样，在我们企业实施六西格玛的方法里，我们既有只负责流程的专门小组，又有地区指导小组。

问：你们用统一的方法实施六西格玛吗？

JP：在我们这样一个销售额达 100 亿美元，生产 10 个系列的产品，在将近 50 个国家中有近 200 个分支机构，员工使用不同的语言，文化上有着巨大差别的大公司里，我认为每个项目都由公司总部来管理是不现实的。我不知道我们有些什么，但一定不是我们所需要的那股冲劲。我想在一个销售额只有 1 亿美元的企业实施六西格玛要比在像我们这种规模的企业实施六西格玛要容易得多。因此我认为必须将六西格玛的规模限制在能够管理的范围内，所从事的项目要有很大的影响。我非常怀疑一个在办公室里的人能够了解我所谈论的所有的这些有很大的影响的项目。因此必须建立某种基础设施，将大的项目分割开来，将每个项目限制在可以控制的范围内。只要我们承认在各种行业中的黑带是用来解决已经确定的企业问题的，高级管理人员指导小组也认识到它在确定重要的企业问题上的关键作用的时候，我认为分散管理才是可行的。如果你认为它是一种自由论坛，那么就不可行。但如果你对它进行统一的管理，那么即使你将 Big Ys 作为重点，我怀疑你也会一事无成。我们先是确定了六西格玛所要达到的目标，然后才建立基础设施使我们在每个工厂或地区里有我们所需的动力和吸引力。我认为我们协调好了两者之间的关系。

BC：我认为随着企业的成熟你需要有一个阶段性的方法。在开始时，我们进行统一管理，这是因为我们必须建立一个标准化的组织让企业知道什么是六西格玛。我们总是希望在第二阶段就将六西格玛移交给各个地区的指导小组，这样使六西格玛成为企业的一部分。尽管六西格玛有很多方法和工具，但在实施时也要做适当的变通，在不同的企业使用不同的管理方法。因此，整个的计划最终是将六西格玛完全分解到各个部门，主要的基础设施只保留了很少的一部分。我认为六西格玛是一个不断变化的企业设计，它最终必须成为分散的管理方法，成为每个企业的一部分。

问：你如何看待六西格玛中领导的作用？哪些任务是领导必须亲自做的？

JP：我认为在企业里领导六西格玛和领导其他事物没有很大区别。你需要让人们知道你的决定，然后建立一个让人们理解你的决定的机制，这样使大家步伐一致。你需要显示你实施六西格玛的决心，让企业的领导层确定项目的重点。这样，企业的领导层就可以说："如果那是我们希望通过六西格玛所得到的东西，这些就是我们愿意投入的资源，没有什么商量的余地。"合在一起说就是我们打算做的，即制定计划广泛传播你的决策，并建立监督机制。这就是企业领导们所要做的一切。我看不出六西格玛和其他管理举措或领导企业的方法有什么不同。

问：在交流方面，哪些方法证明是有用的呢？

JP：对我而言，交流是我在管理上遇到的最棘手的问题，我发现无论我怎样和别人沟通都不够，你永远不可能谈论到你想要谈的所有领域。你认为你发出的信息和别人接受到的信息并不总是一致的。不管你如何强调或者相信你所做的一切，却总是不够。关于六西格玛的交流也是如此。了解什么效率最高或什么效率最低是最困难的事。你永远无法量化交流的因果关系，因为交流永远不会那么精确。这有点像做广告，如果你知道有50%没有用，你会问到底是哪50%呢？如果你知道交流中这无效的50%，你就会停止交流。问题是当你用E-mail交流，召开世界范围的电话会议，或者在管理人员面对一群听众发表演讲时，你永远不知道哪些交流是无效的。什么交流效率最高或者什么交流效率最低？这些问题非常主观。或许就像其他事物一样，交流需要不断地加强，甚至当你觉得你似乎应该感到满意时，答案往往是你不满意。

问：你谈论了因果关系和企业的 Big Ys，这是六西格玛的术语。请你谈一下"用六西格玛的方法进行管理"好吗？你看到了什么结果？你对其他人有什么建议？

JP：愿意根据数据采取行动，我想说这很早就存在了。然而，你在做出每一个决策时，并不一定能够获得你想要的数据。虽然我本人能够理解各种尺度，但如果你放眼整个企业，在对数据的理解方面，个人的能力之间存在着巨大的鸿沟，并且有些方面是你所不能够预料到。在你印象中，每个工程师一定擅长数学，懂得事情之间的因果联系。但事实往往并不是这样。实际上，你可能会在人力资源部门发现某个人精通数学，能够比工程部的某个人更好地确定事物之间的因果关系。

现在该给人们一些工具来改进他们的工具箱，这样他们就能够用更多数据来做出决策，并根据这些数据确立因果关系。我认为那是一个仅仅对我们有益的工具。我们做到这一点了吗？没有。我们愿意给人们一些工具来增强我们的竞争力吗？我想是的。我们愿意在培训和教学上投资吗？当然愿意。我们之所以这样做是因为我们相信，如果我们教会人们使用这些工具，他们就会愿意加入实施六西格玛的行列中，这样我们会取得比现在更大的成就。现在是"按照六西格玛的方式进行管理"吗？我不知道。这使企业从我们正在从事的计划中受益吗？我想是的。因此照这样理解，我们当然是按照六西格玛的方式来管理企业。

问：从一开始，TRW 公司就说你们的目标是将六西格玛作为变革的手段，而不仅仅是实施一个重要项目。你对此有什么评论？

JP：我们这么说是指我们会把六西格玛活动集中在改进我们的产品质量，加强企业管理，节约费用和提高生产率上。如果这样做能够大幅度提高企业的绩效，降低成本，更重要的是，在客户看来，我们在给他们所需要的方面（及时交货，为客户提供他们所需要的高品质的产品）做得极其出色，我会说这就是 TRW 公司发生的转变。

BC：你在 8 月份为我们做了关于 Bill Bratton 的专题研究。Bill Bratton 在 20 世纪 90 年代领导了 NY Transit，在 90 年代中期又领导了 NYPD。他使用大量的数据，做一些有象征性的行动，对企业进行了各种改进，但他从不说他在"实施六西格玛"或"按照六西格玛的方式管理企业"。因此，正如 John 所说，不论你是否将你的领导方式定义为六西格玛，我们所为之奋斗的是十分健全的领导风格。我们正在做的是使用你在这个专题研究中教我们的 Rath & Strong 变化框架，它将领导行为分为五大类：人员实践、流程及其测量、组织和工作结构、象征性行动和交流。因此领导行为可分解为平衡计分卡方法。我们的领导小组正在使用这个框架来看我们是否在使用平衡的方法，不仅在六西格玛中，而且在整个企业的管理方式中。指导小组的每一个成员也使用这种方法确保他们是用平衡的方式来进行管理，因此他们没有忘记要进行交流，并集中于仪表板、流程以及流程的测量。这就是按照六西格玛方式来领导企业，但也可以只把它看做一种好的领导方式。这就是我们企业正在使用的标准，这样我们就一定不会错过领导方式上发生的任何变化。

问：如果其他 CEO 打电话给你问他们是否应该追求六西格玛，你会给他们什么建议？

JP：首先，我会问，为什么你想谈论六西格玛？什么促使你追求六西格玛？如果你只是因为听说其他人在追求六西格玛，所以也想这么做的话，这还不足以激发你的企业实施六西格玛。如果你回答道："是，我是听说其他的人正在追求六西格玛，但我明白在我的公司有很多领域可以实施六西格玛，而且我目标坚定，决不是只愿意奋斗一个月的经理。"那么我看不出你有什么理由不实施六西格玛。如果某些经理选择项目只是为了赶时髦或者将公司的股票价格提高 10 个百分点的话，那么我认为这不是一个很好的理由。但如果他们相信六西格玛能激励或改变他们的企业，倒是一个好理由。

BC：有一件事可以使我们执行起来更为容易，尤其是在操作方面，那就是在过去的两年里,我们已经有了卓越操作计划,其核心是整个 TRW 汽车公司的 Toyota 生产系统。在我们的每一个工厂，我们有一个节俭生产管理员负责实施卓越操作计划。我们的工厂已经很成熟了，就像 Work-Out 在通用电气一样。企业的成熟是有阶段性的。如果你没有打好基础，就直接实施六西格玛项目，那么你很可能会遇到麻烦。因此我向 CEO 们提出的问题是，你现在处于什么阶段？你是否完全从操作方面来看待六西格玛还是使你整个企业的流程采用六西格玛，而不限于操作？你的企业有多成熟？因为可能有更好的开始方法，可以建立更好的基线实施六西格玛。我们已学会观察我们的企业哪些领域更为成熟完善。我们应当更加强调卓越操作，然后再实施六西格玛吗？因此，我认为关键是要在你集中精力实施六西格玛前，知道你处在什么阶段以及未来几年你要实现的目标。正如 John 所说，你必须做出承诺。John 承诺让黑带 100%的全职，这样他们就不会因为某个突如其来的重大问题而离开他们所从事的项目。在你的企业的最高层里，要有个经理来履行这个承诺，他们专门负责此事，而不会将精力分散到其他事上。

第 16 章

实施六西格玛的跨文化方面

Steve Crom

六西格玛的工具和技术是通用的，可以不加更改地在全世界推广。然而因为六西格玛是由像摩托罗拉和通用电气这样的美国公司发明并使之流行开来的一种方法，它的实施方式就明显具有美国企业处理重大变革的特点。那些努力在全球范围内实施六西格玛的公司必须考虑与之接触的当地文化的要求，确保其实施方式符合当地文化的标准和价值观。

理解民族文化的影响的框架

六西格玛是关于企业变革的，它在企业如何职位分配、考察绩效、创造企业文化和沟通方面有着明显的作用。举个例子，如果你的公司位于 Staines 或者 Stuttgart，汇报曲线就有着不同的含义，因为企业的理念及其目的在不同的文化中有着不同的含义。

在《追赶文化潮流》一书中，Fons Trompenaars 将企业概括为四种类型，即平等型、等级型、以人为本型和任务型。图 16.1 的矩阵表明了不同的民族的不同分类。Trompenaars 将员工和他们公司的关系比做家庭型、艾菲尔铁塔型、导弹型以及孵化器型。这些都在工具栏中有所描述。我们必须记住这些都是些老套的看法，只能为我们提供在整个公司实施六西格玛的一个大致的框架。

下面的例子说明了成功实施六西格玛的基本原则就是必须要和民族文化、公司文化相适应。

- 美国和英国公司的类型是平等型和任务型的，这两个国家公司的目的是像导弹一样达到确定的目标。在这里，谈论目标和过程是很自然的事。因为美国人崇尚个人奋斗，所以这里的环境非常适合六西格玛。六西格玛是一种靠有才能的人的个人努力来推动的流程优化方法。另外，在英国，当六西格玛成为一种向上级汇报好的提议和赢得赞誉的手段时，六西格玛就可以被大家接受。在美国和英国，六西格玛应该明确地将黑带和绿带的任命和很有潜力的经理们的职业发展联系起来。

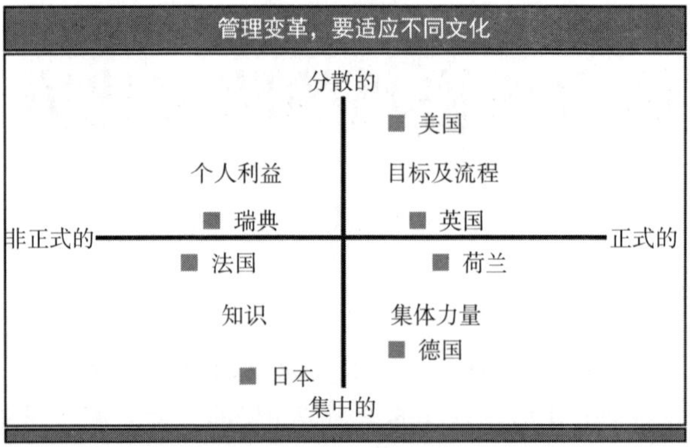

图 16.1 组织模型

- 根据 Trompenaars 的模型，荷兰与德国的企业是等级型和任务型的。在这两个国家，企业改进的目标是集体的效率，提高工作班组、部门和业务单元的能力才是重点。在这里如果你挑选出某些人通过特别的培训或者鉴定加以重用的话，你是在冒险制造精英团体，这些人会遭到同事们的怨恨。在这些国家的文化中，六西格玛的力量是通过创造一种流程自律文化来提高每个人的效率。例如，在一家德国公司，明确规定谁负责六西格玛以及六西格玛如何与其他管理举措相结合，然后将六西格玛作为一个方法，通过高级流程方法的广泛运用来提高集体效率。这样做会取得最大的成效。

Trompenaars 关于员工和他们公司关系的比喻

家庭型：这种文化的特征是一种亲密的、面对面的关系同时又强调等级观念。企业领导被视为一家之主。在这种文化中，人们在观念上追求项目组织或矩阵结构来分散权力。个人拥有的知识比根据经验获得的数据拥有更高的地位，效果被认为比效率更重要。

艾菲尔铁塔型：艾菲尔铁塔的形象象征一个企业强调分工和计划。结构比功能更重要。权力的获得来自工作或职位。地位事先就规定好了，专业资格证书非常重要。规则和程序也很重要。

孵化器型： 孵化器文化基于这样的一种观念，即个人的满足要比企业的利益更重要。企业的目的是作为个人自我实现的孵化器。这里的工作氛围往往具有强烈的情感投入。

导弹型： 导弹型文化是任务型的文化。团队和项目组是最主要的组织方式。它所强调的是想方设法将工作完成。动机基本上是其所固有的。

- 瑞典人喜欢在一个平等型的以人为中心的环境中工作。对他们来说，企业是他们表达自我，实现个人潜力的工具，是个人孵化器。要在一个瑞典企业中提高人们对六西格玛的热情，你要回答以下问题："六西格玛如何让我更有创造力？"你的回答应该是："通过流程优化，一半的问题可以避免，这样你会有更多的时间从事有创造性的活动！"你要准备好向他们证明六西格玛会帮助他们释放各自的潜力，让他们更快地成长和学习。实际上，这些将决定你是否能够取得成功。
- 在南欧国家，像西班牙、意大利、法国以及一些亚洲国家，商业企业更像是个家庭。权力是为团体利益服务的，它通过知识的传递来体现。这种环境下领导变革的高级主管们必须为自身以及企业员工们消化吸收这些变化，并将它们个性化。这就意味着在法国在选择基于流程的项目以及进行黑带或绿带培训前，应该让企业的高级主管们了解六西格玛中有关领导方面的部分。制定措施并采取行动提高员工的满意度也至关重要。家庭型的企业并不将股东的想法作为企业优先考虑的部分。

不管使用 Trompenaars 的模型还是常识，我们都可以得出明显的结论，即应该将部署方法和当地的特殊的需求联系起来。要了解并对由于民族文化而产生的差异非常敏感，同时在实施六西格玛的跨文化方面又要避免过度概括和思想僵化。创造实施六西格玛的热情需要从一开始就将它放在特定的文化背景下并进行相应的交流。

六西格玛工具和技术在全世界都是通用的，但实施六西格玛应该根据所在地的民族文化的差异而有所不同。实施方面的主要问题都与人有关。避免将美国式的实施方法作为一成不变的方法，它建立在强调有才华的、受过良好训练的个人的能力的基础上。不管具体情况如何，将一种实施方法运用于所有的情况，是我们应当避免的错误。

不同的文化，不同的速度

在不同的文化背景下，实施六西格玛有着不同的速度，这是需要考虑民族文化差异的另一个例子。假设你同意在法国、德国、英国和美国分别成立了一个六西格玛改进小组。在四个用同样的技术生产可比较的产品的设备上，每个小组都获得了减少业务处理周期的许可。这些小组的领导成员都同样地能干，在管理上给予他们同样的支持的情况下，他们的进度却相差很大（见图 16.2）。

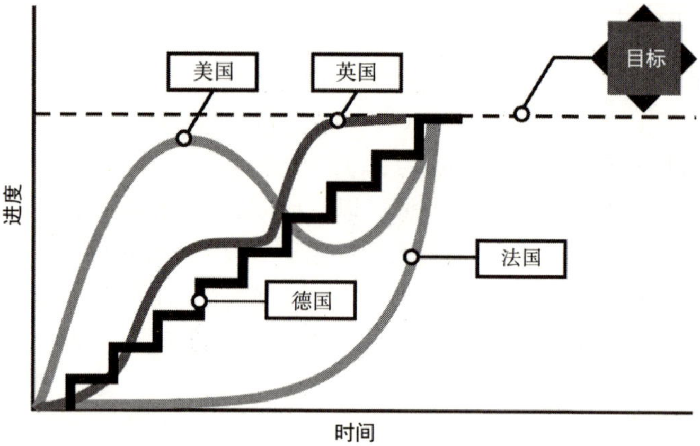

图 16.2　不同的文化，不同的速度

由美国人组成的团队在开始时热情很高，进展很快。他们富于创新精神，并迅速将他们的设想付诸实施。这个团队在开始的两个月内，就实现了很多变化，取得了80%的预期目标。然而，这个小组会因高级管理层的注意力的转移而分散了他们的注意力。他们中有人会说，“任何人都可以完成剩下的 20%的目标”，这表明他们对此已丧失了兴趣，并且希望转移到下一个项目。在以后的两个月里，他们先前的改进不能够持续。这时需要倡导者的干预，使这个小组能够更加细致地完成他们的项目，最终完成他们的目标。

由德国人组成的小组在项目的开始阶段会安静地聆听倡导者对任务的解释以及对章程的评审。他们在确定任务由谁来负责方面花的时间要比规定的时间多出一倍。他们所争论的是他们是否应该以及何时考虑企业结构问题，在考虑企业结构怎样改变前他们不喜欢设计流程。他们抱怨，“我们的美国同事相信不管有着什么样的企业结构，都可以把工作做完，因此在流程上做些改进就足够了。在德国，我们只有在组织起来后才能够将事情做完。为了一个目标授予某个人权利，他会和他的团队选出最好的方法来做这件事。”这个问题引起了大家激烈的争论，因为我们相信思想上的碰撞会产生最好的方法，从一开始就取得一致是非常重要的。事情按照他们现在的样子得以解决是因为他们分析并设计过，这让他们引以为豪，同时也使他们产生了怀疑。新的观念可能会推翻已经达成的关于事情该如何进行以及由谁负责的协议。然而，这个小组可以取得稳定的进展，就像爬楼梯一样。每个进展都反映了这个小组有条不紊的方法以及随后的行动。最后，他们可以按时完成目标。随之而来的企业结构上的变化让他们确信这些成果能够保持下去。

对法国小组来说，第一个挑战就是将他们组织起来接受培训。只有在接到来自当地公司总裁的命令后，他们才同意花时间来启动这个项目。八个人的小组会同时有六个人提问，如果一次只有一个人说话的话，就意味着其他人都不感兴趣。最后，他们接受了交给他们的任务，但没有接受项目的流程图。"我们会用自己的方式来完成这项工作"，小组负责人坚持道。其含义是"……否则就根本完不成"。项目开始后，这个小组会花 2/3 的时间来分析关于业务处理周期的数据，以及工厂存在的问题。详细的分析结果表明的四个问题都是和生产的安排有关。尽管他们希望将项目移交给 IT 部门，但小组的成员们还时开始汇总他们的想法，并开始试验。在最终产品的新牵引系统如何实现自我调度的问题上，他们形成了共同的看法。此后，他们的工作就开始突飞猛进。尽管在开始的四个月里没有取得明显的进步，然而在以后的工作中他们的进度却令人吃惊。这个小组喜欢在认真分析的基础上挑选出整个系统。"如果我们的系统是正确的，结果就会随之而来"，一个小组成员评论道。

英国小组的第一周的培训是在亲切的氛围中进行的。他们选择的旅馆很适当，不很豪华，但却远离工厂。这表明不按"通常的方式做生意"。小组成员们彼此都以礼相待。对于分配给他们的任务，他们没什么意见，只是他们还没有做好完成这些任务的准备。在中间休息期间，一些小组成员会表示疑虑："我们以前也试过这种方法，但却无法实施。"另一个小组成员说，"这次六西格玛有什么新的东西可以帮助我们？"在缓慢的开始阶段后，小组成员开始表明他们的担心，并着手工作。项目开始两个月后，小组成员们认识到，将完工部门的一些操作合并可以极大地减少业务处理周期。但这意味着操作工需要完成两项工作，而不是一项。"为下道工序做准备，并且还要对机器的运行速度负责，这不在我的工作范围之内。"一个操作工说。车间操作工经过小组成员们的劝说后，同意试一试。工厂的经理们知道那些操作工在想，"既然你叫我们做更多的工作，这一定对我们有好处"。在实现最初的突破、完成角色的重新谈判后，任务也就完成了。

以上四个例子表明文化的不同会导致方法上的不同。如果缺乏关于民族文化对完成工作的方式的影响这方面的了解，往往会产生灾难性的后果。例如，如果一个美国的六西格玛负责人缺乏文化的敏感性，可能会对法国小组没有取得进展感到焦虑。他或许会因为美国人对行动的偏见，很可能在三个月后将法国小组的组长解雇，因为他认为这个小组的工作是失败的。了解文化对行为的影响对于有效地管理全球范围内的六西格玛部署是至关重要的。

结论

如果六西格玛是企业变革的手段的话，那些在全球范围内或者不同的民族文化间实施六西格玛的公司领导们，应该能够改变他们的领导战略，包括跨文化方面的领导战略。

在全球化、分权型企业中的六西格玛
——访强生公司下属的 Headquarters Services Corporate Staff 公司副总裁 William Quinn

（Daniel Quinn, 2002 年 4 月）

William Quinn 是强生公司下属的 Headquarters Services Corporate Staff 公司的副总裁，他领导公司上下为强生公司全球总部提供服务，业务范围非常广泛。此前，他还担任过 Corporate Staff 集团的负责人，全面负责 THE SIGNATURE OF QUALITY®以及卓越流程的启动工作。卓越流程工作的目标是创造更有竞争力的商业回报。他负责用 37 亿美元并购了 DePuy 公司，以 49 亿美元和 Centocor 公司合并，并以 120 亿美元同 Alza 公司的合并。在 1991—1995 年期间他还和 Wal-Mart 一起创办和领导强生的跨职能小组。William Quinn 于 1973 年从美国西点军事学院毕业，1980 年获得了美国哈佛大学的工商管理硕士学位。

强生公司拥有大约 106100 名员工，是世界上产品门类最为齐全的医疗保健品生产企业。同时它也为顾客和医疗市场提供诊断、医疗器材等相关服务。它在全球 54 个国家拥有 197 家下属公司，产品畅销超过 175 个国家。

问：很多公司都没有强生公司的经验和远见，你认为在强生公司内部，六西格玛有没有辜负其盛名吗？

答：没有。实际上，随着六西格玛的实施，其名声越来越大。起初，在企业领导们中，六西格玛没有什么名气，人们不理解它是怎么一回事。我是在 1987 年才读到关于摩托罗拉公司推行六西格玛的有关报道。坦白地说，我们不知道怎样才能够达到那样的水平。当时，它看上去很像是个专业工具。

1997 年当我们开始重新考虑六西格玛的时候，一些事使我们改变了想法。AlliedSignal 开始实施六西格玛并获得了成功，取得了一些重要的成果，引起了大家的关注。通用电气也开始实施六西格玛，并很有自己的见解。显然，六西格玛不仅仅是个质量标准，也不仅仅是一些可以帮你达到你的目标的工具的组合。它和领导制度以及能够很好地将一切紧密结合在一起的改进体系有着很大关系，这在当时

极大地开阔了我们的眼界。1998 年它被证明非常适合我们公司，这引起公司高层领导们的注意。由于我们当时工作繁忙，更主要地是因为六西格玛的一些术语和它的历史使人们认为它不便于操作，并且在某些领域不适应，因此我们在继续推行六西格玛时花了一些时间。我们借鉴了其他公司以及我们自己过去的经验，才了解到六西格玛的适用领域很广。我们认为它对我们大有益处，将其称之为卓越流程。

卓越流程在很大程度上就是六西格玛，我们也在其中加入了一些节俭思维。我们的一些子公司在简化操作方面做了大量的工作。因此，我们面临的挑战是如何将他们结合起来。在有些方面它们已经开始结合了起来。不久，我们又将六西格玛引入设计领域。同样，我们也借鉴了其他公司在这方面的经验。我们将它称为卓越设计，它也是我们卓越流程方法的一部分。

六西格玛是应该享有这样的声誉的。开始时，它只被认为是个良好的改进工具。现在，它已经成为一种全新的企业管理方式，包括领导艺术、改进工具、目标定位和测量重心等，将这些结合起来确实会给企业带来重大变化。

问：你认为六西格玛是质量的自然演变，还是认为它将质量推向更高水平的一个突破？

答：六西格玛是一个突破。有趣的是，它的所有成分都已经存在，它的突破只是在于将它们结合起来，并让它们非常协调地工作。正如我所说的，早在 20 世纪 80 年代末期，我们就开始使用统计方法来取得连续的改进。当我们回头看当时的想法和所使用的方法，我们发现它和我们接受六西格玛培训时所学到的东西有很多相似之处。每个质量项目都谈到了领导的作用和提供指导的重要性。六西格玛却更进一步地指出领导们不仅需要指出什么是重要的，而且还必须亲自过问这些事情。

六西格玛还可以对许多尺度进行测量，这在以前是从来不为人知的地方。以前进行测量时，我们会认为我们需要从输出的角度进行，但不一定包括一些重要的随机测量。现在我们明白保证整个企业了解这些重要的偶然因素是企业领导们的责任，这些因素往往会促成企业目标的最终实现。作为企业领导，我们要确保企业有效地运行并且能够不断加以改进。这样，我们可以对需要在哪些地方改进提供指导。我们使用卓越流程来对企业加以改进。

以前，企业领导们常常会确定改进目标和方向，但那些负责改进的人不知道怎样才能实现这些目标；或者你的企业里有人知道这些目标并且会使用可能有效的工具来实现这些目标，但那时领导们会削减对这项工作的支持，因为他们认为这不符合公司战略。将它们合并则会产生重大影响。领导们的做法是对的，因为他们要保证企业所做的事是正确的。企业现在有能力按照领导们的要求去行事。这就是它为什么和六西格玛有这么大的不同，六西格玛将它们结合在一起了。

最后，我们提高了期望值。我们不只是进行小的改进。Roger Bannister 最终用 4 分钟跑完了 1 英里，但用不了多久很多人就打破了他的纪录。突然人们明白他们也能够做到这点，我认为六西格玛的情况和此相似。对很多人来说，接近零缺陷的想法是十分荒谬的。突然，我们做到了这一点。结果，我们的期望值又提高了。

问：就六西格玛的好处来说，你认为它给强生公司的财务上带来什么样的影响？

答：影响很大。我们从不同的方面看待这个问题。我们的前任董事长谈到了卓越流程（强生公司的包括六西格玛在内的创新），他说这项改进为整个公司节约了几十亿美元。我们的质量部门的人员总是不愿将这个数字说得很大，除非我们有很好的证据。因此，我们开始询问财务部门，我们所节约的数额的是怎样计算出来的。当我们将两年来卓越流程为公司节约的数额加起来时，其总额超过 10 亿美元。但 P&T 公司所计算的节约额要远远超过这个数字。尽管我们不能说所有的节约都是由六西格玛或者我们的卓越流程计划所带来的，但可以说六西格玛和卓越流程是建立于我们公司长期的改进文化之上，并对它做出了很大的贡献，使之更加活跃，功能更为强大。

问：强生公司在实施六西格玛的一些方式上和通用电气有着很大的不同。例如，通用电气是个权力非常集中，以 Jack Welch 为中心的组织管理严密的公司，而强生公司却是一家追求共识的企业。当你们开始实施六西格玛时，有没有注意到这些差异？你认为从长远来说，这对强生公司有利吗？

答：我们曾密切关注过通用电气和 AlliedSignal，强生公司在很多方面与它们不同。我们有着自己的管理原则，我们认为一直以来我们做得很出色。我们分散权力以及从长远考虑的管理原则只是我们公司文化的一部分。在我们公司，当我们集中地讨论问题的时候，我们就必须要赢得各业务单元的同意，它们直接和客户打交道，公司的营业目标要靠它们来实现。我们必须说服它们，使之认为公司的提议是正确的。然而，卓越流程计划会为我们带来巨大的利益，我们必须毫不耽搁地马上实施。因此当你有这样的项目时，你必须在两者之间取得平衡。

我们董事长在强调卓越流程方面做得非常出色。他把卓越流程和革新、因特网、完美执行一道称为这十年里的四项紧迫任务。

因为强生公司实行的是分权制管理的企业理念，在推行方面要比组织严密、集中管理的企业要困难一些。此外，强生公司的企业都是以客户和产品为中心的。通常情况下，当我们企业领导们了解到一个新的想法的时候，就会埋头去思考，因为他们喜欢好的主张。六西格玛的情况也是如此。但我们花的时间要稍微长一点，最终所取得那些不能忽视的成果花了我们一年半的时间。

问：那么，强生公司的高层领导是如何反应的呢？你们所取得的重要成果引起他们注意了没有？

答：他们一直都非常支持，但他们支持的是新思想的诞生。在希望他们将卓越流程作为企业优先考虑的事项前，我们需要向他们提供一些商业案例。在和董事会见面后我向他们做了三个简要的汇报，从而引起了他们的注意。在会议开始时，我用他们能够理解的方式简要地将其描述为刚刚接受完培训的黑带。然后，我告诉他们，他们要加入项目小组。这个小组的任务是致力于解决一个长期存在的问题以提高一个重要的药品的产量。我拿出一张图给他们看，这张图显示尽管以前做出了很大的努力，但产量却没有很大的提高。这并不仅是提高生产效率的问题，这种药品还对病人的生命有着重大影响，市场对它的需求量在迅速增加。在满足这种新的巨大的需求面前，我们做得似乎不够。

然后，我向他们展示了项目的实际结果以及所取得的成就。项目小组用六西格玛的方法将产量提高了 2/3，建一个工厂生产同样数量的产品需要 8 000 万美元，而且需要花费一年半的时间。仅这一个项目就对企业产生了巨大的影响。因为这种产品是针对癌症患者的，对他们的生活质量的改善又有着很大的影响。这个小组的工作所产生的影响是极其深远的，因为它为我们提供了可以改变生命进程的产品，否则我们将无法提供这种产品。我们向他们表明这不仅是一种产品，而且和人密切相关。

在陈述完上面的例子以及其他一些相似的例子后，副董事长问道："如果企业领导们拥有这样的技能，你怎样保证他们能够正确使用这些技能？"这是一个基本问题，它表明强生公司的领导们已经明白了。强生公司的领导层认识到我们已经拥有了一种我们以前不具备的能力，他们的责任是确保我们适当地使用这种能力。几个月后，董事长就提出了他的"四项紧迫任务"，卓越流程是其中的一个。我相信这对我们来说是关键的一个。

问：在执行卓越流程计划的同时，你们公司内部有其他一些类似的计划吗？还是说卓越流程计划是强生公司在当时唯一努力去做的事？

答：在执行卓越流程计划的同时，我们也在从事其他一些计划。尽管我们已经将权力下放到各个部门，但当涉及质量时，THE SIGNATURE OF QUALITY® 是我们共同的标准和方法。此外，我们有众多的业务单元，它们对业务的改进方法也各种各样。在 20 世纪 90 年代早期，我们对企业做了大量的重建工作。我们使用了和六西格玛相同的方法，但又不是六西格玛。最近，因特网的使用也是流程改进的重要的催化剂。

我们面临的挑战是如何将应急的方法变成共同的方法和语言。卓越流程是我们共同的方法，它包括六西格玛、节俭思维和卓越设计以及临时仪表板。这是我们分散的企业间一种共同的语言，是我们改进的最佳实践法。

问：在测量实施的进程方面你们是怎么做的？你们怎么确保在不同的项目之间分享这些知识？

答：我们所做的工作不多。就部署而言，我们看什么会导致正确的结果。所以在关键的流程上，我们建立了监督经营成果的仪表板。然后，我们将它推广到新产品的开发、销售和营销领域。通过观察仪表板我们会了解某个企业是否在做改进项目，它所做的改进最终会在仪表板上显示出来。通过减少库存，或者减少过多的应收款项，或者节约成本，或者将在改进以前无法卖出去的产品卖了出去，这样节省下来的钱都是真正的钱。

我们还有其他的一些尺度，如你们企业的领导层接受过卓越流程和六西格玛的教育并且受过基本的培训吗？你们企业的领导者也是卓越流程的领导者吗？你们有项目选择和项目评估的流程吗？你们培训了多少黑带和绿带？有多少被授予了证书？这些都是我们实施的尺度。有时，有人会问我们："如果你只想要很多黑带和绿带，我们可以为你培训很多黑带和绿带。这不就是你想要的吗？"当然不是，我们要的是结果。这就是为什么我们一直强调在看我们的流程尺度了解结果的同时，也要看其带来的经济回报。既看我们的领导在做什么以及寻找测量的尺度，同时也看我们的专家在做些什么。

问：现在回顾你们的经历，你对其他企业的领导们有什么建议？你认为你会有不同的做法吗？

答：是的，很可能。我们应该更早对企业做出改进。例如，增加卓越流程负责人，建立在企业内部联系企业领导的委员会来选择和评审项目等等。我们一直努力去了解强生公司到底在做些什么，以及什么在这里是可行的。如果我们对企业的结构改变得更早些，我们的进展可能会更快一点。这需要企业领导有可以动用的资金，因为必须对这些项目进行一些投资。这样，就会更快地看到成果，同时也可能使我们可以更快地实现这些变革。这也是我们应该做的一件事。

另一件应该做的和我们如何将六西格玛和节俭思维联系起来有关。我们相信它们是互补的。我们已经有了实施六西格玛和节俭思维的几个试点场所。我们应该更快地将学习与领导以及全公司都可以获得的专家培训结合起来。

最后，我们的方法总是从供应开始，然后再到其他流程。这样做的好处是供应链有了很好的基础，其不利之处是有时人们会认为你不能够将它们运用到研发、营销或其他部门。如果发动的范围更广一些，那么结果会更好。可是我们在当时做不到这一点。我们从供应部门开始，是因为我们知道我们在这里可以获得回报，而且这也是人们感兴趣的领域。而其他部门则不会是这样。现在不仅是供应部门，而且有很多在研发、销售、营销等流程成功的例子。我想你会希望这个领域更广一些，而不只是集中在一个流程。

问：强生公司是较早实施六西格玛的公司，请问如何知道什么时候才是企业实施六西格玛的最佳时机？

答：多年来，我们一直在寻找更好的方法来使我们的改进努力更有成效，我们一直在寻找最终会导致很好的经济回报的流程方法。我们在 THE SIGNATURE OF QUALITY®上有很好的工具，这是基于 Baldrige 的评价工具。我们过去就将仪表板或者平衡 计分卡联系起来。但这不像我们实施六西格玛时那么明显。我们也思考过，但没有六西格玛那么明朗和清晰。我们看到它已经开始运行并引起了人们的注意，但当时每个业务单元都有它们各自的改进方法。然而，我们的大部分工作要么是地区性的，要么是全球性的，我们不能让企业内部存在不同的改进方法和语言。我们一直在寻找一种能够统一起来的方法。我们对六西格玛的理解是正确的。Dr. Paul Janssen 创办了 Janssen 制药厂，他总是对他的科学家们强调拥有一个有准备的思想的重要性。他说，作为科学家，你要在思想上做好准备，这样当一个好主意来临的时候，你就能够马上鉴别出来。实际上，我们也做好了实施六西格玛的思想准备。所以，当我们看到了在 Allied 和通用电气发生的一切时，我们说，那就是我们在寻找的东西。我们已经做好了准备。

问：当你在考虑六西格玛中领导的作用时，有些事领导不能够只是委派他人去做，他们必须亲自参与进来，请问是哪些？

答：领导们的任务之一就是确立企业的目标和战略，准备好企业的资源，因为没有资源的战略是毫无意义的。因此，作为领导，你不能只是让企业知道这对你需要完成的任务是多么的重要。

领导们不能够委派他人去做的另一件事是确保你们所用的尺度支持你们所做的改进努力。你们需要确保你们有和企业战略联系起来的仪表板，这样企业员工就知道他们的行为会通向你们为他们制定的最终目标。企业领导必须能够在企业内建立起对未来结果的预见性和测量体系。一旦你建立起测量体系，你不能只是希望其余的会发生。你必须对此感兴趣。作为一个企业，如何确保我们尽力实现改进？

企业领导的作用是确定目标、任务和正确的测量体系。这样就能够了解企业里所发生的一切，让企业集中于某项行动，然后努力去实现它，从而使企业领导成为有才华的改进专家。如果领导能够集两者于一身，那么就可以做成很多事。但如果你将他们分开，那么要么改进人员不能够从事正确的改进，要么没有所需要的资源，因为企业领导提供给他们。如果你切断它们之间的联系，那么新的管理举措就会夭折，领导们也得不到他们所预期的改进。

问：你发现六西格玛和卓越流程实际上改进了强生公司的领导人才库了吗？如果你进入了这个人才库，你认为会有帮助吗？

答：1996 年我们提出了我们的领导标准，这些标准是强生公司在全球的领导们确立的一个指导方针。它指出了对于一个领导来说哪些才是重要的。这个标准的核心是信念，在这个核心之外但也处于中心地位是经营成果。换句话说，领导们必须坚守我们的信念，并且有一定的经营成果。其次，是强生公司领导们的五大类行为。要实现我们的信念并且有一定的经营成果，领导们需要在这些领域方面有所长。这些领域包括客户和市场中心、企业和员工发展、创新、应付复杂局面和合作。

六西格玛和卓越流程在这些领域都非常有帮助：

- 显然，它们都是完全以客户为中心的；
- 它们都有着非常简捷的方法可以帮助你领导企业的员工，因为你在帮助员工发展，赋予他们新的能力，帮助他们取得成功。在他们成功后，你又给予他们表彰；
- 5%的改进是不够的。为什么不追求将缺陷率降低 80%，或者争取 10 倍的改进。这些都是突破，而突破需要创新；
- 有很多数据，但你相信什么呢？六西格玛和卓越流程帮助企业掌握复杂的因果关系，通过数据了解什么才是实现目标的推动力量；
- 我们的问题是我们的公司相当分权，但我们发现越来越多的工作需要合作，所以我们需要更多地合作。我们发现在实施六西格玛后，我们在世界的某个地方解决了一个问题后，能够将这个信息和其他地方的公司分享，这样可以更快地将某个问题解决。这是通过因特网来实现的。项目追踪已经是我们日常工作的一部分。有了网络这个工具，我们可以将某个方法在世界各地传递。这既是为了教学，也是为了追踪。同时我们也可以用各种方法来分享信息，它们不仅仅和项目有关，而且也用来传递知识。你可以通过网络来提出问题，从世界的不同的地方得到回答。此外，我们还建立了一种将全世界各地的有着相同的兴趣和实践的卓越流程领导人联系起来的组织，在全世界范围内分享他们的最佳实践。

问：你认为领导采取过一些值得纪念的、有象征意义的、确实帮助过卓越流程和六西格玛的行动吗？

答：主要的有象征意义的行动是将卓越流程作为这十年的四项紧迫任务之一，另一个有象征意义的行动是在我们要求整个企业都接受六西格玛培训前，董事会的董事们都接受了为期几天的六西格玛培训。他们理解了高级方法、统计方法以及其他一些对他们认识事物有帮助的方法。第三个有象征意义的行动是董事会同意半年评审一次仪表板。仪表板是我们建立的高级成果测量的一部分。因此他们会检查我们在高级仪表板尺度上的改进以及我们的财务成果和实施尺度。

问：关于实施六西格玛可能会给企业领导们带来的挑战，你对他们有什么建议吗？

答：作为企业领导，当出现像六西格玛这样的事物时，我们要做的第一件事是去了解这是否能够帮助我们的企业。有很多事情需要我们去注意，但我想告诉企业领导们的是他们的一个主要任务是充分地理解它，在了解了其强大的功能后去实施它。相信一旦他们开始行动，就会理解它的力量。因此作为企业领导，你要确保你理解它，然后尽早尽快地实施它。这些只是你个人的认识，你要将你的认识告诉你的领导层的其他成员。

另一个建议是关于如何实施新项目的。你必须分配任务和资源，然后采取行动。这最终可归结为企业领导对企业改进的重视，因为六西格玛会带来成果。如果对某些人来说这仍然是个问题的话，那是因为他们没有看到周围发生的一切，现在这样的例子已经很多了。六西格玛贯穿每个流程。我见过六西格玛对销售和营销产生重大影响的情况。在研发领域实施六西格玛却还是最近的事，但在我们公司和其他公司的这个领域，我们已经看到了重要成果。因为六西格玛或者卓越流程很有价值，所以我们必须确保它得到很好的执行。成功的领导者知道如何提出领导倡议。这没有什么不同。想办法去实现它。

问：你认为六西格玛或者卓越流程是强生公司采纳的一个最成功的质量倡议吗？你认为六西格玛或者卓越流程会让企业围绕一个共同的主题结合在一起吗？

答：我认为卓越流程是我们采纳的最成功的倡议之一，尽管强生公司是个大公司，总有很多重要的事情在这里发生，但是六西格玛却赋予了质量以生命和目标，并且对日常的业务的影响超过了以前。这就很有价值。

问：你认为在未来的两三年里卓越流程会发生什么样的变化？

答：我希望它继续成长，扩展到强生公司内部的每一个企业里。我希望它成为强生公司内部的改进语言。我认为随着时间的推移，我们会实现这个目标。我希望它能够帮我们实现我们的营业目标，在各方面都超过以前。我希望它能够帮我们履行对全世界的客户和规章制定机构的义务，使我们的产品和服务完美无缺或者几乎完美无缺。从制定规章的角度补充我们的努力，使我们符合全世界的规章要求，使我们在规章制度上达到环保要求，作为一个企业和世界公民，做出我们的贡献。我们希望卓越流程让我们的领导更加注重成果。我希望他们能够非常熟练地使用事实和尺度来指导企业，确保我们能够取得难以置信的经营成果。我希望它能够帮助强生公司的员工寻找到成功之道，这样就不存在他们不能够解决的问题。在这里他们可以使用输入、方法和领导制度，解决前人所不能解决的问题，不仅使企业受益，而且使他们自己也收益，享受到成功的快乐。这一切真是太美好了。这样我们的客户也可以拥有比以前好得多的产品。员工可以拥有更多的机会和满足感。我们遵守当地的法规，使得企业股东们满意，这些都是我所希望的。我想卓越流程在帮助我们实现这些愿望上能够发挥重大作用。

第 17 章

稳定、扩展和整合六西格玛

Thomas Bertels 和 Andreas Kleinert

执行六西格玛需要经过很多年的努力。良好的开端能够迅速让企业获得前进的动力，但是将这种动力长期保持下去则完全是一种挑战。所有新的管理举措在几个月后就会失去最初的光彩。让整个企业对管理举措始终保持高度关注是战略性演变，这意味着企业的注意力将从摘取“低枝的果实”转变到将六西格玛变成企业日常活动的一部分。如何通过稳定、扩展和整合六西格玛获得实现上述目标的机会，是本章讨论的重点。

- **稳定**：稳定是维持六西格玛管理举措正常运行的最低要求。最初，企业对项目的选择和评审是特别做出的。第一批黑带和绿带有很多高回报的项目可以实施。随着时间的推移，必须形成一个固定结构和一个项目选择、评审和复制的流程。
- **扩展**：扩展指的是能够使用更为复杂的六西格玛方法，在整个企业更复杂的层面和更大程度上发挥六西格玛的力量。在实施的最初阶段，不要向企业传达过于复杂的信息，也不要在第一天就将所有的事都确定下来。随着计划的逐渐成熟，就会很多更复杂的问题出现。解决这些问题需要从整体的角度考虑，使用更先进的工具和方法。
- **整合**：如果六西格玛的目标是变革的话，那么将六西格玛融入企业的日常事务中就很重要。项目的启动需要独立的和临时性的六西格玛组织。完全将六西格玛融入企业中需要重新定义那些临时性组织的作用和职责。

在启动阶段后讨论哪一点重要，需要考虑企业高级管理层确定的整个六西格玛实施的重点。如果重点是渐进式的话，就应致力于六西格玛计划的稳定上。如果重点是变革式的话，扩展六西格玛计划并将六西格玛实践融入到企业的组织结构中就很重要。图 17.1 列出了每个标题下的主要领域，给出了从很多成功的实施中得出的时间表，提供了一个高水平的项目计划，并描述了在开始的三年的实施过程中的主要步骤。

	第一年	第二年	第三年
稳定	■ 任命“钱带” ■ 实施项目追踪系统 ■ 建立项目层次 ■ 收集 VOC 数据	■ 使训练内部化 ■ 发展黑带大师 ■ 审查部署 ■ 将黑带提拔到领导岗位	■ 发展 e 学习能力 ■ 追踪任职期满的黑带的工作
扩展	■ 将责任移交给下一级管理部门	■ 发动 DFSS（六西格玛设计） ■ 与客户和供应商一起实施项目 ■ 合并附加的工具	■ 建立客户计分卡 ■ 复制项目
整合	■ 将高级管理人员培训为绿带 ■ 执行仪表板	■ 执行流程管理 ■ 流程重组	■ 利用六西格玛对知识进行管理 ■ 性能竞争

图 17.1　六西格玛稳定、扩展和整合时间表

也许有人会问，“项目开始后再考虑这个问题是不是太晚了？”是的，在实施过程中这些问题考虑得越早越好，所有这一切最好事先计划好。但实际上，必须决定启动六西格玛日期的企业，在执行六西格玛的过程中会遇到很多问题。在启动六西格玛时提前做好思想准备很有帮助，是否以及何时执行这些步骤是部署六西格玛过程中需要回答的问题。例如，虽然在变革上有着成功经验的企业能够提前执行这些任务，但其他企业可能要花更多时间。

稳定六西格玛计划

为了稳定六西格玛计划，企业必须建立能够支持范围扩大的职位和机构。在实施的第一年采取的行动有助于建立牢固的基础，这样企业可以在第二年将精力集中在培训的内部化、发展企业自己的黑带大师以及采取其他重要措施使企业可以依靠自己的力量来实施六西格玛上。另一个至关重要的步骤是评估实施的进度。在第二年快结束时，第一批黑带的任命即将到期，企业要集中精力任命第二批黑带，这同样非常重要。

第三年及以后的行动应该有助于从企业结构的角度上稳定六西格玛计划。

▶▶ 任命“钱带”

六西格玛计划的可信性度在很大程度上取决于经过严格确认的可以节约费用的多少。在确定六西格玛项目的财务影响方面，财务部门起着很大的作用。财务代表是六西格玛计划办公室的一个成员。虽然他能够帮助确定项目的影响，但范围的增加要求在整个企业实行同一种方法。正如在第 4 章提到的那样，许多公司设立质量分析员或“钱带”（负责评估和审计项目结果的财务分析员）的职位，对那些以前实施过其他计划，但没有取得具体成果的企业来说，这个职位格外重要。企业领导是从财务的角度来了解企业的运行状况的。将项目成果转变他们能够理解的财务数据，对获得领导层长期的支持至关重要。任何大规模的六西格玛实施活动都需要有一大批受过训练的财务专业人士。他们可以帮助你确定项目的财务影响。

▶▶ 实施项目追踪系统

初始项目的记分和追踪是相当简单的，可以用一般的电子制表软件来完成。然而，随着执行的继续和更多项目的启动，需要更复杂的方法来确保项目的正常运行。启动阶段以后的成功取决于是否有适当的系统将各种资源利用起来，尽可能地提高劳动生产率。项目追踪系统可以帮助我们完成这项任务。使用专门的项目追踪系统，能够确保企业：

- 将项目与企业目标结合起来；
- 在企业里没有重复这种努力；
- 停滞不前的项目能够很容易识别出来；
- 可以使用的改进资源得到了有效的利用；
- 遵循六西格玛方法，并且所有关键的步骤正在完成；
- 领导层能够不费力气地评估所有在建项目目前的状态。

避免项目实施的短期性方法，这对获得领导层的长期支持至关重要。除非六西格玛项目和企业目标联系在一起，否则高级管理人员对项目的热情、投入和支持会随着时间的推移而逐渐减少。项目追踪系统能够帮助我们确定项目在多大程度上和企业主要的优先项目有关，并帮助领导团队从企业战略的角度管理项目投资，在早期就能够确定低优先级的项目并提出矫正措施。

大公司有很多相似的流程。那些有很多营业地点的企业需要注意项目的复制问题。项目追踪系统能够帮助我们确定类似的项目，并促使领导者取消复制或者推动不同地点处理同样问题的工作组之间分享彼此的经验。

很多项目常常会在某个阶段停滞不前。一些团队不能准确地确定问题所在，而其他团队则陷入停顿分析的陷阱中，无法进入改进阶段。使用项目追踪系统能够帮助我们确定那些正在某一阶段停滞不前的项目。这些项目需要领导者的干预，标明哪些项目在某个阶段停留的时间过长。

黑带和绿带是用来解决企业问题的资源，不能有效地利用这些资源不仅是一种浪费而且也会让他们感到沮丧。如果没有给黑带分配新的项目，让他们总是处于等待状态，会让他们感到不满，他们会觉得自己被忽视了。项目追踪系统能够帮助我们确定是否有受过训练的黑带没有项目可做，并提示领导团队给他们分配新的项目。

六西格玛的一个关键因素是其方法的精确性。跳过诸如确定客户需求或者测量流程能力等关键步骤，经常导致失败并损害其方法的完整性。追踪系统能够确定关键步骤以及是否已经完成这些关键步骤，并提供一份评估项目当前状态的清单。追踪系统也可以帮助管理层确定在什么地方可以使用另外的工具缩短完成某个步骤所需的时间。例如，通过对完成测量阶段所需的时间的分析，我们可以将更好的数据收集方法包括到培训课程中。

整个实施是否运行正常？当前正在进行的项目的潜在影响是什么？项目追踪系统非常重要，因为它可以向领导小组提供这些数据。那些强调财务目标的公司可以利用追踪系统来评估当前项目的投资组合，看它对符合企业整体目标的费用的节约是否足够。

尽管项目追踪系统有很多优点，但很重要的一点是不能使之过于复杂或者建立一些不必要的机构。追踪系统的成功和所获得数据的精确程度取决于黑带和绿带更新项目信息的难易程度。

▶▶ 建立项目层次

尽管在六西格玛部署的早期阶段确定潜在项目比较容易，但为以后的阶段保持足够的层次可能会成为问题。这些项目范围明确、影响重大。其原因包括以下几个方面：

- **项目持续时间的减少** 最初的黑带项目和培训周期有关，包括一些工具的学习，因此常常需要四到九个月时间。一旦黑带接受完培训，完成一个项目的时间平均会减少到两个月。这样黑带就能够完成更多的项目；
- **部署范围的增加** 为了保证初始项目得到很好的支持并获得成功，许多公司避免在项目启动阶段培训大量的黑带和绿带。然而，随着时间的推移，接受过培训的黑带和绿带数量会显著增加。所有这些黑带和绿带都需要可以从事的项目；
- **知识的增加** 在最初的阶段，领导者趋向于将所有的企业问题都看做六西格玛项目问题。随着时间的推移，他们认识到项目必须符合一些标准（问题是由流程引起的，集中在问题上而不是解决方案上等）才能够成为好的六西格玛项目。

因此，企业领导们排除了不能用六西格玛工具来解决的问题。这实际上减少了项目的层次。

所有这些都需要我们建立有着明确定义的项目层次，这些项目能够很容易分配给黑带和绿带。自由讨论已不能够提供足够的层次。因此，许多企业执行流程管理系统或建立确定项目、限定项目范围的流程。

▶▶ 收集 VOC 数据

客户真正需要的是什么？什么因素能够促进客户的忠诚和购买行为？很多公司缺乏这些资料，这是它们在实施六西格玛的过程中的最常见的问题之一。由于缺乏资料，它们不能启动解决客户问题的项目。他们的初始项目注重的是成本的降低，然而，着重于成本的降低并不能鼓舞人心，也不能帮助企业充分发挥六西格玛的作用。要解决这个问题，换句话说，要获得能够确定以客户为中心的、影响企业销售业绩增长的项目，企业需要建立相应的系统和流程。客户忠诚度研究或类似的机制不仅有助于克服只关注内部问题的弊端，而且有助于提高销售收入。第九章概述了收集可靠的 VOC 数据的方法。

▶▶ 使训练内部化

使训练内部化非常重要，其原因有以下几点。首先，可以减少咨询费用的支出。第二，让那些有才干的黑带大师和黑带讲授六西格玛课程可以帮助内部的培训人员更加深刻地理解工具和方法（毕竟，回答与方法有关的难题，为参与者举出例子和调整培训工具需要对所讲授的资料有着真正的了解）。这会增强企业内部的潜力。除了黑带培训外，需要有培训培训者的项目，这样可以在培训技能上训练黑带。

值得一提的是，黑带的价值体现在让他们完成那些对企业来说非常重要的项目上。黑带不应该是企业专职的培训者，但他们可以抽出一定的时间从事培训工作，例如，每月有一个星期时间用于培训。

迈向整合的重要的一步是使企业的培训工作内部化。摩托罗拉有内部的培训和教育机构摩托罗拉大学；通用电气 Capital 建立了学习与企业效率中心，该中心承担公司所有的六西格玛培训活动。

将六西格玛培训内部化的一个常被人们忽略的方面是建立后勤支持机构用以向培训场所提供材料和设备的重要性，这一般由六西格玛计划办公室来处理。如果这是一家世界性的公司，计划办公室需要在公司有业务活动的地区设立代表，因为语言问题很重要（项目的支持与培训需要使用当地的语言）。同时和当地的材料供应商的协调也非常关键。

发展黑带大师

企业要有自己的黑带大师，这是使六西格玛计划内部化的另一个关键。黑带是六西格玛企业里创造财富的人，他们引导项目取得经济上的成功。因此，他们是实施六西格玛的核心。黑带大师在促进企业的独立方面发挥着关键作用。黑带的任职时间通常为两年，之后他们将回到企业的管理层。但黑带大师在六西格玛组织中任职时间要长一些。如第四章中所描述的那样，黑带大师是企业内部的顾问，他们和团队领导以及企业领导一道工作，给六西格玛项目以支持。

多数企业在开始时会从外部雇用一些黑带大师，但后来它们会从合格的黑带中提拔一些人为黑带大师。这通常需要一两年时间。从外部雇用的优点就是能够学习其他公司的经验，能够从外部的视角来看待企业的问题。许多公司在部署到启动的早期阶段从外部聘请黑带大师。然而，只从外部引进也有问题，例如，由于每个部署战略各不相同，如果你从几家公司聘请黑带大师，他们可能有着不同的理念，这些不同的理念往往很难调和。

黑带大师发展计划通常包括下面的培训模块：

- 六西格玛高级工具（模拟、高级实验设计）；
- 软技巧（说服技巧、咨询技巧）；
- 六西格玛设计；
- 流程管理；
- 仪表板开发；
- 重大项目的选择；
- 培训技巧。

大多数公司的 360 度全面反馈流程包括黑带、黑带同伴、六西格玛领导者以及其他高层管理人员，同时也包括个人发展计划。

一些公司为黑带大师某个方面的作用设立了单独的职位，例如，TRW 汽车公司任命了黑带领导，他们被分配到核心流程组和/或产品组并与他们所在的部门管理层密切合作，共同确定优先项目并将这些分配给黑带。他们帮助选择黑带，回顾项目进度、结果以及可转移性。在 TRW 汽车公司，黑带大师被公认为工具专家，他们用专门的方法对项目提供支持，为企业提供培训。

审查部署

我们建议采用正式的方法定期地对实施的进度进行评估。这不仅有助于确保项目的正常运行，而且能够及时解决具体问题或缺陷。执行六西格玛是一个动态的过程，优先项目会随着时间的变化而变化。实施尺度的演变就是一个很好的例子：虽然追踪受过培训的黑带和绿带的数量在实施的第一年是一个很好的尺度，但随着时间的流逝，尺度的重点需要转移到项目的结果和完成项目所花费的时间上。在整个企业或者各个业务单元实施可能恶化。典型的标志有：

- 项目持续时间的延长；
- 项目回报的减少；
- 黑带人员调整的增加。

评估实施状况的实用方法在第 18 章有详尽的描述，此外也可以使用像 Balarige 奖这样的标准框架。重要的是要确保审查包括六西格玛的所有方面以及其使用结果来激发矫正行为。

▶▶ 将黑带提拔到领导岗位

黑带是一个临时的职位，那些许诺过黑带是企业未来的领导者的企业需要确保有适当的流程让那些任职期满的黑带回到企业的管理岗位。黑带的任期通常是两年，在黑带任职期满前就要为其确定好下一个职务。企业的领导层需要回顾一下这些任期将满的黑带的工作，并且为他们确定新的挑战。如果他们新的职位没有挑战性的话，企业就会失去这些宝贵的资源。同时也会给企业造成很大的负面影响，使企业补充新的有才华的黑带的工作更加困难。将继任计划放在优先的地位，并将它和黑带的重新任命工作结合起来，这样可确保这个关键问题得到适当的解决。

▶▶ 发展 e 学习能力

许多企业使用网络这个工具来降低学习的成本。网络既可以为整个企业提供关于六西格玛的基本知识，对于那些接受过六西格玛培训的人来说，网络又可作为课堂学习的补充。随着企业的日益成熟，正式培训会逐渐减少，但对有效地培训新招募的员工的需求，以及帮助那些已经接受过培训的人继续保持良好的状态方面的需求会不断增加。以网络为基础的学习方法可以让参与者自行决定课程的进度，随时复习重要概念，将差旅费用降到最低限度。

▶▶ 追踪任职期满的黑带的工作

当黑带任期已满时，为他们找到适当的职务非常重要，追踪任职期满的黑带的工作也同样重要。想建立一种按照六西格玛方式进行管理的企业文化的公司，要确保关键的领导职位都由那些经历过黑带计划的人担任。追踪任职期满的黑带的工作是领导发展计划的关键因素，它应该由企业的领导小组来管理。

扩展六西格玛计划

大公司在将管理六西格玛计划的责任移交给下级部门时会遇到挑战。将责任移交给下级部门，各级管理部门都可在部署中发挥积极的作用。以后，是否以及如何执行六西格玛设计的问题会变得很重要。随着企业的日益成熟，需要对六西格玛课程进行回顾以确定是否应该将附加的工具合并到六西格玛计划中。在第三年以及以后的时间里，为了避免工作的不必要的重复，在不同场所、不同地区或部门推广项目变得日益重要。最后，我们建议那些希望有效地推广六西格玛项目的领导们通过执行客户计分卡使得在项目的延续期间外聆听客户的心声成为正式的流程，从而使得企业能够与不断变化的客户需求始终保持同步（关于客户计分卡的内容可参考第 9 章）。

管理行为对成功的部署的影响

例 1： 在项目评审会议中，一个黑带设想在成品线上的工人数可由三个减到两个，并由此描述了项目带来的潜在的节约。有人提议进行试验性研究来确定什么占用了最长的工作时间。经理计算出了项目带来的生产成本节约，非常激动，并决定跳过分析阶段，将工具供应者叫来查看最新的设备（从项目的定义阶段直接转到改进阶段）。而两年后公司还没有获利。

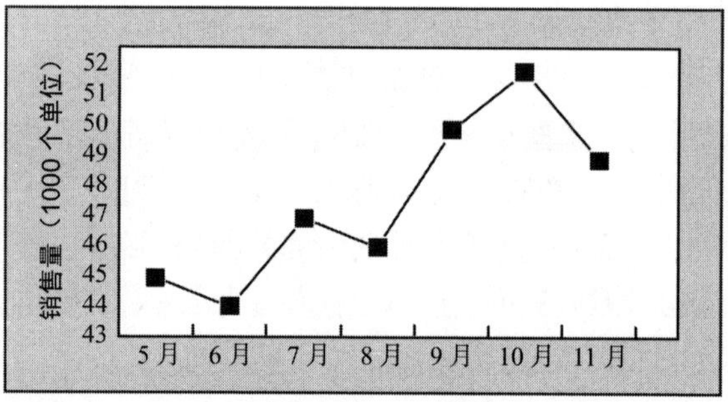

图 17.2 销售业绩图

例 2： 在一家工业品公司的销售回顾会议上，销售主管拿出了两张显示前几个月销售业绩的图（见图 17.2 和图 17.3），说道："几个月以前我将图 17.2 的数据解释为一种积极的趋势，但在上月这种趋势停止了。我要找到负责最近的销售活动的人，让他的日子不好过。我的绿带项目是可以找到促进销售的因素，因为这些数字是我的绿带计划的一部分，所以现在我可以告诉你们这些数字只是流程中干扰因素。我之所以知道这一点是因为我收集了更多的历史数据。但我仍试图查明促使我们的客户做出购买决定的潜在根源。”四个月以后，这位销售主管推行了一种新的销售流程，这种流程极大地提高了销售收入。

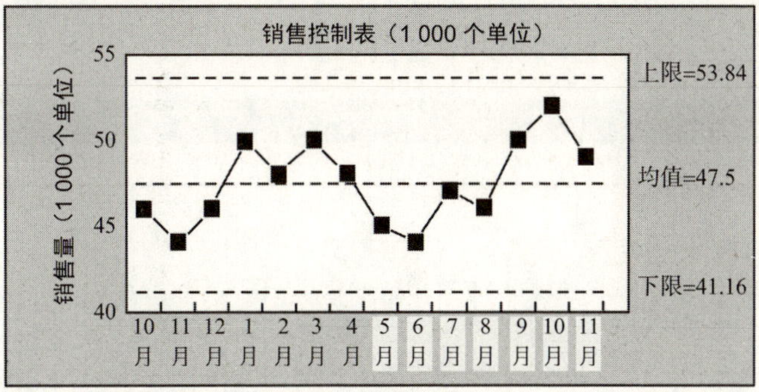

图 17.3　销售业绩图

▶▶ 将责任移交给下一级管理部门

在项目部署期间让中层管理人员参与进来，这对正在进行的项目的成功至关重要。如果不能管理好这种过渡并确定每一层管理人员的作用时，公司就会陷入困境。项目选择的责任需要转移，这不仅是为了尽可能分散评审六西格玛的所有权，而且增强了项目解决企业真正问题的能力。那些负责企业日常事务的人所拥有的知识对确定企业真正的问题以及很好地定义项目的范围非常关键。

除了将项目责任移交给下一级管理部门外，企业的最高领导层需要将其工作重点转移到执行六西格玛原则和思考企业的结构框架上来。许多企业不能持续地从六西格玛中获益，原因之一就是他们没能将其注意力从项目上转移开。为了取得长远的成功，管理人员需要在整个企业用六西格玛方式进行思考。注重事实和数据，将信号和干扰因素区别开来，管理流程而不是职能。上面的两个例子说明了管理行为对整体部署成功与否的影响。

促进整个企业用六西格玛方式思考的方法之一就是执行仪表板和流程管理，另一个可能的方法就是将六西格玛融入到像预算规划、发展战略和继任计划中。

对于大公司来说，使下级管理部门参与进来的一种非常实用的方法是建立该级别管理部门的指导委员会。指导委员会可以由生产线、业务或地理单元、核心或支持流程的人员组成。如前所述，我们推荐遵循通常的组织结构（见图 17.4）。

▶▶ 发动 DFSS

尽管实施的第一年的重心是流程改进，但随着企业对六西格玛方法的进一步了解和信心的增强，启动六西格玛设计计划的要求就会增加，这是因为企业可以更加熟练地使用六西格玛方法，对六西格玛的方法充满信心。DFSS 可以用来设计新产品、新流程和新的服务项目。大多数工程公司已经建立了新产品介绍或新产品开发流程。DFSS 工具箱和六西格玛思想不是替换这个流程，而是能够用于这个流程，并与之结合在一起。

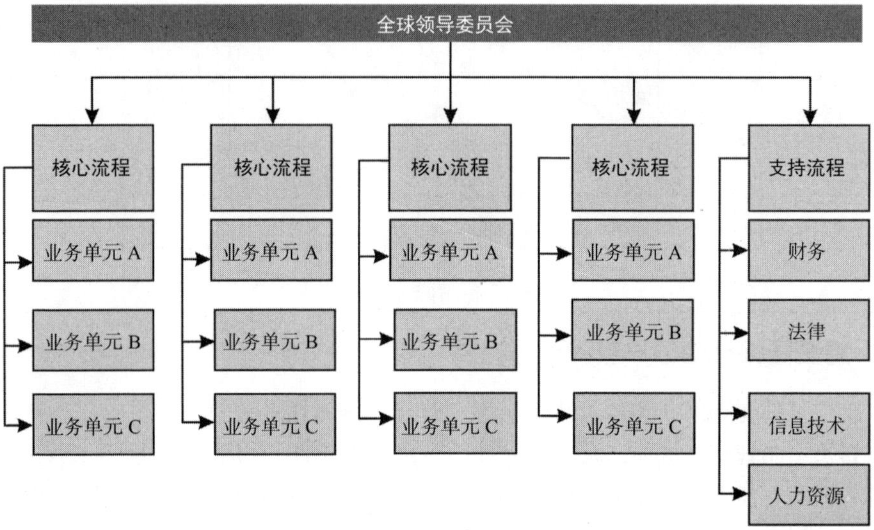

图 17.4　建立另外的指导委员会

尽管流程改进方法、DMAIC 方法、和工具本身（统计上的和非统计上的）在不同的企业里或多或少是标准的，DFSS 方法却因公司的不同而有很大差别。例如，保险公司不需要产品设计工具(像统计上允许的误差或用模拟数据进行的反应面实验)，但它却可能受益于那些可以帮助分析客户的心声和建模流程的工具；然而汽车公司可能需要包括流程设计、产品设计和软件设计技术的 DFSS 工具箱。

▶▶ 与客户和供应商一起实施项目

尽管大多数六西格玛项目最初关注的是企业内部的流程和问题，企业最终还是需要采取进一步行动，实施关注企业外部的项目，如：

- 以客户或供应商为中心但不需他们介入的项目；
- 与客户和供应商共同进行的项目；
- 在客户或供应商所在地进行的项目。

一些更加成熟的六西格玛公司，像通用电气或霍尼韦尔，甚至把黑带借给他们的客户。他们利用六西格玛工具帮助客户改进某个流程来加强公司与客户之间的联系，极大地增强了客户的忠诚度。

合并附加的工具

随着企业的不断成熟，为六西格玛工具箱添加一些工具能够帮助它所解决它所面临的具体问题。这里有一些例子：

- 摩托罗拉公司增加了两天的培训时间作为它的黑带培训计划可供选择的模块（摩托罗拉公司是为结构基准的发展做出开拓性贡献的公司之一）。基准模块非常适合六西格玛方法，使用基准方法可以简化六西格玛对流程的改进或者设计符合六西格玛标准的产品。用这种方法实施项目的黑带，充分利用课堂上所学的知识，寻找解决问题的新方法，用内部的基准帮助其他公司改进类似的流程；
- 通用电气公司发展了客户的声音的附加模块。这些模块表明在项目中直接处理客户关注的事项以及在改进内部流程后处理对客户来说有价值的问题都十分重要。

通常，只有在企业完全采用了六西格玛工具箱，并且能够获得帮助确定现存项目的潜在的缺陷的数据时，才能评估附加工具的需要。

建立客户计分卡

那些以客户为中心、一直实施六西格玛的公司经常将聆听客户的声音、使用客户计分卡确定为企业正式的流程。它们使用客户计分卡是为了开拓客户，同时为关系管理流程获得实时的反馈。这样，反映关键质量特性的性能可以连续不断得到测量，已经完成的项目的影响可以从财务和客户的角度加以证实。这将最终有助于公司详细了解客户的需求，确保企业能够满足不断变化的客户需求。有时出于流程自身的需要或者当客户需求改变时，客户计分卡可能会表明需要实施新的 DMAIC 项目甚至是 DFSS 项目。

复制项目

结果复制可能和完成单独的项目一样重要。大多数公司有一些完全相同的流程、服务或设备，在所有地点或所有业务单元复制单个的项目的结果有重大意义。举例来说，如果一家消费品生产企业在全球 24 家工厂生产相同的产品，使用几乎完全相同的设备，那么在一家工厂做的改进可以适用于所有其他工厂。

在整个企业复制项目和改进流程不仅可以带来经济上的回报，它还可以简化流程，使得流程标准化，增加规模效应，分享最佳实践。然而，我们必须非常小心，避免那些在别处出现的问题。如同在第 23 章所讨论的那样，有效的复制取决于同一种方法的使用。这种方法可以让那些学习别人经验的人经历一个发现过程，从这个过程中他们可以获得这些经验同时又避免了项目复制时过于费力。

项目复制的一种有效方法就是在一个部门进行试点来了解复制的潜力。这个试点项目注重于发现在这个部门有什么项目可以复制。在"借鉴无妨"的原则下，企业可以很容易地复制六西格玛的成果，而无须额外投入大量的资源。在认真分析的基础上，某个部门的复制取得了成功。建立商务案例鼓励复制的最强大的惟一机制。

复制的另一种方法是向评估领导者的绩效评估中添加一个复制指数，追踪在具体业务单元复制项目的百分比，这样可促进企业增加对潜在机会的关注。

将六西格玛融入企业结构中

建议那些以变革为目标的企业以及打算将六西格玛作为企业管理方式的企业，把所有高级管理人员培训成绿带，执行仪表板管理制度（最低要求）或者流程管理制度（更好）。甚至可以改变企业结构，使企业逐渐转变成一个以流程为基础的企业。最后，这类企业应该考虑将六西格玛作为建立和分享知识的一种有效途径和流程性能竞争的一个强大方法。

将高级管理人员培训为绿带

使接受培训的黑带和绿带能够用统计学的观点来审查问题和流程，知道如何区分信号和干扰因素，集中执行能够改善绩效的可持续的改变。改变项目的焦点，将六西格玛融入企业结构中要求经理和高级管理人员在企业管理上使用类似的方法。最初的领导定位和倡导者培训为在整个董事会里运用六西格玛奠定了基础，但在很多情况下，这并不足以确保这些原则成为企业文化的一部分。通常领导们所受的培训要比拥有证书的黑带和绿带少得多。将高级管理人员培训为绿带不仅可以减少管理层和员工在六西格玛知识上的巨大差距，而且可以表明领导层决心将六西格玛作为企业管理的普遍方法。Ken Freeman 是 Quest Diagnostics 的首席执行官，他通过了黑带培训，这表明了企业领导层对六西格玛的大力支持。杰克·韦尔奇不仅要求每个通用电气的领导通过绿带培训，而且他自己也通过了绿带培训并完成了一个项目。

将高级管理人员培训成绿带也有助于企业选择有很大影响的项目，直接获得完成项目的知识。如果公司一开始就把接受绿带培训作为晋升的条件，这会自动激励企业领导们引进项目，不管他们是否希望这样。那些没有把接受绿带培训作为晋升的条件的企业也许会发现很难说服领导们让他们花费时间接受绿带培训并完成一个项目。

执行仪表板

仪表板有助于鼓励管理人员在决策时用六西格玛方法进行思考。即使对于不使用流程管理法来管理企业，统计概念的运用诸如区分信号和干扰也可以支持六西格玛继续进行下去并让六西格玛在领导的头脑中扎下根。把当前用来管理企业的信息制作成图表，企业领导们就可以运用像变异和流程能力等一些简单的概念，从而能够在以不同方式管理企业上取得重大的进展。经理们也可以用仪表板对流程进行连续的监控，以确定他们工作的好坏或六西格玛改进流程的候选人。

图 17.5 举了两个仪表板的例子，像这样的仪表板应该定期由相关管理小组进行评审以确定是否有必要采取行动（启动项目）。在一些公司，仪表板使用红绿灯的方法把当前的性能与目标性能进行比较，分别评定为绿色（运行正常或更好）、黄色（过程仍在控制之中但是偏离了目标）或红色（与前几个月相比尺度严重偏离目标，或者流程不稳定），这样会有助于企业的决策。

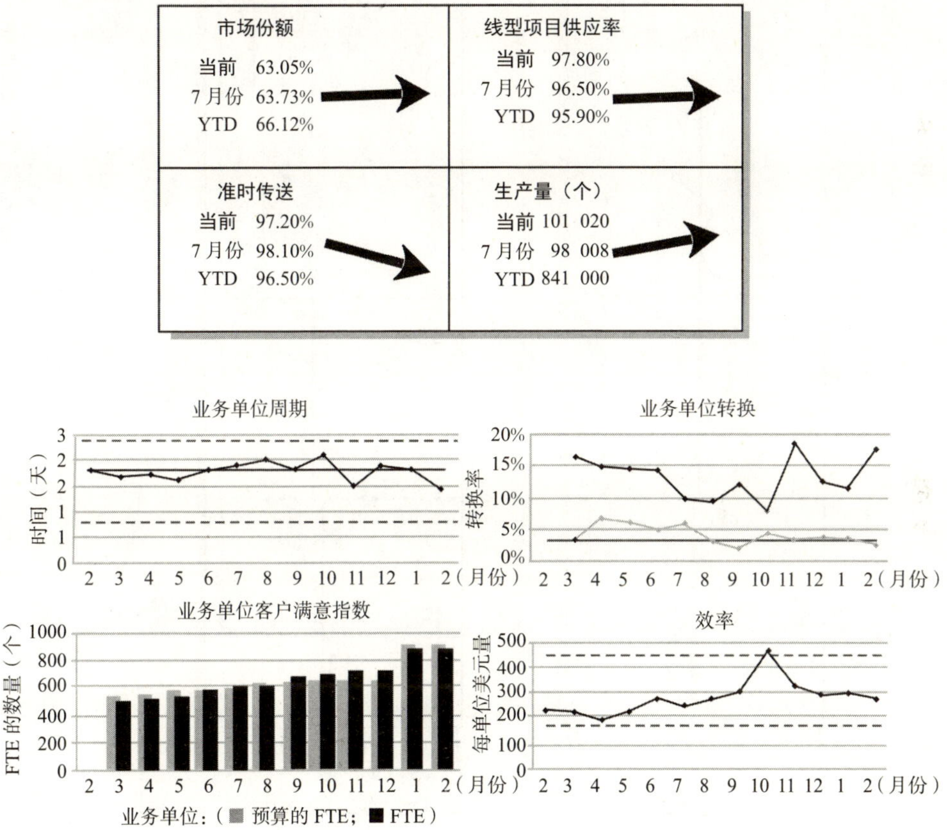

图 17.5　两个仪表板的例子

图 17.6 说明了仪表板的威力，通过在两年里指导几个产品组的平均天数的销售，经理可以用控制图确定：

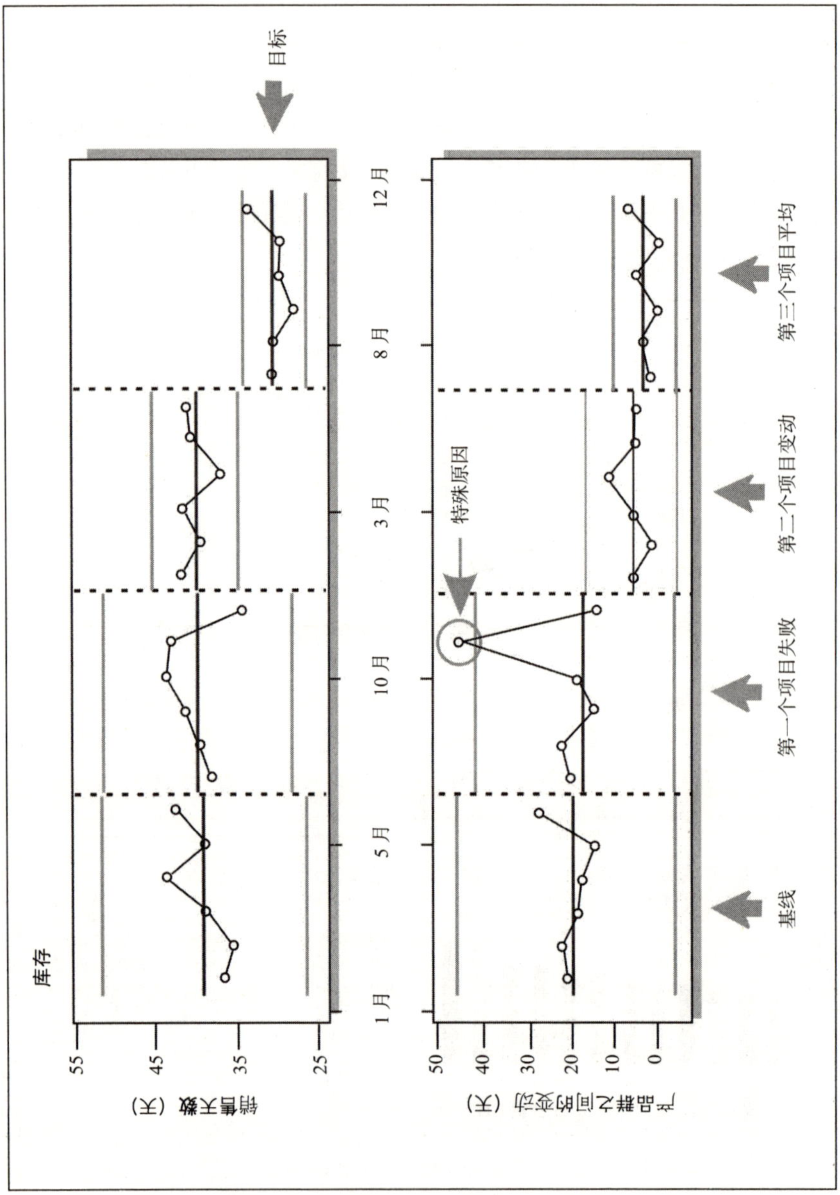

图 17.6 仪表板如何才能被用来指示特殊原因的变动

- 流程是否向着预定的目标前进；
- 项目是否成功；
- 是否有标志特殊原因变异的异常事件发生。

管理者通过这张表可以理解他或她启动的第一个项目并没有解决企业真正的问题，平均库存和产品小组之间的变异都未能提供小组能够发生了实质性变化的证据。然而，后来的项目却很成功，第二个项目减少了产品组之间的变异，使流程变得更易预测，而第三个项目则极大地减少了平均库存。在完成最后的项目后，管理者也能够看出，他或她能够实现当年的目标，这就意味着他或她能够集中精力处理更重要的问题。

仪表板不仅在六西格玛思维上作用非常强大，更重要的是，它能够帮助企业做出更好的决策，避免出现问题时过多占用管理人员的时间。

使用仪表板来测量实施六西格玛的进度对控制实施流程、按照时间顺序显示那些关键尺度非常有用。这些尺度表明什么地方需要立即采取行动以及哪些问题需要系统地予以解决。

▶▶ 执行流程管理

流程管理方法可以管理、监视和控制企业各个流程上表现，它有助于确定改善企业整体绩效的六西格玛项目机会。图 17.7 给出了一个例子。

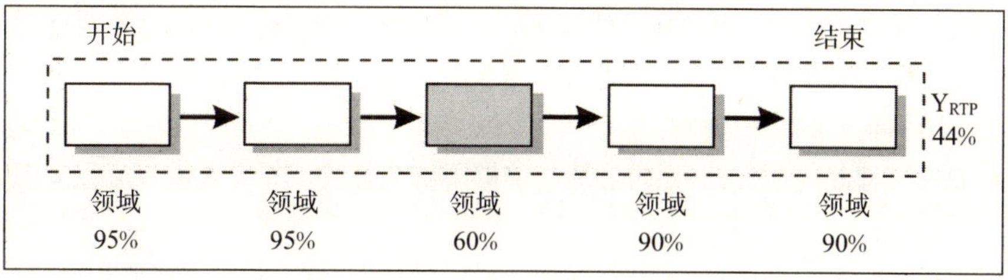

图 17.7 流程管理系统对识别六西格玛机会的影响

通过观看整个流程的执行情况，小组可以确定产量改造项目在什么地方最能让企业受益。所确定的项目可能是流程改进（DMAIC）或者一种设计项目（DFSS）。执行流程管理系统的详尽的方法在第 12 章中已有描述。

流程管理也可用做一种流程标准化或者确定流程性能基准的框架，在某些情况中它甚至可以通过确定普通的流程，选出在两个公司都能够运行的最好的一个流程，从而提供合并买进的框架。

流程重组

假定已经执行了一个管理流程系统，那么关键的一个问题是企业是否应该放弃现有的职能组织结构。除非每个职能部门的性能尺度能与流程管理系统中概括的尺度联系起来，否则冲突是不可避免的。职能部门的领导们会尽力优化自己的尺度，而流程所有者则努力改进整个过程。放弃职能组织结构和传统的经营方式大相径庭，它会对整个企业产生重大影响。然而这样风险很大，很可能会导致失败。采用流程结构改变了企业的权力结构、汇报关系、性能测试以及流程和日常事务等。一种折中的方案是采用尺度结构。这样，流程所有者能够控制流程，可以将预算、性能管理等输入企业流程中。这种情况下，应该调整补偿制度奖励职能部门的领导将流程目标的完成放在优先的地位，职能目标次之。如果不能解决绩效水平问题的话，结构会变得非常脆弱，不能确保整体流程目标对绩效改善的推动作用。

利用六西格玛对知识进行管理

我们生活在一个信息时代，知识和智力资本也要在市场上竞争。Ikujiro Nonaka 和 Hirotaka Takeuchi 设计了一种模型。根据这一模型，知识的产生具有二维性。一方面，知识既可能是显性或隐性的，另一方面，知识又可以是个体的、群体的、企业的或企业间的。这两者的区别很大。隐性知识很难共享和传授，同时，个人知识如果不与他人共享的话对企业的作用非常有限。所有这些和六西格玛有什么关系呢？

六西格玛注重事实、书面文件的提供并从因果联系方面进行思考。六西格玛框架的每个因素（流程改进、流程、产品和服务设计、流程管理和仪表板）能够在以下方面极大地增加企业的知识资本：

- 通过流程改进或设计，黑带和绿带能够了解流程的工作方式以及流程知识的产生过程；
- 通过聆听客户的声音，把它转换成关键质量特性，将流程和这些要求结合起来，这样可以极大地增进企业对客户的了解；
- 通过将核心流程绘制成图，收集性能资料，将流程和企业战略目标联系起来，从而在整体上极大地增加企业对自身运行情况的了解。

根据 Thomas A. Stewart 的观点，隐性知识可能是错误的，是很难改变的，也是难于交流的。六西格玛使企业神话（“这是我们一直使用的方法”）和表达不清的个人信念成为显性的、可以讨论的、能够进行有效性验证的知识。

同样重要的是，六西格玛注重的是书面文件的提供，这使获得的知识能够被整个企业所用，使知识的共享更加便利，不管是正式的（如通过搜索数据库）还是非正式的（通过共同实践）。从企业的角度看，非正式的知识共享难以组织和管理。这看起来到底像什么呢？这里有一些例子：

- 定期召开全球黑带大师会议以交流工具、方法、最佳项目方法以及同事支持和辅导；
- 就特定主题召开内部黑带会议，这样可以将非正式的知识交流会议占据议事日程的一大部分；
- 流程所有者论坛，这样将所有和作为流程一部分的项目有关的黑带和黑带大师聚集在一起，分享他们的所学。

用作项目文献和储存最终报告的数据库、相互合作的工作环境和知识管理系统通常会使正式的知识交流变得更为容易。他们的作用表现在两个方面：（1）使业内人士之间的交流变得更为容易；（2）使业内人士能够寻找相似的项目并学习以前的项目。

企业应该考虑如何管理和共享那些从单一的项目中获得的知识资本以及从执行和运行流程管理系统中获得的知识资本。六西格玛强调的是事实和数据，它能够将隐性知识转变成能够共享的显性知识。通用的六西格玛语言有助于在企业内部和企业之间共享知识。

知识是一种奇特的资源。正像 Stewart 所说的那样，"如同金钱和设备，知识财产只有在同企业战略联系起来时才会存在并值得培养。"知识管理极其重要，知识是唯一不会随着时间的流逝而贬值的资产。使用和共享的知识越多，就越有价值。

▶▶ 性能竞争

六西格玛是执行企业战略的主要工具。单独的项目一般从企业的战略目标和客户要求开始，这些项目可以减少当前状态和所期望的未来状态之间的差异。反过来，六西格玛也能在几个不同的层面上影响企业战略：

- 通过建立企业目标和流程能力之间的因果联系，六西格玛方法能够帮助验证企业战略是否切合实际；
- 通过改进关键流程，发展企业的竞争优势性能；
- 通过评估流程能力，企业能够将其与竞争对手进行比较并决定在什么地方投资以提高其竞争力。

流程是把价值传递给客户的手段，企业的竞争实际上是流程能力的竞争。通过从战略的角度评估流程能力，企业可以确定其平衡点，提高其竞争能力。对流程能力和客户需求的系统评估能够帮助企业识别重点从提供产品或服务向提供问题解决方案上转变的最佳时机。

结论

不论实施的重点是什么（渐近的或者变革的），在最初的启动阶段后领导者必须采取措施稳定六西格玛。扩展六西格玛的领域是企业面临的全新挑战。为了最终将六西格玛完全融入到企业结构中，领导者必须采取行动克服实施重点单一的缺陷，包括领导流程管理和采用仪表板系统。从一开始就计划好六西格玛方法，帮助公司实现其长远的目标。

第 18 章

测量六西格玛的实施效果

Thomas Bertels

没有建立合适的指导我们行为尺度的六西格玛战略部署是不会有任何效果的。为了充分发挥所投入的资源的效力，测量系统应当能够让领导小组知道企业的进步，同时提醒企业注意到其自身的问题、反复或者是倒退。重要的前提是实施尺度应该满足3A 测试：

- 和企业战略与业务的优先程度密切结合起来；
- 能够评估进展并提出目标；
- 在企业组织结构变得更为复杂时能够不断进行调整。

测量的尺度

除了明显地用于帮助我们管理企业外，有时候尺度还有意无意地被用来进行激励和交流。注意作为六西格玛实施的一部分，利用尺度进行激励和交流的方式，能够影响尺度的使用，同时又可以避免产生那些我们所不希望的后果。

用尺度来减少阻力

任何新的计划最初都会受到人们的怀疑，六西格玛也不例外。但在许多企业中的实际情况是，虽然大多数推动绩效改善的尺度并不被大部分企业接受或了解，员工们还是努力做出一些可以提高测量标准的改进。

用尺度作为符号

领导者通过使用尺度可以表明什么是重要的。换句话说，员工们会将分析测量六西格玛进度的尺度作为了解领导们意图的一种方式。如果尺度的焦点是接受培训的黑带数量的话，企业员工会假定训练是领导者计分卡上最重要的事。如果 CEO 仅仅询问所节约成本的金额，员工们会集中精力来节约成本。建立一套体现组织现在和未来的优先项目的尺度是领导者必须亲自过问的事。

▶▶ 使用财务指标以外的尺度

虽然六西格玛是一个企业的管理举措，但如果其目标是改变组织结构的话，那么只关注财务尺度是远远不够的。尺度应该被用来追踪对企业优先项目有重要作用的变革的其他方面，像：

- 促进基于事实的思考；
- 以客户为中心；
- 增加组织解决问题的能力。

▶▶ 使用尺度来发动企业战略的讨论

测量仅仅是第一步。更重要的是，如果选择正确，这些尺度应该能够引发关于企业目标的讨论，为加强企业所选择的战略方向提供另外一个机会。举例来说，有的尺度测量如何在企业间复制项目的结果。这些尺度可以引发关于什么有助于和什么妨碍我们学习成功榜样的讨论。有的尺度是追踪第二或第三个项目中的绿带数量，这是个表明企业是否成功贯彻新的解决问题的方式的尺度。这样的尺度会促使人们讨论企业领导如何才能促进项目取得不断进展以及怎样才能使六西格玛成为企业的一部分。

▶▶ 将尺度和决策补偿联系起来

把部分决策补偿和取得六西格玛尺度联系起来向企业发出了一个明显的信号。然而，我们务必小心不要把六西格玛定位为是一个和与企业优先项目竞争的独立的项目。因此，所使用的尺度在鼓励运用六西格玛战略的同时必须集中到企业目标上。用来测量六西格玛效果的尺度需要明确地和战略优先项目联系起来，否则，六西格玛将有可能被视为一个独立的项目。

和企业战略与优先项目密切结合起来

把用来了解六西格玛成功实施与否的尺度与企业的战略目标联系起来是重要的。它可以确保六西格玛不被认为是“另一件要做的事”，以下这些尺度常被用来测量六西格玛项目的成功与否。

▶▶ 项目层次的深度

项目层次的深度是一项应该一直存在于六西格玛仪表板上的尺度。包含了大量有重大影响项目的项目层次显示了这个业务单元的六西格玛的潜力，并表明领导者将如何用这个项目来促进企业的发展。

▶▶ 项目选择的质量

这往往是由项目启动以后而被放弃的项目的数量决定的。虽然最初的项目选择从来都不会是完美的，然而中途放弃的项目百分比的增加表明了项目的选择是不适当的。

▶▶ 提供训练

大多数公司都会通过了解培训成绩来确保企业中的每个人接受了同样质量的培训。除了总的培训成绩外，内部提供训练的百分比常常是了解培训内在化程度的很好的量度标准。

▶▶ 项目测量

测量一个项目在每一个阶段花费的时间往往可以让我们了解企业主管们在企业里的参与程度。如果某个项目的定义阶段花了六个月的时间，那么领导实施六西格玛的人应该知道，六西格玛不是这个企业的优先项目。

评估进展并采取行动

评估实施的进度可以用多种方式来完成。大多数公司将硬数据（例如，迄今为止整体的商业影响和已完成的项目数）和软数据（像采访）结合起来，以对正在进行的项目有个大致的了解。我们建议定期进行评估而不是等待问题的出现。

下面的问题有助于确定企业当前处于什么阶段。

▶▶ 领导

- 有具体的实施目标吗？
- 谁从事六西格玛的实施？
- 领导者执行项目评审吗？
- 领导者有将质量和企业目标结合在一起的计划吗？
- 质量是领导小组成员会议上的议事日程吗？
- 有项目层次吗？
- 企业有仪表板吗？
- 已完成的项目得到贯彻了吗？
- 核心流程绘制成图了吗？

- CTQ 被定义了吗？
- 流程测量适当吗？

交流

- 有交流计划吗？这个计划执行了没有？
- 成功受到公开表扬了吗？
- 从员工中得到反馈了吗？
- 公开地展示过仪表板吗？
- 有最佳实践或适当的基准流程吗？

人员管理和培训

- 培训了多少绿带和黑带？
- 参与六西格玛的员工的百分比是多少？
- 黑带是真正全职的吗？
- 黑带项目的比率是多少？
- 企业中谁管理六西格玛部署？
- 整个企业的意识训练到什么水平？
- 项目发起人参加培训了吗？

执行项目的改进

- 反映客户心声的数据是否存在并用于选择项目？
- 客户计分卡存在并用于追踪客户需要的变化了吗？
- 客户满意度测量系统适当吗？
- 有完整的投诉解决制度吗？
- 商业战略如何通知项目选择？
- 流程管理系统适当吗？
- 核心流程不仅被绘制成图而且被加以测量和评审了吗？
- 项目组成员在项目上花的时间适当吗？其工作有成效吗？
- 六西格玛方法被遵循了吗？
- 发起人也参与了吗？
- 项目及时完成了吗？

结果

- 当年的企业目标是什么？

- 迄今为止取得了什么样的成果？
- 目标实现了吗？
- 目标移交给下级部门了吗？

在开始的两年里，几乎所有的六西格玛实施都要有一个矫正的过程。在很多情况下，如果建立了正确的尺度，企业就能够及时处理问题，避免项目发生偏差。下面的案例研究描述了两个公司是如何进行流程矫正的。

▶▶ 案例研究：西门子 PG 公司

西门子 PG 公司在 2000 年的第四季度开始实施其雄心勃勃的六西格玛项目。到 2001 年第三季度时，已经培训出将近 200 个黑带。项目得到了回报，为现行的项目节省了大量的费用。然而，在评论由追踪系统所产生的数据时，负责实施六西格玛的卓越企业小组确定问题为项目时间的延长。到第一年末，许多项目尚未完成定义和测量阶段。因此，小组对项目进行了全面的评估并实施了以下的矫正行为：

- "修复或中止"现存的所有项目；
- 对项目的产生重新进行评价并改变项目选择的形式；
- 召开为期两天的关于选择和定位的专题讨论会，以确保项目取得成功；
- 将流程所有者的参与集中在项目评估上；
- 执行红、绿、黄三种健康尺度来追踪项目进度，重点关注项目进行的时间；
- 如果项目的某个阶段持续的时间超过 45 天，这个项目就自动变为红色，必须召开管理人员会议来处理这个问题。

由于采取了这些措施，到 2002 年中期，项目持续时间有缩短的趋势。为了确保在这个方面的改进能够得以延续，小组建议未来所有公司经理们都要参加绿带培训，更加熟悉六西格玛以加速项目进度。他们的提议得到了西门子执行董事会的批准。

▶▶ 案例研究：强生公司

在 1998 年秋天六西格玛领导小组召开第一次会议后，强生公司于 1999 年的第一季度推出了它的卓越流程计划。六西格玛是卓越流程计划的一个基石。在 2001 年中期，领导小组认识到虽然卓越流程计划带来了许多重大改进（每年节约的开支达 5 亿美元），但它还有更加巨大的潜力。领导小组曾宣布过卓越流程计划是公司的四个主要管理举措之一，他们认识到他们需要将这个计划推向更高的水平。一批高级主管（包括执行委员会成员、分公司领导和部门领导）认真检查他们在启动阶段定义的每一个关键成功因素的状态。使用基准数据，领导小组认识到除非发生一些真正的变革，并产生阶段性成果，否则最终将会导致管理举措的夭折。听到该评估结果后，领导小组决定执行流程矫正。

依据数据来行动

收集数据是一回事，评审数据和依据数据来行动是另一回事。使企业行动能力复杂化的一个因素是很难知道当人们发现问题确实存在时是否已经为时已晚。高级主管们一般避免鲁莽行事，在采取行动之前，他们要确定问题是否确实存在。但遗憾的是，大多数公司没有关于类似管理举措的历史数据供他们参考。它们所经历的变革不足以使之从管理举措中获得基准数据；即使够的话，有太多因素可以将这些管理举措区别开来。

在企业变得更为复杂时能够不断进行调整

大多数公司开始时追踪员工中黑带或绿带的数量，在初始阶段这是一个重要的尺度。一个公司实施六西格玛的时间越长，尺度就会变得越复杂。测量系统需要随着时间的推移不断演变，以反映战略实施的进度。通过尺度的演变做出预测是相当重要的。

从大型工业企业集团下属的业务单元的例子可以说明这一点。公司中监督实施的小组强调接受过训练的黑带的数量。他们认识到虽然一个业务单元的领导者（从一开始就被认为是六西格玛的一个主要的信徒）已经将企业员工中5%以上的人培训为黑带，但自己却没有完成一个项目。这一事实给他们敲响了警钟，公司领导小组要求对实施进行评审。顾问小组搜集的资料显示这个主管将精力完全集中在培训上，却从未召开过一次指导委员会会议。虽然在领导小组的干涉下，人们重新努力去实施项目，但那些受过培训的黑带在开始的几个月里根本不会运用这个方法。因此，黑带中人员调整数量增加了，这相应地导致了领导层的变化。

所有的尺度都会随时间的流逝而过时。尺度和测量系统也会发生演变，这和产品和流程的生命周期相类似。在上一年可测量的在下一年就不一定能够测量。高效的领导层会不时回过头来检查一下他们用来的测量进度的尺度是否充分或者测量系统是否需要根据实施的进度做出相应的调整。大多数公司的测量系统都要随时间的推移经历一定的演变，即增加新的尺度，抛弃现有的尺度（见图18.1）。

第一年	第二年	第三年
接受过培训的黑带数量 完成的项目数	被授予证书的黑带数量 做第二个项目的绿带的百分比	被提升到领导岗位的黑带数 与六西格玛项目有关的供应基础的百分比
整体商业影响（美元）	与客户相关的项目的百分比	用DFSS开发的项目的百分比

图18.1 尺度的演变

我们建议从一开始就评审这些尺度，并收集数据，包括那些直到第二年、第三年才相关的尺度。不相关的尺度应该从仪表板中除去以显示焦点的变化。

对于那些大企业，我们建议从与企业的每一个部门有关的尺度的思考中得出结论。对高级管理部门的测量和业务单元小组需要对追踪进度不同。大多数公司建立了一个企业标准作为所收集的数据最低要求，并将其留给独立的业务单元来追踪附加的因素。尽管这个方法有其优点，但也使得各业务单元彼此使用基准测试更加困难。然而，在有着分权文化的公司里，这是惟一可以接受的解决办法。

结论

进度追踪在保证领导小组定义尺度并对进度进行评审时是很重要的。正如强生公司负责卓越流程计划的副总裁 Susan Lemons 所指出的那样："人们希望问题得到解决，人们希望一切都很顺利。"如果领导者能够正确管理评审流程的话，通过尺度向他们显示成功的真正内涵会成为变革的强大的推动力。这就要求在使用这种方法时务必小心，一方面，领导小组对他们认为成功的以及不成功的地方需要非常清楚；另一方面，他们需要避免明确指出某个业务单元具体的不足之处。最成功的方法就是让客观的尺度来说话。

第 19 章

变革管理及沟通

Mary Federico

"我坚决相信六西格玛部署的成功——我不是指仅仅第一年获得一些成本节约，而是说真正将六西格玛植根于其文化中——至少 50%取决于你怎样引导变革及怎样沟通。"

——Bryce Currie，TRW Automotive 的六西格玛副总裁

问题：你是一位正在阅读这个关于变革管理和沟通的章节的六西格玛领导者吗？也就是说，你还没有将这个内容委派到你的人力资源部门去执行吗？

如果是，那么恭喜你！变革管理，即所谓的六西格玛的软的一面，是典型的在其实施过程中最容易被忽视或错误操作的一部分。如果你想提高公司六西格玛的实施水平，留心本章所阐述的变革和沟通两个要素，它们可以帮助你同时提高效力和效率。

莱斯（Rath）和斯朗（Strong）应用六西格玛的方法有一个前提，那就是六西格玛实施的成功与否取决于人：它需要人去组织并管理其实施，需要人去选择合适的项目、分配资源、担当黑带、绿带和实施主管的角色，需要人去参与项目团队、提供资料；需要人去协商改进措施并将其付诸实施等。将注意力集中于方法、工具和成本节约对于成功的实施是必要的。但是如果你不想让人们在取得六西格玛成功的过程中感到是被强制的，你就需要获得广泛利益相关人的大力支持。要达到这个目的，就必须注意与人相关的问题。

你可以通过变革管理这个方法来处理那些问题。我们在本书中对其定义如下：变革管理是一种结构化的方法，这种方法能够克服阻力、获得大力支持并能管理你的六西格玛实施中关于人的一面，它能够使你尽可能快地获得你想得到的利益，同时又能将不必要的痛苦、破坏及焦虑最小化。

尽管变革管理的确需要一些预先计划和具备适当技能的人员，但它并不比使用 DMAIC 工具难。最大的障碍是思想观念，也就是你作为一个领导者，是不是真正相信变革管理对于公司六西格玛实施的成功像技术和财务等方面的因素一样关键。通用电气公司的确是相信的。通用电气公司变革加速流程将有效的变革测算为质量（变革的技术面）和（那些不得不改变的人的）接受程度的乘积：$C=Q\times A$。在整体的变革上得到一个高分的唯一办法是在这两个因子上都得到非常高的分数。通用电气公司通过把变革管理的方法和工具给予领导者和经过带培训的员工而将这种思路应用于六西格玛。你呢，你真正相信的是什么？

下面是本章所论述的关键点：

- 为什么变革管理是非常重要的？
- 支配人的变化的原则和影响你的实施能否成功的原则。
- 为你的六西格玛实施使用动态变革模型。
- 该模型的概览，包括你行进中需要回答的四个问题

—“我们现在在哪里？”

—“我们将要去哪里？”

—“我们怎样达到目标？”

—“我们怎样知道自己正在接近目标？”

- 在你的六西格玛实施之后要坚持执行。

因为沟通对于成功的六西格玛实施是如此重要，其作为变革管理的一方面被予以特别关注。在本章中，我们强调了一些在实行六西格玛的组织中所见到的典型的变革管理中的缺陷和错误，以便大家从中吸取教训，将实施做得更加顺利和成功。

为什么变革管理在六西格玛中如此重要？

根据我们的经验，实施六西格玛的组织通常不会向变革管理方面投入足够的精力，而这种忽视往往会导致组织所不希望看到的后果。你可以自己决定是否值得采取措施来防止像下面所提到的这些情况：

- 预定于三至六个月的时间内完成的项目在一年以后仍然没有完成：一些还在等待资料，其他的还在 DMAIC 流程的实施阶段犹疑不前。
- 成功的项目因为回报计算而没有像一开始所期望和计划的那样被复制到组织的其他部分。
- 非生产部门的领导者仍然坚持认为六西格玛不适用于他们的领域，所以他们的项目一直无法启动。
- 生产部门和/或工厂的领导者认为相对于现有的运营改进方法，六西格玛是不

必要的或者是与其对立竞争的，因而拒绝参与。

- 要求经理们任命 A 级员工担任黑带职位，他们却安排不合格的员工接受这个任务，而把最好的人才留着去做“实际的”工作。
- 黑带一旦经过培训并完成了能使他们在别处吃得开的足够多的项目后就离开了。

听起来似曾相识吗？也许你在其他的组织中听过这样的问题，想确保他们不会发生在你的公司里。或者也许你正在实施六西格玛，已经亲身经历了其中的一些问题。那么，你应该知道，这些问题阐明了当人们抵制而不是致力支持六西格玛的时候会发生什么：组织将不能完全获得当初吸引它们注意六西格玛的那样的结果了。无论组织有着怎样的方法，这都不是一个好情况。当你已经董事会或投资者承诺了高额投资回报时，那完全会是一场灾难。

这并不是说达不到六西格玛财务目标的唯一潜在原因是人们对其持抵制态度以及组织投入不足，不准确的成本收益分析会导致同样的结果，不合适的商业策略或宏观经济变动也会导致同样的结果。但是当项目被搁置，或者当许多人都在说“我是董事”而没有很多有建设性的行动时，这些都意味着六西格玛实施的变革管理方面缺乏足够的注意力了。

▶▶ 你会遭遇到阻抗

在过去的一些年里，我们为许多不同组织中的领导者和雇主们举办了几十次六西格玛介绍课程。作为一种让他们为之后的变革管理工作做好准备的方法，我们通常会要求课程参与者进行集体讨论，分析对六西格玛持怀疑和否定态度的雇员们之所以会这样的原因。大多数情况下，参与者会告诉我们据说是他们在自己的组织中从别人那里听到的内容。其他一些时候，他们则是在非常明显地描述自己对于六西格玛的疑虑。如果你是一个正试图实施六西格玛的领导者，你会听到一些抵制的声音（见图 19.1）。

值得注意的是无论在哪儿，我们都听到了同样的内容，几乎一字不差。我们已经得出结论完全没有例外。六西格玛领导者应该假设这些疑虑正潜伏在其组织中。领导者怎样处理这些疑虑以及他们是否提前及时地处理这些疑虑，这决定了实施是否顺利并且能够得到广泛的支持。

这不是我们编造出来的，这句话引自一位学习如何将六西格玛应用于法律部门流程的律师。到此我们认为你已经认识到认真对待六西格玛实施中的变革管理方面的必要性了。

下面是抵制六西格玛的声音：
1. 它是一种时尚流行
2. 这不会持续太久，管理层会转向下一件大事
3. 我们做这件事仅仅因为通用电气公司在这样做
4. 新总裁只是新官上任三把火
5. 有什么了不起？我们这么多年一直在这么做
6. 我们以前已经试过，但是这么做并没有什么效果
7. 我们已经在施行一项流程改进法，那么我们为什么还需要这个呢
8. 我们没有时间来做这件事
9. 我们没有资源来做这件事
10. 我们现在做得很好，我们不需要这个
11. 它不能解决我们的问题
12. 我们已经知道该怎样解决我们的问题
13. 我们不能冒险使我们最好的员工变成黑带
14. 过去的经验说明变成黑带对你的事业有害
15. 这太昂贵了，我们将永远无法收回我们的投资
16. 这是一个冠冕堂皇的说法，实际就是让员工下岗
17. 我为什么要做超出本职工作之外的事情
18. 我们已经超负荷了
19. 它怎样和我们正在做的其他事情融为一体
20. 它只对生产行业有效
21. 它在我的部门没有用
22. 你不能把用在工厂车间工人的方法用在我身上
23. 这是一个强硬的尝试，只会使真正的问题更加迷乱

图 19.1　抵制六西格玛的声音

影响六西格玛实施的基本变革规则

我们处理如何进行变革管理这个问题的方法是以一些基本原则和心理历程为基础的，它们制约着组织中包括六西格玛的引入在内的所有变革。所以，我们从阐述（或提醒你）这其中的一些原则开始讲起。当你在考虑怎样把变革管理融入到你的六西格玛实施计划中时，当你阅读本章余下部分的内容时，你或许愿意把我们认为是非常有用的六个原则记在脑中。

▶▶ 原则 1：解冻是改变行为方式的第一步

四十多年前，库尔特·莱温（Kurt Lewin）描述了一个分三步的人类变革模型，这个模型构成了大多数变革管理方法的基础。模型的第一步是解冻，或者说是为改变创造动机并做好准备；接着就是改变和再冻结。埃德加·斯根（Edgar Schein）在他自己的著作中详细解释了这个模型，他把人类的改变描述为一种包括“痛苦的忘却及其后艰难的再学习”的心理历程。

人类的改变包括摒弃旧的东西（现行的思考、理解和感觉方式），通常人们必须有这样去做的强烈动机。有时这种动机可能会自然地存在，然而更多的时候，它必须通过解冻的过程被制造出来。这个原则对于六西格玛实施的成功意义深远。如果你在操作中没有注意到解冻这一点（我们把它当作总的条件），你将不太可能获得组织对六西格玛的普遍接受，或者得不到你所要追求的结果。

▶▶ 原则 2：解冻包含明确的步骤

斯根（Schein）说介绍解冻需要讲三个过程（你可以将其当作你将要采取的步骤）。第一，一定得有对现状的某种不满或挫败感。这可以通过把一些信息披露给人们来实现，这些信息让他们认识到他们对于组织现状的看法是错误的。也就是说，这使他们看到情况并不像他们原来所想象的那样好。例如，想象一下，一位能够完成财务指标并且拿到奖金的工厂经理当然对工厂现行的改进方法很满意。反驳性信息可能来自一份报告，报告说公司的市场份额在缩小，一些工厂关张不可避免，而这位经理的工厂远不如公司的其他工厂产量好。

第二，反驳性信息一定得被人们认为是有根据的并且是与其相关的才能得到接受。当人们相信了这种信息并开始关注这个话题时，他们开始对现状感到焦虑。如果上例中提到的工厂经理相信那个有关市场份额和工厂生产能力的报告涉及潜在的工厂关张，那么这种信息会导致他对现状感到焦虑并且愿意接受六西格玛的概念。

第三，一定得有一个使人们在心理上感到安全的环境以便克服他们对于变革的焦虑，这是由于对看起来不够胜任、失败或丧失自尊的恐惧而导致的。如果我们所提到的那个工厂经理不愿因害怕被解雇、降职或嘲讽而求助的话，他或她可能会觉得默默坐下来祈祷六西格玛消失掉更加安全。但是如果组织环境支持那些努力以六西格玛的方式工作的经理（而不是被惩罚），那么这种变革发生的机会会更大。斯根（Schein）这样来总结这一点：“那么，有效的变革管理的关键，（在于）平衡驳斥性信息所造成的威胁并让（人们）接受这种信息、感到……忧虑并愿意做出改变的能力。”

解冻所需要的努力的多少很大程度上取决于变革的性质及将会受到影响的特殊人群。一些变革只需很小的努力。例如，如果该变革并不重要，组织正处于危机之中，或者员工对现行的商业运作方式怨声载道，解冻可能几乎就不需要什么努力。然而，根据我们的经验，六西格玛通常并不属于这一类变革之列，尤其是在那些将部署重点放在变革之上的组织中（见第 5 章）。在一些组织中，预期的变革强度和性质需要人们摒弃很多东西，或者那些已经深深扎根的企业文化假定也会受六西格玛影响（见第 8 章），这时你需要对解冻尤其注意。在那些目前很成功或是正在实行其他运营改进措施的组织里，解冻就需要费些工夫，因为雇员们不清楚为什么说现状不令人满意。

而在那些进行变革是不太安全（也就是说，人们感觉到若是顺从了这种变革，他们不会得到支持，而会受到惩罚）的组织里，解冻是要下一番大工夫的。

解冻的概念对于如下问题有着重要的意义：

- 你怎样创造一个迫切需要六西格玛的境况？
- 你和利益相关人们交流什么、怎样交流以及什么时候进行交流？
- 在克服对六西格玛的阻力和获得对它的致力支持方面你做得如何？

我们将在下文讲沟通的部分再详细讨论这些内容。

▶▶ 原则 3：解冻是必要的却不充分，你必须提供一个有吸引力的可供选择的方案

暂且认为你已经使人们感觉到对现状不满，已经提供了使人们认为变革安全的环境，现在正期待着整个组织致力去实施六西格玛。你应该知道愿意摒弃旧的事物并不意味着任何新方案都会被接受。相反地，新的理念必须比现行体制更能打动人心，包括这个理念本身和为了采取它所需要花费的任何东西。如果情况不是这样，即如果六西格玛被认为并不比现有的解决方法好或者虽然比现有的好但是采用它的代价太高，那么它将不太可能被采用。如果新的不比旧的好为什么要放弃旧的呢？继续来看我们的工厂经理的例子，即使有改变的动机，那也并不意味着经理就会把六西格玛当做合适的可选择方案接受下来。或许六西格玛并不管用呢。或者它可能有用，但是它的资源要求（培训费用/时间、黑带的任命等）会对现在的运营带来不可接受的消耗。也就是说，六西格玛对于这位经理来说太昂贵了。在以上两种情况中的任何一种之下，经理都不会把六西格玛看做是有吸引力的可供选择的方案，也就不会选择它。这个概念适用于你要寻求其支持和贡献的所有的利益相关人，所以不要忽视了它的重要性。如果你成功地使人们感觉到对现状不满却没有制造有吸引力的可供选择的方案，结局将会导致雇员的不满和焦虑，而你却没有办法消除其中的任何一种情况。

▶▶ 原则 4：参与带来致力支持

不管六西格玛领导者或是总裁或是别的任何人怀着多么虔诚的希望，人们面对一个新的想法的时候还是不会自动支持它的。当然，这种事情在一些情况下的确会发生在一些人身上。但是要获得人们的致力支持，而不只是表面的服从，通常要花些力气。

获得人们致力支持的最有力的工具之一是让其参与。人们更倾向于支持在他们的帮助下创建的事物，更愿意相信在他们的帮助下收集的信息，更有激情去努力解决他们帮助发现的问题。如果你一开始不花时间让他们参与进来，那么之后你将要花费更多的时间去应付他们的抵制和不合作。

原则 5：对变革的抵制是正常的而且是可以被预见到的，它是由很多种不同的原因造成的

詹姆斯·欧图（James O'Toole）在他的《引导变革：克服安逸的思维方式，打破习惯的巨大威力》一书中提出了 33 种假设来解释人们之所以拒绝改变的原因。从明显的（习惯、担心、惯性、无知）到模糊的（“强者的正确性”，即不愿质疑老的领导者）到防御性的（抵触的价值观、我得不到的利益）到令人沮丧的（所有的变革都是虚假的，人们都是傻瓜），这里面的每一个原因都可能轻而易举地出现在六西格玛实施里。具体的例子可以在图 19.1 所展示的抵制的声音里找到。虽然听起来似乎令人畏缩，但如果你能够在实施过程中尽早地注意到变革管理，对六西格玛的抵制还是可以预料、筹划并使之最小化的。

原则 6：没有什么是以你所希望的速度发生的

通常，领导者们对于变革发生的速度有一种感觉，即速度反常。他们经常拿自己作为标准来衡量组织里的其他人应该多快和多容易地认识到变革的必要性以及领导者自己的新点子是多么英明，但这通常是不合适的。首先，领导者总是已经花了不少时间来思考并且逐渐熟悉六西格玛这个理念，如果他们参与制定了采用六西格玛的决定，就更是如此。与之相反，组织内其余的人却是第一次听到这个概念。很自然地，他们在这个进程中不可能像领导者们走得那样远。第二，人们改变的速度是与其自身的性格及他们认为自身所处的位置相联系的。对于领导者来说，认识到一点非常重要，即当人们没有像他们所期望的那样快地接受六西格玛时，并不一定是说这些人没明白、找麻烦或者是傻瓜（尽管他们有可能是其中的一种或全部都是）。他们一般不是固执地要让领导者们难做。通常，他们只是以自己的方式进行变革。你，作为一位六西格玛领导者，有责任创造一种环境使这件事情尽快完成。而要这样做，你就需要关注变革管理。

到此很自然地会有一个问题：“好，我明白为什么要把变革管理包含在我的实施计划之内了，现在我甚至知道一点对于变革的基本心理了，但是我实际上要**做**什么呢？”我们接下来要用动态变革模型讲述你要怎样开始。

为你的六西格玛实施使用动态变革模型

动态变革模型（见图 19.2）是一种简单的模型，无论你的实施进行到什么程度，你都可以使用它。根据你自身的经验，我们建议你从刚开始六西格玛之旅时就开始关注变革管理这一问题，最好是在你还在考虑六西格玛是否会对你的组织有益时就开始了。但是即使你已经错过了那个时机，这个模型也能帮你回到正确的轨道上来。

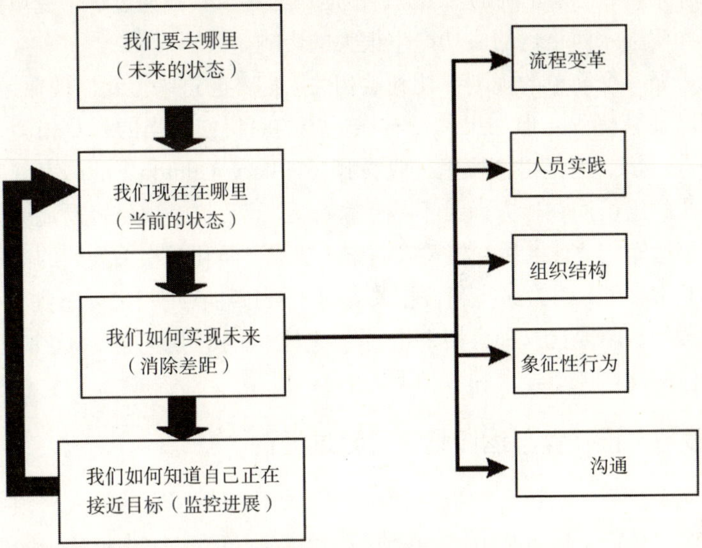

图 19.2　动态变革模型

动态变革模型的基础

这个模型的基本流程如下：

- 确定你要去哪里（在这个案例里，就是你的六西格玛目标，或许还有组织的愿景）；
- 确定你现在在哪里（你从这一点开始这个流程）；
- 规划好你打算怎样从你现在的位置到达你想要的位置（包括各种行动，例如沟通、象征性行为、工作/组织结构改变、人员实践和流程变革）；
- 通过阶段性地重新评估你的位置和你所采取的行动来测定你是否正在接近你的目标；
- 当你目前的位置也可能是你想要去的地方改变时，循环使用这个模型，这也是该模型动态的意义所在。

在这个模型的每一个阶段，都有要避免的缺陷、应该使用的工具和需要采取的措施。在接下来的几页我们将详细论述这些内容。

警告：运用这个模型的总体方法能够成就也可能会破坏你的实施

这听起来是不是太具戏剧性？毕竟，这个模型似乎是很直接而且易懂的。确定你想去哪里，用几种评估工具测出你在哪里，再用一些其他工具来消除它们之间的差距，监控进程，必要时重复一下。没什么大不了的，对吗？

从技术上来讲，你是正确的。然而，你运用这些工具和通过这个变革模型各阶段的方法将对你实施六西格玛的成功产生很大的影响。

你可以遵循一个简单的规则：让利益相关人们参与进来。我们现在是在警告你，即使你的团队非常优秀，但如果你没有在适当的时机使适当的利益相关人们参与进来，你将功亏一篑。还记得希拉里·克林顿（Hillary Clinton）的国家健康计划吗？她的筹划团队的组员们在这方面是不是专家都无所谓，这个项目轻易地就失败了是因为他们在闭门造车，没有将利益相关人们纳入进来。而利益相关人们的支持对于这个计划的实施非常必要，因为那些利益相关人对于被排斥在项目之外感到不公平，他们便不愿施以援手。不要让这种事情发生在你身上。在我们逐项解释这个模型的时候，我们会强调你应该在那里寻求利益相关人的参与。

▶▶ 谈到参与，谁在参与运作整个实施过程?

在运用这个模型之前还有一步，那就是要确信你安排了合适的人来领导六西格玛的实施。约翰·科特（John Kotter）在他的《引导变革》一书中把这个团队叫做“指导联盟”，他详细地论述了其首选的组成结构。他强烈建议不要把任何变革的领导权仅仅集中于总裁（即使是一位极有感召力的总裁）或是委派给一个可信度不高的委员会，这显然应该在六西格玛的实施过程中注意到的。我们还要加上一点，那就是领导六西格玛的团队不应该只局限于负责系统流程和财务方面的人员。若是从一开始就让变革管理和沟通的专业人士加入到团队中来，保证关键问题得到及早的合适的处理，你会受益匪浅。并非是你要把变革和沟通的整个责任指派给他们（关于不可委托的主管人员职位的指导见第 5 章，组织文化见第 8 章），而是你将需要他们的专业知识和帮助。

▶▶ 怎样运用这个变革模型取决于你在实施过程中位于何处

图 19.3 是这个动态变革模型的使用指南。尽管这个模型是循环的，你可以不只一遍重复各个阶段，但是你从哪一点进入这个模型还要取决于你在六西格玛实施过程中位于何处。请见图 19.3，确定从何处开始。

动态变革模型第一阶段：我们要去哪里？

为了回答“我们要去哪里”这个问题，你应该采取的行动取决于你已经做出的关于实施六西格玛的决定。再看图 19.3，确定你应该把下面哪一步作为这一阶段的起始点。

你在六西格玛战略部署中位于何处	动态变革模型从何处开始
• 你在考虑六西格玛，但还没有决定它是否适合你的组织	• 从“我们将要去哪里”开始，这一部分为组织创建一个愿景
• 你已经决定实施六西格玛，但是还没有具体计划（何地、何时、到什么程度等）	• 从“我们将要去哪里”开始 • 检查创建愿景的部分，如果你觉得已经做好这部分，就继续规划六西格玛部署的重点和实施战略
• 你已经确定了六西格玛部署的重点和实施计划，正在启动六西格玛	• 从“我们现在在哪里”开始并完成其下各步以获得基准评估
• 你正在实施六西格玛了	• 从“我们现在在哪里”开始并完成其下各步以把握目前状况
• 各种情况都有	• 继续重复各阶段：再确认目标，评估你的现状离目标差多远，完成你的各个子计划，必要时进行修正

图 19.3　动态变革模型使用指南

关于要求利益相关人参与的注释　你应该使尽量多（在合理的限度下）的重要利益相关人参与到之后的各个步骤中。从纯粹实际的角度来看，让利益相关人们致力于一个他们自己确定的未来会容易得多。即使在部署重点已经确定下来后你才开始运用这个模型，让他们参与制定实施计划仍然对你有好处。

▶▶ 规划组织的愿景

关于规划全面的组织愿景（及价值、使命、战略等）的实际详细内容已经超出了本书的范围，所以这里不做详述。但基于如下两个原因我还是想强调一下这个步骤的重要性。

第一，你希望确信六西格玛被融入到你的战略性计划中，而战略性计划则来自于整体愿景。把所有这些元素安排好将帮助你提高有效变革的质量及其被接受的程度（正如通用电气公司所描述的那样，见本章前文）。

第二，规划愿景的过程能帮助你在正式引入六西格玛的概念之前获得利益相关人们的致力支持。回想一下我们关于解冻和建立对现状的不满的讨论。如能正确操作，规划一个引人注目的愿景的过程能帮助产生对现状的不满情绪，因为那会凸显组织还没有实现期望的目标这个事实。这样，利益相关人们若是参与了规划愿景和确定实现该愿景的相关步骤，就等于已经在接受一个能帮助他们达到目标的方法（例如六西格玛）的道路上走出很远了。

本部分关于变革模型的提醒是以你已经决定实施六西格玛这个假设作为前提的。

▶▶ 确立部署的重点，制定实施计划

本书第 5 章详述了应该怎样确立六西格玛部署重点并制定实施计划。简而言之，你首先要确定总的六西格玛部署重点是否是有影响的（会导致一系列值得的或是战略性的能提供丰厚回报的项目）或是可转换的（会使六西格玛成为组织内的工作方式）。无论你选择了什么重点，你都要为它制定一个实施计划，这个计划包括与培训、项目选择、内在化以及管理相关的目标和行动，还定义了规则方法、意外事故计划以及假设。

注意，如果你的部署重点是变革，而且你把文化改变看做是六西格玛实施的一个重要目标，你将会想很确切地描述你所说的文化改变到底是指什么，你在想改变组织文化的哪一个的方面以及为什么这么做（我们希望你的回答是在你的组织的商业成功的背后隐藏着一种特别的文化，而不是说一位新总裁认为这听起来是个好主意）。在第 8 章以及本章讲述沟通的部分，你会读到更多的关于文化改变这个话题的内容。有关文化的关键方面的详细内容请参阅第 8 章，并将合适的方面融入到你对“我们将要去哪里”这个问题的理解中去。

即使你没有一个正式的包含六西格玛的组织愿景，我们还是建议你把握你的部署重点和实施计划，并且用一种生动的引人注目的方式把他们展示出来。描述一下当所有的六西格玛目标都实现的时候组织将呈现的景象，因为在实现那个愿景的道路上有如此之多的任务要完成，让人们在脑中对途中主要的里程碑有个概念是有好处的。如若没有这样的大致的了解，这个过程不仅会显得太长，而且会显得盲目无序。所以我们建议把最终目标和贝克哈德（Beckhard）及哈雷斯（Harris）所谓的中点场景，即情况在一年以后会怎样，包括在你对“我们将要去哪里”这个问题的描述中。

动态变革模型第二阶段：我们现在在哪里？

既然你已经知道了你将要去哪里，下一阶段你就要回答“我们现在在哪里”这个问题了。我们推荐一种包括关键尺度的建立和一系列微型评估的方法，这将有助于你对现状的总体把握。一旦有了这种总体把握，你就可以把变革管理的努力集中到对组织的六西格玛的实施最为关键的领域。

▶▶ 建立关键尺度

第 9 章与第 18 章总结了确定尺度的指南，这些尺度将帮助你顺利迈向你所期望的未来。如果你的六西格玛部署重点是变革，那么你还应该参阅第 8 章，该章描述了将影响你的六西格玛实施或会受到六西格玛实施影响的主要组织文化。你会想要知道你的组织在文化的连续统一体中位于何处。本章下文介绍有关于组织变革的主要成功

因素，你可以将其用作预测性的工具。

关于要求利益相关人参与的注释 可能这其中的许多尺度都已经存在，并且正被用来管理这个组织。你仍然应该保证利益相关人能够参与决定那些你对现状的定义中的重要的几个。当你拿选出的尺度（如在以下几步中描述的那样）评估你的组织，你将会发现差距，这种差距便可用作驳斥性信息。现在主要利益相关人的参与意味着以后你将花费较少的时间去说服人们认识到改变的必要性以及考虑选择那些特别尺度的决定。

▶▶ 确定这些主要尺度怎样运用于你的组织

理想情况下，你在此处看到的内容与组织的领导层起初决定要实施六西格玛的原因之间会有明确的联系。特别地，应该存在你的组织没有达到的重要的标准，而六西格玛应该是解决这些方面的问题的合适的机制。如果情况**不是**这样，那么（沟通部分描述的）创造一个引人注目的需要改变的状况的任务将非常困难。而且，很自然地会有这样的问题：如果所有情况现状都很好或者即便不好但六西格玛也帮不上忙，你为何要搞六西格玛呢？下文将使你在别人问及这个问题的时候能有一个清楚的有说服力的答案。

注意，你将在两个方面使用这个绩效信息：一是为你以后控制进展建立一个基线，二是当做要变革的情况的基础。关于第二点，如果你能将你的组织的评估结果置于一个能使之尽量迫切的环境或状况中，那是最有帮助的。例如，如果你仅仅告诉我在某一期间财务业绩不好，我便总可以辩解说你挑选了一个不具代表性的期间或者从那之后情况已经改变了。与之形成鲜明对比的是，我将很难否认持续五年的下降趋势的意义，或者在与一个竞争对手的业绩比较中的劣势地位，或者是直接来自客户的反面的反馈报告。

关于要求利益相关人参与的注释 此处利益相关人的参与非常关键。如果你想得到使你发掘出六西格玛全部潜能的组织的致力支持的话，那么将各自开始做事的人们对于“我们现在在哪里”这个关键问题的答案必须达成一致。你不可以只是声明，“我们对所做的事情感觉非常糟糕，所以我们不得不改变”，并且希望每个人都同意并且同心协力。尽管这个方法可能看起来很有吸引力（如果没有别的情况它是有效的），但是通过那种方式往往是不会奏效的。如果你不让人们参与到对当前公司业绩的认识中来，以我们的经验，可能会导致以下的事情：人们将把你的评估看做是对他们多年工作的指控，听起来好像你认为他们被误导、无效、不合标准、或是“没有附加值”。那么你将得花费大量的时间和精力去克服由此导致的（很大程度上可以避免）的抵制。

评估组织有没有为变革做好准备

变革准备情况测试能够帮助你确定组织变革所需要的主要成功因素是否到位。图19.4是成功因素的列表，并列出了每个因素的红色标记。这个列表远没有列全，但它涵盖了能够成就或毁灭六西格玛实施的许多元素。

发起

组织的最高层是否有人明显地支持采用六西格玛？此人是否强有力、可信并很受尊重？红色标记：发起者在行政管理层之外，处于员工的职位上，缺乏可信度，或者徒有虚名不做实事

领导

实施的领导者（或许是六西格玛的领导者）适合做这项工作吗？此人是否具有所需要的技术/人员/行政技能、可信度和资源？红色标记：领导者与主要利益相关人关系紧张，或者习惯于独自完成项目

对变革的迫切需要

你是否已经建立并传达了对变革的迫切需要，包括有助于对组织进行解冻的驳斥性信息；主要利益相关人们是否迫切地感到要做一些与质量相关的事情，而不是那些已经到位的事情。红色标记：每个人都乐于现状，或者人们不理解为什么现有的方法不充分

愿景

对于改进后的情况将会如何有没有达成一致看法？大家对于企业采用六西格玛后的未来愿景是不是意见一致？人们知道未来是怎样的吗？红色标记：没有愿景，或者愿景如此模糊（“我们将会是有效果并且有效率的”）以至于失去意义，或者它对于利益相关人们没有吸引力

对利益相关人的影响

对于六西格玛在组织中将怎样影响个人有没有正式的评估？他们为什么会抵制或是支持？有没有一个策略来处理这件事？红色标记：领导者们没有意识到这些问题，或者意识到了但是没有一个计划，或者根本就是漠不关心

沟通

沟通是否被整合到六西格玛的实施计划中去了？领导团队有没有包括这方面的专业人士？六西格玛的沟通是否及时、准确、连贯、双向、多渠道等？红色标记：沟通被忽视，重点被放在效率而不是效力之上，领导者们没有得到专家的帮助，他们将这个责任委派给人力资源部门

参与

谁参与了关于变革的必要性、六西格玛的适合度、部署重点、实施计划等等的讨论？这是不是代表了足够广泛的范围？红色标记：几乎没有参与，主要利益相关人被排除在外；征求了利益相关人的意见却将其束之高阁

资源

组织有没有正确实施六西格玛所需要的资源（人力与财力），并且没有从任何其他举措上紧缩资源？对资源的需求有没有经过精确的测量？是否给予关键职位上的人员成功实施六西格玛所必要的时间？红色标记：对资源的需求被故意低估以获取更多支持或因为被“我们能够花费更少来完成它”的态度误导；黑带被期望继续在项目最高层做他们的实际工作

与其他举措并存

六西格玛是不是会和现有的其他管理举措安排在一起？领导们和利益相关人们是否清楚哪些方法会被取代、增强、或不受六西格玛影响？红色标记：六西格玛被认为是与其他方法对立的或者是处于组织战略之外的；领导者们不能清楚阐明六西格玛怎样适用于该组织

雇员支持

有没有考虑过在六西格玛的实施中将怎样支持员工？他们是否会得到培训、时间、结构以及成功所需要的其他资源？参加六西格玛会不会提升他们的职业？领导者们有没有建立人们克服对于变革的焦虑所需要的安全心理环境？红色标记：领导者们几乎没有或根本没有考虑过雇员成功需要什么；有人因为揭示现有流程的绩效或者其他与六西格玛相关的行为而受到惩罚

图19.4 变革的关键成功因素

酬劳

组织的酬劳/认可系统是否支持那些使六西格玛成功所必需的行为？红色标记：领导者们几乎没有考虑过这个因素；酬劳系统鼓励解决已发生的而不是处理潜在的问题

以前类似举措的经验

过去的举措成功吗？承诺的利益实现了吗？关注的焦点是否被妥善解决并得出结论了？对高级管理者的信任有没有因为这些变革而增加？红色标记：一个或更多以前的大型变革（尤其是最近的或那些涉及流程改进的）夭折了或者导致了相当大的痛苦

企业文化

企业文化是否与你部署六西格玛的方式以及你试图实现的愿景相吻合并且对其起到促进作用？领导者们有没有将文化纳入他们的期望中？他们是不是在发现了他们希望六西格玛影响的文化的特别领域？他们这样做合乎情理吗？红色标记：组织文化与六西格玛核心假设不一致；领导者们忽视文化；他们想改变文化，只因为这听起来是个好主意

图 19.4 变革的关键成功因素（续）

具体来说，你将如何使用这个评估工具取决于你在六西格玛实施过程中位于何处：

- 如果你正在考虑实施六西格玛，变革准备情况测试能显示出你在变革管理方面的准备情况，而且能正确指出要进行成功的实施需要注意的内容；
- 如果你已经决定实施六西格玛正准备启动，变革准备情况测试能帮助你确定实施计划和总体信息中漏掉了哪些东西；
- 如果你处于六西格玛项目的早期阶段，而它的实施并不像你原来所希望的那样顺利，或者如果你已充分实施了六西格玛，但是没有取得预期的成果，变革准备情况测试能帮助你诊断问题区域并制定补救措施。

变革准备情况测试的结果，与接下来要描述的其他工具一起将融入总体描述（“我们现在在哪里”的答案）中，帮助你集中变革管理的努力。你要确定需要采取补救措施以及应该监控的领域，确保它们继续推动六西格玛的成功实施。

注意，也可以在低于组织层面的层次上考虑对变革的准备情况，即个人层次上的准备情况。在本章下一部分，我们会讨论通过对利益相关人的分析来确定他们有多大的可能支持变革以及必须采取什么行动来获得他们更多的支持同时减少他们的抵制。更一般地说，某些变量能够增强人们对于变革的接受能力。威廉·布里奇斯（William Bridges）找出了四个这样的因素，他将其缩写为 CUSP。

1. 控制（Control）：人们觉得他们对于自己的处境有某些程度的控制。
2. 理解（Understanding）：人们理解正在发生什么事以及为什么会发生。
3. 支持（Support）：在变革中人们既得到实际的也有感情的支持。
4. 目的（Purpose）：人们感觉到有个人的目的，因而觉得自己的行为有意义。

作为变革的领导，你能够提供多少布里奇斯（Bridges）所谓的“CUSP 感觉”给人们，你就能同等程度地提高他们的准备程度并且大大增强六西格玛方法成功的可能性。

瑞典爱立信跨国公司采用了一种在某种程度上不同的方法来处理人们对于变革

的准备程度。爱立信的克莱瑞 · 侯姆（Clairy Wiholm）自己做研究，分析影响个人变革能力的变量。图 19.5 展示了这项研究的结果，找出了能够被测量和调整以优化人们对于变革的准备程度的具体因素。

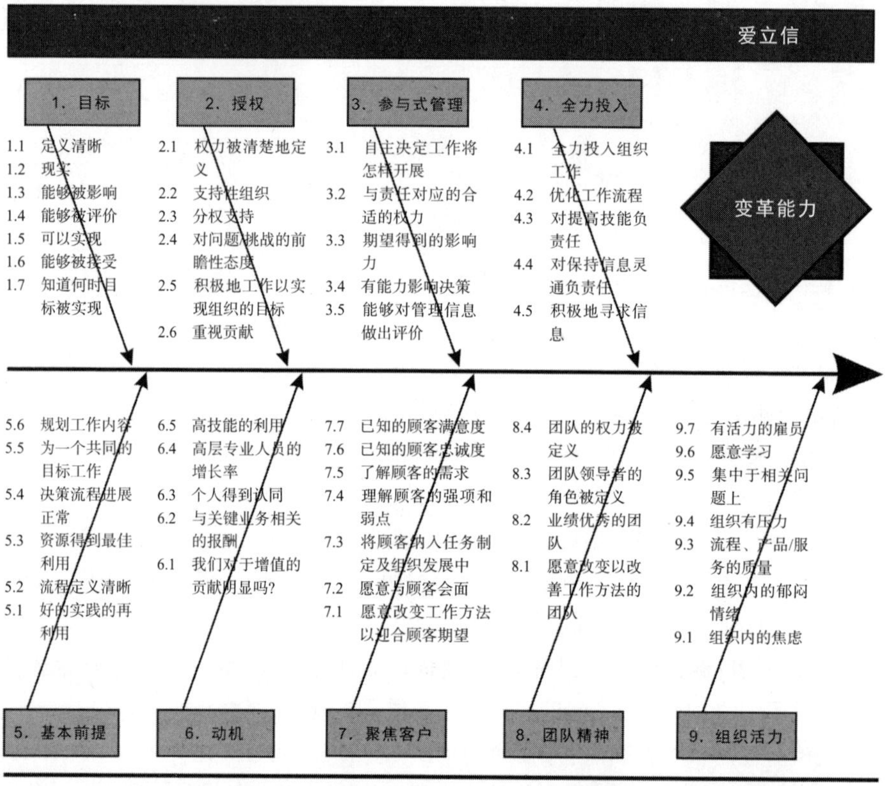

图 19.5 影响个人变革能力的变量因素

爱立信的一些因素与布里奇斯（Bridges）的发现以及我们的组织准备程度成功因素列表上的项目有相迭或相关之处。尽管这些方法可能看起来不同，但是它们都是建立在人们怎样处理变革的心理方面的潜在的原则之上的。来自所有这些方法的信息都是相同的，许多影响变革成功的因素都在你的控制之中，你理应意识到并且积极采取行动。

关于要求利益相关人参与的注释 我们建议你通过项目团队会议来评测人们对于变革的准备程度，最好有一个熟悉此流程的协助者。你的领导团队可以自己进行评测，然后把结果同别的利益相关人团队所得的结果进行比较。这种流程，即不同的利益相关人聚到一起谈论面临变革的组织的状况，能够帮助争取员工对于六西格玛的支持。如果你愿意，还可以通过把准备程度评估当作有目的的雇员调查的一部分来使用，从而获得更广阔的视野。

▶▶ 完成利益相关人分析

六西格玛利益持有者分析的总体目标是减少抵制情绪争取广泛的支持，与之相伴的是找出利益相关人，也就是那些会受到六西格玛实施的影响或者会对六西格玛实施成功产生重大影响的人。同时要透彻地理解他们会受到怎样的影响，他们的需求和关注点，与你所需要的他们的支持相比他们可能会提供什么水平的支持，他们为什么可能会拒绝或支持六西格玛等。经过彻底的分析后，你就能建立一个以不同利益相关人为目标以获取他们的帮助促成六西格玛成功的变革计划（这个计划产生于变革模型中的“我们怎样到达那里”的阶段）。

对于像六西格玛这样一个意义深远的组织变革，会拥有很多利益相关人，有可能到最后所有的员工都会被归为此类。我们当然不是建议你去分析每一个员工并且为每一个人制定一个变革计划，相反地，你要找出关键的利益相关人和利益相关人团队，这样你就能将精力集中到他们身上，而他们的支持是你最需要的（即他们对于该项目的成功有着最大的影响）却最不可能获得的（也就是说他们有很多理由拒绝并且可能将会那样做）。你还会想要找出那些支持程度很高并且愿意帮助你去争取其他利益相关人的利益相关人。

图 19.6 展示了利益相关人分析表的简略版。你的分析结果将融入“我们现在在哪里”的总体描述中并且帮助你集中变革管理的努力。注意，对六西格玛实施的总体成功负责的人应该被紧密地参与到该流程中。毕竟，如果利益相关人们不支持这项战略部署，他是将会损失最大的人。

	利益相关人姓名			
	A	B	C	D
岗位/部门				
六西格玛如何影响利益相关人				
利益相关人如何影响六西格玛开展				
利益相关人利益				
利益相关人的成本				
利益相关人的关注点/兴趣/需求				
第一级需求支持				
当前支持水平				
关键影响杠杆				
其他相关因素				

图 19.6 利益相关人分析表

关于纳入利益相关人的注释 你会想把许多利益相关人纳入确认和分析的流程

中。了解你的利益相关人们（他们关注的事情、他们的需求、支持的程度等）的最好方法是去问他们。

▶▶ 确定相关人力资源因素的现状

现在你要看看公司人力资源实践、政策、步骤、流程等因素了，这些因素会对六西格玛的实施产生重大影响。核查的领域应该包括组织结构、工作设计、业绩评估、酬劳和认知、事业发展/持续规划。依据公司在实施六西格玛之后的运行方式来看这些领域，并且集中描述那些你认为会对关键的六西格玛角色产生最大影响的方面。对这些相关的人力资源方面的因素的描述将成为“我们现在在哪里”的总体描述中的一部分，并将帮助你集中变革管理的努力。

关于要求利益相关人参与的注释 这里，要参与进来的是那些对这些人力资源元素负责的人。除了人力资源部门，你或许还需要将财务部门以及受到影响的雇员（例如黑带）会向其报告的经理们吸引进来。到了进行计划工作描述、业绩评估和酬劳等方面的变革的时候，你就要把员工尤其是黑带也吸引进来。如果你还考虑要改变员工担负的义务，你可能还需要把劳动关系和/或工会代表也包括进来。

▶▶ 将正在进行中的管理举措汇编成详细目录

我们提到，变革的关键成功因素之一是列出组织的各种管理举措。人们一定要知道六西格玛是怎样适应组织现行的其他主要方法的。他们彼此都支持相同的战略或支持对方的战略吗？六西格玛会取代或是提升它们吗？它们之间是怎样联系的？哪个（如果有的话）需要被抛弃、延期或修改？为了回答这些问题并且做出必要的决策，你必须熟悉组织的主要管理举措。我们建议你把那些方法汇编成详细目录，详细标出各个举措的目标、范围、领导者、组织战略的相关方面、目前的实施状态、时间安排、员工参与的水平/范围、与六西格玛的交互作用、如果被搁置或是延期会产生的后果等。

关于要求利益相关人参与的注释 你为了汇编这个清单可能就不得不与许多利益相关人进行交流。这一定是战略的行政敏感区域：可能一些方法会被终止，它们从属于六西格玛，将其资源让给六西格玛，或者别的类似的情况。即使是找出方法的流程，更别说重新评价它们了，都会威胁到那些在这些方法中投入了很多的人们，你在开始做这个详细目录时就应该预见到会有抵制情绪。此处利益相关人参与（确定各种方法的命运）和良好的沟通都很关键。

▶▶ 建立一个关于现状的总结

在组织要采用六西格玛的时候，你有机会对公司现状的各方面进行检查。现在你应该能够形成一个画面，这个画面可以回答本阶段的根本问题，即“我们现在在哪里”，包括如下项目。

- 在组织的关键尺度上你做得怎么样？
- 变革的准备程度：哪些关键成功因素你有了，哪些还有红色标志？
- 利益相关人分析：你在哪里看到了带有抵制情绪的潜在问题或缺乏支持的情况，在哪里看到了可以指望的支持？
- 相关人力资源系统：哪些实践、政策、步骤和流程可能需要修改以支持六西格玛？
- 组织管理举措清单。

整体来看，这就是“我们现在在哪里”这个问题的答案。

关于要求利益相关人参与的注释　如果你已经在这个阶段中适当地使利益相关人们参与进来，你就几乎一定能在组织现状的最终描述上得到他们的赞同。而且你仍然应该继续让他们参与进来，因为有时直到整体的画面及其含义都变得清晰的时候，利益相关人们的关注点才会浮出水面。

既然你已经能够准确地把握组织的现状了，那么该是时候去发现差距并找出通过哪些变革管理行为来消除这些差距了。我们将在模型的第三阶段讨论这个问题。

动态变革模型第三阶段：我们如何实现未来？

按照我们的经验，计划是关键。你需要创建并实施一个整体项目计划及子计划来帮助你以一种有组织的连贯的方式来管理变革（见图 19.7）。底部是一系列涵盖需要实施的行为的子计划，它们共同构成了六西格玛实施的整体计划。

“项目计划”和“培训计划”共同处理战略部署技术层面的因素：过程比较、项目选择、黑带及绿带培训等。这里我们会讲到利益相关人计划、组织发展（OD）、沟通以及标志性行为的应用，这些也是六西格玛整体计划的组成部分。

▶▶ 创建一个利益相关人改变计划

正如前面所描述的，拥有一个利益相关人计划的目的是减少抵制情绪争取广泛的支持。理想情况下，你希望能事先预测抵制，并努力使之最小化，同时了解抵制何时出现以及出现时你要做些什么。

在模型的第二阶段已经找出并分析了利益相关人，现在你需要建立并执行一个计划。回到对主要利益相关人详细情况的分析，首先集中在那些你认为必须要被马上改变的人身上，为每一个利益相关人创建一个计划，该计划包括但不限于以下各项：

- **目标**　你从这个利益相关人身上到底需要什么？这个人一定要担当一个新的

与六西格玛相关的职位吗？一定要变成六西格玛的倡导者吗？一定要贡献资源成为黑带吗？一定要避免苛刻批评六西格玛而转向直接报告吗？非常具体的描述是很重要的，这样你以后才能追踪你的计划是否奏效。

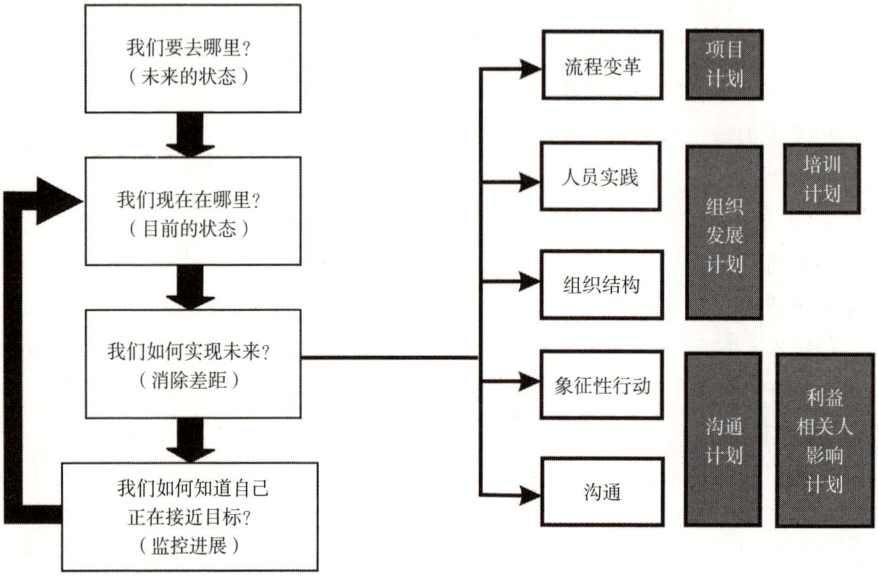

图 19.7 变革管理计划

- **解冻** 什么可能有助于解冻该利益相关人？你有没有可以与之共享（要谨慎）或能够帮助利益相关人去发现（最好是这样）的驳斥性信息？你能不能改变该利益相关人的行为以避免导致不满的后果产生？
- **利益相关人们要付出的代价** 知道了该利益相关人的顾虑，你能否降低支持六西格玛的代价？如果你不能降低这个成本，你能不能把它转化得更容易接受一些？
- **利益相关人们可获得的利益** 你有没有什么方法来增加该利益相关人可获得的好处？如果你不能直接做到这一点，你有没有能利用的关系可以做成这件事？
- **直接改变** 对该利益相关人你能采用什么样的变革策略？你应该尝试去说服他们吗？你能否商议某种交换、诉诸共同价值、或者让他/她参与到更多的决策中？
- **间接改变** 如果你不太可能直接对该利益相关人施加影响，有没有别的人可以帮你做这件事？或者你能不能使该利益相关人接触到可能对他有影响的人或事物（出版物、讨论会、来自别的公司的人等）？

- **计划执行** 你将怎样执行你的变革计划？你将在什么确切的时间采取这些步骤？

为了从整体上对组织施加影响，你应该做的有很多事情，包括建立并传达需要变革的紧迫情势、利益相关人参与最大化以及传达一个综合的引人注目的愿景和宣扬某个项目的成功。最后这一项能帮你建立优良的公共关系并将你拉近六西格玛。如果你的项目选择方法取得了早期的迅速成功，宣传这些项目会是一个非常有效的变革策略。

我们建议重新审查你的改变计划（以及作为该计划基础的分析）以保证它持续地反映利益相关人的真实现状。利益相关人计划方法的价值在于它可以使你避免处于被动的地位，但是只有你保持该计划一直处于最新的状态它才会奏效。

▶▶ 创建一个组织发展（OD）计划

参见图 19.7 的动态变革模型，组织发展计划涵盖了“人的实践”和“结构”两个元素。根据我们的定义，它包括组织结构、工作设计、组织设计、业绩评估、酬劳/认知以及职业发展/持续计划，也就是你在模型的“我们在哪里”阶段的人力资源领域所确定的项目。

现在你需要做两件事：找出这些领域内需要改变哪些东西来支持六西格玛的实施，与制定一个实现这些改变的计划。以下是确定需要改变什么时要考虑的一些问题。

- **组织结构** 组织的确需要重组流程吗？或者你能够接受现有的安排？你在试图推行一个新的结构来管理六西格玛的实施（一般项目管理、黑带选择、项目选择、评审流程等）吗？黑带呢？他们会继续向他们现在的经理报告吗，还是你会创立一个新的汇报结构？
- **工作设计** 你是否已经定义了新的角色（例如黑带）以及他们的相关级别、责任和展望？
- **业绩评估** 你现在的方法是否能够适应新的及现有职位的新的展望？谁来评估你的黑带？在什么样的基础上进行评估？
- **酬劳/认知** 你是否已经决定了怎样付给新职位上的工作人员的报酬？如果你从不同的工作和工资水平上招聘人员来做黑带，你将怎样处理报酬的问题？现有的职位怎么办呢？酬劳和认知制度会因为新的六西格玛目标而发生变化吗？你将怎样付给那些帮助了六西格玛项目但不是黑带或绿带的人报酬？
- **职业/持续计划** 你将怎样把黑带或绿带在任务结束的时候重新统一到组织中来？黑带和绿带培训和/或参与六西格玛目标实现会成为升职的必要条件吗？你会从哪里着手黑带项目？他们现在的工作将如何填补？

就像本章不止一次提到过的，你会想让合适的人参与到评价什么要被改变的决策过程中来。这不是一件你能够或应该独自决定的事情。你当然要让人力资源部门的人参与进来，但是你还应该听取来自业务单元的领导、一线经理以及将会成为黑带或绿带的人的意见。

一旦确认了要做什么事，就需要将不同的责任分配下去，决定供应能力和时间安排等，该方式与你在整体战略部署和组织的任何其他方法中使用的方式都相同。

▶▶ 迎接沟通的挑战

沟通是六西格玛改革计划成功的一个（也许是唯一的一个）主要因素，它是贯穿整个计划的一个线，会接触到你所做的其他任何事。如果你没有正确地做这件事，你可能会遇到一些非常严重的问题。因此你应该就这里所描述的行为与沟通专家紧密合作、共同工作。

关于沟通的这部分被分成三个小部分：

1. 创建一个显著的需要变革的状况；
2. 建立并实施沟通计划；
3. 避免常见的六西格玛沟通陷阱。

创建一个显著的需要变革的状况

沟通的基础是“一个显著的需要变革的状况”，这一部分将教你如何逐步创造这样一个状况。它要遵循以下这个基本的流程：

1. 我们不能再这样下去了（这是为什么）；
2. 我们已经有了一些会有所帮助的东西（这是怎样去做）；
3. 所以这就是我们计划要做的事情（你要做些什么）。

1. 我们不能再这样下去了。

在本章前面已经论述了通过驳斥性信息的使用来创造对于变革的准备和动机，扼要地重述一下，驳斥性信息向人们说明他们对于正在发生的事情的认知并不是来自于事实，这使他们感到焦虑。在变革模型的前些阶段，决定“我们要去哪里”和“我们现在在哪里”时，你已经收集了这些信息。现在的事情就是要把它们汇集成一个显著的需要变革的状况了。

回顾你在变革模型“我们现在在哪里”阶段中所收集的信息。你应该从这个资料中挖掘出一些信息来回答一个基本的问题：我们为什么还在考虑变革，更不用提六西格玛了？如果你认为组织不能再这样下去了，你就需要有一个坚实的理由。如下是一些驳斥性信息的例子。

- 公司财务业绩：股票价格或盈利的走势图；与竞争对手的比较。
- 员工的报酬：奖金的走势图，公司对 401（k）的贡献等。

- 客户信息：客户感知的走势图和详情；与竞争对手的比较。

关于使用驳斥性信息需要记住以下重要的四点：

第一，必须适合受众。例如，如果你试图向一线员工展示现状的不合理性，和他们谈论折旧摊销税前利润可能不会很有效，但是展示一下前两年失业的数据则可能会有效。所以要想着你的受众来选择信息，不要错误地以为组织里的每个人都有着与你同样的财务敏感度。你可能不得不对你认为是比较简单的财务概念给出解释。

第二，受众需要知道他们为什么应该关注这个。收益降低了又如何？听起来很明显，但并不是对每个人都这样的，甚至对管理层的人也不都是。你就要用对受众奏效的方法描述，如奖金受到威胁了吗？工作呢？你是否不得不紧缩那些使员工们喜爱他们的工作的东西？公司的继续生存有没有问题？把这些问题都说明白了，避免孤立的信息点，如果这样的话，很容易会把它们解释成为异常情况。展示出发展趋势并且应用比较的方法。

第三，你必须对怎样展示出反映其他现行或过去方法弊端的信息非常敏感。例如，如果你的立场是现行的方法不足以解决一个特定的问题（或者过去的方法没有能够解决这个问题），那么那些支持过或为之努力过的人会怎样反应？那种一开始为解决目前的问题而设计的方法失败了吗？它是与新的问题无关吗？还是由于环境变化了，导致过去奏效的东西现在不灵了？你的信息一定要批判过去的方法吗？或者你可以以一种避免责难、向前而不是向后看的方式将它展示出来吗？我们并不是说你应该避免展示意味着某些事情进展得不太顺利的信息，你当然可以展示。但是我们建议没有必要的情况下，你不要贬低过去的努力（那会导致抵制），你要预测任何可能的抵制情绪的发生并为之做好计划。

第四，除非是非常明显，否则的话，你应该描述驳斥性信息的来源、任何潜在的假设、谁参与其汇集工作等，这样人们才能自己评判它的真实性。但当你展示驳斥性信息并从这些信息中得出的结论时，你应该预测到人们会想，“这是说谁呢”、“他们怎么会知道”。

这样你就有了信息的开头了：“我们现行的一些方法不能够解决当前的问题。方法 A、B、C 运行得都很好，它们也会继续下去。但是情况不同了，现在我们又有了新的问题 X、Y、Z。如图所示，你们可以看到这个趋势。如果我们继续下去，就会是这个状况了。我们需要做一些与以往不同的事情来防止这种情况的发生。这是我们信息的来源、这是参与人员、这则反映了我们的结论是如何得出的。”

2. 我们已经有了一些会有所帮助的东西。

在本章前面讲到，仅仅使人们对现状感到不满和忧虑是不够的，一旦他们放弃了老的东西他们必须转向别的方向（吸引人的可选择方案）。下面将讲述如何将六西格玛列为可选择方案。

第一，你需要一个清晰的（高水平的）关于六西格玛是什么以及它是用来做什么的解释。

第二，你需要将六西格玛与为什么“我们不能再这样下去了”的原因直接联系在一起。把这种关系以清楚的可信的方式表达出来是非常重要的。举个例子，如果你认为利润下降了，组织现行的所有方法都未能解决这个问题。很好，但是六西格玛能确切地带来怎样的帮助呢？你必须能够使两者联系起来。如果这是一种直接且/或明显的关系，你的工作就会比较容易。如果不是，你就不得不费点力气使这个逻辑关系变得清晰明了。这并不意味着提供只有财务总监容易理解的解释。请用简明的英语（中文、西班牙语或法语等）!

第三，你要把六西格玛定位成不同的和必要的，同时还要承认其与组织现行的或过去的改进方法的相似点和/或联系。同时，你要现实地看待六西格玛能达到什么和不能达到什么，承认它并不是万能的。你可以构思一个任务来完成这些目标，处理图 19.1 所列的员工们潜在的顾虑。下面是一些建议：

- 引用一些能使六西格玛的实施与过去的质量方法区分开来的关键项目(强调跨职能部门流程、项目方法、高层领导的参与、培训的范围、变革管理等适用于当前情况的任何方法）。
- 找出何处涉及了相似的工具/方法；承认组织里现有的专家意见以及它们怎样领导了你；阐明你将号召现有的专家们帮助六西格玛的实施。
- 将六西格玛与其他过去的和现行的方法放在一起来凸显连续性和结合性(强生在这一点上做得很好,通过一个简单的图表展示了它过去十年来主要的改进方法，并将六西格玛作为一个自然的演变结果显示出来）。
- 描述六西格玛的局限性,作为提高组织绩效的整体方法的一部分它将怎样与其他方法一起发挥作用。

第四，你应该明确你选择六西格玛作为解决方案的过程：谁参与进来了，你们是怎样得出这个结论的，你们还考虑了别的什么方法。交流这些信息能够帮助预先阻止问题的出现并且减少抵制情况。

最后，你可以引进外部证据。如果你们的一个竞争者已经在使用六西格玛并且产生了巨大的效果，你可以用该信息来支持你的观点。或者你可以引用一个无关的公司的经历，它当时所面临的问题与促使你想要采用六西格玛的问题是相同的。但不要局限于只是通报二手的消息，一个非常有力的方法是引入别的组织的人让他们和你的员工面对面地交流（许多公司用录像，但面对面的、互动式的沟通会更有效）。然而，你要确信时刻都把受众放在心上。高级经理听别的高级经理谈论他们的经历可能会觉得信服，但是一线的员工可能就会没有印象、不感兴趣，并且/或者完全感到厌烦。如果你能带来同样等级层次的人，他们能联系自身经历并且回答问题，这样做会更加有效。在任何情况下，准备好处理这样的反应，当公司引证别的公司实施六西格玛的成功时经常会听到这样的反应："但是那个公司完全不同因为……"

"我们需要做'一些不同的事'来防止'一些不好的事情'发生，前一个任务以这个理念结束。现在我们继续，我们相信六西格玛就是那种'不同的事'。六西格玛不是所有问题的答案，但是这里讲的是它将怎样解决我们所面对的问题，这里讲的是我们是如何得出这个结论的。是的，这听起来很耳熟，这里讲的是我们以前的/现行的方法有哪些相似的地方以及六西格玛是怎样适应它们的。但这里还讲了它是如何不同，不同到足以让我们想要继续的程度。这里讲的是我们将怎样利用自己内部的专业技术来启动六西格玛的实施。这里讲的是别的面临相同问题的公司以及我们的竞争对手公司的情况。是的，我们知道我们是不同的，但是这里讲到了我们为什么认为它仍然会有效。"

3. 所以这就是我们计划要做的事情。

在这里你要解释实施中会发生什么。你会想描述主要的元素（项目、带培训、领导班子）、一般的方法（选择项目、选择黑带和绿带、把他们送去进行一个项目的培训等）以及时间安排。如果你详细了解将怎样选择黑带和绿带及项目，将要培训的人数，不同的部门将怎样实施等，你也就能传达该信息。如果你没有这些详细信息，就承认你正在努力，预计一下你认为何时会了解得更多，并且描述一下信息将怎样被传达。

你应该也让大家知道六西格玛中有很多角色，即使那些不是黑带或绿带的员工也会在某个时候参与进来。也许他们会被要求帮助收集信息，解释他们在流程中所处的部分，或者测试一个流程变革。向他们保证你将提供他们所需要的必要的培训和支持（然后就这样去做）。

该讨论利益了——给谁、怎样给、何时有。你期望六西格玛的结果是什么？是的，你已经描述了你期待六西格玛怎样解决组织的问题，但是不同的员工群体会受到怎样的影响？他们能得到什么？会发生什么事？重申一遍，你一定要考虑你的受众并且保证你的信息对不同的团体都有吸引力。

最后，你想要描述一下你在模型中"我们将要去哪里"阶段所期望的将来和任何中间的里程碑或是中点景象。

到此，你已经有了知道需要变革的境况所需要的所有因素。假设你已经使用了建议的方法，那么你所汇集的东西应该能够帮助你解冻这个组织。然而，在你传达要变革的状况之前，你应该对它进行测试以确保它的确像你想象的那样引人注目。在这方面你可以做一些事情。我们建议你先考虑这种状况是否处理了你可能在组织里已经听到的顾虑和问题，参见图 19.1，查看我们在六西格玛组织里经常听到的顾虑。你还可以从沟通专家（内部的和/或外部的）那里得到客观的明达的观点。你可能还想和你同级别的人一起测试要变革的状况。最重要的，你要和目标受众代表一起测试这种状况（一个潜在的团队包括六西格玛沟通大使，本章后面会提到）。这对他们有意义吗？还有没得到回答的问题吗？它得到了真实的反映吗？你知道得太多，太多地参与到这个过程中（六西格玛实施以及创造这种状况），以至于你不能够独自做出这些决定，所以取得一个外部的评判是很关键的。

现在是时候安排沟通计划了。

创建并实施沟通计划

我们建议你用一个简单但全面的矩阵来准备六西格玛沟通计划，需要考虑的领域如下所列：

- **谁**　确认并划分你的利益相关人受众，不要忘记那些组织外的人（客户、供应商、投资者等）。
- **什么**　找出必须传达给每个受众组的关键信息。需要变革的状况要适用于所有受众，尽管一些细节会因组的不同而有所不同。你还会有与培训、项目、组织结构变革等有关的信息，其中一些对所有利益相关人都适用，其他的则是针对不同的组的。另外，你应该确认这些受众组将会回馈给你什么。每个人对于他们接受的信息都会有问题、顾虑和回馈。一些受众组还会有别的你需要的信息（例如项目思想、黑带候选人姓名、现行项目的信息等）。
- **哪里**　你会想知道你的受众组在哪里——实际的和电子的地址。如果你决定使用它的话（本章后面会讲），在获取和传递信息方面的技巧以及六西格玛沟通大使流程方面会对你有所帮助。
- **何时**　对于每一个受众组，确定他们何时需要接收（或提供给你）不同的信息。
- **怎样**　确认你将传送（或接收）信息的媒体、负责传送的人员以及任何必需的生产工作的后勤。你还应该考虑到你的沟通活动的整体形象。尽管你不想让形式超越实质，但让你的信息保持一致的形象，有个主题或者隐喻是极为重要的。最后，“怎样”应该包括你将怎样评价你的信息的效力。
- **为什么**　每一次沟通你都应该牢记其目标。定义出你希望达成什么目标，确保“何时”和“怎样”达成这个目标。

实施沟通计划

一旦完成了这个矩阵并且在内部测试了你的计划，你就已经准备好实施了。正如本章多次讲述，应该有专业人员（内部的或是外部的）和你一起做这个工作，而且应该有足够多的专业人员以确保做得正确。我们已经看到与成千上万个员工进行沟通的责任落在一个人身上的情况，而且还只是兼职来做这件事，这样的效果微乎其微（见本章下文陷阱 3）。不要让这种事情发生在你身上。正如你会预测处理任何项目所需要的资源一样，你应该查看实施你的沟通计划所需要的努力程度和专业知识并且做好供给。

既然我们在谈论效率和效力，这是解释我们提到过数次的一个概念的好时候，即六西格玛沟通大使（SSCAs）。尤其是在大的组织里，它有好多个分支机构，一个领导者不可能亲自和所有的员工进行交流。但是那并不意味着你要放弃面对面的交流和它所能给你的实施六西格玛的效力。六西格玛沟通大使能帮助你以一种非常有效的方式获得这种效力。这些志愿者（而不是征募兵）是六西格玛的实施负责人（尤其是那些处理沟通事项的人）和公司不同地点员工之间的纽带。六西格玛沟通大使在关于六西格玛的双向、面对面的沟通中担任焦点和层次的角色，他们确保传递给各地员工的信息是有效的（被接收、理解、并执行），他们还收集关于员工感知信息的情况的反馈。当员工提出问题时，他们会做出回答。他们更能确保顾虑、流言和误解被发现并且得到及时地处理。最后，他们可以担当将要进行的沟通（包括前面所提到的需要变革的情况）的焦点组员或者宣传者。为了更好地应用这个概念，你需要选择有丰富的六西格玛知识的擅长面对面交流的六西格玛沟通大使，然后提供给他们一个允许其有效地发挥纽带作用的框架结构。

避免常见的六西格玛沟通缺陷

尽管沟通起着关键的作用，但各组织在这方面通常做得都不是很好，即便在几乎没有什么变化的时候（现在还有这种时候吗）也是这样，更别说是在天翻地覆的六西格玛实施中了。我们可以猜想一下潜在的原因：缺乏对良好沟通所涉及的内容的理解；不能认知拙劣沟通的真正成本；实施项目组中缺少专家的（响亮的）声音等。无论是哪种，我们已经看到不计其数的组织在传达它们的六西格玛方法时，犯着同样的几个但却是潜在的致命的错误。

下面是六西格玛实施中的六个典型的沟通缺陷，以及如何防止它们。如果你能努力通过这“六个脏点”，你的六西格玛实施将会比大多数组织都顺利而且有效得多。如果不能，你或许就会陷入困境。

缺陷 1：忽视沟通。领导者们以各种方式忽视六西格玛的沟通：

- **不进行计划**　即使是那些将六西格玛实施的其他方面计划得最详细的组织也常常将沟通看作是事后工作，也就是他们在做出所有所谓的更重要的实施细节后才会去考虑的东西。

- **计划无力** 组织经常会将一系列日期当作是他们的沟通计划，在这些日子他们会通过电子邮件给一大堆员工发出信息。
- **放弃计划的责任** 沟通的责任经常被下发给人力资源部门，该部门的员工就会花时间试图跟上六西格玛领导者的日程安排，以便弄清他们被期望说些什么（然后就是希望有人会听）。
- **保留控制权但没有实施的方法** 有时六西格玛项目团队保留对沟通的控制，但却让控制权留在已经超载（所以他们没有时间）且/或缺乏将其做好的经验或专业知识的组员手中。
- **不适当地延迟沟通** 另外一个常见的错误是拖延沟通直至所有事情都定下来（通常的理由是"我们不想无原由地使人们烦心"）。组织中人们不从领导者口中听到些什么是不会安静下来的，这样拖下去领导者所能得到的是丧失重要讨论中的发言权。那些讨论在没有来自决策及知情人物的信息的情况下还在继续。

防止这个缺陷 从分配合适的资源开始（人、时间、预算）。一个沟通专家，即有大规模变革和六西格玛经验的专业沟通人士，从一开始就应该是你的团队的一部分（注意，拥有这项资源并不意味着你可以将沟通完全下放，作为六西格玛领导者，你应该承担主要的角色）。如果你现在是在没有这种帮助的情况下实施六西格玛，你应该马上改变这种状况。除了拥有合适的资源，我们建议你不要等到其他事都具备以后再进行沟通，那样你将永远无法遏制流言。相反地，当你知道一件事时马上就进行交流。确保要澄清信息的确切程度以及你何时会有更多的信息。若能被正确操作，这会使人们感到安心而不是烦心。

缺陷 2：忽视变革规则，尤其是解冻。在我们看到的典型的六西格玛方法中，基本重点在于六西格玛将带给组织的利益，却很少花时间或根本不花时间提出一个驳斥性信息来解释为什么需要变革。员工们还在考虑"我们为什么要考虑一个的方法呢"、"我们现行的方法难道不足以解决我们公司的问题吗"的时候，领导者们却在忙于谈论成为一个六西格玛组织的光辉前景。当基础的"为什么"的问题还没有被解决的时候，你不能期望员工（尤其是那些还在为别的方法工作的员工）会拥护变革。

防止这个缺陷 抵制立即着眼于六西格玛的利益的强烈欲望。花些时间通过创造并传达一个需要变革的境况对组织进行解冻。你对现行方法为何不足和为何要引进六西格玛或用来替换的问题应该有一个清晰、有说服力的答案。你应该有支持性资料来强化你的回答，并以一种会使你的受众产生共鸣的方式阐述出来。

缺陷 3：为了效率而牺牲效力。有着大量员工受众的大型组织在平衡沟通的效力和效率时面临一个挑战，当目标是促进对六西格玛（或对任何变革）的了解和接受时，双向的、面对面的、以受众为目标的沟通通常是最有效的方法。然而，组织最后通常会使用更有效率的方法，即主要是依靠书面信息（尤其是电子邮件）以及其他大众交流方法例如录相或网络发布。电子邮件经常是层层下发的，信息会被发送到一个管理层面，他们会负责将信息下发至（理论上来讲是这样）每一个员工都看到为止。这种信息经常不是有目标的，每个人看到的都是相同的内容。尽管这实际上是有效率的方法，并且经常似乎是唯一可行的方法，却很少完成增加了解和建立支持的目标。主要有以下几个原因：不同的受众有不同的沟通需要，书面材料经常缺乏影响力，员工在有具体问题的时候想要迅速的答案等。但无论是什么原因，为了效率牺牲沟通的效力除了会导致时间和精力的浪费外，别无他用。

防止这个缺陷　部分解决方法是将沟通的真正代价列入实施预算（和 ROI 计算）中。如果假设沟通仅仅是项目组中的成员阶段性地发出电子邮件，那么预算就不会被专款专用。ROI 会被夸大，之后就没有机会改变这种状况了。避免这个缺陷还要求处于领导位置的人认识到关于六西格玛的沟通是一个“现在就付给我钱还是以后再付给我”的情况。以互动的方式从一开始就与利益相关人进行交流会比后来处理他们的抵制所带来的后遗症花费更少的时间。解决方法的另一点是允许有效率的效力的机制的使用，例如六西格玛沟通大使。

缺陷 4：没有建立一个反馈机制。尽管六西格玛重视测量，但令人惊奇的是我们见过的六西格玛方法中有如此之多没有包含能够评估沟通的效力的反馈机制。作为领导者，你可能会希望受众至少收到沟通信息、给予关注（阅读信息或去参加会议）、理解该信息，像你所希望的那样去诠释它，然后产生任何你脑中的任何行为变化（同意支持它、变成它的狂热者、拥护项目等等）。如果没有相应的反馈机制，你怎样知道其中的任何一种情况发生了呢？很多组织没有，他们只是在电子邮件后将信息投入沟通的黑洞，甚至没有考虑打字的工夫到底值不值得。

防止这个缺陷　提前计划即提前确定你将怎样测量沟通的效果是关键。有很多种方法，你可能会想综合使用它们。例如对具体沟通的反应的短期调查、检测累积性效果的长期调查、焦点组群、六西格玛沟通大使、电子邮箱、信息收集场所的涂抹板、认知游戏和测验以及热线电话等。无论你使用什么样的方法，刚开始你都应该先获得基线测量，这样你才能准确地追踪流程进展。

缺陷 5：过分强调六西格玛的文化变革方面。就像本书别处所提到的，六西格玛实际上是可以帮助组织文化变革的催化剂。但是文化变革并不是迅速或容易发生的，它是一个需要多年时间的复杂的过程，需要一个精心策划的方案，应该为了一个具体的和公认的商业目的来施行。如果组织文化的某些方面阻碍了公司的持续活力和竞争力，那么就应该改变那些方面。然而，很少有情况需要将整个现有的企业文化完全变革以解决组织现有的问题。但是这却常常正是员工们从六西格玛的交流中产生的印象，这种交流承诺（或者在很多员工的眼中有这样的威胁）对现有组织文化的全面审视。这样的声明在新的（来自该文化之外的）高级领导人加入该公司并决定有所作为的时候经常会发生，意料之中的结果尤其是在员工已任期很久并对现有文化有着强烈的自豪感的组织里是抵制。领导者做出关于文化变革的模糊的扫荡性的言论，从而使争取员工对六西格玛的支持的过程变得很困难。

防止这个缺陷 尽管对于一个肩负重任的新领导者来说是有争议的和违反直觉的，我们还是建议除非是在不得不这样做的时候，不要使用文化这个词。相反地，去谈一些阻碍组织实现其目标的具体的事情以及六西格玛怎样能够有助于解决问题。例如，如果由于公司职能部低效，你的新产品开发周期是竞争者的两倍，你就没有必要把它定位成一个文化问题（即使你认为它的确是）。相反，你可以不用提及文化，只是描述这个问题以及六西格玛将怎样帮助解决它（“我们正在丢失装饰品的市场份额，因为我们的竞争者以两倍于我们的速度开发出新种类装饰品；我们相信通过采用六西格玛方法，我们能够大大缩短新装饰品的开发时间”）。领导团队中那些叫嚣文化变革的人大可以放心他们真正的焦虑（缩短产品开发时间）可以得到解决。那些喜欢现行文化的人可以将六西格玛看成是一种解决重要问题（例如缓慢产品开发）的方法而不是对他们重视的事物（整体文化）的威胁。你怎样进行文化变革的沟通能够产生也能减少抵制，选择权全在于你。

缺陷 6：没有让受众参与进来。我们也可以把这一点叫做“乏味”缺陷。让我们来面对它，并不是每个人都觉得六西格玛令人兴奋。实际上，他们可能在有机会使用这个方法和工具解决了悬搁已久的无法追溯的问题以后，或是在发现由于这种改进而带来了酬劳的增加以后才发现六西格玛令人激动。但是在初期，在认知阶段，你不得不努力使他们产生热情。我们见过许多组织不愿麻烦去做超过传达干巴巴的事实之外的任何事情，他们用相同的方法来进行六西格玛的沟通和做别的其他的事情。下面这些你听起来耳熟吗：

- 冗长的 PowerPoint 陈述，塞满了各种图表、公司内部用语和只有已入门的人才能理解的六西格玛术语；
- 高层首脑谈话的录像，使每个人确信这就是万能的方法；
- 邀请员工们登录公司网站下载那令人激动的 PowerPoint 陈述的电子邮件。

你知道情况了。考虑一下一个平常的沟通方法能否帮助你赢得员工们的支持，使得他们心甘情愿并热情地参与到六西格玛中来。或者你可能需要一个类似于营销或广告活动的方法，这样更有魅力一些、更激动人心一些；或许应该少一些书面的华丽词句，多关注一些图片和其他易接触媒体。我们相信后一种方法会带来成功的实施，但要告诫你：不要越线成为不合适的一味叫好的方法，只重形式没有实质，或者似乎是轻视员工所关心的事物，或者描绘出过分美好的图片。你不会想让员工们说："我还丝毫不知道六西格玛到底是什么东西，但我的确得到了一个很好的咖啡杯。"或者更糟："这些方法使六西格玛听起来好像会使每个人都获益，但随后他们会裁掉那些工作。"

防止这个缺陷　为沟通分配合适的预算，然后从沟通专家那里获得帮助。我们以前已经暗示过这一点，但在这里还要重复一遍：沟通是一个职业。很多领导者好像不相信这一点。就像我们都喜欢认为自己是很棒的驾驶员一样，经理和领导者们也倾向于认为他们是很棒的沟通者。有一些的确是，但良好的沟通并不仅仅是做一个好的演讲或写作。你需要拿出与你的受众联系起来并赢得他们全力支持的创造性的方法。你不应该用它来锻炼新的技能。在这个领域获取帮助将为你的六西格玛实施带来看得见的改进。

▶▶ 象征性行为

动态变革模型中还有一项我们没有讲到，那就是"象征性行为"。对此我们没有一个外在的计划，但是包含在组织发展、沟通、培训和其他计划中的许多行为都可以被看成是象征性的。象征性行为，尤其是领导者的象征性行为，会对你的组织产生深远的影响，不管它对你其他的努力是起支持作用还是反作用。

举例来说，在一个还对实施六西格玛持怀疑态度的组织里，它的经理们不愿意委派最优秀的人去做黑带。现在想象一下总裁通过四周的黑带培训，正在做一个项目。这个象征性行为和一百个关于六西格玛对该组织是如何重要的陈述具有同等作用。一点表演是有帮助的，软调的象征性行为，例如先把六西格玛放在会议日程上，讨论问题时使用六西格玛的框架和词汇，把绿带培训变成得到提拔的一个标准也是有帮助的。关键是要有使你的支持六西格玛的话变得鲜活的看得见的行为。

类似的，象征性行为也能够破坏你为实施所做的努力。例如，一个高级主管从来不曾出席六西格玛评审会议；一个工厂经理拒绝参加但继续得到报酬并像以前一样被大家所认可；黑带完成了委派给他们的任务却不得不努力去维护自己的利益而不是被提升。

这里重要的是识别象征性行为并确保它们之间以及它们与你所传达的其他信息之间是协调一致的。

动态变革模型第四阶段：我们如何知道自己正在接近目标？

模型的这个阶段的主要行为是建立一个六西格玛评审流程。阶段性地将合适的利益相关人聚集到一起查看实施中各元素的进程是非常重要的，因为它们是你在股票价格、收益等组织目标上的进程的主要指标。当进程缓慢、方向错误或无法对商业环境的变化做出反应的时候，你和这组利益相关人采取修正性行为是非常关键的。

我们建议你采取以下步骤：

- 建立一个评审流程，包括时间、参与者以及会面地点；
- 用你已经定义的测量体系发展出一个跟踪实施中各元素的模板；
- 将变革准备程度评估包括进来（从一开始的基线就开始跟踪进展情况）；
- 用六西格玛沟通大使的反馈、调查等来监控沟通的进展；
- 将一些公认的事件包括进来以庆贺所取得的进展以此来增加热情。

要保证经常地审查这个流程，这样你才能在偏离正确方向太远之前采取一些必要的措施。这在实施的初期阶段尤为重要，因为那时如此之多的事情在瞬间发生，而利益相关人们还在考虑值不值得支持六西格玛。对测量效力的详细讨论参见第 18 章。

继续前进

在 DMAIC 项目中，如果你跳过控制阶段你就永远不能确定你的流程改进能否持续下去。变革管理没有什么不同，你需要时常重新查看模型的各阶段以确保以下几点：

- 你的项目团队仍然赞同整体目标（“我们要去哪里”）；
- 你仍然知道“我们现在在哪里”的答案；
- 你的变革管理行为（“我们如何实现未来”）仍然是相关的/有效的；
- 你立即知道你们做得怎么样（“我们如何知道自己正在接近目标”），这样在需要时你才能迅速地改变努力的方向。

结论

本章开始先祝贺选择了六西格玛的软面信息的六西格玛领导者，并询问你的思维观念中是否相信这与其他技术和财务因素一样重要。我们着重讲解了需要关注六西格玛的变革管理方面的显著原因，你现在信服了吗？如果是这样的话，我们将要做什么呢？

第 20 章

黑带的选择和发展

Jack Norwood 和 Mary Williams

“这里有一些领导者需要制定的基本原则……所有的黑带和黑带大师是最有可能被提升的人，对于他们来说这将是他们的职业加速器。每个来参加培训的人必须有能够获得财务回报的项目，该项目最终会得到财务部门的认可。”

（访霍尼韦尔国际公司总裁兼主席 Dave Cote）

黑带处于实施六西格玛方法的最前线，但是他们不仅仅是执行者。从短期来看，黑带将学习六西格玛的工具，成功完成项目，改善业绩指标。从长期来看，最成功的黑带将被提升到领导岗位，在那些岗位上他们将确保组织把六西格玛作为一种改善方法，甚至一种业务变革方法的承诺。因此将骨干员工选为黑带对六西格玛管理举措和业务的长期发展至关重要。此外，黑带的选择向组织内部发出了强烈的信号，以表明六西格玛的重要性。考虑到以上因素以及我们在教授和辅导黑带中的丰富经验，这一章我们将着重讨论黑带的选取和培养。

首要考虑因素

正确地选择黑带将帮助你完成下列目标：

- 达到预期的财务目标同时推动组织变革；
- 培养能够保持六西格玛成果和变革业务的未来领导。

推动变革

我们可以通过显示六西格玛对组织有多重要来部分地推动组织变革。即使你仅仅把六西格玛当做一种改善方式来采用它（我们称之为渐近式部署），但是只要你将六西格玛作为一种转换的工具，你肯定会想展现出它比别的项目更好。

最初开始推行六西格玛的时候，所有层次的人们都会怀疑组织是否是在认真地看待六西格玛，以及六西格玛是否会产生真正的收益。尽管会有及早使用者和主动抵制者（就像伴随着任何组织的主要变革那样），大部分人则处于中间的某个位置，抱着看看再说的态度。他们最先关注的事情之一就是谁被选为黑带，他是通常的被怀疑者还是优秀员工呢？

选择最优秀的人作为第一批黑带可以对组织产生深远的影响，因为人们会得出六西格玛是一种极为先进的举措的结论。而且，骨干员工很有可能有成功的案例（假设有适当的培训并经过有效的项目选择）。这些早期成功案例或者说迅速获胜，将会孕育出更多的成功，他们帮助组织建立对六西格玛和数据驱动方法的信心，并且使那些处于中立立场的人们变成六西格玛的狂热者。选择骨干员工成为黑带不仅可以尽快得到财务上的回报，而且帮助组织专注于六西格玛。

在最初的六西格玛实施期间，公司决定只有在公司前百分之十的优异人员才有资格成为黑带的候选人。质量领导要求人力资源部评审所有业务部领导推荐的候选人，任何一个不在前百分之十之内的人员都会被取消资格。当那些被接受了的候选人在接受黑带培训的第一天看到其他的候选人的时候，给他们留下了深刻的印象。新的黑带将立即意识到这种举措有所不同，传达给黑带和业务部门领导的暗示性信息是："这对组织来说很重要。我们在用公司中最优秀的人来努力做这件事。六西格玛得到了高度重视，并且将得到最高级别的支持。"

▶▶ 建立未来的领导阶层

希望维持六西格玛带来的成果的组织和那些希望转变他们做事方式的组织可以从培训当前的和未来的六西格玛领导人才中获益。将当前的领导人培训成为黑带或绿带会得到立竿见影的成效，这会将六西格玛思想带给高层决策者。同样重要的是它培养了一批已经完全精通六西格玛的潜在的领导人才，当组织寻找高层领导候选人的时候，可以从这些人中选择。你可以通过选择公司的顶级人才，即优秀员工，来组成这样的一群人以备成为黑带。

将黑带定位于未来领导阶层继任角色能够帮助那些将会得到晋升的人们理解六西格玛的理论，并且推动数据驱动、顾客为中心、成果导向的方法的使用。此外，它使组织能够补偿为培训黑带而进行的巨大投资，并且用提供更有吸引力的工作机会的手段来留住这些人才。这也是另外一种鼓励组织使用六西格玛的方式，即如果人们知道六西格玛是得到升职机会的途径，他们肯定会拥护它。

众所周知杰克·韦尔奇使参加绿带培训并完成一个项目成为在通用电气公司内部

得到晋升的一个先决条件。为了被晋升成为高级管理人员，候选人必须成为成功的黑带。要晋升为总裁级管理人员的要求更高，候选人必须是黑带大师。当这条规定第一次被制定并传达后，通用电气公司内想得到晋升的每个人都开始对六西格玛感兴趣了。

选择黑带：标准

谁应该被选为黑带？选择候选人的最基本标准如下所列：

- 他们必须有做这项工作的渴望；
- 他们必须有能够使他胜任黑带工作并且逐渐成为领导阶层的个人品质、技能、知识和能力。

此外，候选人在公司内部的声誉应该可以让他/她成功地完成项目工作并且成为公司的标志，这一点是很重要的。

渴望做这项工作

听起来这好像是最基本的，但是我们要将它说得更清楚一点：可以被指派为黑带的是那些愿意完成这个任务、做这项工作的人（尽管你的公司已经对它进行了定义）。我们建议要通过报告让所有候选人透彻地了解作为一个黑带，公司对他们有什么样的期望，他们将得到什么样的培训、支持以及这对他们的事业会有怎么样的影响。此外，他们应该被给予在没有惩罚的前提下接受这个职位与否的选择权（也就是说，他们应该不被强迫成为黑带）。

组织在征募长期从事六西格玛的工作人员的时候会招致不必要的难题。我们曾经惊讶地看到过人们仅仅被要求向全班报告学到了一种解决问题的新方法时的场景。根本没有提及到两年的努力、工作内容或者学习统计学的必要。你能从这样一个被强迫成为黑带的人身上期望什么呢？你认为他们将会向组织内的其他人员传递怎样的有关于六西格玛的信息？他们会取得多大程度上的成功？但如果是和一个把这种举措看做是会为组织带来一点变化的机会的充满热情的志愿者在一起的话，你的处境不知会好上多少倍。

成为黑带所要求的个人品质、技能、知识和能力

根据经验我们发现许多品质、技能、知识和能力是选择黑带的有效标准。这里我们简单地进行了描述并且总结了预期的候选人应该表现出来的一系列相关的行为。当人们对六西格玛将实施得怎样存在相当大的不明确感、非常需要向组织显示六西格玛能够奏效的时候，其中一些要素对于第一批被指派为黑带的人至关重要。

个人品质

选择黑带的时候要考虑以下的个人品质。

1. 成效导向，有紧迫感。

六西格玛是与以行动为中心相对的成果为导向的，目的是传达一种可测量的结果，项目的重点是要尽可能快地达到这些效果。接下来，黑带就应该建立一个可以实现的目标，坚持以这个目标为重点，让其他人跟着他们去实现这个目标。在完成一项任务的周期中有很多机会团队会离轨，如线上的工人没有坚持搜集数据，经理们阻止团队人员参加会议等等。有紧迫感的黑带就会寻找出创新的方法来克服这些障碍并且按时完成任务。理想的候选人是那些已取得过成果的人，这种品质在六西格玛部署的初级阶段尤为重要。那时很多人抱着看看再说的态度，而且早期的项目成功对于建立组织的自信和承诺是很关键的，显示这种品质的行为包含以下几种：

- 建立长期目标；
- 克服困难；
- 按时完成任务。

2. 速学者。

黑带被号召在很短的时间内学习大量的东西。他们不仅必须学习 DMAIC（定义、测量、分析、改进和控制）理论，而且必须学习统计学工具，还（经常）要学习团队和影响技能。此外，很多组织要求他们的黑带帮助培训和辅导绿带，那就意味着黑带必须将方法和工具充分掌握以便教授他人。所以黑带要能够速学并且能立即将他们的所学应用到实际的问题上。再次强调，这对部署的初期阶段十分重要，因为那个时候组织上下都在等待看到成功。显示这种品质的行为包含以下几种：

- 快速掌握新知识；
- 将所学应用于工作中；
- 能够将自己所学教授给他人。

3. 协作。

黑带不能也不应该单靠他们自身完成任务。六西格玛工作的性质就是这样，和他人（比如，团队成员、部门领导、流程所有者、倡导者、高层领导者）协作是取得成功（尤其在领导团队里的成功）的必要条件。黑带必须愿意并且能够实现跨部门、跨层面的合作以便更有效地应用 DMAIC 方法来实现目标。此外，黑带的协作行为可以帮助增加其他人对六西格玛和项目结果的支持，因为人们更愿意致力于一个在他们参与到其中的流程和结果中。显示这种品质的行为包含以下几种：

- 将一个广泛的团体包含到项目行动中；

- 将有意义的工作分配给组员；
- 认可他人的贡献。

4. 顾客导向。

使六西格玛不同于其他质量管理体系的一点在于没有顾客的反馈就不能找了缺陷并衡量流程绩效。黑带应该高度重视将顾客的声音融入到他们的工作中来，而不能假定自己知道顾客的所需所想。这种方法必须在 DMAIC 的各个阶段中发挥作用：定义阶段引发顾客的需求，顾客对于缺陷的定义决定了在衡量阶段对西格玛水平的计算，而在改进提高阶段对于顾客的影响有助于解决方案的选择。黑带必须愿意并且能够有效地和顾客们沟通，并倾向于考虑他们的需要和感觉。显示这种品质的行为包含以下几种：

- 积极引发顾客的投入；
- 以顾客的眼光来看事情，阻止做出有悖于顾客意愿的决定；
- 将客户信息整合到解决方案的产生和传达的过程中。

领导技能、知识和能力

黑带应该有以下的能力。

1. 领导团队的能力。

黑带最基本的责任是领导一个六西格玛团队来贯彻 DMAIC 理论以便改进一个流程。真正领导团队的能力而不仅仅是开会，对于这个项目的成功是至关重要的。黑带必须要能够将一群不同的各自有着自己的日程安排的人聚集到一起，将他们变成一部状态良好的机器来按时地在预算内解决难题并且传达结果。要做到这样，黑带必须意识到并且可以有效地应对各种不同的团队行为；建立目标、角色和步骤；解决冲突；引导决策和召开有效会议。能够显示这种技能、知识和能力的行为如下：

- 用可以使团队保持目标一致和全心投入的方法来处理团队行为；
- 建立团队目标、任务和步骤；
- 通过团队工作在预算内按时完成项目目标。

2. 影响能力。

因为他们的成功很大部分是由那些他们基本上没有管辖权的同事来完成的，所以黑带必须熟练于感染公司的各个不同阶层。例如，组员和其他致力于项目的人基本上都有很多现有的组织任务，让他们花时间在六西格玛上常常就是一个挑战，尤其是当他们的上司强迫他们优先完成自己部门的“真正工作”的时候。黑带改变这种状况和让人们在这个项目上贡献时间的能力将决定这是一个成功的六西格玛任务还是一个永远完成不了的任务。同样重要的是黑带对高层领导者有怎样的影响效果，他们当中的很多人对六西格玛和DMAIC的严格程度并不熟悉。必须要让这些领导人信服采取这种行动的必要性，尤其是牵扯到一些行政敏感性问题的时候更是这样。黑带需要熟悉各种各样的影响策略，知道怎样选择一个适当的方法，并且能够用可以引导项目成功的方式实施策略。这对六西格玛部署的初期阶段尤为重要，那时整个组织都在等着看项目是否会成功。显示这个技能/知识/能力的行为如下：

- 确定需要改变的情况；
- 发展和使用适当的影响策略；
- 对在他直接控制范围之外的情况产生正面的影响结果。

3. 领导变革的能力。

不管你部署的重点是渐近式的还是变革式的，实施六西格玛都是一项影响深远的组织变革。处于六西格玛项目的领导者职位，黑带是这种变革和成功很大程度上取决于别人的拥护的人的最显眼的标志。理想状况下，黑带应该是靠变革茁壮发展的人，他们理解产生变革的潜在原则，能够将这些原则应用到他们影响的范围内。显示这个技能/知识/能力的行为如下：

- 挑战现状；
- 预期、认知并且有效地处理抵制情绪；
- 对那些他们所领导的人（对变革）的投入程度产生正面影响。

4. 辅导能力。

在许多但不是全部的组织中，黑带被号召去培训绿带，经常地让黑带对绿带正在进行的项目进行辅导。因此，我们建议在选择黑带的时候将辅导能力这一项考虑在内。对六西格玛工具和技术的深入掌握并以一种易于理解的方式传达该信息的能力在辅导中是必要的但并不充分的品质。黑带还必须知道怎样帮助绿带自己发现他们应该怎样做才能成功完成项目。他们必须提供帮助，却并不一定提供最终答案。此外，他们要凭借自己的经验在绿带真正遇到问题之前意识到这些潜在的问题，并向绿带提供如何避免发生这些问题的建议。通过有效的辅导，黑带的知识在他们自己的项目之外产生了作用，组织中更多的人知道了如何用六西格玛的方式来思考和处理问题。显示这个技能/知识/能力的行为如下：

- 积极地寻找帮助别人工作的机会；
- 意识到和他们曾经遇到过的情况相似的状况，并提前提供别人如何避免这种状况的建议；
- 帮助其他人发现解决他们的商业问题的最好的方法。

业务技能、知识和能力

在黑带的选择过程中应该考虑到以下的能力。

1. 沟通技能。

对黑带来说最重要的一项技能就是有效的口头和书面交流。事实上交流在黑带做的每一件事情中都发挥着作用，从确保项目团队明白项目的目标到向领导报告项目进度，再到准备最后的项目结果报告。黑带应该能够用适合受众（比如雇员、同事、行政领导阶层）的方式来传达信息和意图（比如告知、教授、说服）。不管面对什么样的听众，抱着什么样的目的，黑带的表达都应该清楚、简练、语法和结构正确。显示这个技能/知识/能力的行为如下：

- 为实现目标向受众进行清楚适当的书面表达；
- 为实现目标向受众进行清楚适当的讲演；
- 有效地使用多种方法来传递信息，包括适当的视觉辅助。

2. 项目管理技能。

黑带成功的关键在于他们理解项目的关键路径、建立项目计划和进度表、协调众多同时的任务并且按时完成的能力。实际上，这对于六西格玛管理举措的全面成功也是关键的。没有一群能将单个的项目完成的能干的黑带，组织将永远不能获得那种最初吸引人们实施六西格玛的结果。显示这个技能/知识/能力的行为如下：

- 建立和执行现实的项目计划；
- 预测和解决问题，必要时调整项目行动与修改进度表；
- 同时管理几个项目。

3. 财务敏感度。

黑带时常需要创造并验证商业案例，衡量各个项目及其先后次序，并在潜在的改进方案中进行选择。为了有效地完成这些任务，黑带必须对财务敏感。他们必须理解组织的财务是怎样运作的，怎样评估成本，怎样确定节约量。黑带被寄予这样的期望，他们在项目推进时要时刻记着成本节约，并且要在适当的阶段和财务部门合作。显示这个技能/知识/能力的行为如下：

- 在使用组织资源前创造一个可靠的商业案例；
- 展示评定 ROI 的能力；
- 将财务思想融入到决策制定中去。

4. 决策技能。

在任务的每个阶段，黑带和他们的团队都需要做各种决定。此处 DMAIC 理论提供了一些指导，但是对于很多决策这个理论是不合适的。黑带必须能够首先确定要做的决定有多关键，然后再有效地运用选择方法。一些时候比如确定根本原因，黑带希望综合所有的团队成员的想法来得出结论。在其他情况下，决定的制定要受到法律、政府或者安全因素的约束。黑带必须找到并且应用同样能够满足决策质量及可接受程度的最节省时间的方法。显示这个技能/知识/能力的行为如下：

- 辨清不同的决策制定情况，确定哪个方法是合适的；
- 用促进引进的方式让别人参与到决策制定过程中来；
- 适当时果断地做出单方面的决定。

分析技能、知识和能力

你应该选择拥有如下分析技能和特征的黑带。

1. 熟悉并乐意使用数字分析。

DMAIC 方法涉及使用统计工具来测量流程、分析数据、选择方案等等。黑带将在他们的技术培训中学会必要的统计方法，但是拥有基本的数学背景和确定解决问题所需的适当的数据以及收集/分析这些数据的适当的水平对他们来讲还是很关键的。显示这个技能/知识/能力的行为如下：

- 展示所需的作为统计技能基础的数学技能；
- 收集用来解决一个特定的问题的适当的数据资料；
- 展示分析数据的熟练程度。

2. 计算机能力。

黑带必须掌握数据软件包（迷你包或者其同等物），他们在其技术培训过程中也将会有这种机会。然而，黑带应该已经精通微软的 Excel、Word、PowerPoint 或者相同等级的办公软件（熟悉微软的项目更好，但并不是必须）。这些项目基本上构成了企业环境内的计算机能力的基础。此外，黑带还将使用它们在组织中与别人沟通关于项目的信息。对于第一批黑带来说，只有那些对这些办公软件熟练掌握的人才可以被接受。六西格玛的学习曲线本来就很陡峭，不应该再通过加入对这些程序的掌握而使之变得更为艰难。但是，第一批之后，那些缺乏这方面经验的合格候选人将在加入到黑带项目之前接受相应的培训。显示这个技能/知识/能力的行为如下：

- 展示对 Word（或同类程序）的熟练掌握程度；
- 展示对 Excel（或同类程序）的熟练掌握程度；
- 展示对 PowerPoint（或同类程序）的熟练掌握程度。

3. 解决问题的能力。

从宏观的角度来看，黑带将被要求使用 DMAIC 理论来解决流程改进问题。在这种方法的各个阶段，将会有无数的微观问题需要解决，所以黑带候选人在这个方面要有出色的能力是很关键的。尽管他们将在技术培训过程中学习 DMAIC 理论，黑带必须已经拥有结构化的、逻辑的思维方式来考虑各种问题的能力作为基础。显示这个技能/知识/能力的行为如下：

- 辨别需要用逻辑解决的问题；
- 运用逻辑思维方式去解决复杂的问题；
- 运用结构化的问题解决技巧和工具。

4. 运用技术的能力。

许多六西格玛项目在信息收集、对潜在的解决方案的考虑和/或解决方案的施行中都要涉及技术的使用。黑带应该对技术/自动化相当熟练并且能够发现机会使用这些技术来改进流程、完成项目和商业目标。黑带将要和信息技术部门一起合作找出并且实施解决方案。显示这个技能/知识/能力的行为如下：

- 展示对信息技术的实际理解；
- 在寻找解决方案的时候考虑多种技术驱动的可选择方案；
- 主动从信息技术部门寻求投入。

5. 候选人的声誉。

除了有做黑带的工作的愿望，拥有成功完成这项工作所必备的技巧、知识和能力以外，成功的候选人应该在组织中有一定的声誉或地位。尤其，黑带应该被其他人认为这样的人：

- 有高度的可信性；
- 知道怎么做成事，有经过验证的成果记录；
- 能够成为组织未来的领导者。

当然可能会有一些候选人，他们可信、可以完成任务、未来也可能成为领导，但是如果组织并不这么看待他们，那他们也许就不是好的黑带候选人（至少不是第一批）。尤其在六西格玛最初的实施阶段，黑带的选择将成为六西格玛对组织的重要性的象征。

黑带选取：选取矩阵

我们建议使用候选人选取矩阵来作为一种确定谁应该被选取的结构化的方法。在这个矩阵中，你将会对作为选取标准列出的不同品质、技能、知识和能力的重要程度赋值，而怎样来权衡这些因素将取决于六西格玛的实施、组织文化、预期会委派给黑带的任务和那一群供选取黑带的候选人。

图 20.1 为怎样权衡不同的因素和决定候选人的能力提供了一个例子，在使用这些砝码时，我们建议你这样做：

- 接受得分 70%或以上的候选人；
- 对于得分在 50%和 69%之间的候选人，看看他们的小计得分以及是不是可以有所补救让他们的得分在 70%以上；
- 否决得分在 50%以下的候选人。

黑带候选人选择

权重等级：完全拥有—9　培养后拥有—5　有待培养—1

	个人品质（可能得分：180）					领导技能、知识和能力（可能得分：216）					分析技能、知识和能力（可能得分：108）					业务技能、知识和能力（可能得分：108）					可能得分：108	
输出变量	协作	成效导向，有紧迫感	速学会	顾客导向	小计	领导团队的能力	影响能力	领导变革能力	辅导能力	小计	计算机能力	熟悉并乐意使用数字分析	解决问题能力	运用技术能力	小计	沟通技能	财务敏感度	项目管理技能	决策技能	小计	总计	
权重	9	5	5	1		9	9	5	1		1	5	5	1		5	1	5	1			分数：
Mary Jones	9	9	5	5	156	9	5	1	9	140	5	5	9	9	84	5	9	1	1	40	420	69%
Paul Smith	5	5	1	1	76	5	5	9	1	136	9	9	5	9	88	1	1	5	9	40	340	56%
Judy Kapolski	5	1	5	1	76	1	1	1	1	24	1	1	5	5	36	1	1	5	1	32	168	27%
Will Tell	9	9	5	5	156	5	5	9	1	136	5	5	9	9	84	1	1	5	9	40	416	68%
Steven Soledad	5	1	5	1	76	9	5	1	9	140	5	5	9	9	84	1	1	5	9	40	340	56%
Marcello Alvarez	9	9	5	5	156	9	5	9	9	180	5	5	9	9	84	5	9	5	5	64	484	79%
Wyn Tai	5	5	5	5	100	5	5	5	5	120	5	5	5	5	60	5	5	5	5	60	340	56%

候选人等级　完全能力—9　基本技能—5　有待学习—1

图 20.1　黑带候选人选择矩阵的例子

我们建议你考虑另外两个因素（以前提到过的），尽管它们没有在选择矩阵里面显示，即你应该否决任何一个不想成为黑带的候选人以及在组织中没有良好声誉的人。

培养黑带

选择黑带候选人（以及让他们接受这个位置）仅仅是第一步。现在你需要对他们进行培训和扶持，这样可以帮助他们变成（起码）能够成功地完成任务并（至多）帮助你将你的公司过渡为六西格玛组织的那种人。

培训、扶持和评估

下面内容描述的是可以将候选人转变成羽翼丰满的黑带而应该进行的培训和扶持，它也提供了一些关于管理黑带的业绩表现的指导。

初始黑带技术培训 我们建议为黑带提供为期四周的强化初始技术培训。课程包括 DMAIC 理论和在不同阶段使用的工具，很大部分的培训集中在以解决问题为目的的统计学的运用上。这个时间为一周的课程一般都是在三个星期中穿插进行的。黑带带着已经委派的项目来上课，在他们学习这个方法的过程中，他们会在不上课的几个星期中一步一步地将理论应用到他们的任务中去。

影响/团队技能 除了技术培训，我们还建议有一个星期的影响和团队技能的培训。这个培训集中培训黑带在每天的工作中要使用的技能。它包括：团队动力学、团队角色、目标和步骤；会议的管理；决策制定；冲突管理；影响策略；沟通；利益持有者的管理以及对抗的处理。就像在以前技能/知识/能力那个部分描述的一样，这些技能对于黑带的成功都是至关重要的。

为六西格玛进行设计 当流程发展到了授权这一步，也就是说，在使用 DMAIC 方法不会再有任何进展的时候，六西格玛设计（DFSS）就成为可行的方法。DFSS 还可以应用在新产品和服务设计的设计中。在质量连续统一体中选择进行下一步的组织有必要培训他们的黑带使用这种理论和工具。

培训培训者 选择让黑带负责培训绿带的组织基本上都需要为黑带提供培训的技能。知道怎样做一件事情和向别人解释并可以让他们也这样做之间有非常大的不同，同样在一对一授课和给二三十人教几天课之间也是天壤之别。如果组织计划让黑带进行培训，那么培训培训者的方法是需要的。

黑带大师培训 黑带大师经常在以下的一个或多个领域中接受附加培训，这取决于组织和它的需要：统计学、系统思考、指导技巧、引导变革、战略项目选择。

高层领导发展 如果被选为黑带的人被认为最终会在组织中充当领导角色的话，那么他们就应该参加管理培训课程。通常，这个可能是组织为高潜力的管理人才准备的任何项目。

强化指导 大多数新黑带必须立刻学习如此之多的新事物，所以他们在此过程中需要得到帮助和支持（例如，在一周的培训过程当中或之后）。在这个阶段最有效的支持方式是黑带大师这样一些非常熟悉六西格玛理论和工具并知道怎样在组织内感化他人的人进行一对一授课。这种个性化的指导经常可以对黑带的学习产生最显著的作用。我们建议每个新的黑带都在每个阶段之间接受至少 4 个小时的这种指导，但是一些组织选择了（并且从中得到收效）为每个黑带提供 8 个小时的指导。无论如何，重要的是意识到指导的必要性和它所带来的收效，即它使新的、没有经验的黑带以最快的速度推进他们的项目并且获得计划中的财务成本节约。

认证 很多组织拥有自己的黑带认证流程。通常，这包括完成培训、至少成功完成一定数量的项目和精通一定的统计学工具，这经常形成对黑带的 360 度的反馈评审。认证给了黑带一个目标，这个目标超出了仅仅完成项目本身，是促成成果实现的激励因素。它还可以进一步帮助组织确保它的黑带达到均一的高水准表现。最后，它可以作为一个提升到管理高层或者成为黑带大师的要求。

360 度全方位评审 组织可能希望修改他们现行的黑带职位的 360 度的评审手段。使用这样的方法时，黑带就可以从很多种途径得到对他们表现的反馈：队员、同事、流程拥有者和合作人等等。如果这个可以与竞争力模型（可能是一个综合了本章中描述到的一些品质、技能、知识和能力的模型）结合在一起来完成，黑带就可以从整体上了解他们在多大程度上达到了其职位的所有要求。然后他们就可以发现差距并且制定一个个人发展计划。这样一个发展计划应该允许多种路径，所以一些黑带可以发现他们需要什么（培训和/或者任务）来提升其管理级别，而另一些黑带能够发现他们需要什么来成为（也许并维持为）黑带大师。

结论

当所有的都说了也都做了，人们，而不是流程或项目，实现了结果。六西格玛实施的成功真的是依靠一群有才能的、充满活力的个人的原则、能力和对统计学思考方式的精通。选择适当的人来担当黑带的关键角色，然后提供给他们正确的培训，这将显著地提高组织向其顾客提供高质量的流程、产品和服务的能力。选择适当的人并提供给他们正确的培训还会使黑带项目为组织带来显著的经济收益变得更加可能。在你通往六西格玛质量的道路上，释放这些受过培训的黑带的能量、百分之百投身于六西格玛、拥有组织的全力支持和合适的项目，同样能够为组织领导甚至是你的组织本身的质量带来变革。这使黑带的选择过程对于六西格玛的成功实施像行政领导角色同样关键。

第 21 章

项目的选取

Bruce Gilbert、George Patterson 和 Thomas Bertels

不管六西格玛的实施着重于变革式的还是渐进式的目标，项目都是六西格玛最核心的部分。选择和使用组织中最好的人才本身并不一定能保证好的结果，项目的选取是领导层无可推卸的责任。选择一个项目意味着什么？领导团队必须将无数的问题、困难、挑战和机会转变成为可处理的项目，并且找出可以使用六西格玛来解决的方案。本章将讨论以下问题：

- 为什么项目选取是关键的？
- 什么构成一个好项目？
- 选取流程的成果是什么？
- 谁负责项目选取？
- 可用什么样的选择方法来确定潜在项目？
- 怎样筛选项目并将其按照优先次序排列？
- 怎样为单个项目建立目标？
- 选择流程是怎样随时间而发展的？

为什么项目的选取是关键的？

为了创造最大的成功机会，就必须认真定义和选择项目。一个项目选择流程的目标就是创造一系列项目，这些项目重点关注一项业务所面临的关键问题，而这项业务是可以在黑带和绿带开始培训时适时地分配给他们的（见图 21.1）。当黑带和绿带完成了他们的项目或者当新的黑带和绿带接受培训时，就需要一个持续的系统为他们不断提供项目。

级别	项目名称	流程	目标	期望效益	黑带	章程日期	预计完成日期
1							
2							
3							
4							
5							
6							

图 21.1 项目系列表

项目标准

为了让最初的项目有很大的成功的可能性，它应该要符合以下的标准：

- 项目应该被正确地定义范围；
- 项目应该有一个全面的与目标一起定义的 *Y*；
- 项目应该有一个测量系统；
- 要有可用的关于 *Y* 的过去的数据；
- 黑带候选人应该有一个有力的支持团队；
- 黑带候选人应该被指派给一个对项目的成功也负有责任的支持者和黑带大师。

对于黑带的第一个项目来说，指导委员会应该花额外的时间来保证其符合这些标准。然而，一个有经验的黑带则可以掌控并不符合这些标准的项目。

正确的范围 正确的项目范围对六西格玛实施的早期阶段是尤其重要的，那时迅速的成功可以促成员工的全力投入。为了保证其实现，项目选择团队可能需要对这些问题做一些初步的调查。运用分层或者分解的方法，团队能够选择一个项目并将它分解为一些可操作的小项目。例如，假设一个公司认定每减少 1%的废品，就会使公司节省 100000 美元。要做一个可以减少废品的项目就需要额外的调查来决定现在的废品水平是否可以被分成几个部分，这些部分可以被综合在一起实现省钱的目的。如果目标是节约 200 000 美元，那么每个项目就要以减少 2%的废品为目标。如果其中一个部分就可以完成减少 2%的废品的目标，那么就可以围绕这个部分制定一个单独的项目。在其他情况下，它可能需要两个或两个以上的部分累加才能达到目标。拥有一个正确的范围并不代表知晓了解决方法，这肯定不是黑带或绿带项目的情况。它意味着选择委员会已经采取了正确的步骤来确保黑带或绿带没有把培训的开始阶段花在决定分界线、目标、合适的测量体系以及进行测量时所需要的系统或者工具上。这些问题可以导致黑带和绿带的挫败，还可能耽误或者阻止项目的成功。在范围、分界线和目标方面可能会发生一些变革，但是对于初期项目这些应该是次要的。

定义全面 Y　全面 Y 是一种测量尺度，改进的努力重心应该集中在这上面。通常，看起来像是一个合适的全面 Y 的东西事实上是另外一个测量尺度的结果。例如，一个项目可能呼吁减少超时，然而，超时可能会是由于不能按时生产出足够的产品而产生的结果。这种情况下，正确的测量尺度是一个生产能力的评估，或者你可能会通过减少当前废品的水平来得到合适的产量。项目就应该将注意力集中在这些测量尺度上。

可用的测量系统　一旦全面 Y 被选中，项目团队就应该确定是不是有一个可用的测量系统。重要的是黑带不要在这上面浪费他们的时间。

以往的数据　拥有历史数据可以让黑带和绿带使用很多六西格玛的图解和统计学工具。在培训中这个很重要，这样黑带和绿带才能熟悉这些技术。培训中的黑带和绿带经常抱怨得不到项目的有关数据。没有历史数据同样会导致项目的耽搁，因为黑带必须要在能够验证问题的重要性和进一步提炼项目之前搜集初始数据。

有力的支持团队　当培训结束时对六西格玛工具和理论的学习并没有停止，大部分的东西要在下课以后学习。一个由黑带大师、知识渊博的支持者和倡导者以及有丰富六西格玛经验的个人组成的强有力的支持系统对快速解决问题有很大的帮助。任何一个项目开始的时候都应该召开例会。确切的时间应该由项目的复杂性来决定，但是对于一个新的黑带或绿带来说，至少每周都应该开会。

可获得的黑带大师的支持　对于他们的第一个项目，黑带大师们的支持将对黑带和绿带的成功至关重要。黑带和绿带结束培训后都是第一次使用那些工具。没有黑带大师们的正确引导，他们可能以为自己已经掌握了这些工具，但是最终结果却往往是使用不正确。黑带大师应该紧密关注新的黑带和绿带并且为他们强调什么是正确的，在他们做得不正确的地方帮助他们。黑带大师必须能够在不把项目的正确答案告诉黑带和绿带的情况下提供适量的一些引导。这可以通过讨论怎样运用工具或应该用哪个工具来进行。

什么构成一个好项目？

当选择项目的时候，认识到可能导致项目失败的普遍问题是重要的。以下的问题是最经常被注意到的：

- 太大（“把海洋煮沸”）；
- 太小（一文不值的项目）；
- 脑子里已有解决方法（“去执行它”）；
- 缺少数据；
- 资源不充分；
- 个人忠爱的项目；

- 项目无效。

▶▶ 项目失败的原因

让我们简单地逐个讨论！

太大（“把海洋煮沸”） 这些项目的范围如此之大以至于黑带和绿带根本没有机会取得成功，这里有一些例子：

- 在工厂中消除过失；
- 在车间中消除人为的错误；
- 消除所有不定期的停工期；
- 消除所有数据的录入错误。

当然这些问题是重要的，但他们是不能在合理的时间内彻底解决的。

太小（一文不值的项目） 项目被如此狭隘地集中于一点以至于它不会产生什么有意义的成本的节约。像“减少换班的非生产性间隔时间”这样一个项目几乎不能引起什么生产力的增长，因此也就几乎或完全不能为公司带来节约。

脑子里已有解决方法（“去执行它”） 在一些情况中，项目会连同答案一起提供给黑带和绿带。一个这样的项目是“通过安装最新版的软件 XYZ 来减少顾客的抱怨”，如果软件的修改能解决问题，那么就去做。这里并不需要进行一个六西格玛项目。

缺乏数据 因为以前没有测量而导致的数据缺乏将会耽误项目的执行，但是通常这并不是最主要的问题。当测量间隔过长的时候这就成了一个问题，比如季度或者年度测量体系。当在一个项目中遇到这样的情况，那么获得以较高频率搜集到有关系的或相关联的数据就很重要了。

资源不充分 如果六西格玛举措的实施没有被紧密地监控，一些部门将发现他们自己处于这样一种境地，许多人将被要求参与到很多不同的团队中去。一个人参与的团队越多，他完成任务的能力就会越低。不仅如此，参与多组的人们将很难出席会议以及完成他们自己日常工作。对于大多数人来说，最多只能同时参与两个团队。

个人忠爱的项目 经理们曾经试图为这些项目寻找资源，但是没能找到。有了新的方法，他们看到资源的流入并决定利用这种支持来完成这些项目。这些通常将会是几乎没有什么财务回报的项目，通常属于“去执行它”的种类。

项目无效 尽管我们愿意认为每个项目都会成功，事实却并不总是那样的。一些项目在最初的调查之后，并不能符合黑带或绿带项目的要求。这可能会有多种多样的原因，例如金钱回报太小、不能定义真正的测量尺度（Y）、缺少当前的资源或者公司侧重点的改变等等。不管是什么原因，组织应该在太多的资源被消耗之前采取步骤来结束这个项目。

▶▶ 项目成功的因素

如果符合以下情况，项目将会更成功：

- 项目要与一个关键的业务目标相联系，能为这个目标的实现做出积极贡献；
- 项目要根据高层领导制定的项目选择标准来校准；
- 问题与一个被明确定义的流程相联系（你可以分辨出起始点和结束点）；
- 你可以辨清使用或接收这个流程的输出内容的内部或者外部顾客；
- 你知道或者可以发现顾客是怎样使用该输出的；
- 你知道或者可以发现关于输出内容什么对顾客来说是重要的；
- 你可以辨别缺陷是什么并且计算它的发生次数；
- 你可以论证改进怎样能够提高财政表现；
- 要有适当的组织支持；
- 倡导者关心这个工作并且希望实现它；
- 倡导者有权使用时间和资源；
- 有一个流程的所有者。

选取流程的成果是什么？

项目选择的流程导致了一系列被排列好优先次序的项目，每个项目都有章程并且随时可以交付给黑带或绿带。这个章程是团队和管理者之间关于需要被改进的尺度和改进的价值所达成的协议（见图 21.2）。

选择了这个项目的个人或者团队负责创造最初的章程，接着黑带和绿带的团队将在 DMAIC 过程的最初阶段对这个章程进行修改。修改是在得到新的信息时发生的。章程的价值在于它可以帮助做以下的事情：

- 处理对于项目成功十分关键的重点问题；
- 发现潜在的问题或阻碍；
- 定义互动要点和频率；
- 启动关于问题和共担责任的对话。

项目的章程一般包含以下几个部分：

- 问题陈述；
- 商业案例；
- 项目的范围和分界线；
- 角色、责任和资源；
- 可衡量的目标；
- 进度表。

项目章程

项目名称		业务/地位	
黑带		电话号码	
黑带大师		电话号码	
赞助人		电话号码	
开始日期		目标截止日期	

	项目详细资料				
项目描述					
商业案例					
问题陈述					
流程以及所有者					
范围	开始： 停止： 除去：				
项目目标	测量尺度	基线	目前状况	目标	授权
预期商业成果					
预期顾客收益					
团队成员					
所需支持					
风险/限制					

图 21.2　项目章程表格范例

▶▶ 问题陈述

问题陈述部分需要回答以下这些问题：

- **团队要解决什么问题？**这个问题应该用特定的术语来阐述，而这种术语对于该问题存在的领域应该是适当的。问题是缩短周期、减少缺陷、减少浪费，还是缩短返工周期？
- **问题的级别和趋势是怎样的？**历史信息将使团队能够认识到过程中可能产生的任何发展趋势。例如他们可能显示在过去六个月内，回报的百分比每个月增加百分之五，或者周期时间在过去的六个月中平均为 22 天。

- **什么是基线表现？** 应该了解最初的情况。如果这是一个值得解决的问题，它必须要比所期望的水平低。那么目前的基线情况是怎样的呢？为制定基线的衡量标准，就要参考最近一段时间的情况，在这段时间中流程需是稳定运行的。

▶▶ 商业案例

商业案例提供了以下的信息：

- **为什么要做这个项目？** 你要尽力解决什么问题？你要完成什么？为什么它对企业很重要？
- **这个项目的商业影响是什么？** 通过达到你的目标，公司将能看到什么样的商业利益？会产生经济影响吗？它可以改进一个顾客或者雇员的尺度吗？如果它不能带来商业利益，那它就不应该被划分为黑带或者绿带的项目。

▶▶ 项目的范围和分界线

项目的范围和分界线应该阐明以下的内容：

- **流程或者涉及到的流程**　对于任何一个项目来说，定义流程或者涉及到的流程都是重要的。这个最初的章程将使黑带和绿带判定他们是否觉得涉及到的流程的宽度是合适的。如果他们觉得这个项目范围太大，那它就应该被缩减。
- **流程的分界线（开始点和结束点）**　指定流程的开始点和结束点确保黑带和绿带不会超越他们的权限，它还可以避免两个团队解决同一个问题的情况的发生。
- **任何对团队的限定性内容**　关于资本、相关时间、原料或者其他任何方面的资源限制都要被列出。
- **任何黑带和绿带应该考虑到的限制**　一个流程中的变革经常能够对其后的质量测量尺度产生影响。章程的这个部分应该列出其他的团队在执行项目的时候应该记得的测量尺度。

▶▶ 角色、责任和资源

本章的这个部分应该包含以下的部分：

- **谁是倡导者？谁是赞助者？** 黑带和绿带从一开始就应该知道谁是倡导者，谁是赞助者。倡导者和赞助者都是团队排除行政壁垒的资源。没有他们的帮助，团队的进程可能就会被耽误。
- **谁是流程的所有者？** 流程的所有者是最终对由项目团队实施的改进负责的人。为了让黑带或绿带将这个人包含到他们的沟通循环中，必须要知道流程的所有者的身份。这将避免流程所有者对团队实施的变革感到惊奇。

- **谁是黑带大师？**黑带大师的支持是不可缺少的，对于新的黑带或者绿带尤为如此。指定黑带大师将使黑带和绿带在项目一开始就拥有解决问题的资源，而那个时候这是最关键的。
- **谁是团队成员？他们有着什么样的时间限制？**一旦他们接手了这个项目，创立该项目的团队可以选择团队成员，或者黑带和绿带也可以这样做。任何情况下，理解队员们所受的限制是很重要的。因为他们要参加其他的项目，或者因为他们被委派的任务使他们不能提供所要求的时间，这时就产生了限制。
- **如果需要任何额外的资源该怎么办？**尽管人力资源通常是一个项目要考虑的最重要问题，其他的资源也在发挥着作用。包括差旅、材料、测验和设备资金等等。在章程中内列举这些项目可以让赞助者和其他涉及到的人提前意识到这些问题。

可测量的目标

这里有一些内容，用来指导如何在章程中阐述可测量的目标：

- **质量尺度的目标应该是具体的、可测量的、可得到的，并且是合理的和适时的（Specific, Measurable, Attainable, Relevant, and Timely, SMART）** 尽管目标在 DMAIC 的测量和分析阶段会被重新定义，最初的章程中也应该有初次评估。最终目标是在章程被认可之前将这些信息完成的。
- **财务目标应该包括确定该目标时的任何假设** 一个六西格玛项目的重要成果之一就是为公司省钱。为了保证六西格玛举措的继续进行，财务成果的合理性和可理解性是很重要的，仅仅说这个项目节省了 X 美元将导致之后的争执。为了确定节省这一结果，必须要解释它是怎样计算出来的。这包括任何一个关于销售量、市场份额、成本、利率或任何相关信息的假设。

进度表

进度表应该包括以下内容：

- **里程碑** 显著的里程碑是每个阶段的完成并伴随有可交付的成果。这些里程碑必须要根据问题的提出和解决进行更新。项目的范围和可用的资源决定了完成整个项目实际所需要的时间。通常，一个有经验的黑带应该可以在三到六个月的时间内完成一个项目。黑带一开始的几个项目通常要花长一点的时间，为最初的项目确定范围的时候需要考虑到这个因素。
- **评审时间表** 成功的项目有来自黑带大师和赞助者的有力支持。因此，应该有一个激进的项目评审时间表，特别是对于新的黑带和绿带来说更是这样。未能保有该时间表就是向管理部门发出了一个信号，说明对项目的支持正在减弱。

谁负责项目选取？

当第一次发起六西格玛运动的时候，第一或第二拨项目的选择对于领导层来说无疑是一个不能推卸的任务。这不仅仅显示了高层团队的全力以赴，而且还提供了定下实施基调的机会。一旦一个组织完成了头几个项目，就需要一个更加有持续性的系统。专家建议管理团队应该承担起这个责任。这个团队包含组织中有能力影响战略举措的个人。在这个方法中，项目被汇报给管理团队以决定将可用资源投在哪一个才是值得的。

一些组织的生产线管理人员或者黑带来选择项目，这两个方法都有弱点并且都不能持久。因为不管是生产线管理人员还是黑带在选择项目的时候都没有将组织的战略观点放在心上，他们也没有使事情发生的决策权。职业管理人员只是将重点放在他们眼前的这一领域和过程中，并没有考虑到可能涉及到别的领域的项目。其次，经验显示生产线管理人员经常将六西格玛的举措用于个人忠爱的项目分配资源。生产线管理人员还可能用他们的选择去引导一个团队的发展趋势。最后，可能显示他们部门缺点的项目会被忽略。他们通常不会提交一个显示他们部门长期存在的问题的项目。生产线管理人员可以提供一系列属于他自己直接管理领域的项目，但是要创造超出六西格玛举措最初的冲动之外的项目，还是得需要一个富有经验的人才行。黑带经常没有足够多地接触高层商业问题的机会，所以很多人在选择项目的时候会目光短浅。同样，当他们应该为项目努力的时候，他们可以却花了很多时间来推销他们自己的想法。让黑带自己选择自己的项目的方法在短时期内是可行的，但是当出现持续的项目涌入，会对公司产生巨大的影响时，它就不再奏效了。但无论如何，黑带应该有机会接受或者拒绝由那些负责开发六西格玛项目的组织给予他们的项目。

可用什么样的选择方法来确定潜在项目？

用来确定潜在项目的方法依赖于许多的因素：

- **实施重点**　寻求变革的公司需要考虑到很大范围的各种因素。变革通常意味着拥有涉及所有职能部门和地方的项目，同时还要有一个使用六西格玛原理来确定有意义的项目的资深领导团队。
- **实施阶段**　处于实施的初级阶段的公司通常在确定高度有效的项目时表现出缺乏经验的特点。除此之外，启动项目所需要的努力并不允许建立一个选择项目的复杂系统。
- **战略的明确**　很多公司表现出缺乏清晰的战略思想的特点。在没有达到基础计划的情况下，寻求两位数的增长对推动项目选择不是一个有用的标准。

- **管理层的投入** 如果领导们并没有投入到六西格玛中去，那么确定有用项目的时间最小化的趋向将导致选择消耗时间最少的（通常是最无效的）方法来选择项目。

尽管理论上来讲，确定项目的方法是有无限多的，我们仍将聚焦在四个已经被证明有效并被广泛应用的技术上面（见图 21.3）。可以从两个方面将这些方法区分开来：

1. **战略重点对战术重点** 将六西格玛作为一个实现战略的方法运用的公司使用了战略命令（大 Ys）来确定可以帮助他们完成全局目标的项目。根据定义，一个战略项目必须由整个企业的有着清晰战略思想的领导团队来推动。战术方法则将重点放在那些目前有或没有任何清晰的或隐含的战略关联的事件和问题上。
2. **感觉对事实与数据** 选择六西格玛项目时强烈建议用事实和数字来证明其真正的潜力，但是这要求投入大量的时间和资源以搜集所需要的数据。大多数的公司有富余的财务测量尺度，但是却缺少可以确认高度有效的项目的适当的程序。建立一个综合的数据收集系统需要高层管理人员大量的时间和投入。

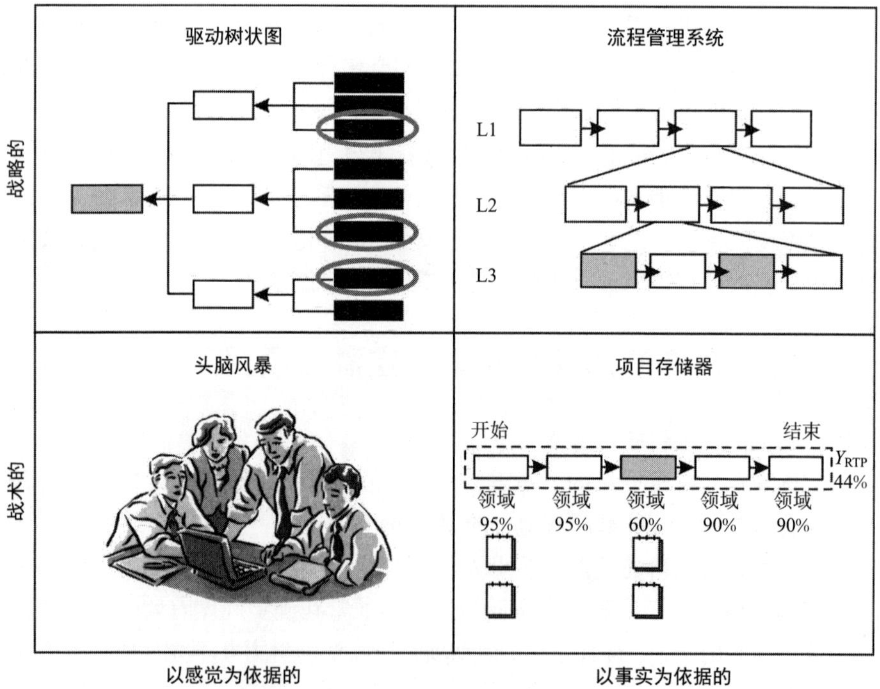

图 21.3 确定六西格玛项目的方法

头脑风暴

在第一个阶段，管理团队通常是通过当前对业务有着反面影响的问题所引发的灵感来找到项目的。

这个方法创造出一系列数量上超过现有黑带和绿带能力的项目。这个最初的列表可以用两个因素来筛选：第一个是项目将对公司产生的影响，第二个是要完成项目所要付出的努力。选择那些通过很少的努力就产生很明显的效果的项目作为最初的项目可以显示六西格玛将对组织产生的影响。这将帮助说服那些对这种方法的重要性持怀疑态度的人。

头脑风暴的方法尽管是值得做的，但也可能导致一些问题。第一个就是一个短枪模式的项目，在组织中散开，却几乎或完全没有考虑这些项目的战略排列，这意味着一些被选的项目并没有和目前的商业目标联系到一起。尽管忽略这些项目的战略排列开始时并不会阻断项目的进行，但若要继续进行，它还是很必要的。幸运的是，通过这种注重实效的方法选择的项目多数侧重于说明那些确实重要的并且组织中的每个人都可以看到的问题。

这个项目选择方法的第二个问题是，因为每个人都同意的问题通常都很大，很多项目观点范围太广。在交给黑带之前，这些项目需要经过进一步地精炼和划定范围后以变成更小的、更容易掌握的项目。如果没有完成，那么在项目的开始阶段减小其范围的责任就落在了黑带的身上，因此会导致项目的延误。

最后，关键的流程领域经常被完全错过，限制了组织对六西格玛的即时接触。项目注重于生产或服务领域，在那里流程改进技术已经用过并被测试过，确定项目相对容易一点。

除了这些限制，多数用实用主义方法选择的项目确实为商业带来价值并且显示六西格玛确实可以发挥作用。但很明显的是，这个理论不能被用于维持六西格玛的广泛实施。

驱动树状图

驱动树状图帮助从商业目的中确定项目。这个方法要求使用一个已经定义的商业策略来确定项目选择的方向和关键点，然后管理人员确定并且评价需要实施战略目标的关键流程领域中的表现。结果就是一系列的驱动树状图，显示那些对他们的战略及其相应的流程驱动非常关键的输出流程尺度（见图 21.4）。驱动树状图通过关键流程领域强制进行项目选择，结果就是选择了一些将注意力集中于改进有限数量的关键结果的项目。通过从这样一个特定的群体里面选择项目，公司能消除他们与战略目标所要求的表现的差距。驱动树状图将作为一个建立全面流程仪表板的基础。这个方法很少是建立在真实的数据上，而是将管理的洞察力使用到了商业的驱动中去。

这个方法在有限的时间内是有效的，但是常常不适合长期。一个原因就是可以侧重的关键战略领域很有限。如果一个组织将六西格玛在一个很广泛的范围内实施，如果资源仅仅用于“战略”项目，那么资源将会比项目更多。第二，这个方法限制了组织对六西格玛的更广泛的接触。如果驱动树状图不够详尽，项目将会很大，就需要额外的确定范围的工作来使它们变得可以操作。

能够给六西格玛的实施带来灾难的一个最严重的问题是项目几乎都没有与关键战略举措适当地联系。在短期内这种联系的缺乏并不成问题，但是如果持续的话将导致全盘皆输。如果大部分项目都没有将每个项目与商业中关键的战略目标联系起来的金线的话，组织的耐心和对六西格玛的支持会逐渐地消退。

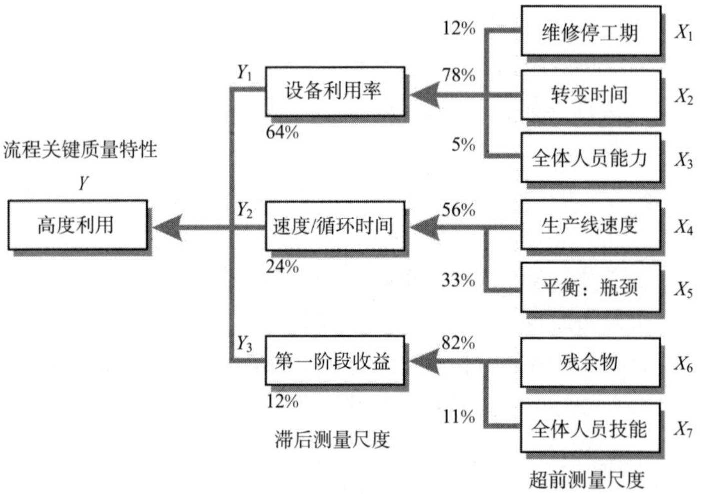

图 21.4 驱动树状图范例

▶▶ 项目储藏器

一个项目储藏器是一系列与普通流程或问题相适合的项目。使用项目储存器是创建一个战略排列的简单方式，它经常被使用在实施的早期阶段，那时流程管理系统中的很多元素还不存在。以一个单个的流程开始，使用可得到的数据，领导团队将注意力集中在关注某一特定领域的关键商业目标的项目（见图 21.2）。项目存储器经常被运用在个别的职能领域，使用可用的测量尺度和方法。项目的确定是领导团队集体智慧的结晶。

例如，如果你有一个生产流程并且你希望将注意力集中在质量和成本上。将有大量的因素影响这些输出衡量标准：周期时间、废品比率、设备的可靠性、周转时间、操作培训和原材料的质量等等。所有这些要素都会对输出的衡量产生影响。在每个要素的下面可能都有一系列的项目。为了在一个相对较短的时间框架中真正地影响质量和成本，要对每个要素同时展开大量的项目。因此，就形成了项目流或项目家族，他们需要被联合起来以推动这些改进的实现。

▶▶ 流程管理系统

认识到运用战术的方法来选择项目有很多的缺点，同时，以事实根据为根据的项目选择方法优化了资源的使用，一个流程管理系统就应该被尽可能快地实施以便保证未来与关键顾客目标和商业目标相联系的项目可以形成连续的项目流。通过建立由效率和效力的目标带动的流程性能基线，领导们能够将注意力集中于对整个绩效有最大影响的改进部分。为了在确定潜在项目方面变得真实有效，流程管理系统需要将流程的输出与顾客和商业的需求相联系。同时也需要确定流程和输入测量方法，它们可以决定对高水平目标有着最大影响的流程步骤。例如，流程管理系统使用 Pareto 思想（80/20 准则）来决定平衡点到底在那里，帮助确定了 5 个将获取最大利润的项目而不是选择了 15 个可以影响现金流量的项目。建立适合于项目选择的流程管理系统的步骤应包括以下的内容。

- **确定战略目标并将他们与核心的/生效商业流程相联系**　核心的商业流程是那些真正为公司制造和带来产品和服务的流程，可能包含研发、市场和促销、订单的完成以及顾客服务等等。生效流程是使公司能够进行它的核心流程的流程，这些可能包含财政、法规、质量、人力资源、商务计划和其他一些流程。
- **确定可以带来有竞争优势的流程目标**　使用“顾客的声音”，项目团队确定顾客到底想从公司的产品和服务中得到什么，然后将这些愿望和需求转变为可能带来竞争优势的流程要求。因此，顾客的看法被转变为了流程的目标和测量尺度。
- **运用流程测量体系/数据来评估流程的表现**　这个方法要求管理团队回答以下的问题：

  （1）今天工作如何？我们怎样比竞争者更优秀？

  （2）什么流程引导了顾客对卓越的理解？

  （3）哪个流程对流程的绩效造成最大的影响？

  （4）什么样的关键的联系存在于或需要存在于流程之间？

回答了这些问题将揭示具有最大影响的关键战略项目，帮助团队来制定现实的计划。这个计划将 DMAIC 和 DFSS 项目结合在一起以消除业绩表现的差距并实现战略目标。

- **发展流程目标和仪表板**　主管人员监控和管理整个流程系统的同时，要注意不能以破坏别的项目为代价来推动另外一个项目的进行。焦点是在确定关键的平衡点来推动流程和整个组织的绩效上。仪表板使一个管理团队能够通过区分信号和流程中的噪音来监督执行，从而决定什么时候做出反应。

- **验证测量方法和因果关系** 能够验证顾客的要求和业务流程间的关系对于取得期望的进展是至关重要的。完成这一步需要能够使组织验证这种关系是否存在的历史数据或者新的测量方法。六西格玛将确保收集数据的尺度是精确的并且帮助定义流程间的因果关系。
- **确定绩效差距、区分优先次序并选择可以消除差距的项目** 单独的流程所有者负责建立和监督流程的绩效，这要根据以前定下的目标来进行评价，这将能够帮助找出可以显著地增强流程绩效的项目。

关于对怎样发展和实施流程管理系统进行的具体细节讨论可以在第 12 章的相关内容中找到。

怎样筛选项目并将其按照优先次序排列？

当拿到一系列的项目，一个领导团队必须要有一系列的准则来确定哪个是适当的六西格玛项目。如果一个项目没有满足这些要求，并不意味着它不是一个好的项目，仅仅说明它不是一个好的六西格玛项目。这些要求经常被当作筛选器来使用，筛选要求的一些例子如下：

- 问题是由流程引起的吗？
- 流程有没有重复？
- 它模糊和复杂吗？
- 解决方法是不可知的吗？
- 成功是可测量的吗？
- 项目是不是至少可以影响至少一个明确的流程目标？
- 它提供正面的回报吗？
- 有可用的数据吗？

通常，任何没有满足头四个原则的项目都将被删除，不能满足接下来的四个原则的经常要通过项目的重新定义得到解决。

经过差距分析和筛选后，你的项目可能会比你能够执行的要多。因此，你需要一个把他们按照优先次序进行排列的方案，这将最终帮助你确定你攻克问题的顺序，因为并不是所有的项目都是平等的。这样做的目的，再强调一次，是要创造一个按照优先次序排列的、连续的、高效的一连串项目。管理团队必须首先决定对于公司来说重要的因素，通常的优先次序排列原则如下：

- 对顾客的影响；
- 对财务的影响；
- 复制和知识分享的可能性；
- 达到目标的容易度。

这样就产生了一个项目优先次序排列矩阵（见图 21.5）。优先次序排列团队给每个标准设制一个权重值来表示他们的重要性，接下来一个数值将被填写在项目和标准相交的那个格子里面。这个数值表明了项目满足标准的程度。将这些数字与标准的重要性等级相乘，并且将一竖列的数值相加便得出了这个项目的最终等级值。标准的权重被分成等级（例子中使用了 1 到 10 等级的划分）。得分最高的项目将被最先执行。在例子中，项目 1、2 和 5 得分最高。

权重（等级 1~10）

	对顾客的影响	对财务的影响	复制	达到目标的容易度	总计
权重	8	10	6	8	
项目 1	5	9	1	9	208
项目 2	9	5	5	3	176
项目 3	3	1	1	3	64
项目 4	9	3	1	1	116
项目 5	9	5	9	9	248

项目满足每个标准的程度（等级 1，3，5，9）

图 21.5 项目优先次序排列矩阵

优先次序排列方案是随着确定和选择项目和业务的先后次序的流程的发展而发展的。使用的确切原则并不那么严格，而且没有一套最佳的原则。最重要的是要拥有一个合理的方法来评估和决定哪个项目是值得使用相关六西格玛资源的。要求业务领导和管理人员们来仔细检查确定优先次序的流程，以此来为组织在一定水平上确定可执行的明确的侧重点和方向。

一旦项目被筛选并且按照优先次序排列好，你在本质上就创造出了一个项目的层次，即一系列由高级领导层或指导委员会同意并排列好优先次序的项目。当项目被完成以后，资源就会被分配给层次里下一个项目使用。这个层次将被长期用来推动结构性的改进，领导团队将使用指导委员会会议来继续发展它。

一些组织将筛选和排列优先次序合并为一个步骤，使用如图 21.6 所示的网状表格。

标 准	等 级		
流程或项目与一个关键的商业问题紧密相关	1 2 3 4 5 是 不是		不知道
我们有或可以得到顾客对这个问题的输入	1 2 3 4 5 容易 困难		不知道
管理阶层给了或将会给这个项目优先权	1 2 3 4 5 可能 不可能		不知道
我可以明确这个流程的开始点和结束点	1 2 3 4 5 容易 困难		不知道
这是缺陷减少的绝佳机会	1 2 3 4 5 容易 困难		不知道
流程至少以每天为周期完成（如果不是更频繁的话）	是	不是	不知道
我可以看出这个流程的缺陷	是	不是	不知道
我需要调查或者改进的问题被表述为一个目标或者需要，并不是一个解决方法	是	不是	不知道
项目的范围够集中，能够成为一个 4~6 个月的项目	是	不是	不知道
我知道谁是流程的所有者	是	不是	不知道
项目的发起者有能力贡献时间和资源	是	不是	不知道
流程将不会在今后近期的任何时间内被另外一个举措改变	是	不是	不知道

图 21.6 综合筛选和优先次序排列

将筛选和排列优先次序合并为一个步骤可能节省时间，但它可能会阻碍团队讨论，最好在单独的管理人员选择项目的时候使用它（例如，当仅有一些地区或者职能部门适用六西格玛时）。

怎样为单个项目建立目标？

这个流程的结果是产生了一系列达到标准的项目，这些标准由领导团队定义并且被排列了优先次序来保证他们与组织的目标紧密相连。完成项目的章程和将项目交到黑带的手上之前的最后一步是建立一个最初的改进目标。六西格玛项目通常会完成一个突破性的成果，因此，建立一个 SMART 的目标是重要的：

- 详细而明确的；
- 可测量的；

- 可以达成的；
- 切题相关的；
- 适时的。

通常，筛选和排列优先次序的流程会帮助确定项目是满足了详细而明确和切题要求的。建立目标确保了项目的目标是可测量的、可以达成的并且适时的。

为了确保项目的结果是可测量的，领导们需要明确项目将要去改进的关键尺度。通常测量包括缺陷的数量或废品率、循环时间以及成本。明确完成项目可用的时间保证了 SMART 目标中的适时一项。最初的黑带项目一般被定制范围来保证他们能够被在四到八个月之内完成，随后的项目能够完成得快得多。领导们必须将执行变革所需的时间考虑在内，为项目定下一个期限。

为了保证项目是可达成的，领导理解两个关键的概念是非常重要的：基线表现和授权。

基线表现是项目的历史表现。经常，这个是通过收集过去 12 个月的数据建立的（或者一个使你能够断定过去这个流程表现如何的相似的时期）。在如图 21.7 所示的例子中，这个流程的循环时间经常波动的。我们只看前两个月很可能就建立了一个并不能代表整个流程的基线，并且有可能歪曲项目的价值。既然这样，用前两年的平均值应该更能够代表流程真实的能力，而改进应该根据这个基线来明确。

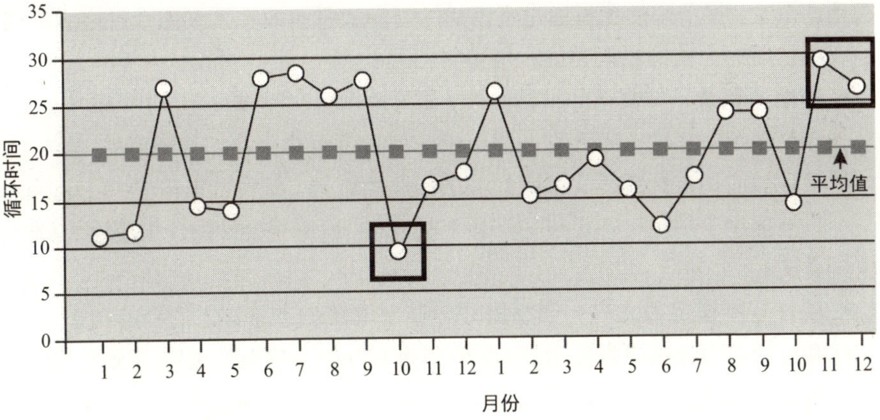

图 21.7　基线和资格的展示范例

资格的概念对于为项目建立一个目标是至关重要的。资格是建立在每个流程都有一个理论上的最优绩效值的思想上，当前的流程如果没有从根本上重新设计或者使用新的技术是不能超越这个理论上的最大值的。确定目前流程的资格要么要求分析历史数据来确定最高峰表现，要么要求分析流程的理论最优表现（如果流程的每一步都在第一次就最有效地发挥作用）。

一个好的目标应该比基线明显地好但是在资格之下，这样才能保证团队会拥有一个长远的目标来驱使他们重新考虑现有的方法，同时又有一个真正可以被实现的目标。

流程选择是怎样随时间而发展的？

最初的六西格玛项目对让组织接受六西格玛是至关重要的，成功的最初的项目显示了这种方法的力量。在最初阶段的项目选择是注重实效的，将注意力集中在那些可以在短时间内明显使成功潜能最大化的项目上，同时仍然注重一些组织面临的更加紧迫的问题。关键问题是“项目可以在六个月内完成么”，这对保持高度的热情和能量、赋予组织一种成就感是很重要的。最初的项目是学习经验，项目越短，学习的机会越多。

战术的方法在开始时使用是可以的，但是它不能明确接下来两年中需要完成的项目的数量。使用流程管理系统的战略方法是不错的，但是它需要很长一段时间才能找出一个好的项目并根据真实的数据建立起一个框架。

随着时间的流逝，组织被建议其改进他们选择项目的方法，采用一个战略的、以事实为根据的方法。被修正过的项目选择流程还应该考虑到，尽管第一个黑带项目花了四到八个月，接下来的项目通过不断的学习却通常可以在两到四个月之内完成。下面是表明目前的方法需要调整的一般警告信号：

- **萎缩的利益** 像其他的举措一样，如果六西格玛没有显示出快速的效益，那么整个组织对它的支持和它在组织中的可见度将会因此而逐渐消失。当六西格玛项目被应用于处理困扰组织的关键问题的时候，成功就来临了。当六西格玛项目被运用于解决微不足道的问题上的时候，组织将会被建议采用更为战略性的方法。
- **项目范围被定得太广** 当举措开始显现成功的迹象，人们会趋向于认为黑带和绿带可以处理更大的项目（尽管黑带和绿带将更有效地使用这些工具，那并不简单地表示他们可以接受太大范围的项目，保持重点总是有必要的）。

项目跟踪系统：有效的技术

对于任何一个大规模项目实施计划（超过50名黑带），一个正式的跟踪系统都是必要的。这个系统能够对所有正在进行中的项目进行跟踪，包括它们所处的阶段、它们每个季度投资的预计回报以及已经实现的成本节约。

- **缺乏强有力的项目层次** 项目的潜在影响应该随着时间的推移而增加而不是减少，因为黑带和绿带变得愈加有能力使用那些先进的工具。从最初的项目中学到的经验会减小需要被放弃的项目的比例。于是，领导团队继续开发项目层次就变得重要起来，这样当黑带完成他们现有的项目，就能够马上被委派到一个新的项目。
- **缺乏对项目层次的所有权** 当一个公司建立起项目层次时，它应该想到在公司的业务流程知识增加的时候，谁将要负责维持这个层次并精炼这些项目。在很多组织中，项目层次管理得很差，并且做出有关下一步将要投放那个项目的意义重大的决定所需要的数据质量不令人满意。
- **没有开展项目评审** 项目评审给管理层提供了跟上与六西格玛项目关联的问题的机会。如果将时间限度向后推的项目的数量增加的话，这通常是六西格玛举措存在系统性问题的标志。通过开展项目评审，管理层将随时知晓该举措的健康状况。
- **没有剔除不深化六西格玛方法影响的项目** 如果管理层允许不好的项目继续进行，项目将来的整体质量将受到影响。每一个成功的项目都将促进人们对六西格玛举措的支持和信仰。能够知道什么时候来结束一个项目对于保持动力是至关重要的。

结论

创建一个确立了正确范围的、会对利润产生影响的连续的项目系列的重要性不能被夸大。没有一个一成不变的方法来帮助选择项目，在组织内部有各种各样不同的情况需要采取特定的解决方法。然而，某些共同的因素总是会显现出来。

- 在一个相对短的时间框架内取得成功总是有压力的。这要求在开始阶段有一个注重实效的方法来选择项目，必须要快速地将资源集中到极度紧急的问题上。
- 在开始的一些项目中起到作用的注重实效的方法并不一定就适合于长期部署。需要一个灵活全面的方法来支持与优化项目层次以确保将注意力集中在那些会对长期效果产生影响的方面。
- 高级管理层必须时刻评审现有的项目并批复未来的项目。
- 项目延误或者失败的其中一个最普遍的原因就是拙劣的定义和太广的范围划定。没有能够理解手上的问题和缺乏数据是适当划定项目范围过程中的两个最大的障碍。

第 22 章

项目的评审

Thomas Bertels

对每个项目定期地评审对于确保六西格玛项目达到预期的效果至关重要。评审使得业务领导监督流程，并在参与确认流程的同时对特定问题和潜在缺陷提供建议。定期的评审同时帮助倡导者和项目团队学习理论，优化正在进行的项目的优先次序以及资源配置，促使项目按时地完成，并且分享最佳管理实践。这一章将描述以下内容：

- 倡导者在项目评审过程中的角色；
- 项目评审的两个层面；
- 评审策略和期望的结果；
- 倡导者辅导 DMAIC 团队的实施步骤。

最后，作为一个辅助，将提供一个倡导者可以用来评审进展情况的示例检查列表。

倡导者在项目评审过程中的角色

倡导者应该对项目的成功和失败负责。作为项目以及全部六西格管理举措的关键推动者和变革因子，他们在评审过程中的角色是辅助问题得以有效地解决，而不是由他们自己解决问题。与黑带和团队进行定期的交流对表明自身的支持和真正的兴趣所在是非常重要的。作为辅导者，倡导者鼓励创新性思维，并在确保项目保持与业务优先权一致的情况下激励团队。有效率的倡导者们对结果和过程同样重视。当将注意力集中在结果上的时候，他们同样需要清晰的尺度、严谨的分析和及时的评审和进展。他们确保项目团队使用资源以成功完成项目，之后将项目的重要性介绍给业务单元。

在支持项目的时候倡导者会面临的挑战

1. 团队的章程模糊不清、变革太频繁或者受到束缚。

2. 团队的成员没有一个统一的方向。

3. 团队成员或者领导不称职（例如，不合适的技能组合或职能表现）。

4. 团队成员或者领导人工作不够迅速，不能在项目上花费足够的时间，或者因为分析失败而陷入瘫痪。

5. 即时的财务影响的压力带来的某些改进团队的挫折和失败。

6. 主要的利益持有者对团队的方法和解决方案并不完全支持（不合作或者进行破坏）。

7. 改进团队的项目解决方法无法运转、不充分、不够创新或者太激进。

8. 为完成项目或者实施解决方案的预算不够。

9. 不同的团队之间的项目目标存在竞争并且/或者相互冲突（缺乏统一性）。

10. 多个项目在争夺倡导者的时间。

项目评审的两个层面

为了确保项目以适当的速度向前推进，保证团队仍然将注意力集中在问题上，必须定期地开展项目评审。评审者应该寻找内容、流程、逻辑、焦点和分析深度等中存在的问题。对项目和团队表现的评审一般至少要分两个层面。

第一层面评审

倡导者引导第一层面的评审，这种评审应该经常做，通常每个星期或者每两个星期做一次。评审确切的形式并不重要，因为每个倡导者的风格都不同，重要的是进行了评审并且在持续进行着。多数倡导者更喜欢将它做成一个和项目的领导人（黑带或绿带）之间一对一的评审，但是，我们建议倡导者与整个团队至少每个月碰一次面。这些评审一般持续 15~30 分钟，是一种快速的评审，项目的领导者提供一个快速的情况报告，倡导者将评定项目的整体进程。如下是一个可用的提纲示例。

第一层面评审的示例提纲

- 总的持续时间为 15~30 分钟（5~15 分钟的陈述，5~15 分钟的问与答）。
- 情况更新——DMAIC 阶段，红/黄/绿状态。
- 上一个评审后取得的成果。
- 问题/风险。
- 需要决策/定方向的项目。

- 行动项目。

第二层面的评审

通常由一个指导委员会来做第二层面的评审，这种评审一般一个月或者一个季度做一次。

这些评审都是提前安排好的，每次评审间有着指定的时间间隔。评审的内容和形式都经事先统一意见并且被严格执行。报告者必须使用一个标准的模式来做他们的报告。评审可以采用面对面的方式或者通过电话方式来做。报告者必须在会议之前向每个评审者提交他们的报告稿件，其他团队成员或者报告者应该被允许参加或者旁听，这样能使他们从指导委员会给出的反馈中学到经验并且加以利用。

第二层面评审的示例提纲

- 总的持续时间为 30 分钟（20 分钟的陈述，10 分钟的问与答）。
- 项目总览——DMAIC 阶段，红/黄/绿状态。
- 上次评审后取得的成果。
- 将评审串联起来（最初的项目、上一次评审与目前情况）。
- 目前项目的预期收益（上一次评审与目前情况）。
- 问题/风险。
- 需要决策/定方向的项目。
- 以下的步骤。

倡导者和黑带或绿带都被建议出席指导委员会的评审，允许倡导者提供项目总览，集中注意力于当前状况、问题陈述、财务影响和任何被推荐的变革之上。项目的领导者（黑带或绿带）引导有关项目细节上的讨论。

评审策略和期望的结果

可以用来确保有效的评审的策略包括以下各项：

- 加强数据和逻辑的使用；
- 提问题以明确逻辑并找出潜在的假设；
- 提问题以鼓励个人发现（例如发现丢失的数据或者逻辑的缺失）；
- 将注意力集中在最严重的差距上；
- 将注意力集中在第一个或最早的差距上；
- 为改进逻辑或者数据提供一个或两个具体的建议。

项目领导者和倡导者对项目评审期望的结果如下所列：

- 意见被听取，得到帮助；
- 被尊重并被理解；
- 论证受到挑战；
- 得到帮助继续进行；
- 被指引以好的方向。

领导团队/监督者对项目评审期望的结果包括以下内容：

- 得到一个准确的画面，能够做出明智的决定；
- 得到一个准确的、建立在数据基础上的项目评估；
- 帮助团队成功地实施项目（成为解决方法的一部分，而不是成为问题的一部分）；
- 提供关于改进业务结果的机会和障碍的有用信息；
- 增强他们自身的进行评审和管理业绩改进的技能。

一个相关人员都期望的结果是互相之间信心增强，并且感到时间得到了很好的利用。

倡导者辅导 DMAIC 团队的实施步骤

这一部分提供了 DMAIC 各个阶段中的一系列关键结果和项目领导人在每个阶段需要能够回答的一组示例问题。内容包括倡导者应该避免的潜在陷阱的信息和典型 DMAIC 项目问题列表、相关的根本原因以及可能的解决方法。

▶▶ 定义

在定义阶段，倡导者需要确认团队有一个好的开始。如果可能的话，倡导者应该出席第一次团队会议，用团队章程作为指南来解释项目。倡导者还应该解释将来对章程的修改应该被怎样处理。如果可以得到数据，倡导者应该向团队指出来。

图 22.1 提供了一系列普遍的问题和倡导者可以帮助解决问题的一个方法。

这里有一些倡导者应该努力避免的普遍陷阱：

- 错误地假定团队定期开会，团队成员在他们开会以外的时间在项目上花了足够的时间，并且在不断取得进步；
- 期望严格执行章程；
- 期望从第一天起就顺利地直线性地进展；
- 在问题被阐明和结合明确了的客观数据和本质原因对其进行分析之前就鲁莽地去解决问题；
- 因为委派了优秀的人就假定团队会顺利运行并知道该做什么。

问题/症状	可能的原因	解决方法
团队中正存在疑惑	• 不充分的章程讨论	• 展开讨论来明确目标和团队章程 • 让黑带大师来协助阐明 • 让团队与发起人碰面来明确预期值
团队成员和非团队人员间存在抵制情绪	• 之前缺少关键利益持有者的参与 • 改进团队中人员不足	• 找出除赞助人之外的关键利益持有者并让他们参与到章程的制定中来 • 利用黑带大师来进行调解和冲突协商 • 弄清楚排斥的原因 • 扩展改进团队，将其他部门的代表吸纳进来 • 确保变革管理计划正常运行
团队会议没有充分召开或单个成员在会议之间没有发挥作用	• 任务和责任规定不恰当 • 发起者关于团队的预期值沟通拙劣	• 在团队中开展对话，讨论现状和导致这个情况的原因 • 发起者应该向团队传达明确的预期值 • 如果原来的工作职责防碍人们为项目付出努力和相关的管理者讨论寻找解决方法，有必要的话让指导委员会也参与进来

图 22.1 定义阶段修正性的行为

定义阶段评审问题

商业案例和章程

- 项目是否集中关注关键的商业策略和流程？
- 什么是关键质量特性（CTQ）？通过将 CTQ 作为目标，什么关键商业尺度将被改进？这个关键尺度存在基线数据吗？改进这个意味着什么？
- 缺陷和缺陷发生几率被明确地定义了吗？
- 在这个时刻项目中需要一个团队吗？
- 如果需要，团队成员能够投入需要的时间吗？有没有采取什么步骤来保证这一点？
- 团队的里程标现实吗？最初的缺陷减少的收益能否在 4~6 个月之内完成？
- 是否对该项目的经济影响进行了预测？
- 倡导者是否愿意为实现成本节约的目标付出努力？

客户的声音

- 团队有没有运用客户的声音（VOC）来验证关键质量特性（CTQ）？
- 关键质量特性是从客户的想法出发来定义的吗？
- 需要更多的客户的声音的数据吗？

> ➢ 该说明用数据来详细说明了吗？
> ➢ 项目团队找出所有的相关客户部分了吗？
>
> **流程的高层面察看**
> ➢ 这个项目的 SIPOC 图是怎样的？
> ➢ 项目团队清楚地定义了流程的开始和结束了吗？
> ➢ 存在多少输入、流程和输出数据，还需要收集多少新的数据？
> ➢ 你觉得“内部和外部”的情况合适吗？
>
> **管理检查**
> ➢ 项目是否拥有成功所需的资源？
> ➢ 团队是否预见到了任何阻止他们按时完成任务的障碍？
> ➢ 项目还在继续进行着吗？
> ➢ 在这个时刻有没有问题、风险和需要决定的项目？

▶▶ 测量

在测量阶段，倡导者需要参与决定哪些测量方法，特别是结果测量方法，对项目的成功是重要的，以及在这个过程中关键缺陷是如何被定义的。倡导者应该起码保证团队正在收集足够的数据，基线流程能力——流程西格码——正在被计算。

图 22.2 提供了一系列普遍问题和方法，倡导者可以用之来解决问题。

问题/症状	可能的原因	解决方法
发现被收集的数据并不适合于要解决的问题	• 对关键测量方法的鉴定很弱 • 数据收集计划不充分	• 让黑带大师参与到关键测量方法鉴定和数据收集计划中去 • 考虑重写问题陈述
缺乏来自其他人提供或收集数据方面的合作	• 缺乏关键利益持有者的参与 • 数据收集计划过于依赖他人	• 找出除发起人之外的关键利益持有者并让他们参与到项目中来 • 考虑在这个阶段扩大团队 • 评审数据收集计划，并且考虑数据收集的替代方案
寻找解决方法	• 行动中来自组织的压力 • 一些明显的流程问题	• 保护团队免受压力 • 评审快速解决方法的数据支持计划，检查是否与顾客要求相关联
等待数据	• 缺乏信息系统的支持	• 鼓励团队使用简单的举例和数据收集方法

图 22.2 测量阶段修正性的行为

在这个阶段倡导者应该努力避免的典型陷阱如下所列：

- 为收集数据（输入、流程、输出）而投入的成本相对于信息的实际价值（结合原则进行判断，不要太僵化）来讲是过度的；
- 不要仅仅因为“我从来没有做过那种事”或者因为对某些人来说它可能会不便捷或威胁到某些人就不去收集某种类型的数据；
- 在收集数据之前急于得到解决方法；
- 分析麻痹；拥有太多的数据；过于注重细节而看不到全局；
- 在进行下一步之前等待最佳数据。

测量阶段评审的问题

关键流程测量

- 流程的结果测量是否和顾客的要求联系在了一起？
- 哪些输入和流程测量对理解这个流程的绩效是至关重要的？
- 单位（处理中的项目，比如发票或零件）、缺陷和缺陷存在几率被明确说明了吗？
- 什么时候完成数据收集？

数据收集计划

- 项目团队在它所选择的测量尺度中平衡连续和标志性的数据方面做得怎么样？
- 对每个测量尺度是否都做了操作性的说明以避免解释中的偏差？
- 这些不同的流程是在业务单元内部和它们之间的吗？这些不同的流程将对数据收集产生怎样的作用？
- 示范计划是不是能够准确地反映流程？团队是否为其示范中的随机性做出了适当的计划？
- 团队用什么来保证测量流程的正确性？（例如，使用 Gage R&R）
- 在数据收集计划中团队规划了什么样的潜在分层因素？

差异的理解

- 项目团队运用什么来描述流程中的变异（柱状图、操作图、控制图）？

测量流程性能

- 目前流程西格玛在什么水平？
- 项目团队在这个项目中想得到什么？

管理检查

- 有没有发现什么会改变顾客和财务影响预期的新的信息？
- 项目仍然在按照计划进行吗？能否做些什么来加快成效？
- 项目范围的划分仍然正确吗？它有足够的资源来实现成功吗？
- 在这个时刻，花在这个项目上的“精明的钱”为你的顾客带来重要的利益了吗？
- 项目还在进行着吗？
- 有任何问题、风险和需要决定的项目吗？

分析

倡导者期望项目团队在分析阶段将注意力集中在它在对数据和流程的分析和鉴定以及根本原因的发现和确认上。问题陈述经常要被反复提炼以反映因使用六西格玛工具而获取的知识。倡导者应该做好准备使用 Pareto（柏拉图）思想来帮助团队缩小范围。

见图 22.3 提供的一系列普遍的问题和方法，倡导者可以使用它们来帮助解决问题。

在这个阶段倡导者应该努力避免的典型陷阱如下所列：

- 将相关联与有因果关系相混淆——一个因素与一个结果相关并不代表它导致了它的发生（例如，一只公鸡在拂晓打鸣并不能让太阳升起来）；
- 没有把供应商看成差异的一种来源或者可能的根本原因；
- 不承认领导本身的行为能够对流程绩效产生的作用（例如，通过过度地检查和控制）。

问题/症状	可能的原因	解决方法
在怎样解释数据上产生分歧	• 团队动力学 • 对分析工具的理解不够	• 让黑带大师辅助进行团队筹建会议 • 对工具的使用提供支持/一对一指导
对数据的抵制揭示最初的问题并不是真正的问题，需要对项目章程进行修正	• 团队在得到数据之前就锁定了结论 • 害怕因为在错误的问题上浪费时间而被批评	• 对团队发现新的问题提出表扬 • 开展讨论来明确和/或修改章程 • 合适时结束项目并且以不同的章程和团队来重新开始一个新的项目
之所以使用被收集和分析的数据是因为它们容易得到，但是团队还是没有它要发掘出本质原因所需要的数据	• 完成项目的时间压力 • 缺乏一个彻底的数据收集计划	• 明确数据收集计划目标，评审与顾客要求之间的联系 • 允许团队成员处理数据收集问题，但是要制定一个期限

图 22.3　分析阶段修正性的行为

分析阶段评审的问题

数据分析

- 统计意义上的问题陈述是怎样的？那是一个有意义的换班问题还是一个差异减少问题，或两个都是？
- 反应是不连续的还是连续的？分布状况是怎样的？
- 历史数据或新的数据被运用于分析中了吗？如果是新的，收集数据使用的是什么方法？
- 样本数量选取得正确吗？样本是不偏不倚的吗？（讨论方法）
- 怎样对数据进行分析？（评审数据分布）
- 在检查 *X*s 与 *Y*s 的关系时候运用了什么工具？针对数据的类型（不连续的/连续的）使用的工具是正确的吗？
- 哪个因素（*X*s）看上去对反应（*Y*）有显著的影响？他们的 P-值是什么？（统计学重要性试验的 P-值显示了得到与被观察的测试数据相等或比之大很多的测试统计值的可能性）
- 是否因素（*X*s）的数量减少到可以被用于试验的程度？
- 如果进行了一个试验，团队是怎样设计这个实验的？因素（*X*s）是什么？这些因素对问题产生了怎样的影响？
- 有多少问题用这些因素 *X*s 解释了？在试验中有多少没有被解释的差异（错误）？
- 如果一个试验并不实用，怎样测试因素（*X*s）呢？

流程分析

- 注意力集中在哪个流程步骤上了？在测量阶段被描述的问题有多少被设定为目标了？
- 流程图是怎样被验证有效的？这个验证过程揭示了什么有意义的事吗？
- 得到所有关键的输入和输出了吗？
- 有多大比例的工作是增值的？非增值的呢？
- 哪个（些）流程步骤产生了最多的缺陷或导致了最大的损失？

管理检查

- 在把这些关键因素（*X*s）控制在它们的最优水平的基础上，对问题可能产生的影响是什么？这些水平是现实的吗？（实在的重要性）
- 这些经验在业务中是可以传递的吗？
- 如果做到了快速制胜，对它们的影响进行量化了吗？

> ➢ 有任何资源的限制吗？
> ➢ 项目是在按照原定轨道向目标迈进吗？
> ➢ 有任何问题、风险和需要决定的项目吗？

▶▶ 改进

在改进阶段的最后，项目团队应该已经发展和分析了大量的可能的解决方法，并确定了一个能够最好地解决已经找出的根本原因的方法。倡导者需要确保该解决方法确实与问题相联系。另外一个关键的因素就是要为筛选出来的、已经得到财务部门验证的解决方法制定一个现实的、全面的执行计划和一个成本-收益分析，并对建议的解决方案进行风险分析。

见图 22.4 提供了一系列普遍的问题和方法，倡导者可以使用它们来帮助解决问题。

问题/症状	可能的原因	解决方法
团队对最好的解决方案太坚持了，可是那个项目的投资巨大或者单纯是技术性的	• 想解决所有的问题	• 评审产生解决方案的过程 • 讨论团队用作解决方法的标准假设 • 激励团队想出一系列可选的解决方案
团队对于技术性的解决方案太重视了，对于组织对建议的变革的接受和投入重视不够	• 团队低估了对变革的阻力 • 团队不能自如地应付变革管理问题	• 鼓励团队站在利益持有者的立场上 • 使用利益持有者分析/管理工具帮助团队制定一个变革管理策略
团队成员流动太快，导致进展缓慢	• 对项目的兴趣不高 • 项目的优先权不够 • 项目管理不充分	• 与团队就流动问题开展公开对话—讨论原因和下一步骤 • 和其他关键利益持有者会面来讨论项目和/或因优先权不够而结束项目的重要性 • 帮助团队领导提高项目管理技能 • 评审报酬分配：团队成员为这个项目工作，他们得到什么

图 22.4 在改进阶段修正性的行为

在这个阶段倡导者应该努力避免的典型陷阱如下所列：

- 没有预见到建议的解决方案会如何影响其他流程的绩效；
- 在估计成本和收益的时候对涉及的前提假设没有明确；
- 没有得到全体相关利益持有者的支持（那些参与者或者受到解决方案影响的利益持有者）；
- 没有为未来改进对试点进行分析；

- 缺乏对解决方案的风险的精确分析。

改进阶段评审的问题

解决方法

- 确定了关键的 *X*s 了吗？你怎么知道的？
- 所有可能的 *X*s 都是可测量的和可控制的吗？
- 有多少问题已经被已选的 *X*s 解释了？有多少没有被解释的错误仍然存在？
- 如果进行了试点，那么它是怎样组织的？利用了什么因素？
- 指导过程中遗漏了什么可能还可以产生影响的 *X*s？这些影响可能被测试吗？可测试和不可测试都意味着什么？
- 提出的解决方案能够直接解决关键的 *X*s 吗？
- 每个解决问题的方法的相应影响是什么？

管理检查

- 新的改进方法在业务中是可转移的吗？有可以分享最好的实践的计划吗？
- 被推荐的解决方法的实际意义是什么？（成本、资源、时间和影响等）
- 是否得到了足够的改进？如果没有，是否要求团队进行更多的改进，或者是否需要一个新的项目加入到同一个领域里面？
- 有任何资源的限制吗？
- 项目是在按照原定轨道向目标迈进吗？
- 有任何问题、风险和需要决定的项目吗？

未来步骤

- 下面的步骤是什么？
- 如果需要额外的实验和指导，那么实施所需的计划资源和完成期限是什么？
- 是否有足够的资源来完成项目？
- 流程的拥有者和他们的团队是怎样参与到控制计划的制定中的？
- 从倡导者或当地的执行管理者那里要得到什么样的支持和参与？
- 团队和领导或倡导者何时会准备好来讨论控制计划？

▶▶ 控制

一旦项目进行到了控制阶段，问题应该已经被做好的解决方案解决了。现在的困难是保持这种当前已经得到的改进。保持成果需要有一个全面的控制计划，这个计划重点放在流程和解决方案的关键方面。很多项目都在这一点上失败了。解决问题时的激情结束了，看上去似乎没什么可做的了，而剩下要做的事又显得冗长乏味。倡导者的任务就是把握好这一切，保证在完成项目之后最终负责保持这种改进的流程拥有者能够切实负起责任来，并且得到了充分的培训同时又非常投入。

见图 22.5 提供了一系列普遍的问题和方法，倡导者可以使用它们来帮助解决问题。

问题/症状	可能的原因	解决方法
团队为他们的解决方法而激动，但是对有效的监督结果这项困难的工作一点也不感兴趣	• 章程陈述中没有对责任这一内容明确说明 • 缺乏动力	• 明确章程，强调控制阶段的责任 • 提供对目前工作的适当的认可
发起人或者管理团队批准了一个将对建议的解决方案起反面作用的备选项目	• 缺乏清晰的沟通	• 为项目团队提供机会来向管理团队报告 • 让第三方来评价所有的建议并进行调解
关键利益持有者对变革的抵制过强	• 缺少关键利益持有者对改进团队努力的参与	• 使关键利益持有者重新投入到团队中来 • 研究出一个针对阻力最大的团队的影响策略

图 22.5　控制阶段修正性的行为

在这个阶段倡导者应该努力避免的典型陷阱如下所列：

- 忽略了规定一个严肃的责任，即将流程过渡给流程拥有者或者工作团队；
- 忽略跟踪监督和报告；
- 缺乏监督机制来确保可保持的成果。

控制阶段评审的问题

控制计划

- ➢ 哪些至关重要的因素是必须被控制的？
- ➢ 应该怎样控制或者重新设计这些因素？
- ➢ 是否制定了一个详细的控制计划以确保维持成果？
- ➢ 是否明确了负责人、部门或者团队来监督运行中的项目？
- ➢ 是否有一个计划来执行控制、并将项目移交到被发展的流程所有者手上？
- ➢ 流程所有者和他们的团队是否完全同意控制和交接计划？

完成有用的交接计划

- ➢ 项目的情况和目标是否传达给了所有需要知道的人？
- ➢ 负责方是否得到了完成任务所需的特别培训？这个培训的计划和执行是

不是都在交接计划中提到了？
- 是否有适当的文件（方针、流程图、SOP和格式）来执行这个项目？
- 这些文件是否被提交到文件控制流程中？
- 是否有一个培训和评估计划来保证负责完成这个行动的员工是可以胜任的？当培训完成以后是否被存档了？
- 关键质量特性（CTQ）的现行监督中的数据收集责任是不是被交代下去了？
- 关键质量特性（CTQ）是不是要被那些有权采取适当更正行为的人来评审？
- 当更正行为被确定的时候，是否及时进行了执行和监督？
- 控制计划被测试过了么？如果测试过，多久了？结果是什么？
- 是否有一个机制来获得新的想法和方法以此来确认改进？
- 如果未来的改进已经被明确了，是否有一个机制来测试或对其进行试点？
- 在控制阶段是怎样保证改进的执行的？

管理检查
- 这个项目在财务上意味着什么？
- 有没有任何副产品项目？
- 被提议的解决方案是否代表了企业的最好实践？如果是，复制的机会是怎样的？
- 学到了哪些经验？
- 控制和交接计划是不是能够保持成果，并且避免未来的重新创造？

在每个项目中必须被定义的最关键的部分之一是这样一个时点，此刻项目在技术角度来说已经完成并且流程控制系统已经被正式地移交给了流程所有者。一些组织要求在考虑结束项目之前流程所有者至少要将成果保留60天。每个组织都是不同的，但是最终倡导者必须就项目和相关的控制何时可以被交接一事做出决定。这是一个项目倡导者为了保证以下内容所应该做的工作：

- 控制系统进行了全面的设计；
- 展开了必要的培训和沟通以保证持续性和资源的合理分配；
- 要进行平稳和有秩序的交接；
- 项目成果可以保持。

在新的流程所有者完全承担了新流程及其控制的责任之后，倡导者应该计划与其进行几个星期或几个月一次的定期会晤评审。间隔的时间和频率将取决于监督阶段流程的表现。

评审进程检查清单

我们已经讨论了项目评审和倡导者在每个 DMAIC 阶段中的任务。图 22.6 提供了一个有用的检查清单，倡导者可以用它来评审团队的进展。

	定义	日期	情况
1	计算项目的潜在财务收益		
2	完成高层次的流程图（SIPOC）		
3	关键质量特性/明确项目尺度		
4	倡导者签署项目章程		
	测量		
1	输出/排列关键质量特性的优先次序		
2	确认输入/流程变量（X_s）		
3	排列要测量的 X_s 的优先次序		
4	核实测量系统		
5	核实数据收集/样本计划		
6	收集和展示数据		
7	基线测量的完成		
	分析		
1	完成流程分析		
2	明确因果关系		
3	完成图表分析		
4	完成统计学分析		
5	量化因果关系		
	改进		
1	产生可供选择的解决方法		
2	计算可供选择的解决方法的成本-收益		
3	选择解决方法		
4	找出并处理实施的风险		
5	执行计划		
	控制		
1	实施控制计划		
2	将流程标准化并存档		
3	监督系统就位		
4	验证稳定性		
5	评估改进成果		
6	关键经验存档并开始交接		
7	完成最终的报告		

图 22.6　评审清单范例

结论

项目评审对于保证按时完成六西格玛项目是极为重要的。缺乏倡导者的参与会导致时间延误、缺乏重点以及不完整的解决方法甚至于项目的夭折。尽管倡导者应该有一种自然的动机去帮助成功地完成项目，使用一个结构化的方法不仅保证项目能够按时完成，并且确保倡导者和小组可以最有效地完成项目，同时也锻炼了他们应用六西格玛来解决重要的商业问题的能力。

项目选择与评审的极端重要性
——访 ALSTOM 公司质量与六西格玛部门副总裁 François Zinger

（Thomas Bertels , 2002 年 5 月）

弗朗西斯·金格（François Zinger）的主要工作是在高科技及跨国公司领域进行业务管理。他的运作经验包括：在法国和意大利进行业务重组和开发（包括将工业生产转移到低成本国家）；管理服务的核心功能（远程维护、欧洲技术支持、零部件和培训）和开发增值服务产品；管理高科技和流程密集型业务；在泛欧洲地区进行工程管理和在美、日、欧三地间实施工程国际化；管理 CT 生产线；在高科技和低科技行业中实施六西格玛。

金格于 1999 年加入阿尔斯托姆公司（ALSTOM），此前，他主要在通用电气的医疗系统公司担任执行经理。他具有巴黎埃克高级电子工学院（Ecole Supérieure d'Electricité Paris）学士学位和巴黎法克雷德医学院（Faculté de Médecine de Paris）人类生物学硕士学位。在通用电气，金格获得了六西格玛的绿带头衔，他还接受过成为全球领导的课程和加速改变流程的指导者的培训。

阿尔斯托姆公司是一家在能源及交通基础设施领域享誉世界的专业公司。在能源行业，阿尔斯托姆公司活跃在发电、供电领域中；在交通行业，其主要业务包括铁路及海洋。阿尔斯托姆的年销量超过 230 亿欧元，在 70 个国家拥有 118 000 名员工。公司在巴黎、伦敦及纽约均已上市。阿尔斯托姆于 2000 年开始实施一项全面的业绩提升方案，称为“质量焦点”（Quality Focus）。这一计划以六西格玛为基础，并将其作为“质量焦点”方案中的六个要素之一。

问：你认为六西格玛可以节省成本或实现业务变革吗？阿尔斯托姆的目标是什么？

答：我想阿尔斯托姆的首要目标显然是提高产品质量。缺乏高质量的产品在过去给我们的客户制造了很多麻烦。由于我们所在的行业的关系，这使我们遭受到了严重的处罚和流动性损失。在某些事件中，我们丢掉了大量的客户。

问：你认为目前为止的实施效果如何？

答：我想说，我们真正开始实施这一方案是在 2001 年 2 月。而真正开始实施那些完全不同的东西是在 2001 年中期，那是一些为高级经理们安排的部分。现在我们的情况是，就最小的成果而言最高管理层至少在支持六西格玛，而最佳成果是他们深刻地理解并领导着六西格玛的实施。也有几个例外，对此我们付出的努力似乎少了一点。经理们已经清楚地意识到一个事实，就是六西格玛带来了新的管理哲学。这是我们管理层目前的一些状况。

第二点是，我们证明了在阿尔斯托姆不同业务的不同部门中，六西格玛可以帮我们赚钱。这只是些小项目，非常本地化的项目。仅仅几千美元而已，但他们毕竟也是项目。至少这些项目证明了，提高客户的满意度可以帮我们大把地赚钱。这一点非常重要。

第三点是，关于公司内部的一些事，当六西格玛开始实施时，我们已经在做其他的业绩提升方案。六西格玛帮我们关注要点，确定优先次序，并衡量实施效果。现在，在六西格玛的帮助下，我们有了一件工具，可以重新关注所有为变革而做的努力。

问：在全面的"质量焦点"上，谁在内部推动六西格玛的实施？

答：是我。

问：是谁想到要追求六西格玛标准？谁决定的阿尔斯托姆应该把"质量焦点"放在首位？

答：我的老板，杰奎斯·莱格（Jacques Leger）。2000 年 1 月他参加了一个管理层会议，当时他正在寻找作为问题解决方案的第六支杠杆。事情就是这样开始的。然后我们会面，他问我是否愿意加入并把我的相关经验带到他们公司，我说愿意。事实上，在当时，我们俩都无法真正预料到底会发生些什么。

问：最初的计划是谁想出来的？这个"质量焦点"的主意是杰奎斯·莱格（Jacques Leger）想出来的吗？

答：是的。显然，你不能从一张白纸开始。他把以前在汽车行业中实行过的"质量焦点"方案拿出来，并让其适用于我们公司。

问：当你最初开始实施六西格玛时，有没有遇到过文化问题，或者六西格玛有没有帮助你解决一些文化问题，比如整合问题？

答：哦，六西格玛深刻地改变了我们的公司文化。让我给你举些例子。例子一：我们的一个高级经理曾说，在我们公司计算生产效率是不可能的，因为我们的产品（发电厂全包合同、中压站、或者火车）全都是些各不相同的项目。我们尝试的结果是我们可以衡量生产效率，即使我们一年只生产一两件产品。我们证明了如何计算生产效率。这是企业文化的变化。

第二件事是我们发现公司的某些流程是彼此割裂的，其中一个原因是我们是很多职能部门的联合体而不是一个整体性的公司。你知道，当你把损益表都加总在一起，那看上去确实不错，但当你试图把流程都彼此衔接起来时，你会发现它根本飞不起来。当你观察那些按时建造的火车、电厂和中压分站的时候，你会发现每一个项目都包括至少六到七个有着不同目标的不同单位，你会明白建造这些项目是多么困难。建立彼此衔接的流程的尝试，清楚地向大家展示了以前所无法实现的成果。另一个关于文化改变的例子是用数据说话：与管理层开会时，我们现在会说，好吧，给我看看有关数据。它已经在管理层形成了一些变化。

另一个六西格玛在文化上帮助我们的事实是，现在我们从客户和业务着手，并且我们所做的每一件事都与若干个大 Y 相协调。六西格玛确实帮助我们的经理进行领导，因为它给了他们一些简单的工具，帮助他们关注什么是对我们的业务至关重要的，然后将要点进行分层处理，确保我们确实在处理真正重要的东西。基本上，他帮我们进行管理。

它使经理们认识到："我们没把自己的看法相互交流，我的员工不知道我们要往哪儿走。"所有的这些经历都帮助他们进行管理并成为更好的领导。

问：你现在在为客户做什么项目吗？

答：我们现在还没开始和客户开展类似项目。在不远的将来会的，但现在还没有。

问：这是出于有意的安排吗？

答：对于公司的某一部分来说，绝对是这样。他梦想首先在公司内部充分理解它，因为在我们为客户提供高质量的服务之前，很难给客户施加压力并说让我们一起这样做吧。

问：你怎样衡量项目开展的进度？你如何知道六西格玛进行得好还是不好？

答：这是一个很难回答的问题。我们当然可以衡量参加管理者培训的高级经理们对课程的打分情况。在所有的高级管理者培训中，80%的参与者给培训打分为好或很好，这说明，仅就这些打分来看，我们知道我们在为经理们真正做一些事情。这是其一。

第二，我们在衡量此时此刻参加黑带培训的经理们是否认为这项培训适合他们。一开始，有 50%的参与者认为这些项目对他们合适。而目前，我们有 75%~80%的参与者认为合适。这就是现在我们所衡量的东西。

我们正开始衡量这些培训项目的效果。这使我想到一个部门和一家子公司：有一个部门通过每个绿带项目产生了 160 000 欧元的收入，另一家子公司报告每个项目至少节省了 350 000 美元的成本。还有 14 个项目正在进行之中，他们有信心取得好成绩。所以，可信度正在建立起来。但是，实话跟你说，对于我们这样的大公司，此时此刻，是很难完整而准确地说出到底我们从中获得了多少收益的。

问：如果有些事你可以重新做的话，有哪些事你将以不同的方式去做？

答：我想我很可能会做两件事。第一件事是关注管理层，然后再真正开始黑带和绿带培训。

关于何时开始实施项目，我做了一个错误的估计。我认为只要有绿带，我们就可以获益良多。我仍然认为这是可能的，而且我可以证明，有些部门，拥有一些好的绿带和经理就可以获得好的效果。问题在于，我们的大多数部门经理们没有足够的时间来管理六西格玛，所以绿带没有被充分利用或者被误用了。

第二件我应该做的事是，真正关注一些业务和部门，集中精力搞清什么才是最重要的。经过一年的积极工作，我们现在有 80%到 90%的公司正向六西格玛方向前进。这当然是很不错的，但就成本方面来说，我不知道这是不是最佳结果。

问：所以，你应该在开始启用绿带之前确保经理们都充分理解了，否则，你可能会更多地关注黑带。

答：是的。首先关注高级经理们，因为赢得他们的赞同和理解会有很大的帮助。

问：你如何治理六西格玛？你采用指导委员会吗？谁在每项业务或每个业务部门领导开展六西格玛？

答：我们确实有执行委员会。我们有被称为 QF 经理或 QF 倡导者的人。我们对高级经理在六西格玛上的进展实行季度评审。

问：在领导培训中，我们讨论过关于象征性行动的话题。你看到这点在阿尔斯托姆发生了吗？你是否看到高级经理们以不同的方式做决定了呢？

答：我看到了一点儿。一个是（在一开始看起来是负面的）红色警报机制。阿尔斯托姆的一个部门决定冻结那些本应达到一定成本节约标准但却未能达到的项目，他们用这一报警机制过滤所有的项目，剔除掉那些不符合标准的，集中精力做好那些真正的好项目。管理层决定何时停止并要求产生效益。另外一个给所有员工的重要信息是“从现在开始，我们将以数据说话，我们将考察流程”。第三个是由财务副总裁领导的，他开始在财务报告中衡量偏差。

问：展望未来，你认为那些经过六西格玛培训的黑带会在公司中担任重要角色吗？黑带完成了他们的任务之后，你对他们有什么计划呢？

答：他们将获得提升这件事已经宣布了。我知道我们有些参与“质量焦点”的人获得了提升，因为他们确实是好的领导者。但是，我不认为此时此刻，运用六西格玛领导一个公司或项目就被认为是真正以不同方式领导一个企业，这是我们在未来管理公司的方法。我不认为我们已经走到了这一步，现在还为时尚早。

问：你是否在公司总部的人力资源部实施了六西格玛？

答：还没有，但有一个计划将在几个月后展开。

问：展望未来的两三年，阿尔斯托姆将是什么样子的？如果这是一个巨大的成功，并且你在其他杠杆的帮助于获得了进步，这将如何改变公司呢？

答：我想我们现在所开展的东西是非常强大的，再过两年，将产生很多非常成功的企业。在这些企业中，六西格玛将被充分采用，因为结果会为他们自己说话。有些领域很可能会落后一些，但管理层必须解决这些内部的差距。我预计六西格玛会对那些导致变革减速的流程和部门产生压力。

这也是为什么对人力资源如此重要的原因，比如参与并做贡献。如果我们的公司不进行整体的努力，那些今天可以从容管理的东西，可能以后也会变成难以管理的东西。

问：但我猜，从某个角度来说，这是一个好“问题”。对吗？

答：当然。就像我告诉你的那样，六西格玛告诉我们，一些视野、目标、目的或衡量方被我们错过了。六西格玛强调数据收集、仪表板实施，并就它们进行沟通，采取正确的行动，然后跟踪它们等等。

问：那么现在，在你们组织内，什么是六西格玛或“质量焦点”计划实施的最大风险呢？什么会使阿尔斯托姆说，“好吧，现在让我们试试其他方法吧！”什么事情出错会影响人们追求六西格玛的执著程度呢？

答：也许我太乐观了，但我还是想说，现在，我没看到什么风险。使这个方案得以存活和发展的是它的实施效果，我们已经在一些领域证明了它所带来的效益。所以，最后我想说，这个系统正承受着是否真正奏效和对其结果进行充分交流的压力。

第 23 章

成果复制和知识管理

Thomas Bertels 和 Jerry Sternin

你是否曾成功实施过一些试点项目，却发现无法推动它在公司内的其他部门实施？你是否曾成功地达到一个目标却无法将其保持住？如果对这些问题的回答是肯定的，那么在这个章节中讨论的正偏差概念或许可以帮助你取得、保持和复制可度量的成果。在整个组织内部复制成功的六西格玛项目对于充分释放六西格玛的潜力至关重要。这一章节提供了六西格玛成果复制的总体框架。你将发现，战略和战术的概览等一些内容对你很有帮助，这其中也包括正偏差方法。

来自复制的挑战

一个简单的例子可以说明成果复制对实现六西格玛管理举措的全面成功有多重要。在一个拥有几百家酒店的连锁式经营企业中，所有的酒店都提供同样的服务，而且在各自的市场都有类似的定位。一个酒店中所实现的流程水平提高，理论上应该可以被成功复制到所有其他的酒店中去。但是，这却很少发生。为什么？成功复制的稀缺包括以下因素：

- **缺乏交流**　组织中没人知道流程水平已经获得了提升。
- **缺乏转移能力**　虽然方案的基本点已经广泛应用于各个领域，但地域性的细微差别不可能简单照搬实施整个方案。
- **缺乏有效的流程和系统进行知识传播**　虽然流程的所有者知道有一个团队获得了提高，但缺乏有效的机制来分享这些成果，限制了最佳方案的采用。
- **缺乏信任和激励机制来采用最佳的实践方案**　“非本地发明”现象限制了很多其他公司去应用最成功的管理实践方法。

但是要注意：在一个地方产生卓越效果的方法可能在另一个地方遭遇失败。即使最终的技术方法完全相同，那些方法的所有权及对这一方法的重视程度对于它是否被接受和持久地贯彻至关重要。在一开始就表现出这种重视十分重要。“你已经有答案了，我需要你指导我们”是正偏差（PD）方法的指导原则。

在六西格玛的帮助下，正偏差可以帮助回答这样一个问题：“我需要付出时间和成本让黑带团队通过实施整个流程来复制这些方法还是有更好的方法？”最初的方法往往比较特殊，因为管理团队并没有被要求考虑世界的其他地方。正偏差可以帮助减少最初方法的局限性。通过正确实施，正偏差可以成为结果复制的更好的方法。正偏差方法以一种或多种方式组织实施，更重要的是，它可以帮助解决一些跨文化的问题。

正偏差：复制流程而非成果

正偏差解决那些需要产生社会及行为变革的问题。它基于一种理念进行阐释，即在任何一个团体、组织或社会群体中，有些人有着不同的行为和办事方法使他们在相同的资源条件下比周围的人做得更好。

根据我们的经验，实施方案的技术因素，如流程变化或流程设置调整只对结果起到一半的作用。任何与人互动的流程都有一个伴生的组成部分，它与人的行为有关。这一点非常重要，不容忽略。

正偏差方法的价值在于，它提供了一套设计方法，使成功的六西格玛项目被确认为正偏差并使其功能得以放大。这种方法（见图 23.1）采用以事实为依据的方式确定哪些可以被复制而哪些不能。正偏差方法要求那些在组织中可以从其他地方已经实现的水平提升中获益的人开展调查，以决定成功项目的哪些方面可以在自己这里被复制。通过让那些在调查中可能会有卓越表现的人参与进来，员工们可以培养对成果的所有权。虽然传统的方法把调查当作一个组成部分，但是正偏差方法提供了一个结构化的流程来解决基本问题。

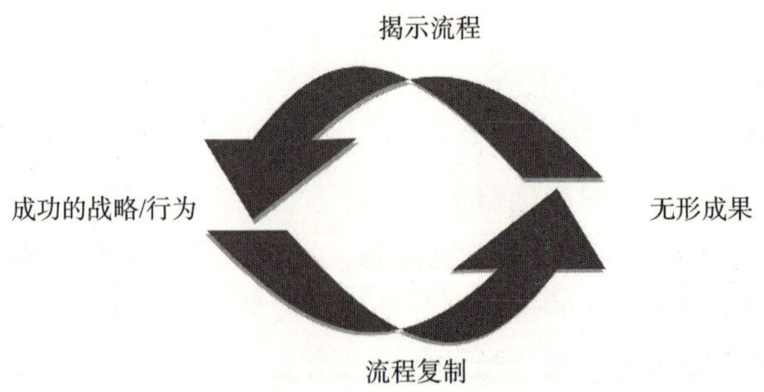

图 23.1　改变行为获得成果

正偏差方法认识到，一个成功的变革要求身份的变化以及新行为的采用。如果员工们没有自己找到问题的答案，他们会觉得外部提倡的方法不归他们所有，因而就很难坚持。根据定义，正偏差是一个“尊重人”的流程，因为它相信解决问题的方法已经存在于组织了，需要做的只是去发现它们。

图 23.2 列出了正偏差方法的六个步骤。

定义	问题是什么？产生问题的原因是什么？相应的行为规范是什么？ 成功的方法或结果是什么样子（描述为一种行为或状态）
决定	在组织内部有没有人或机构已经具有理想的行为或状态了
发掘	有哪些与众不同的方法或行为使得这些正偏差可以在组织内部超越其他解决问题的方法
设计	设计并进行干预以便组织中的其他成员可以实践那些新的行为（重点应在与做而不仅仅是知识的传播）
传播	进行干预使更广泛的群体可以参与到新方法的实践中来

图 23.2 正偏差方法

> 通过采用正偏差方法，一家非政府机构——拯救儿童组织，已在越南的 204 个社区帮助超过 20 000 名营养不良的儿童获得了救助，使他们恢复了正常的饮食。这种方法是以重新考虑现实情况和每个社区的特征为基础的，从它的定义上说，它在适应文化并且可以被传播的。越南的“正偏差营养计划”已经在 25 个国家得到了复制，这其中包括：缅甸、秘鲁、坦桑尼亚、玻利维亚、尼泊尔、不丹、莫桑比克、埃及、孟加拉、海地以及最近的哥伦比亚。

正偏差方法关注流程的复制而非解决方法。关键原因在于解决方法产生于特定环境并与当地资源和实际状况、政治情况等诸如此类的特征相联系的，因此它是不可能放之四海而皆准的。你不能将生长于一种特定土壤中的植物移栽到别处还期望它依然能郁郁葱葱。外部确认的方法可能需要特定的条件，而这些条件你的公司或组织并不具备。简单的照搬技术方法是远远不够的。

实施复制的六个策略

在方案实施中用尽所学需要一个整合的方法，它可以同时解决技术及组织上的诸多变革问题。不管你是否采用正偏差方法，下面这六个策略可以帮助你实现及时复制。

1. 确定机会的大小。
2. 复制的范围。
3. 把目标与激励相结合。

4. 建立有效的知识管理系统。
5. 建立交流实践经验的团体。
6. 为保存知识确定指导方针。

▶▶ 确定机会的大小

如果六西格玛项目的结果要在不同的地点、商业机构、部门和生产线之间进行复制，到底能产生多少价值。这一问题的答案经常使管理团队大吃一惊，进而使管理层中原来六西格玛的怀疑者支持项目的实施。

当我们把基准方法和正偏差方法的目标进行比较时，他们看起来会很相似：两者都试图寻找最佳的实践方法。但进一步比较，这两个概念之间则存在着巨大的差异。

- 基准方法试图寻找最佳、最有效的流程或方案，并把效率和效力当作首要标准；正偏差方法则把成功的和可达到的行为作为关键点。
- 基准方法致力于实施由其他组织实施的成功方法的原则和特征，不管实施环境的细节如何；而正偏差方法着重设计这些环境细节。
- 基准方法关注外部组织的成功的创意和理念；正偏差方法则关注内部。这两者之间差别迥异：在标准化组织中奏效的方法可能在做同样研究的外部组织中不起作用，这种风险与在内部组织中开发出的成功行为/战略（依靠正偏差流程而实现）可以适用于其他组织的事实形成了鲜明的对比。内部开发的最优实践更有可能获得实施，因为“非本地发明”无法起作用。

基准方法经常被批评为是把苹果和橙子作比较。“非本地发明”是对那些所谓使用与别处的最佳实践的典型反应。虽然很容易能找到和理解一个在别处非常有效的流程，但在大多数情况下，很难把这个流程在其他地方成功实施。各个组织都存在独一无二的特征，至少在某些方面是这样（见图 23.3）。

	基准法	正偏差
侧重点	外部的	内部的
标准	流程绩效	成功的行为
具体研究的水平	低的	高的
研究周期	短	持续
转移容易度	低	高
可接受程度	低	高
失败风险	高	低

图 23.3 基准方法与正偏差方法有何不同

源于基准研究的实施计划往往不能解决真正使组织变得复杂的种种细节问题。

为了真正产生影响，实施方法必须针对公司的特定情况并适应相应的要求。不同的组织有不同的优势和弱点，因而不能一概而论。这种独一无二的特质，绝不是他们生存的障碍，而恰恰是生存所必需的东西。

真正的基准是管理技巧自身的一种变化。施乐公司作为这方面的先锋，使基准成为自己所有的东西，一种独一无二的向市场学习的方法。为了开发这种“产品”，公司耗费了好几年来进行试验以明确什么是有效的，什么是无效的。只有通过将一般方法进行专门定制，才使得施乐公司能够释放出内在潜力。

正偏差方法关注成功的行为。因为它的研究过程限于特定环境下、在组织或系统内部寻找在同等情况下通向成功的方法，不管这个环境是越南还是西欧。

以上所有观点并不意味着在你重新设计流程和试图复制结果时基准方法帮不上忙。但是，基准方法更适用于刺激思维来产生非传统的想法。在方案实施中和试图达到可度量的结果并对其进行保持和复制时，正偏差方法更为有效。

- 一家大型分散药品制造企业的人力资源部经理意识到，一个远方的团队在审批程序上进行的改革可以应用于其他所有的部门，并且如果方案得以充分实施，可以节省几百万美元。
- 一位在一个庞大的连锁酒店从事组织学习的主管估计，一个最初有 50 名黑带参与的项目如果在处在同一市场定位的所有酒店中推行，其价值将达到 1 亿美元。

让领导者们理解通过复制能产生多么巨大的价值是唤醒一个企业巨人的重要因素。像通用电气这样的企业，他们在开始实施最佳实践时，以“无界限”管理为骄傲。通用电气在很早以前，就意识到了这条简单的真理。

六西格玛具有的一个巨大优势是它可以为确定机会的大小建立度量标准和数据。在过去，各类组织往往因缺乏数据而延误了工作，实施流程管理的经理们没完没了地确认公司中到底有多少个流程，以及在公司中的各个部分到底存在多少相同的流程。在这种情况下，组织机会大小的评价相对简单。在六西格玛的帮助下，即使某些组织不知道自己到底有多少个单位拥有同样的流程，分析这些数据和进行估算也只需耗费很少的时间和精力。

▶▶ 复制的范围

潜在项目通常被建议设定在某一范围内，使管理团队在较短的时间内取得成果。即在多数情况下，流程的初次实施应集中于一个单位。在一个单位开展已应用于其他地点的相同流程，需要一个节约成本的流程来快速复制第一个项目。而且，本地的内在特征必须被考虑其中，并且利益持有者的介入对方案的成功实施和成果保持至关重要。简单的指示其他部门去实践某一个部门的方法将无济于事。

▶▶ 把目标与激励相结合

当领导者们已经意识到拓展六西格玛方案所能带来的巨大机会时，如何激励他们采用新方法以便从中获益就成为亟待解决问题。有些组织评价方案复制的潜力，然后以此作为激励，让经理们采用新的流程；有些则简单地让经理们在自己的部门实施在别处奏效的方法。我们建议你采用平衡的方法，你可以比较集中地跟踪并确定复制的潜力，并把相应的信息提供给那些需要的人，并要求所有的部门经理报告他们如何应用这些在别处被创造出来新方法为他们自己的部门带来收益。应用“抄袭不可耻”（SIS）指导原则，组织可以衡量出谁在使用他人的管理实践领导公司。

▶▶ 建立有效的知识管理系统

除非你有一个高度集中的系统可以跟踪所有计划的实施情况，并让组织中每一个人可以明确什么是成功的方法且在自己负责的部门采用，否则，你将很难有效地交流这些方法。为了防止泄密，有些组织只让很少一部分人可以接触到具体方案。这种恐惧是合理的。但是，很多其他组织的文件真实地表明：一个不为人知的方案毫无用处。但是把方案细节告诉每一个人却会产生无法预料的风险，因此，很多组织都采用多层次系统，它让每个人都可以获得较高层次的项目信息，但只有那些在自己的领域内实施改进方案的经理才能获得相应的实施细节。

▶▶ 建立交流实践经验的团体

系统本身就只能做这么多了，最终，成功取决于相互交流的人们。成立一个论坛，让参与流程的经理们可以交流意见和成果，这对于在组织内部推行最佳实践方案至关重要。开展定期的黑带或流程所有者论坛是个好主意，因为面对面的交流比电话交流更有价值。建立并培育这种团体是领导者的任务，职能经理们应该在指导个别论坛中发挥积极的作用。

▶▶ 为保存知识确定指导方针

六西格玛项目的实施记录可以作为在别处复制结果的指导线路图。通过确定编制记录的方针，管理团队可以确保六西格玛的实施团队去思考如何将其他地方的流程所有者的方法拿来进行有效交流和宣传，以获得同样的效果。

结论

成果复制至关重要。企业领导者面临的挑战是如何建立一套整合的方法，帮助在实践最佳实践时获益。正偏差方法为帮助组织避免一些在实践最佳实践中的典型陷阱方面提供了一个框架，以确保这些方案不仅是最好的，而且（同等重要的）也是最具适应性的。一个有效的知识管理系统既可以帮助一个组织确定适应个别部门发展的解决方案，也可以在整个组织内部将这一方案全面推广。

第 24 章

测量与审计成果

Thomas Bertels 和 George Patterson

量化六西格玛成果并不容易。一项挑战是很多项目产生的改进并不是财务上的，例如增加了顾客或员工满意程度，减少了可能遭受的风险或者避免了成本。另外一项挑战是在众多的公司中会计工作并不一定有助于确定一个业务流程的确切成本。本章将为你提供一个决定单独项目收益的实用方法，并引导你做出必要的决定以保证对项目收益进行了有效和可靠的测量。

为什么要测量六西格玛项目的收益？

六西格玛是关于满足顾客需要并同时获利的，如果我们没有测量我们是否真正提高了顾客的满意度与利润率的话，我们就没有办法评估我们是否真正地在向这些目标迈进。就像任何一个别的公司决策一样，实施六西格玛需要被证明具有充足的理由，因为组织完全可以将用于六西格玛的资源用来做其他事情。没有一个有效的测量尺度，你将不可能评估管理举措是否沿着有财务回报的方向进展。注重事实和数据，包括财务回报，是六西格玛管理法最重要的特征之一。

决定业务影响的方针如果没有与会计模式的实际情况相对应，将导致项目节约报告不能与损益表的实际情况相联系。举个例子，一些组织中的项目跟踪系统显示项目的价值超过了所报告的利润，那将导致丧失与投资者和员工的信任。政策的决定是至关重要的，一个保守的观点通常是要求避免留下六西格玛项目的一美金不值普通的一美金的印象。

下面的内容是有效测量六西格玛的系统的标准：

- **焦点集中** 成果的测量要关注对组织重要的东西，你所应用的测量六西格玛的尺度需要与商业策略吻合。

- **可信**　内部和外部的利益持有者都会仔细核查数字，因此，提供一个保守的方法来衡量收益是关键的。这个任务需要由财务部门完成并且要坚持与常规的财务报告一样高的标准。
- **有效**　系统需要尽量简单以避免建立一个庞大的官僚机构。为了避免对改进实施的阻碍，团队必须要适时地取得那些可以帮助他们来量化成果的财务资源。
- **透明**　决定财务影响的方针应该以一种大多数员工可以理解的成果决策逻辑的方式写出来。另外，组织内部的每个人都应该能够了解它。

传统系统的挑战和行为基础成本

确定项目影响的挑战之一是财政系统不能够计算出这个流程的准确成本。在大多数组织中所使用的会计模型不能够决定单个采购单的成本、聘用一个员工的成本和开展一个初步评审、售出一单货物以及其他相似事件的成本。另外，向服务经济的转换导致了企业制造费用的增长，而制造费用不容易被分配到产品的直接成本中。像制药业这样的产业，其成本结构中直接成本只占百分之十。在这样一个环境中，制造费用通常是根据与流程输出没有关系的参数进行分配，这样就会给试图决定一个项目的收效的财会部门带来巨大的挑战。另外，直接成本的减少将更能提高制造费用的比重。

因为六西格玛关注的是一个流程的产出，行为基础成本（ABC）会计模式能够帮助应对一些挑战。可是，成本会计的真实情况显示出相对较少的公司采用了行为基础成本会计作为业务管理的模式。

业务影响的种类

六西格玛项目能够通过很多方式影响业务，并且大多数的项目会同时对若干领域产生影响。对于制定一个可以根据组织的优先次序传递各种收益的组合的项目组合来讲，理解不同类型的收益和六西格玛能够在哪里产生帮助是重要的。多数的组织将收益划分为以下类别：

- 成本的减少；
- 资金需要减少；
- 顾客影响和收入增长；
- 员工满意度；
- 风险降低；
- 能力的增强。

▶▶ 成本的减少

对成本的影响经常被认为是六西格玛项目能够拥有的最容易量化的影响。例如，通过在一个生产流程中减少废料比率，产品的成本就会减少。量化其他领域中的减少的影响可能更具挑战性。减少生产一个特定商品或服务的时间对成本有直接的影响，但是只有在管理团队采取行动并调整了组织中的总人数的情况下才是这样。

▶▶ 资金需求减少

为了达到平衡而广泛使用债务使很多组织由于极高的债务水平而限制了他们的灵活性。减少债务和节省现金已经被提到投资人和企业管理层的日程的最前面。六西格玛能够通过以下的方法帮助他们显著地增加现金流和减少资本开支：

- 增加现有生产设备的产量，帮助公司避免扩大生产能力而花费现金；
- 通过提高发票的精确度、减少因为错误而滞留的发票数量来减少应收账款以增加现金流量；
- 减少流动资金，使捆绑在存货之上的资金解放出来。

通过减少资金需求而解放出来的资金能够被运用来减少债务，为股票重购计划筹集资金，增加红利，或者寻找新的机会进行投资。

▶▶ 顾客的影响和收入的增长

提高产品、服务、交易和关系的质量能够对上限和下限产生巨大的影响。六西格玛项目能够通过减少缺陷来降低顾客的不满意度，它也能够帮助传递使公司更加有效地将自身与竞争者区分开来的附加价值，以此来帮助公司增加市场份额或者仅仅使公司能够为它的产品和服务收取额外费用，从而直接增加利润。大多数的这种改进方法存在的问题是除非公司清楚地了解什么驱使着顾客的忠诚度，否则大多改进顾客觉察到的质量的努力将不会导致最高点或最底限的增长。一个理解客户的声音的有效框架是关键的（见第 9 章关于怎样运用客户的声音推动六西格玛的详细讨论）。

大多数的公司将他们在六西格玛方面的努力集中于减少成本，仅仅因为他们不能够量化减少顾客不满意度原因的影响（见图 24.1）。对可靠性、其他产品问题和顾客服务的不满意将导致顾客流失。六西格玛不仅能帮助你堵住漏桶上的洞，并且可能通过从竞争对手手中争夺市场份额来实现业务的大幅增长。一些实施六西格玛的最先进的组织已经意识到，如果他们将自己限制在能够容易地被测量的领域（例如，成本减少），他们将忽视六西格玛最重要的益处，即关注顾客在意的事情与增加所提供的价值（只要它不牺牲利润）。

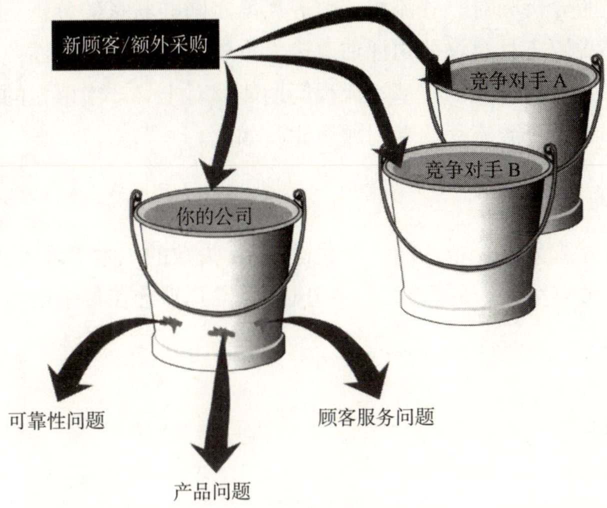

图 24.1　漏桶

员工的满意度

多数公司在它开始考虑六西格玛的收益的时候，往往忽视了雇员的满意度。但是，改进与员工间的互动的质量能够对公司产生巨大的影响：

- 对于许多公司来说，更能留住员工是利润率的显著标志，特别是在销售周转率高的企业中。
- 正如很多独立研究所显示的那样，在任何一家公司里，提升员工士气对顾客和盈利能力有显著影响。

使用六西格玛来改善公司和员工间的关系的机会是接近无限的，并且远远超过了人力资源部门的作用：

- 通过压缩官僚机构和减少周期时间来改进招聘过程可以使公司更快地找到可以胜任工作的人员。
- 缩减员工用于解决诸如错误的工资单、被延迟或错误的税务记录上面的时间可以提高生产效率。
- 提高绩效管理系统的准确性可以优化人才管理流程。
- 运用从属于六西格玛方法的统计学工具可以从员工的民意调查中发掘出真正影响员工满意程度的关键变量。

这是与顾客满意度有关的事情，缺少数据经常阻碍管理人员给旨在增加员工满意度等项目制定规章。实施仪表板系统能够帮助克服这个障碍，这种系统提供所需的尺度并且将他们与业务结果联系在一起。在很多情况下，大多数所需的数据已经有了，缺少的是对数据的分析和对一些流程和财务尺度之间的联系的分析。但是，即使是没有精确的尺度，我们还是建议公司评估改进人力资源流程的可能性。在许多公司中，处理大多数员工必须应付的一些基本流程问题能够对士气产生巨大的影响，如果将所有的员工都看作人力资源流程的专门顾客尤其如此。

▶▶ 减少风险

风险管理已经成为每个企业的一个关键能力，失败的风险管理不仅仅会导致真正的损失甚至会导致整个组织的毁灭。一些风险因素几乎会在每个组织中显现：

- 诉讼风险；
- 产品责任；
- 车间危险；
- 财务风险。

六西格玛项目能够通过处理一些潜在的原因来帮助减少风险。显然，不是所有的风险都是能够通过西格码项目解决的，但是，在很多情况下六西格玛框架的运用不仅仅能够减少已知风险，而且能够帮助量化一些没有得到足够认识的但可能导致公司整体暴露于风险的因素。六西格玛工具能够帮助确定风险的概率：

- 对导致顾客拖欠付款的原因的分析能够帮助评估当前顾客组合的风险度；
- 改进关键产品的可靠性能够充分地减少产品责任诉讼的风险；
- 理解目前人力资源流程在宣传有关劳动力差异的政府法规的效力能够帮助一个公司预见性地处理可能导致诉讼的潜在问题。

失败模式和效果分析，六西格玛实施步骤中的工具之一，是这个理论怎样与对新的或现存产品、服务和流程风险的考虑相结合的例子。蒙特・卡罗（Monte Carlo）模拟实验，DFSS 工具组中的一个关键因素，是另外一个例子。如果事件联系松散并且呈现动态特点的时候，这个模式对帮助加深对风险的理解特别适合。

▶▶ 能力的增强

在很多情况下，质量的提高最终能够与一些可见的收效联系在一起的（例如增加营业额或减少成本），但在另外很多情况下，这种关联并不明显。多数这种情况下，领导者认为继续项目仍然是重要的。关注那些与组织已确定的优先问题有明显关联的项目是很关键的。周期时间就是这样一个优先问题的例子，多数的行政管理者都认为比竞争者更快地完成事情的能力是一个竞争优势。这里有一些例子：

- 能够在季度结束后一天之内关账是颇有价值的，因为它使管理人员能够在即时数据的基础上做出更好的决策；

- 如果时间对顾客来讲成为关键因素，比竞争对手更快地对顾客的订单做出反应是有价值的；
- 能够更快地对顾客的存货进行补充可以充分地减少存货亏空和销售减少的风险。

但是，关注整体能力而不是具体的节省或者改进可能导致项目吸纳一种能力，这种能力若被运用在别的地方就能创造巨大的节省。因此，一个领导一定要确保这样的项目取得成功。建立一个显示能力的增强对组织的影响的反馈循环是很关键的。

▶▶ 产生多项收益的项目

收益：一些基本概念

- 独立的项目产生利润。
- 项目利润可能是有形的也可能是无形的。
- 只有有形的利润被考虑到对利润的财务计算中。
- 有形的利润可能是预期的也可能是实际的利润。

如上所述，一个独立的项目能够产生不止一种收益，就像如下举例所显示的：

在一个大型制药厂中的六西格玛团队被指派调整一个由人力资源部所有的终结流程。这个项目的业务案例最初是为了消除员工被解职后兑现公司股票期权的风险。这个团队致力于缩短执行周期并意识到决定周期长短的主要动因是经理得要求人事部的同事填写一份表格。通过消除不必要的步骤，这个团队不仅把有效终结（雇员被要求离开公司）这一人事流程从 20 天缩短到 1 天，而且还取得如下成果：

- 将一名经理的终结时间从 3 个小时减少到 1 个小时（雇员满意度）；
- 将 3 名人力资源部门的员工解放出来去完成别的任务（成本节省）；
- 消除员工兑现公司股票期权的风险（风险降低）。

管理项目组合

领导团队决定继续哪个项目。用来选择项目的标准向组织发出强烈的信号表明什么是重要的什么不是。完全将注意力集中在减少成本上的公司经常遇到麻烦，他们不仅仅丧失了一些业务增长方面的机会，而且没有意识到很多员工对于向减少成本的项目中增加投入持保留态度，因为这可能导致他们在这一天结束时丧失自己的职位。过于关注成本节约的另外一个缺点是除非一些成本节约被传递给了顾客，否则顾客从这个努力中将几乎或完全感受不到好处。再次强调，六西格玛是关于满足顾客需要并同时获利的。在一些情况中，仅仅关注成本上有正当的理由，但是在大多数的情况下，鉴于可得到的机会和对组织的积极的影响，应该考虑潜在的利益。清楚地知道什么对于组织是重要的对于建立一个产生多种收益的平衡项目组合来说是很关键的。

时间的重要性

公司通常犯的一个错误是没有将时间看作一个关键的因素。因此，我们提倡为业务评审增加一个时间维度，从而将利益分为以下两类：

- 对损益表或者资产负债表产生的直接的、一次性的影响，例如清理掉一项资产能够通过账面价值和清理收益的差额增加利润率；
- 对损益表或者资产负债表产生的持续的影响，例如外部成本或者与缺陷直接相关的处罚的减少或能够增加流程产出。

一些六西格玛项目会产生直接的有形的影响：流程的一项变革导致废料的减少，这个成果能够被立即验证。但是，一些项目并没有导致直接的成本节约：对订单录入流程的重新设计使得录入一个订单所需的时间减少，但是除非组织决定减少总人数，否则成本是不会改变的，而且对基线也没有任何影响。幸运的是，很多组织能够使用解放出来的生产力来制造更多的价值，例如，使用过剩的生产力增加额外的价值或者将劳动力分配到别的不同岗位去工作。有时项目增加了可以被直接使用的生产力，所以被解放出来的资源能够被用来处理额外的业务。

多数的项目需要实施一项管理决策以切实产生潜在的节省，理解这一点是很关键的。如果管理部门没有跟上，项目只能解放生产力却不能减少成本。管理团队需要建立一个流程使他们能够跟踪收益，并检查是否采取了适当的行动来实现节省。必须由一个监督委员会来确保当局的领导负责根据组织的目标重新分配资源。

财务部门跟踪这些增长而且管理人员负责使用额外的生产力是很关键的。如果不是这样，结果就不会有任何改进。取得改进的组织跟踪长期的收益并且检查项目产生的节省是否在别的地方被重新使用。如果不是那样，项目其实根本没有节省任何东西。

为了评审采取的行动是否产生了真正的节省，建议设计一个由财务部门领导的审计流程。如图 24.2 所示的矩阵提供一个将六西格玛项目产生的相较于时间的不同形式收益和节省按优先次序排列的概念上的框架。理想情况下，一个强大的项目将拥有硬性和软性收益的平衡与眼前和长期收益的平衡。

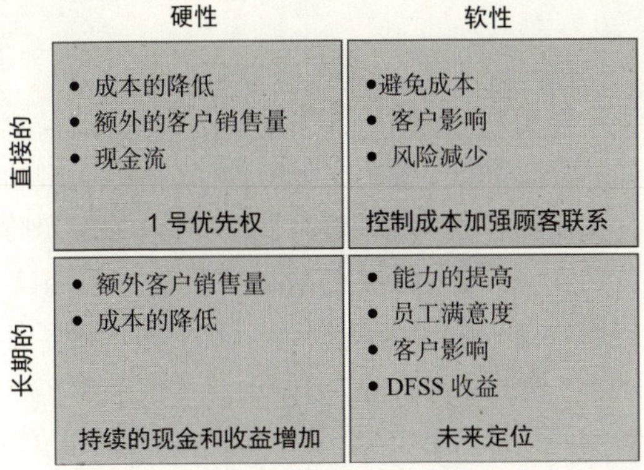

图 24.2 从六西格玛中获得的硬性和软性利益和节省

DMAIC 程序各阶段和利益评估之间的联系

DMAIC 流程的每一个阶段都需要采用一个财务上的观点，财务部门通过做以下事情在 DMAIC 流程的每个步骤中发挥作用。

- **项目选择**：建立高层面的劣质成本估计并提供基线数据。
- **定义阶段**：协助进行对项目成本和预期收益的财务预测。
- **测量阶段**：为每个关键流程步骤建立具体的单位成本测量方法。
- **分析阶段**：将缺陷的根本原因转变为详细的劣质成本估计。
- **改进阶段**：模拟流程再设计和缺陷消除对单位成本的影响。
- **控制阶段**：支持监控系统的开发并引导项目后审计。

▶▶ 项目选择

在很多情况下，领导团队定义项目选择的标准，使其与企业的战略目标相协调。例如，如果企业正在奋力减少债务，“对现金流有正面影响”就可能成为项目选择的标准之一。通常，在领导团队或指导委员会将项目添入项目层次的时候，组织手上并没有准确的数据。原则性强的组织将提前验证一些假设，然后再用其来决定项目的有效性。

▶▶ 定义阶段

在定义阶段，团队必须要完成章程的制定。多数的公司使用章程表，该表要求团队提供问题陈述、一个与项目有关的业务案例和一个对潜在顾客或者业务影响的估计，同时还需要有关于一些关键流程尺度的高层面的基线数据，这种关键流程尺度包括周期时间、单位成本、缺陷水平或产量。总的来说，这是用实际数据决定项目将如何为业务增加价值的早期阶段。

▶▶ 测量阶段

在测量阶段，团队要负责为程序输出收集数据。尽管在定义阶段，团队经常使用粗略的估计，但是在测量阶段则需要收集实际的数据。一些关键的假设，例如一个月或一年中参与流程中的交易或者产品的数量得到了验证。在测量阶段的最后，团队应该掌握参与流程的单位的准确数量和发生的缺陷的准确数量。将这些信息和团队中财务代表提供的财务数据结合在一起，潜在的影响就能够被明确了。在这里注意到估计有两个成分是重要的。第一是潜在机会的大小，第二是一个建立在具体的减少目标基础上对计划项目业务影响的估计。例如，如果工厂工伤减少的潜在空间为一百万美元，这就等同于详细说明了潜在机会。如果项目的目标是将与工伤相关的成本减少 50%，这也就意味着将有 500 000 美元的计划业务影响。

▶▶ 分析阶段

在分析阶段中，团队将注意力集中在问题最重要的原因上面。当团队对问题及其原因知晓了更多的时候，它将能更精确地估计出它能解决多少问题。就像在前面的阶段（定义和测量）一样，它将努力将动因集中为一个能够直接解释这个问题的关键因素子集。一旦明显的原因和结果关系被揭示出来了，对于项目的影响更加准确的估计就成为可能了。

▶▶ 改进阶段

在改进阶段，团队为先前的阶段发现的原因找出并评估可能的解决方法。一旦一个解决方法或者一组解决方法被确定了，团队中专门的财务人员就能够开始他或她的工作了：使用解决方法的预计影响，考虑到流程变革的成本，一个详细的成本—收益分析就可以完成了。在这个阶段，政策决议和财务方针将对解决方案的价值产生巨大的影响。例如，时间的长短会影响到团队是否会因变革而得到好评，而时间的长短是一个重要的变量。大多数的财务部门用标准的计算投资回报的方法来作为决定六西格玛项目对业务产生的影响模型，尽管这个标准方法的详情在组织和组织之间会有所不同。

▶▶ 控制阶段

在控制阶段，团队用团队章程作为参考来评估项目的影响。团队有没有完成它被要求完成的任务呢？团队收集关于流程在变革实施之后表现状况的数据。在多数组织中，收集数据要花费时间，因为流程的变革需要一段时间之后才会真正地发挥作用。实践者们意识到只要管理人员关注该项目，结果可能会比稳定的状态好。在很多情况下，在质量分析人员（在本章后边将详细说明该角色）能够收集一些可靠和具有代表性的数据之前，项目已被完成并且团队将被解散。

一些公司在评估项目的真正业务影响时很严格，他们要等至少 3 个月的时间才会确认团队实现的成本节约。这个延迟使刚刚改进的流程能够达到一个稳定状态以便得到之前和之后状态的真实比较。对于那些非日循环或周循环的流程，结束和最后评估之间的时间差距很大。例如，年度关账流程的变革在下一个年度结束之前是不会产生作用的。

DFSS 项目的说明

通常 DMAIC 项目的收益都是很明显的，大多数公司努力解决如何说明 DFSS 项目的问题。一种流派将 DFSS 项目一概忽视掉，认为它们是创新流程的助推器，支持着目前使用的方法。这种观点能够被证明是正确的，但是需要来自发展流程的管理人员的强力支持。另外一个不太常用到的方法是用缺陷水平和质量问题的历史数据建立一个基线方案。多数企业默认将 DFSS 收益作为软性节省来计算。

财务部门的作用

贯穿整个过程，财务部门的积极参与是至关重要的。团队如果使管理层形成了超出他们能力的不切实际的期望，那么他们将陷入困境。最初估计和最终结果之间的差异可能归因于以下任何一项或多项：

- 在项目选择和定义阶段中缺乏财务数据
- 财务系统没有找出所有导致成本的因素；制造费用的分配歪曲了真实情形
- 团队没有清楚地传达最初机会评估与最后的成本—收益分析之间的区别：初始时团队看的是假定所有确定了的问题都被消除的情况下的效果，而最后的成本—收益分析只考虑一个具体的解决方法的影响

管理团队，特别是倡导者，应该意识到这些效果并且应该在评审项目的时候将其作为因子以避免挫败团队的士气。一部分阶段性项目评审过程应该包括评价项目的财务影响预期的修订情况。这将允许在得到更多的信息的时候对目标进行适时地讨论，从而减少管理层和团队之间目标分离的可能性。

财务扮演着重要的角色，从政策制定和资源分配到项目选择和对收益的测量和控制的支持。财务部门工作人员将会积极地参与到关注财务流程的六西格玛项目中来，他们也会对所有团队的财务分析提供支持（见图 24.3）。

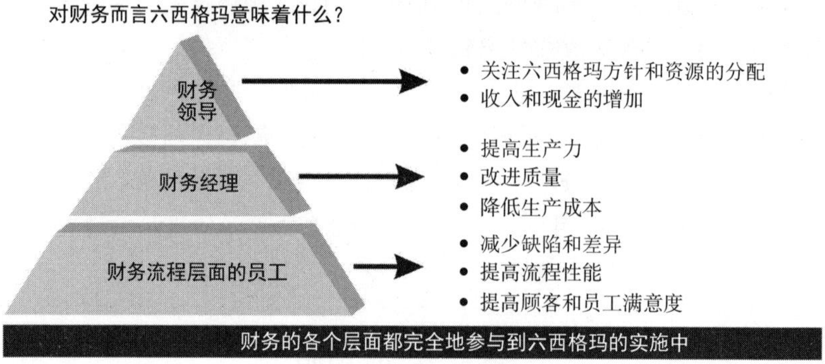

图 24.3　六西格玛和财务

最好的实践：审计成果

通常一个流程改进项目的效果在流程被彻底完成与每个人都开始使用新的流程之前不能被评估。建议使用一套严格的财务审计来验证节省以此来保持收益并且向组织发出明确的信号表明企业将对节省负责。在企业完成了一些评审之后，它要看出有百分之多少的成果能够被长期地持续下去，而且也能够利用这个估计来对项目的长期收益做出更加准确的预测。

▶▶ 质量分析师

根据六西格玛项目实施的范围，很多公司设立了质量分析师这个职位（也被称做钱带）来确保项目使用的财务数据是准确和可靠的。除此之外，财务人员也被要求协助高级管理人员对项目和资源排序，这就要求他们理解不同形式的节省及其对项目的成功的整体贡献。质量分析师通常是百分之百地投入到六西格玛项目中，并帮助一个明确的业务单位来确定六西格玛的财务影响。黑带经常被要求在不同的业务单元中工作，而大多数公司都将特定的财务人力资源分配到每个业务单元中来保证企业中所有团队的一致性。

使用传统的成本会计方法来确定六西格玛项目的财务收益的困难或者业务单元间财务系统的不同，可能会要求投入的人建立方针和原则，以便在协调财务成果和质量成果的报告的同时，帮助反映项目的真实价值。这个质量分析大师（或钱带大师）应该直接向财务总监（CFO）报告并且与六西格玛领导或质量领导保持联系。

▶▶ 政策决策

建立一个说明项目的收益如何计算的框架是一项关键的任务，并且需要在实施的早期就得到妥善的处理。在可能的范围内，应该使用企业用来量化投资决策的标准方针。以下是需要处理的一些关键问题：

- 时间框架；
- 项目成本；
- 方法；
- 复制。

TRW 公司所使用的财务方针提供了一个的范例。

▶▶ 时间框架

关键的问题是一个团队能够在多长时间内因节省而受到好评呢？因为在很多案例中成功的项目都减少了成本，六西格玛产生的节省应该对下一年的预算有影响。举一个简单的例子，减少完成一个特定任务的时间能将时间解放出来去进行别的行动或者产生减员的需要。但是这个收益不可能被永久性地实现，因此，需要建立一个有关收益能够被承认多久的现实方针。我们建议 12~24 个月之间可以被作为标准的月数来计算节省再现所带来的财务收益。这个有关认可节省的持续时间的保守观点是可取的，因为在今天的环境中流程和顾客的要求改变得相当频繁。

▶▶ 项目成本

单个的项目产生成本。项目成本可能是资本成本（他们对利润率的影响由折旧政策决定）或者收入成本（对利润率有直接的影响）。领导团队需要决定培训该团队的费用和团队成员花在项目上的时间是否要被计算到项目的成本中去。大多数的公司决定将培训看做一种投资并且使用一种更加粗略的估算方法来说明团队成员使用的时间。但是，一些企业（特别是那些在成本加价基础上为政府工作的企业）将需要对这些成本做出相应的说明。

TRW 公司六西格玛项目：财务方针

以下的方针应该由财务人员在测量和报告六西格玛项目收益的时候使用：

- 六西格玛收益需要被分成直接收益或间接收益。
- 六西格玛项目的收益将以净经济增加值（EVA）的方式来计量，经济增加值努力通过将对资产负债表的影响包含在内的方法来测量项目产生的真正价值。
- 直接收益（硬性节省）将反映出额外销售额、减少了的成本和一项资产减少（例如，流动资产和/或固定资产）的经济价值的税前价值。一项资产减少的价值将通过资产的改变量与资金成本率相乘得到的结果来确定。

- 间接收益（软性节省）将反映出被避免的成本和被避免的营运资本和资本支出的经济增加值的税前价值。
- 当对损益表和资产负债表存在基线影响（例如，多余生产线被售卖、额外的楼层空间用来减少全部的面积计算、工时的减少导致了薪水成本的减少）的时候，像空出的楼层、减少的流程工时和增加的能力这样的机会效益（节省）将仅仅被算为直接的收益。否则，这样的节省将被看作是间接节省。
- 为了确定资产的减少或避免所带来的收益，使用10%的资本成本率。
- 当节省/成本被认为会重现的时候，只有开始的12个月的净收益应该被计算到项目全面的直接/间接的收益里去。
- 报告的收益应该扣除增长的成本（持续的或一次性的）和增长的资产投资（以其经济增加值计算）。
- 当一项收益超越了倡导者的单位而扩张到另外一个“受益人”XYZ业务单位时，被报告的项目收益应该反映给XYZ带来的全部净节省。受益单位应该验证并且认可这部分净节省。
- 非财务收益（例如，提高了的收益率、顾客抱怨或退货频率降低、设计时间减短）应该也被确认和报告。

▶▶ 方法

很多组织拥有清楚的方针来确定投资回报，使用经济增加值（EVA）、内部回报率（IRR）、投资回报（ROI）等方法。在量化六西格玛项目的回报时最好使用相同的方法。如果你在不同的业务单元中使用不同的方法，那就尽量在同一公司中使用一种方法，那样会有助于结果的报告。

▶▶ 复制

在很多情况下，结果能够被复制到许多的地方、机器、工厂等中。政策需要确定团队是否能够完全或部分地因这些最终的节省而得到好评。大多数的公司不允许一个团队因复制而得到好评，除非该团队做了实际的工作。从变革管理的角度来看，让单个业务领导者因复制了成功的创意而受到好评是有好处的，因为这将有助于增加对该项目的采用率。

评定劣质成本

量化劣质成本（也被称作质量成本或不一致成本）是重要的，原因如下所列：

- 帮助建立需要变革的情况；
- 使改进项目关注那些提供最大潜能的领域；
- 跟踪进程并且保证该举措在为业务增加价值。

在一个通常的组织中，劣质成本（COPQ）经常被预估为占营运费用的 25%~40% 或者收入的 10%~30%。劣质成本的主要组成部分如下：

- 阻止成本；
- 评价成本；
- 内部失败成本；
- 外部失败成本；
- 机会成本。

在计算劣质成本的时候，在脑子里时刻记着几条原则很重要：

- 只是看最终产品的不合格率或者顾客退回是不够的。由 Armand Feigenbaum 博士创立的术语隐形工厂，经常被用作描述花在解决问题和零件返工上的性能占据的大小。大多数的成本控制系统不测量这些成本元素，这个是看最后结果和初次通过的产量之间的区别。
- 由于质量恶劣、存货不足及其他类似情况而失掉的销售不能用传统的财务系统来说明。
- 低效率的流程能够生产出好产品，但却没有达到最优状态，同时也是浪费资源的。

对于隐形成本，在很多情况下，会计标准被定在比经过验证的产出率低的产出价值点上，或者包含根据历史表现对不合格品和缺陷的过度的宽限。与会计标准比率和经过验证的产出率之间的差异有关的额外的材料、劳动力和制造费用成本体现了隐形成本。图 24.4 展示了质量问题是怎样和业务成本结构联系在一起的。

一个详细的劣质成本研究是非常有意义的尝试。大多数公司没有时间和资源来开展这样一个行动前的评估。最好是还有一个外部的组织对该努力提供帮助或者使用一个细节少一些的成本核算方法。开展评估的时候，使用一致的方法很关键。如果选择了实践基础的成本核算方法，那么必须在整个组织中采用这种方法。保证使用一个连续的方法来量化机会是财务部门的一个关键角色。最经常使用的方法是从总账开始，关注那些专门用来跟踪质量成本的账目，例如返工、浪费、废料、担保索赔等等。抽样能够帮助识别一些别的成本。

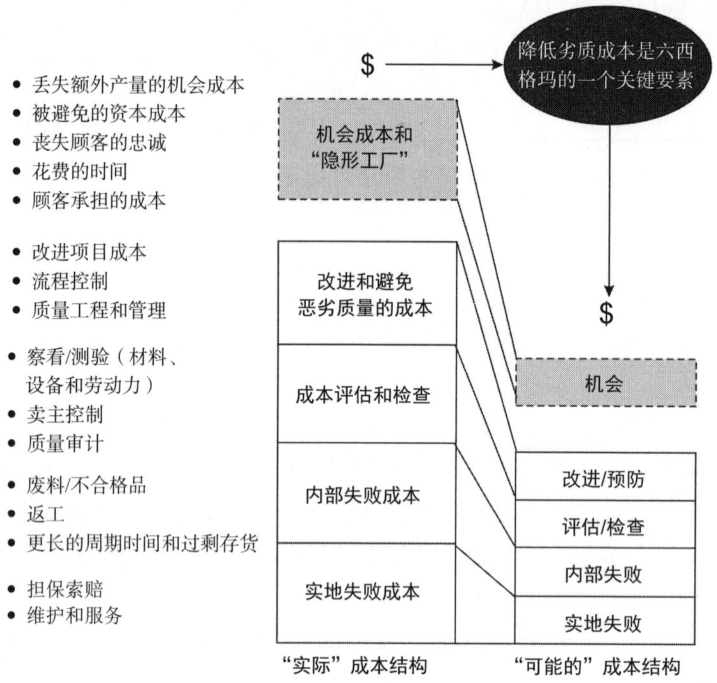

图 24.4　业务的质量和成本结构

对于管理业务的含义

当六西格玛开始对业务产生影响的时候结束该周期是很重要的。如果由项目实现的收益没有影响业务计划和预算流程，六西格玛变成“我们做生意的方法”的机会是很微小的。成功的组织通过调整下一年的预算和与业务计划流程相结合来将安排他们的财务计划流程。

调整下一年的预算

减少一个流程的成本应该带来下一年预算的调整。大多数组织缺乏跟踪特定项目对于预算的影响的系统。如果采用了一个实践为基础的成本模式，就能够比较容易进行调整，但是如果仍然盛行注重职能，那么流程的成本就会被分散。一个可取的方法是为每个主要的业务流程任命一个质量分析师并且让他们在各自的领域中负责调整职能性的预算。

与业务计划流程相结合

不仅预算需要重新安排，业务计划流程也需要。举个简单的例子，项目产生了顾客收益，这种收益被预期会对顶线产生影响。这种情况下，最好是放宽业务计划流程的限度把这些收益包含进来。同时，还存在这样的风险，通过把收入影响分派到特定的项目上，而没有对什么构成顾客价值进行可靠的分析，组织可能会建立起一个在市场上根本不能完成的期望。一个可取的方法是评审所有项目产生的顾客收益，做出一个关于期望更高的收入是否合理的判断，并且在未来验证这个假设。

关键决策

劣质成本或者顾客忠诚度的评估能有助于为实施建立最初的目标。但是，为了让六西格玛成为公司开展业务方式的一部分，公司应该考虑将项目的远景与它的财务系统结合起来。实践为基础的成本核算法是一个有用的方法，它避免了一些与使用分配的系统有关的问题。关于跟踪财务和非财务收益的决策向组织发出了一个强烈的信号，并且不容易被推翻或改变。因此，领导团队需要在实施开始的 100 天之内确定它的方法。

▶▶ 项目收益的财务量化基础

大多数的公司将用于投资决策的方针用来量化一个项目的财务收益。如果使用了一些不同的方法，团队就应该推荐使用一种特定的方法。最经常使用的方法就是 EVA、IRR 和 NPV。每个方法都是适当的，都可以被使用。但是，决定使用哪个和如何掌控成本平衡是重要的（参照以下一些需要考虑的事项）。

▶▶ 非财务收益的计量

既然会计方针只应用于六西格玛项目能够产生潜在价值的一部分，企业需要决定怎样来掌控非财务收益。这些收益应该被认为和硬性节省同样重要，但是领导团队应该有责任以一种平衡两种节省的方式来管理项目组合。这个关注点能够并且会随时间而改变，特别是 DFSS 的引入更加强了这一点。设计项目很难被量化，因为在绝大多数的情况下不存在基线，所以没有产生真正的节省。一个相反的趋势是，随着时间的流逝，流程管理的实施和顾客价值的测量将帮助量化一些由于缺陷的减少而产生的更加微妙的收益。该项策略需要明确应该怎样报告非财务收益。

▶▶ 重现收益和成本适用的月数

为了保证净项目收益计算是谨慎的并且能够容易被支持，我们建议采用 12 到 24 个月作为在财务收益量化中确认节省的持续性的标准时间。

测量在政府的方针下经营的组织的收益

与政府部门打交道的企业面临着一系列特殊的挑战：

- 在一个成本加价环境下，节省不会改变底线而会降低顶线。
- 六西格玛的成本会增加制造费用的比率，除非能够将其直接分派到顾客影响当中去（并且能够因此根据合同收费）。
- 如果合同包含了为特定的里程碑准备的奖励费用，那么采用六西格玛的主要激励机制之一是兑现承诺然后实现奖励。

黑带认证的节省要求

为每个黑带设定具体的目标能够成为有效的激励手段并且能够支持来自组织高层的信息：六西格玛是一个以利润为导向的项目。但是，它也能够阻止黑带从事那些消减官僚机构、提高顾客满意度或者消除造成员工不满意的主要动因的项目，因为其中一些很难被量化。

结论

使用一种财务上保守的方法总要付出代价，大多数公司都遭遇过报告与资产负债表和损益表的项目数据对应不上而造成员工士气挫伤的后果。报告不能被验证的财务影响不仅会增加组织中的批评，而且还会损坏公司在金融机构分析者中的声誉。另一方面，说明非财务收益很关键，因为并不是每件事情都能够直接用美元或美分进行衡量。需要建立正确的财务方针来处理好等式的两边。在六西格玛项目中质量分析师的角色极为重要，建议设立一个正式的职位并对质量分析师进行培训。财务代表应该成为项目的一部分。最后，领导团队需要集中注意力于管理项目组合上以实现总价值最大化。

第 25 章

培养变革领导能力

Tom Thomson

一个组织的领导能力是其所有成员的行为的总和，通过这些行为组织的所有成员勇敢地面对不确定性、风险、逆境和挑战以此来不断地创造理想的组织前景。

在现代商业生活中变革是随处可见的：顾客的需求和品位在变化，市场在变化，技术在变化，竞争者和他们的策略也在变化。组织需要处于各个层次的领导人员不仅要有能够适应这些变化的能力，而且，更加重要的是，要敢于创新并成功变革自身固有模式。如恰当应用，六西格玛将拥有一种无与伦比的力量来培养这种领导人员的能力。将六西格玛主要作为变革领导力的一个开发工具要求对变革的本质、领导力本身以及六西格玛提供的独特的变革领导力知识进行一次更加深入地探讨。这一章将阐明六西格玛作为一个变革领导发展工具是怎样发挥作用的，并为怎样使用六西格玛来最大化它内在的领导发展力提供方针指导。

变革

21 世纪初，当我们谈论变革的时候，我们经常提到一种对现实的新的理解。现实似乎远不像它以前那样稳定了，并且任何一种确信也远不是如今的状况。对许多人来说，"变革"这个词就是风险、威胁和潜在损失的代名词，他们在工作中一旦遇到变革就会产生挫败或恼怒的情绪或者被动放弃。大多数人都喜欢根据他们对过去和现在的经验对未来的一定部分进行预测。没有预知的能力，我们会感到焦虑并可能很容易僵在原地。

变革也可以带来积极的情绪。与过去或现在的负面因素真正的或潜在的决裂能够使人对未来的美妙情境感到兴奋。人类的好奇心和探索倾向也在我们生存中起到巨大作用。我们有一种感觉，认为尽管一些未知的东西可能会威胁到我们，但未知的另外一些方面可能是有益的并且就和我们的持续生存和繁荣相关。我们害怕变革，同时又知道我们必须创造变革。

如今我们的问题是我们的稳定和控制的结构以及我们对现实本身性质的信仰结构正在遭遇变革的广度和速度的挑战，那超出了我们将它融入现实世界观的能力。过去，我们能够允许我们的世界观慢慢地转变从而将变革融合进来并进行解释。这样，我们对现实的稳定性的感觉就没有受到干扰。我们对现实的理解仅需要稍微地调整来融合或解释变革，但我们对现实的基本稳定的感觉仍然牢固。

现代生活不能提供这样的牢固的感觉。相反地，它有着永久性地震的某些特点，曾经感觉坚固的我们脚下的土地不停地震动，使高耸的重要的建筑、通往知名目的地的高速公路和架在两边的桥梁都崩溃了。新奇的事物随处可见，新的发现继续推进脚下的震动。对于很多人来说，这个新的现实是激动人心的并且预告了崭新的开阔的一天。对更多的人来说，这个新的现实却是十分烦人和令人焦虑的。很多人不知道是应该从他们周围的变革中逃出来呢还是处处抵制它。我们中的大多数人在牢靠的家庭和朋友中或者一些还没有改变太大的事物中得以喘息，或者我们由于认识到自己能够对付过去的变革和挑战而感到踏实。但是不管我们采取哪种方法，我们都站在未知未来的边缘，我们脚下的土地在颤抖并且我们预测未来的能力被大大地削弱了。

在大的社会中的真理在商业界里也是真理。当变革的步伐加快，变革的范围变宽，我们企业不仅要为应付而且为发展而奋斗。在很多公司中工作的进度为了适应变革的步伐而加快。制造业和办公室工作人员的工作在不停地变迁。任何地方的工人都希望付出的少得到的多。公司们都在努力做出正确的战略决议并有效地分派它们的资源，从而能够在变革中竞争。重组很平常，个人以令人眼花缭乱的频率从一个职位跳到另一个职位，甚至从一家公司跳到另一家公司。

公司也在努力制造变革。很多公司努力改变自己以使自身能够在变革的世界中更有效率和更有效力地经营，这些公司正在努力摆脱过去过时的变革抵制行为。同时，他们还将他们从历史中学到的经验进行重新改造并且将这些经验融合到他们认定的更适用于未来挑战的方法中去。六西格玛就是一种这样的方法，如通用电气、强生、TRW 公司和西门子这样的公司都用它来应对变革的挑战并改变他们自己。

但是就算是这些公司都在普遍存在的变革中寻求他们本身的转变，他们也并不比我们其他人多一些确定。各个级别的行政管理人员和员工都面临着全社会所面对的大量迅速的变革所带来的挑战。在这个意义上，不管他们有多大胆、多激进，这些公司和全社会一样都在颤颤巍巍地设计他们的未来，这些公司和他们的竞争对手一样都站在颤抖的大地上。快速和连续的变革对所有人都意味着风险和不确定性，并且风险和不确定性更增加了人们对领导能力的急切的需要。

领导能力

我们的公司和其他企业都同样需要领导能力。在任何地方对领导人和领导能力提高的重视都在经历着复兴。什么是领导能力？为什么会那么多人都感觉到有必要积极面对变革？准确地讲，领导能力作为问题的答案是怎样通过广泛的、快速的、持久的变革来展现出来的？领导能力对于积极地面对变革真的有那么重要吗？

如果是不确定性和风险刺激了对领导能力兴趣的增加，那么很难想象领导能力与增加确定性和降低风险无关。面对未来的普遍不可预见，我们寻求一些有可靠性和可预测性的措施。在它的核心部分，领导能力就是要增加目前的确定性并创造对一个可能更美好的未来的信心。这种意义上的领导能力是针对疑惑和恐惧，并且将他们变为信心和希望的有效努力。

领导能力是让个体或个体团队能够在面对不确定性和逆境的时候，为了创造预期的未来而不断地充满信心和希望地工作的一系列行为。领导能力的核心因素是相互信任和共享抱负，它包括我们为提高相互信任水平和在社会、组织或家庭单元中实现共享抱负所做的一切。领导能力不是主管或身处领导职位的人的专属领域。

很多对领导能力的总的描述，以及对领导能力和六西格玛的描述，倾向于关注具有高潜能的个人的发展。尽管口才是所有员工必备的素质，但大多数的理论家者和商人，几乎都将领导才能等同于在不断增长的等级权威水平上需要发挥作用的知识、技能、态度和行为。领导人和负责人看上去是不可分的两个概念。在很多方面，“为未来培训领导人”这一说法成为了“培养下一代有才能的人来接任等级权力职位”的代名词。

这种关于发展独特个人的趋势是可理解的，在很大程度上也是合适的，这些个人拥有在组织等级中胜任权力职位的技能和能力。六西格玛能够成功地完成培养下一代高层管理人员的任务并且因此得到公正地嘉奖。但是无论他们有多有才华，一个组织中的领导能力绝不仅仅是这些个人的技能和能力，就像我们会看到的，六西格玛通过特别的方法构建整个组织的领导能力。

对我们现代组织中的领导角色和功能的充分讨论已经超出本章的范围。但是，可以说最佳的领导人能够将相互信任和共享抱负最大化。不是所有的领导者都能够将两个核心元素最大化，但起码，所有的领导者都努力提高它们。导致不信任和分裂抱负的社会行为不是领导能力。六西格玛环境中重要的是认识到领导阶层被定义为与面对不确定性和风险有关。在这种意义上，变革和领导能力不能够被真正地分割开来。

事实上，领导能力对积极面对变革是至关重要的。我们在不确定的时期不仅仅感觉到对更多支持的需求，实际上我们要求增加相互信任和对共享抱负的投入。大量而快速的变革很容易将感觉孤独和缺乏支持的人们击垮。个人可能需要扮演特定的社会角色从而会以特定的方式被号召提供领导才能。工作团队成员、督导、团队领导、高级经理和高层管理人员都有各自特定的任务和责任。他们可以通过或高或低地提高相互信任和共享抱负的方法来完成那些任务。在商业中，我们需要能够信任我们的管理人员和同事来面对大量的挑战。我们不仅要相信同事间的友情而且要相信他们的竞争能力和判断力。

我们需要对我们使用的方法拥有信心，相信它们对工作和解决变革的问题是奏效的。我们需要了解不同商业选择的基本原理并相信我们的数据和它的来源。我们需要相信我们能够将有价值的信息从没有价值的噪声中分离出来。我们需要能够让我们将大问题分解成我们有信心真正解决的小问题的问题解决方法。我们需要对我们正在进行的工作的反馈，这样才能够相信我们在正确地前进或者我们将拥有使我们能进行必要的更正的信息。简单地说，我们需要大量六西格玛提供的东西。

六西格玛：一种变革领导方法

六西格玛在众多企业中得到如此广泛的接纳并不是偶然的。六西格玛提供了一些处理不断加速的变革的企业所真正需要的东西，一种构建领导能力来应对变革的途径。

六西格玛是一种质量和流程改进方法，但是它远不仅限于此。在真正意义上，六西格玛是一个变革领导发展项目，它可以发展一个组织的领导能力同时改进质量、优化流程，并结合顾客的声音。如果实施顺利的话，六西格玛能够使一个公司通过各个层次提升互相信任和共享抱负来构建它的变革领导能力。仅仅对六西格玛的四个关键特征进行评审就揭示出了六西格玛能够构建变革领导能力。

▶▶ 结构

DMAIC 和 DFSS 都是高度结构化的处理高度复杂和多变的情况的方法。当人们在六西格玛项目中接受培训并且开始使用这些基本结构解决问题的时候，他们发现使用一个结构化的方法使他们能够成功地解决那些曾经显得很难处理的问题。他们懂得了结构不仅可以为不可预测的情况增加有序的因素，而且能够让他们在快速的变革当中做出决定并且采取有效的行动。

因为所有从事项目的人都使用相同的基本结构并且在小型的项目团队里面也这样做，他们还学会了依靠同事的输入和判断。跨等级的团队工作的开展使得各层次间人员相互信任的水平增加了。当更多人接受训练、更多项目被完成的时候，所有参与这个方案的人——绿带、黑带、黑带大师、倡导者和发起人——使用结构化的方法来应对变革的能力都得到了锻炼。相互之间的信任感和处理未知情况的能力与日剧增。这样，他们的领导能力也就被提高了。

▶▶ 统计学的思想

六西格玛很大程度上依靠统计学的使用。所有那些涉及到项目中的人都学会了更好地理解统计学的变量并且利用这种理解去挖掘现象的原因。他们学会了去理解事件当中一度令人费解并有很大的随机性的意义重大的模式。他们找到了一些规则，而以前在这种情况下，却只有困惑或者混乱。

他们学会将解决问题的行动集中在原因的变量上，而不是急于采取某些常规的行动，以期它能奏效。当他们用这种方式成功地解决了问题的时候，他们感到自身能力提高了，包括将有价值的数据从无规则事件中提取出来的能力和分析不断变化的环境并对之做出反应的能力。参与者不仅仅觉得自身能力提高了，而且他们所掌握的统计学工具也使他们能够很好地处理由于快速变革所引起的复杂情况。他们开始相信自己同事的能力。

▶▶ 一个项目一个项目地改进

六西格玛强调使用小型项目团队在一个项目一个项目的基础上实现改进。参与这些团队的所有人都学会了一种解决重要问题所涉及的严格的工作方法。当他们一起工作的时候，团队成员学会了如何才能更好地为团队的成功做出贡献。他们也从经验中得出在组织中怎样才是一个有效的工作团队。他们追求共同的目标。他们分享共同的目标并且认识到了它的作用。

人们对快速的变革和复杂的问题经常感觉到束手无策，以至于抑制了个人或组织做出反应的能力。通过在一个项目一个项目的基础上不断前进，参与者学会将问题分解成为自身容易处理的几个部分以此来勇敢地面对那些似乎是难以解决的问题。通过继续采取这种方法，参与者开始相信自身和身边的人的能力。

▶▶ 尺度

尺度是六西格玛的核心。尺度不仅仅用来测量成果而且还被用来评估项目的进展情况。当参与者在项目过程中开发和使用尺度时，他们学会了构建反馈机制和实施步骤。当他们使用新方法或设计的时候，他们学会用尺度来跟踪进展情况和发现问题并且做出必要的更正。用这种方式，他们学会通过建立他们自己的航海装备在情况不明的水域里航行。

当项目团队取得进步并且解决了过去的烦人的问题的时候，他们学会了相信自己创造未来蓝图的能力，而且也学会了信任那些一直他们一起奋战的人。

六西格玛实施中的每个角色都有其独特的领导能力培训课程。举个例子，黑带要学习带领一个项目团队从开始走向成功所需的知识与工具。黑带大师、质量分析师、倡导者和发起人、其他管理人员和高级行政人员则要学习怎样引导一个大规模的组织进行变革和改进。但是无论哪个特定的角色，每个参与到其中的人都要遵循前文所述的原则。每个参与者都被号召采取那些建立相互信任和对共享抱负的孜孜追求的方法。在这种意义上，每个参与者都被号召要提高他或她的自身和组织的领导能力。

从六西格玛中获得最大的变革领导发展

实施六西格玛对一个组织的领导能力和对渗透于现代组织生活中的变革的适应能力有着积极的影响。但是通过特别关注领导能力的发展可以实现更多的东西。下面的方针为开始阶段提出了一些建议。

▶▶ 调整目前的绩效管理和个人发展系统来支持六西格玛

通常六西格玛项目都是以成本的节省和效率目标为标志的。绩效管理系统应该不仅仅表彰财务目标的实现而且还应该加强有关如何才能通过提高相互信任和对共享抱负的承诺以更好地实现这些目标的六西格玛课程。将注意力集中在目标是如何完成上对于一个组织全面领导能力的培养是极其重要的。

个人发展计划应该包括参与六西格玛培训和项目。在设计个人发展计划的时候，参与六西格玛项目可以帮助个人的成长，不仅仅体现在变革领导能力上而且还体现在现代管理的四大能力上，如图 25.1 所示。

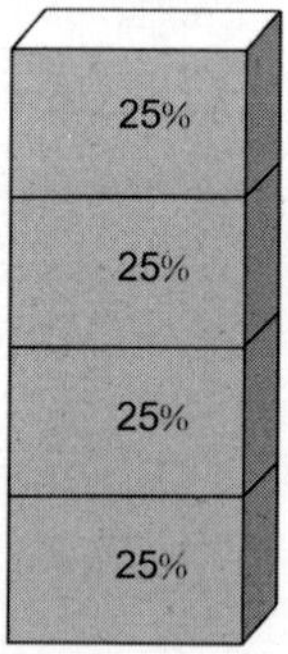

图 25.1 四大现代管理能力

尽管所有的六西格玛项目都为提高个人的变革领导能力提供了大量的机会，不同项目所提供的进一步发展专业技能、商业敏锐度或者流程改进专业知识的机会却截然不同。个人可以被指派去从事那些提供更多机会的项目以发展短缺或不完善的管理能力。开发计划系统应该被结构化以通过这种方式使用六西格玛项目委派。在绩效管理或个人发展系统中使用的任何能力模型都应该在必要时进行评审和调整以支持六西格玛。

▶▶ 向组织内输入成功的六西格玛老手

第一批被委派为黑带的人员应该有高度的潜能并且在组织中有极高的可信度，其中许多人不仅十分成功地实现了六西格玛的财务目标，而且成功地展示出了可以帮助构建组织全面领导能力的变革领导能力。这些人和所有成功的黑带都是整个组织有效的变革领导的潜在人员。

在做出了杰出的贡献之后，这些人应该被转移到更加传统的领导角色上，通常要肩负更大的责任并享有更高的威信。在这些新的角色当中，他们能够使用变革领导能力和其他在六西格玛项目中培养出来的管理能力来帮助其他人发展领导能力。他们的成功不仅仅能够表明组织是如何认真地采用了六西格玛，而且显示了其他人应该在职业生涯中仿效的领导能力和绩效。

▶▶ 在每个六西格玛相关的报告或评审的变革领导部分做出反馈

每个项目评审或报告都应该设定时间，不仅要反映取得的成果或遇到的技术性问题，而且要反映项目团队是如何有效地工作的。在现代工作生活的节奏中，人们很容易就会局限于完成任务而几乎不花时间来评价他们对任务是怎样完成的这一问题的满意度。改进完成事情的方式对于构建领导能力是十分重要的。

▶▶ 宣扬显著的有效变革领导的例子

用来支持整个六西格玛实施的部分沟通计划应该包括强调有效的变革领导能力的工具。第 19 章为制定这个计划提供了指导，这里只要说的是沟通计划所提倡的行为类型必须要与那些组织成员看到被提升或嘉奖的人们的行为类型相一致。那些在公司传媒中被公开嘉奖的行为与人们在现实世界中关于如何发展事业的经验之间的背离将对组织的领导能力有显著的负面影响。这种背离直接影响到建立相互信任和对共享抱负的承诺所需要的核心。

▶▶ 创造处理快速和连续性变革的能力：六西格玛的目标之一

不要将组织领导能力的提高看做是六西格玛的一方面的收益，而是要将其凸显为六西格玛的关键目标之一。围绕比你的竞争对手更有效地处理变革的需求和更加有效、更加创新地向客户做出更快地反应的需求，营造需要紧迫变革的境况（见第 19

章）。将变革领导能力的提高与其他商业目标放到同等位置上，并且去追求它的实现，就像组织未来的发展要依靠它一样，而且也非常可能就是这样的。

结论

六西格玛不是唯一或者甚至不是一个完整发展组织领导能力的方法，但是它确实有一种独特的解决具体问题的力量。参与者通过一个接一个的项目，无论是 DMAIC 或是 DFSS 项目，在项目中六西格玛工具和方法的使用使他们能够将混乱和困惑转化为有序和规则，同时理解和解决问题。当六西格玛成为改进现有流程和设计新流程的一种根深蒂固的方法的时候，参与者通过反复应用获得了经验。

当六西格玛的实施和成功在组织中传开的时候，这种经验就被扩大了，并且达成一种共识：组织不仅能够有效地运行，而且能够在一个不稳定的更多变的世界里繁荣发展。对于这个组织的成员来说，世界可能不像希望的那样稳定或者是一个没有风险的地方，但是他们和他们所有的同事都感到能够更好地掌控他们自己的命运并且有能力创造他们自己的未来。

附录 A

六西格玛的基本概念

Patrick D. Spagon

六西格玛这个词描述了一种流程改进战略，它确保满足或超越客户期望并同时为公司带来财务回报。它是一种结构化、规范化、并基于数据来改善公司业绩的流程。同时，它也是一种流程业务能力的衡量方法，使我们可以确定一个流程在满足客户要求方面的能力，以及我们离完美状态还有多远。六西格玛工具及方法注重减少流程中的差异性。我们把改进战略称为六西格玛项目，把衡量流程业务能力的度量方法称为六西格玛质量水平。

在这个高级读本中所涉及的六西格玛的统计及质量控制工具包括：

- 差异；
- 数据类型；
- 六西格玛质量。

差异

一个流程可以被定义为为产生某个结果而进行的一系列操作。我们所做的每一件会影响结果的事都是流程的一部分。因此，流程无处不在。其结果可能是服务的提供或产品的制造。差异是指流程每次实施中出现的一些微小变化和偶尔发生的稍大一些的变化。它总是体现为一定水平。如果某些差异经常出现，我们通常会认为它不是一个好的解决方案。在提供服务和制造产品的过程中，差异是我们的敌人。一致性以及最小的差异，可以提高质量，减少成本，增加盈利，并使顾客更满意。

特殊原因和一般原因差异

1924年，被称为现代统计质量管理之父的Walter Shewhart当时是一名供职于西部电子公司（Western Electric）的物理学家。西部电子就是后来的美国电报电话公司（AT&T）。在那一年，他给自己的上司写了一个在今天非常著名的备忘，建议使用控制图表。他将在生产中减少差异的问题确定为两种不同的原因的差异：可分配原因（特殊原因）差异和机会原因（一般原因）差异。他所介绍的图表我们将在后面讨论，这是一种区分两种原因的工具。

普通原因差异总是会在一定程度上表现在流程中。然而，特殊原因差异可以被认为是在某些特定时间和地点才会发生的事。舒尔特强调有必要把生产流程提高到一种所谓统计控制的状态，在这种状态下，只有一般原因差异才会产生。因此，未来的结果更容易预测，并且流程的管理也会变得更经济。

客户要求与差异

所有的顾客都对服务或产品有质量要求。在流程中产生过多的差异必定会导致最终产品和服务上产生过多的差异。这时，顾客的要求通常就得不到满足，我们会说产品缺陷产生了。

缺陷是指不能满足客户所要求的产品规格的一切情况。产品规格是指对客户具有关键的可度量的一类重要特征，我们将其称之为关键质量特性（CTQ）。

在对六西格玛质量标准的追求中，我们努力使缺陷水平降到尽可能低的水平。正如我们所看到的，六西格玛质量标准要求缺陷发生率不高于百万分之三点四。为了提高进行改进，我们必须知道自己目前的水平如何。我们的目标是降低差异，因此首先必须将差异量化。要实现这一目标，就需要相关数据。

数据的类别

数据可分为两大类：连续型的和离散型的。顾客的关键质量特性可以用连续型的变量来度量，比如温度、压力、美元、时间等。连续意味着变量可以被更小的单位度量：从千米到米，再到厘米等等。另外，客户的关键质量特性也可以用品质或者离散型的变量来度量，如服务是好或者不好，可以接受或者不可以接受等等。利用离散型数据，我们至多可以获得一个总数、比例、或者百分数。我们可以获得一个排序（如差、一般、好、最好）或者一系列简单无序的名字（如纽约、伦敦、慕尼黑）。

连续数据：正态曲线

正态数据衡量关键质量特性的数字分布，由制造产品或提供服务的流程的差异所决定。这一数值分布可以被绘制成钟形曲线（见图 A.1），这种钟形曲线称作正态曲线或正态分布。正态曲线有一个特征：在其峰值或最频值两端，曲线是均衡分布的。在实践中，曲线下的区域可以百分之百地反映关键质量特性的所有数值。

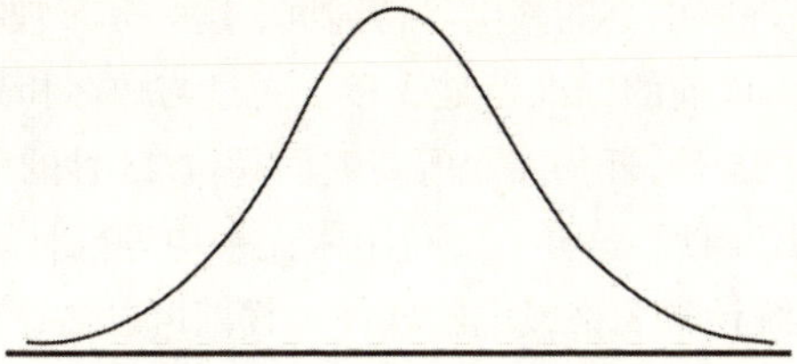

图 A.1　钟形（或正态）曲线

一个正态曲线可用两个参数来表示：中心（或平均值）和伸展区域。平均值，或均值，可以通过将其所有的数值加总再除以数值的个数来求得。伸展区域可以简单地用一个数字范围来表示，比如最大值到最小值。另外，它也可以用标准差来表示，约等于均值平均方差的平方根。在这里，我们可以说，正态曲线的宽度相当于六个标准差。图 A.2 显示了在均值两侧一个、两个和三个标准差的百分比数值。

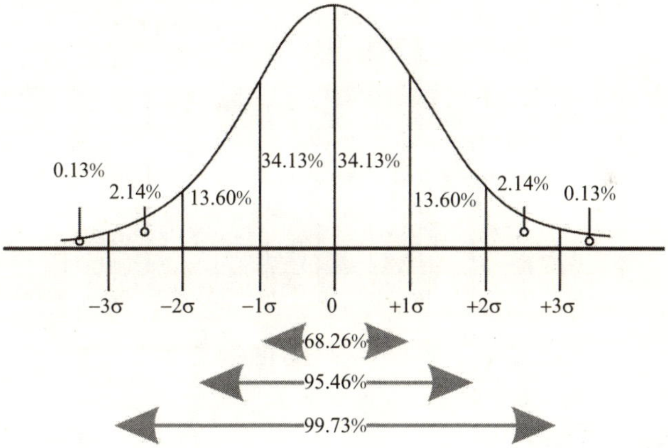

图 A.2　百分比数值中包含 1 个、2 个和 3 个标准差的正态曲线

在图 A.2 中，希腊字母西格玛（δ）代表标准差。我们看到大约有 99.73%的数值落在均值两侧的三个系格玛区域内。这样，这个曲线的宽度大约相当于六个系格玛（6δ）。

▶▶ 规格百分比及百万份中所占比重

正如图 A.2 所示，一旦我们确定了横轴上的一个位置在均值左侧或右侧的距离

（标准差的数值），我们就可以利用统计图表和电脑软件来确定数值分布在这个位置周围的百分比。在实践中，我们将横轴上的这样一个位置确定为顾客所要求的产品规格。我们可以算出目前可能达到这一规格的百分比。让我们来思考图 A.3 中的例子。

图 A.3 描述了打入呼叫中心的来电等待时间，这一分布被描绘为正态曲线。分布的均值或中心是 17 秒，以前的标准差是 3 秒。通过与顾客和高级管理层的讨论，等待时间的上限被设定为 25 秒。任何一个等待时间超过 25 秒的电话都被认为是一个缺陷；25 秒比均值要多出 8 秒。这样，等待上限比平均等待时间 17 秒要高出 8/3（或 2.67）个标准差。通过统计学表格或电脑软件，我们可以估算出大约有 0.3830%的电话或每一百万个来电中有 3 830 个电话的等待时间超过了标准。

回忆一下我们所说的每百万个机会中只有 3.4 个差错的六西格玛标准。在这里，每百万个机会中有 3 830 个缺陷。显然，打电话到呼叫中心的客户并未享受到六西格玛质量水平的服务（我们将在后面描述到底他们所得到的服务是多少个西格玛）。

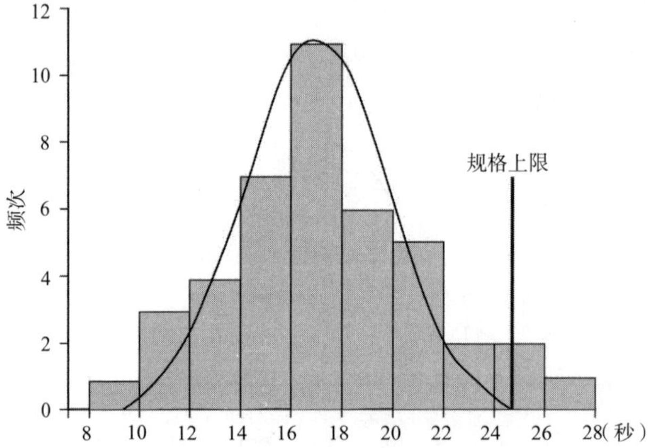

图 A.3　呼叫中心来电等待的正态曲线

六西格玛质量

根据前述的情况，呼叫中心并未提供达到六西格玛质量标准的服务。让我们试着从与顾客要求相关的流程表现中去更好地体会到底什么是六西格玛质量标准。图 A.4 描绘了六西格玛质量流程。

一个六西格玛质量流程被定义为一个流程宽度（数值分布的宽度）是全部容忍度的 50%（从规格上限[USL]到规格下限[LSL]）。这时，流程在产生一个显著的偏差之前，可以有足够的空间游离于容忍范围的中心。如果有人想利用电脑软件（打印好的统计学表格通常达不到要求的范围）确定数值落在正、负 6δ以外区域的可能性的话，这个概率的百分比将是十亿分之一，或者在均值两侧十亿分之一的部分（ppb）。

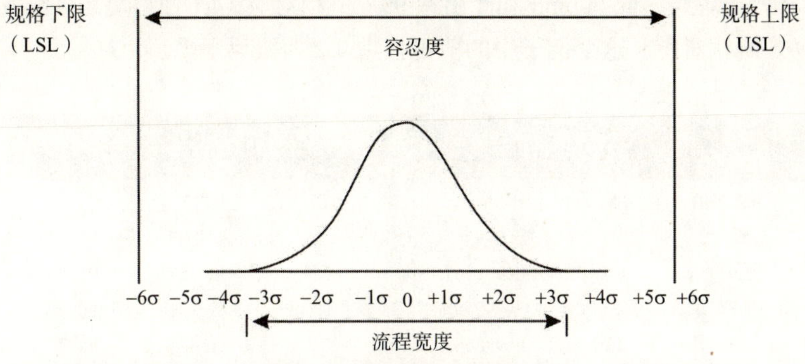

图 A.4 六西格玛质量流程

▶▶ 六西格玛质量和 1.5 西格玛变动

“十亿分之一”是否就是六西格玛质量呢？这个故事还没说完。基于观察和一些鲜为人知的早期研究，人们发现，流程最多可以游离于中心值达到 1.5 个标准差。摩托罗拉的早期六西格玛倡导者认为，如果流程游离于均值最多不超过 1.5 个西格玛，那么在每一百万个机会中，缺陷不应高于 3.4 个。这个值已经成为一种标准，大多数的六西格玛表格和软件都包括如图 A.5 所示的 1.5δ的变动。

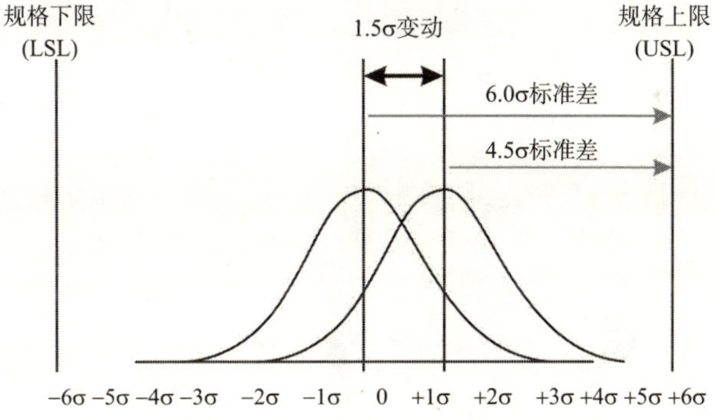

图 A.5 1.5δ变动

▶▶ 西格玛系数

根据流程可以达到的客户规格的百分比或者百万次机会下的缺陷率（dpmo），结合 1.5δ，我们可以计算出流程的西格玛质量水平。图 A.6，结合 1.5δ，将 dpmo 与相应的六西格玛水平联系起来。它也包括与缺陷率相对应的产出百分比。

让我们用表格来说明前面的那个来电等待时间案例的西格玛规模。在那个例子中，我们发现缺陷率是 3 830dpmo（或者 ppm），或者 0.3830%。因为产出率不可能超过 100%，因而相应的补足产出百分比是：100–0.3830 = 99.6170%。在图 A.6 中，我们看到 4.2 西格玛与 3 467 dpmo 和产出率 99.65%相对应。4.1 西格玛与 4 661dpmo 和产出率 99.53%相对应。这个例子中的值更接近 4.2 西格玛水平。

六西格玛系数表（假定±1.5 西格玛变动）					
六西格玛值	DPMO	合格率	六西格玛值	DPMO	合格率
6	3.4	99.99966%	3	66 807	93.3%
5.9	5.4	99.99946%	2.9	80 757	91.9%
5.8	8.5	99.99915%	2.8	96 801	90.3%
5.7	13	99.99866%	2.7	115 070	88.5%
5.6	21	99.9979%	2.6	135 666	86.4%
5.5	32	99.9968%	2.5	158 655	84.1%
5.4	48	99.9952%	2.4	184 060	81.6%
5.3	72	99.9928%	2.3	211 855	78.8%
5.2	108	99.9892%	2.2	241 964	75.8%
5.1	159	99.984%	2.1	274 253	72.6%
5	233	99.977%	2	308 538	69.1%
4.9	337	99.966%	1.9	344 578	65.5%
4.8	483	99.952%	1.8	382 089	61.8%
4.7	687	99.931%	1.7	420 740	57.9%
4.6	968	99.90%	1.6	460 172	54.0%
4.5	1 350	99.87%	1.5	500 000	50.0%
4.4	1 866	99.81%	1.4	539 828	46.0%
4.3	2 555	99.74%	1.3	579 260	42.1%
4.2	3 467	99.65%	1.2	617 911	38.2%
4.1	4 661	99.53%	1.1	655 422	34.5%
4	6 210	99.38%	1	691 462	30.9%
3.9	8 198	99.18%	0.9	725 747	27.4%
3.8	10 724	98.9%	0.8	758 036	24.2%
3.7	13 903	98.6%	0.7	788 145	21.2%
3.6	17 864	98.2%	0.6	815 940	18.4%
3.5	22 750	97.7%	0.5	840 345	15.9%
3.4	28 716	97.1%	0.4	864 334	13.6%
3.3	35 930	96.4%	0.3	884 930	11.5%
3.2	44 565	95.5%	0.2	903 199	9.7%
3.1	54 799	94.5%	0.1	919 243	8.1%

图 A.6　六西格玛系数表

为什么用流程西格玛作为度量标准？

既然我们已经有了诸如百万差错率和产出百分比这样的度量标准，为什么还要用其他的标准，如流程西格玛系数呢？

首先，它是比百分率更敏感的指示器。见图 A.7。

当流程西格玛超过 4δ时，我们看到 4.5δ流程水平与 99.87% 的产出率相对应，5.0δ质量水平与99.977%的产出率相对应。一个 0.5δ的增长需要一个 0.107%的产出率增加。而从 5.0δ增长到 6.0δ，其产出率增加仅为 0.0227%。西格玛系数让人们可以描述达到近乎完美结果的流程。

另一个采用流程西格玛作为度量标准的原因是它专注于减少缺陷。让我们再看一下图 A.7，注意观察在西格玛水平升高的同时，dpmo 是如何下降的。即使是一个缺陷，在顾客眼中也会反映为一个失败。西格玛系数用指数表示：从 3δ上升为 4δ，需要十倍的提高；而从 4δ上升到 5δ，需要 30 倍的提高。

百分比	DPMO	流程能力
93%	66 807	3.0
98%	22750	3.5
99%	6 210	4.0
99.87%	1 350	4.5
99.977%	233	5.0
99.9997%	3.4	6.0

图 A.7 流程西格玛质量核算

▶▶ 离散数据：缺陷概率

我们已经讨论了缺陷、每次机会中的缺陷、和每百万次机会中的缺陷。我们还把这些概念与产出率和相应的西格玛系数在考虑到 1.5δ的基础上联系在了一起。这些是在连续数据的基础上进行的。让我们继续讨论，这次考虑一个离散型数据的例子。

缺陷在以前被定义为任何可能导致客户所要求的规格未获满足的事件。出错的机会发生在每次对产品、服务或信息进行处理的时候，并且根据客户的质量要求是否得到满足的这一点上得到衡量。一个出错机会的确定应该基于缺陷被认为可能发生的前提下。如果有些事从未发生过，就不应把它当成出错的机会。缺陷产生的几率与流程的复杂性有关。复杂的流程比简单的流程更容易出现缺陷。因为西格玛系数度量那些每一个可能产生缺陷的机会里所包含的缺陷，这一度量方法用以体现为满足客户要求而实施的全部现存流程的性能。

结论

在这篇附录中，我们讨论了有关六西格玛的基本概念。六西格玛改进项目是关于如何实施旨在提高生产水平和减少差错的六西格玛项目。项目运用了两套六西格玛工具：DMAIC 和 DMADV。DMAIC（定义—测量—分析—提高—控制）流程是一种质量改进方法，旨在为那些未达到客户要求的流程通过实施附加质量改进措施来达到六西格玛的质量水平。DMADV（定义—衡量—分析—设计—校验）的六西格玛设计方案是另一种质量改进方法，旨在为达到六西格玛的质量标准而设计新流程或新产品。如果现有流程限于改进的话，也可以采用这种方法。请参考第 10 章来了解更多的 DMAIC 的信息，关于 DMADV 的详细情况参见第 11 章。

附录 B

案例分析：六西格玛在中小企业中的应用

Graig Smith 和 Gordon Bates

经常有人问我们，六西格玛是否只适用于大型企业。这一误解可能是因为六西格玛的兴起是由很多大型跨国公司造成的。很多公司认为，要想实施六西格玛，你必须有一个强大的组织机构和良好的盈利水平，毕竟，只有大公司才请得起管理顾问。

下面这个案例围绕以上观点进行了探讨。特克斯德·泽西公司（Textured Jersey）是一家销售收入为 1 800 万英镑（折合 2 800 万美元）的小型公司。它处在一个竞争激烈的市场中，市场状况在过去几年里严重恶化。那些想实施正规的六西格玛项目的中小型企业可以从这个案例中学到很多重要的东西。而对于那些稍大一些的企业，如果他们经营环境较好却未取得理想的经营成果，这一案例也会有所帮助。

公司概况

特克斯德·泽西公司（Textured Jersey 或 TJ）是一家为服装企业生产螺旋横向纤维织物的公司，它每年为经营男女休闲装、正装及内衣的高端市场零售企业提供超过 600 万米的产品。公司在英国及斯里兰卡开展业务。TJ 的主要客户是马克思 & 思盘萨（Marks and Spencer）——一家享誉世界的零售业企业，对产品质量有极其严格的要求。TJ 的主要供货商是杜邦公司，这也是一家追求高水平的六西格玛质量标准的企业。TJ 的经营目标是将公司建成为向服装制造及零售业提供横向纤维织物产品的国际供应商。公司将其经营理念归纳如下：

- 倾听客户的声音；
- 在生产流程中，实现差异最小化；
- 坚持既定目标；

- 根据实际情况管理企业；
- 在所有工作中保持高水准；
- 重视员工。

在生产中实现“流程卓越化”使 TJ 在过去十年的市场竞争中鹤立鸡群。公司的客户们普遍认为 TJ 的产品质量稳定且价格合理。将结构化方法用于改进流程的卓越化水平在 1999 年使 TJ 获益良多。公司在当年市场状况不佳的情况下，不但跻身优质纤维产品的可靠供货商的行列，而且还获得了骄人的财务业绩。

然而，在试图保持“流程卓越化”这一根本经营策略的同时，TJ 也面临许多的困难。大多数英国零售商急于寻找高价值，在与远东的产品供应商的价格进行比较之后，他们希望能以较低的价格获得更多的产品。在远东，当地的企业以较低的成本取得了与其竞争对手水平相当的经营业绩，而且企业的员工只需要较少的技术及经营支持。这一情况增大了 TJ 的盈利压力，客户们似乎不大愿意对 TJ 的表现做出客观的评价，除非它的产品价格有足够的吸引力。

这种市场压力使 TJ 陷入窘境。过人的经营水平曾是这家英国企业未来发展不可或缺的优势，现在却成为了发展的障碍了。即使它的客户获得了期望的价格，他们也不会对质量要求有任何放松。同时，他们也不会由于 TJ 追求“流程卓越化”需要付出更多的成本而多付钱。

因此，一反传统纺织企业的经营逻辑，TJ 认为自己需要在具体的问题解决和总体的科学管理上下大力气，以防止在提高生产流程水平和回应市场要求、降低成本的呼声之间进行妥协。而后者往往导致业绩下降，因为企业解决问题的能力被削弱了。

生产流程水平的小幅提高意义不大，“流程卓越化”本身的提高必须大到足以支付为提高这一“卓越化”而购买先进技术所做的投资。这种提高反过来将大大促进利润的实现，这将使 TJ 能够以更好的服务按市场价格提供产品并可从中获利，因为 TJ 的本地竞争对手都在拼命试图以传统方式应付不断恶化的市场环境。

在这一背景下，TJ 认为实施六西格玛是势在必行的策略，并准备以此为依托来创造经营佳绩，希望实施六西格玛可以成为应对日益恶化的纺织品市场的良方。

决定实施六西格玛是在市场环境相当恶劣的情况下做出的，这反映了 TJ 的执行董事深信六西格玛可以帮助公司摆脱窘境。实施六西格玛的外部成本相当于 TJ 当年预期利润的 1/3，这一点充分显示其对实施六西格玛的执著。按照这一比例，如果在同一标准下计算，通用电气在其执行六西格玛的第一年（1996 年）将耗资 24 亿 3 300 万美元。

基于 TJ 的经营理念，六西格玛在执行后将有如下前景：

- TJ 成为六西格玛及“流程卓越化”的标准；

- 将六西格玛制度化；
- 实现净收益的提高；
- 解决长期存在的问题；
- 建立具有激励机制的工作环境；
- 黑带有不同的思维方式，与六西格玛一致；
- 黑带尝试新的方式和方法；
- 黑带给他人以积极的影响。

六西格玛实施至今公司已节省了近 1 亿英镑（1.6 亿美元）的成本，十倍于其最初的投资。其成果包括：

- 主要原材料节约 20%；
- 各类批复时间从 1 小时减少为即时批复；
- 使具有瓶颈效应的机器的生产能力提高了 30%；
- 循环周期缩减了 15%；
- 节水 25%；
- 节约能源 15%；
- 产成品关键参数提高了 50%；
- 无附加值生产环节的成本被消除；
- 对难以销售的老产品进行改造；
- 新技术应用能力的提高节约了成本。

实施六西格玛的各项步骤在大型或小型企业里是相似的，实施的程度则反映了各企业在资源，时间和资金上的差异。但是，小企业可能对文化、政治及经营约束更为敏感。在实施六西格玛流程中，TJ 遇到了如下一些主要问题：

- 赢得高层管理人员的支持；
- 选择适当的合作伙伴提供培训以及选择适当的人对其进行培训；
- 发展适当的人员结构来管理和实施六西格玛；
- 在可行的时间框架下选择可行的项目；
- 保持六西格玛的实施动力。

赢得高层管理人员的支持

和大多数项目的初级阶段一样，高层管理人员的支持是项目成功的关键。就小公司的自身特点而言，高级经理在其职责范围内是向下传递管理信息的一分子。因而，对于员工如何看待六西格玛，管理团队的行为方式将比长篇累牍的说教更有影响。

为了支持 TJ 在行为方式上的变革，在六西格玛实施前，TJ 安排了一个为期一天的高级经理管理教育研讨会。根据反馈，这个研讨会在以下两个方面缺乏深度：一是确保管理层充分明确实施流程的具体步骤以及在对新思维方式进行制度化推进时，领导者在积极影响这一变化时应担任的角色。在实践中，高层管理人员给与支持的结果必须是形成一支管理团队，他们能口若悬河地讲解什么是六西格玛，能够对以下几个方面给出一个高屋建瓴的总体评价，包括 DMAIC 的流程以及高层管理者自己充当发起人或是培训倡导者的角色，和为什么六西格玛对公司至关重要。员工投入程度的最终体现应是参加黑带、绿带或黄带（或被称为质量分析师或钱带）的培训以及成功地完成一个项目。这正是 TJ 的董事们真正实施的。

六西格玛不是万灵药，它也没有取代理想的管理方式所应具备的基本要素。某些问题仍然会不可避免的发生，管理层是否成熟将体现在对应用科学方式解决问题和促进经营水平提高上的执著程度，而那些传统的且通常是依靠直觉判断的管理方式将被舍弃。

由于许多项目的直接发起人与商业策略联系在一起，经理们通常被积极地要求参与到正式的项目及流程的评审中去。确保正式的评审成为一种强化责任制度以及提高净收益是至关重要的，否则，六西格玛将成为又一个失败的管理倡议。

六西格玛的实施并不代表最高管理层就一定支持它。小公司的高级经理在其职责范围内传达管理意图，他们和大公司里那些在既定财务目标下努力降低成本、提高业绩的产品经理们面临同样的压力。这可能导致在战略性的商业决策中产生冲突，这些决策本可以被一致通过，而经理们可能因察觉某项成本在其职责范围内可能增加而阻止投资项目的实施，导致他们成为投资项目的短期反对者。

在小型企业中，投资项目的长期反对者并不少见。他们或是直接、或是下意识地反对，有时还会在走廊里议论。这就是杰克·韦尔奇（Jack Welch）所说的身处高位的三流管理者。随着企业对六西格玛标准不断地追求，长期反对者这一问题将被自然地弱化。这可能是经理们察觉到的六西格玛所提倡的委托代理制度的威胁，在这里真正起作用的是事实而不是个人意见。

选择适当的合作伙伴提供培训以及选择适当的人对其进行培训

TJ 选择了外部的合作伙伴提供六西格玛的培训并帮助制定实施计划。为了减少额外成本，所有的培训都在工作现场进行。公司还鼓励供应商也来参加培训以便进一步降低成本，但这一尝试并不成功。选择适当的合作伙伴对员工进行培训并帮助实施六西格玛可以节约时间，因为好的合作者往往在计划实施上经验丰富且能减少差错。选择合作伙伴时，关键是要找到了解本公司文化并能给与实际帮助的人，而不是那些只依靠统计数据进行学术研究的人，后者往往在实施 DMAIC 时脱离公司实际情况，生搬硬套。

提高组织解决问题的能力并不一定需要增加人手和相应的费用。选择那些有才干的人，并以标准化的方法来提升业绩往往可以事半功倍，TJ 在这方面有实际经验。但是，采用结构化的方法解决问题并没有被制度化，本可以由少数几个骨干来完成的工作如今却过于依赖它。

在选择黑带时，TJ 通过考察员工的工作经验和个人能力是否能达到培训计划的要求来寻找最佳人选并向他们发出邀请，这一方法在一定程度上是成功的。但是，如果能有一个正式的申请程序来吸引那些有潜力成为黑带的毛遂自荐者，六西格玛在员工中的威望将获得提升。今后，员工将可以申请参加六西格玛的培训以加快公司文化变革的速度。

最成功的黑带是那些花时间将课堂所学与实际推动生产经营的要素结合起来的员工。实践表明，六西格玛并不会奇迹般地提高那些业绩平庸的人的管理水平。

公司的目标是按照六西格玛的方式，培训尽量多的公司员工成为黑带、绿带和黄带等不同层次人员以使公司实现组织文化的持续变革，虽然这种变化是基于经营实践的。到目前为止，已进行了三轮不同层次的员工培训，涵盖了 20%的管理人员。第一、二轮的黑带培训由外部合作者主持，第三轮的绿带员工培训则由第一轮黑带的内部受训者主持，这样可以在扩大培训面时节约成本。

发展适当的人员结构来管理和实施六西格玛

六西格玛无法进行自身管理，但对于像 TJ 这样的小公司来说，动用人力、物力对整个实施流程进行全天候的管理是不切实际的。在这种情况下，外部合作者不再直接处理日常的各类问题，他们在指导倡导者高级经理（译者：代指高级经理中的佼佼者）方面担任着至关重要的角色。这些倡导者高级经理们对商业决策的制定和六西格玛的实施负责，挑选倡导者高级经理可以反映公司对开展新方法的执著程度。如果只是挑选了水平一般的经理，即使公司声称六西格玛是公司最重要的战略计划也将无济于事。

在 TJ 的实践表明，如果苛求极端的理想境界，发展将受制约。为了保持六西格玛的持久动力，必须在实施六西格玛所倡导的以结构化方式解决问题以及提升生产经营流程的水准时，实现意识上的飞跃。即把实施六西格玛项目变为让六西格玛的方式成为日常生产经营的有机组成部分。也就是说，你不能只是在做六西格玛的实施项目时披着六西格玛的外衣，而回到日常工作时，还是用传统的方法想问题、做事情。如果这意味着我们必须接受一些随之而来的错误的话，那么这些错误应有助于我们理解何时应采用科学的方法解决特定的问题，以及何时应采用严密的六西格玛方式解决问题。

倡导者经理们将配合项目发起人及其他高级经理制定实施计划的结构以及评审实施流程。公司要求黑带向倡导经理及项目发起人递交月度报告，汇报上月实施计划所用时间、计划实施进度、下月的计划以及所遇到的障碍。在推行计划时的一个教训是不要让外部合作者领导实施流程评审，这不但不经济，而且不利于本公司管理人员投入到六西格玛的实施过程中来。外部合作者应该主要利用他们的经验帮助黑带解决项目实施流程中的特定问题。

产品的复杂性和生产中不同环节运作的复杂性推动了培训后人员的岗位配置（见图 B.1）。与 TJ 的运营结构相应的人员结构安排是：一位黑带专门负责六西格玛计划的实施，但不负责解决每天出现的各种问题；另一位多功能黑带负责解决每天出现的各类问题。这两个全职职位是为实施六西格玛项目而专门设计的。

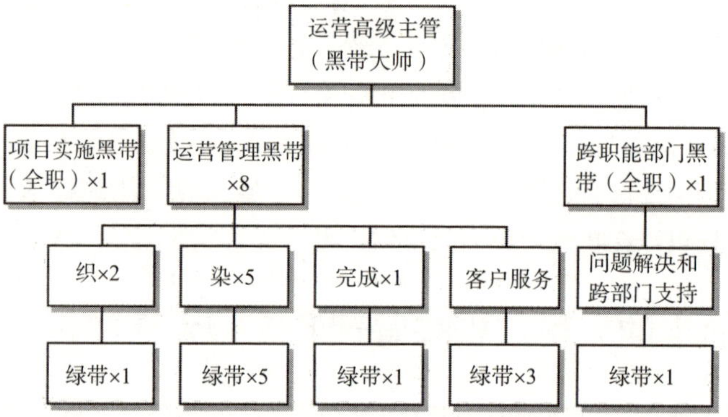

图 B.1　各种水平人员在 TJ 的配置

关于全职黑带的争论主要是由于小公司的资源有限。很多小公司声称，他们承担不起全职黑带的职位。但是，解决日常各类问题所耗费的资源总和，要远远大于用于设立全职黑带职位以避免各类问题出现的费用。在 TJ，设立全职黑带是非常成功的举措，而且还为公司节约了大量成本。TJ 虽然依靠全职黑带节约了大量成本，但不同类型的黑带的作用不同。TJ 的不同黑带的角色分工见图 B.2。

所有的黑带都遇到同样一个反复出现的问题，就是日常的工作使他们在六西格玛项目上投入的时间不足。执行董事要求黑带每周花一天时间、绿带每周花 4 个小时在项目实施上；如果有必要，这一工作也可在家中完成。为执行这一指示，第一轮完成培训的黑带配备了手提电脑。但经理们还是为安排执行计划的时间而疲于奔命，并且被警告说仅仅花特定的时间在六西格玛项目实施上不足以实现项目计划书所预期的效果。因为，投入多少精力就会有多少收获。

带的级别	角色
黑带大师	• 监督六西格玛项目 • 提供项目建议 • 评估项目进展 • 提供绿带培训 • 在黑带和绿带培训中提供辅导
全职项目黑带	• 百分之百专注于流程改进和成本降低的项目 • 在黑带和绿带培训中提供辅导
跨职能部门黑带	• 百分之百专注于流程问题的解决，并在所有制造部门中支持运营管理黑带的工作 • 在黑带和绿带培训中提供辅导
运营管理黑带	• 在他们的职能流程领域管理改进项目 • 在他们的职能流程领域辅导和支持绿带 • 在黑带和绿带培训中提供辅导
绿带	• 在他们自己的流程领域管理小的项目，并配合黑带完成大的项目

图 B.2　不同黑带人员在 TJ 的角色

在可行的时间框架下选择可行的项目

由于小公司里资源有限，项目选择对保持实施动力和确保获得最大收益至关重要。项目选择必须遵循六西格玛的精髓，即真正起作用的是事实，而不是个人意见。高层管理人员必须参与到项目选择的流程中来以确保与公司战略保持一致。财务部可参与进行成本的排列分析，这样可以帮助发现节约成本的机会，并在有限的资源配置下发掘优先发展的低成本项目。

在小公司里，由于相信公司中的强势人物所提出的项目具有良好前景，可能会使一些有成本优势的项目被排挤掉。如果在合理的时间框架内实现合理的成本节约这一双重标准无法达成，那么某种程度的实用主义思想必须被贯穿于项目始终。管理层必须有勇气放弃这样的项目并开发新的机会。管理层对项目评审机制的参与将推动这一政策的实施。

一些最初被 TJ 选定的项目过于庞大，以至于无法达到预期的效果。一部分原因是公司认为六西格玛的项目实施将会持续 6~12 个月，这一想法使得在同一时间里可以完成的很多小项目无法进行，而多个小项目的总成果可能比单个大项目的成果更加显著。

附加实施的项目比最初开展的几个项目节约了更多的成本，因为经理们已经对实施流程逐渐熟悉起来并且对何时使用某种工具或全部工具更有自信。这样，课堂所学被转化并应用于实践中。

保持六西格玛的实施动力

公司必须在其内部建立广泛持久的交流氛围以便让员工理解什么是六西格玛以及为什么它对公司如此重要。低效的沟通将使六西格玛项目的价值大打折扣：在一端，六西格玛及其统计方法产生了负面效应；而在另一端，人们期望六西格玛能解决现存的所有问题。比如，当关于六西格玛的认识没能在 TJ 获得充分交流时，有的员工建议将六西格玛的专业术语都替换掉，因为这些术语实在不知所云。

参加黑带、绿带和黄带培训的员工在加入时，必须承诺他们对自己所在的范围内强化沟通负有同等的责任。对 DMAIC 的方法及其相应的财务成效进行正面的交流，将大大有利于保持六西格玛的实施动力并对抗六西格玛的反对者。

非口头上的沟通对于反映管理层对实施 DMAIC 的方法具有持之以恒的决心同样有效。比如，设置标准衡量出正在进行的项目的水平获得了怎样的提高将有助于强化交流的效果，但是如果不能确保标准始终如一将极大挫伤员工的信心。

六西格玛是 TJ 追求流程卓越化的两种驱动力之一，另外一个是高级质量计划流程（类似于六西格玛设计）。在过去的两年里，高级运营经理们对目标的不懈追求为这些计划取得成功起到了关键作用。伴随这一不懈努力的是规范而持久的领导风格。这些风格体现着经理们的行为与公司运营哲学的一致性以及推动企业文化发展的动力，这种文化与包括杜邦公司和马克思 & 思盘萨（Marks and Spencer）在内的纤维织物供应链的竞争性需求保持一致。

传统的单点式的决策方法已经被以事实为依据的决策方法所取代，后者以统计为基础及因果思维方式来探查重要的流程变量，而不像传统方法——管理业已形成的东西而且只对干扰因素做出反应而不针对关键信号。

和在大企业中一样，TJ 的所有高级经理都被要求至少参加绿带培训。未来的升迁以及抵消通货膨胀的工资奖励与他们实施六西格玛的成果息息相关。

六西格玛的业绩提升效果有严格的度量标准。仪表板（见图 B.3）和记录项目成本节约及业绩提高的项目登记表必须在项目初期被制定出来。这将为企业关键业务驱动力的度量和源与六西格玛的财务收益的量化提供支持。

引进西格玛数值对生产经营的不同领域进行衡量，有利于发现原本被忽略的提高流程水平的机会。采用西格玛数值对生产经营流程进行衡量是对 TJ 企业文化的最大挑战。在原来的 TJ，衡量标准用不合格产品百分比来表示。图 B.3 反映了 TJ 如何努力结合两种度量方法来加强员工对六西格玛的理解。

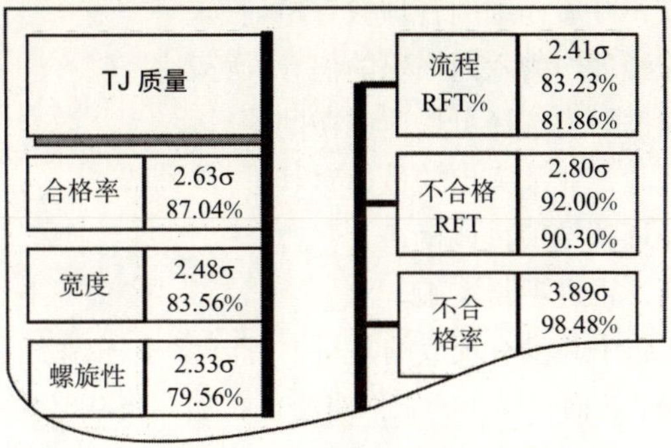

图 B.3 TJ 运作仪表板

结论

TJ 所实施的六西格玛项目主要从运营角度关注单个项目来应对目前市场存在的问题。六西格玛不是万灵药，今天的 TJ 和以前相比同样面临许多的问题。但是现在，问题可以被更强大的管理团队更迅速地、并且是永久地解决掉。从成功的项目中取得的收益并没有对净收益的提高有太大作用，但是却有利于在市场价格不断下降时确保利润的实现。

在实施六西格玛的过程中，TJ 还获得了一些软性收益，列举如下：

- 公司认识到六西格玛可以解决长期存在的问题；
- 大大增加了能够解决问题的人员的数量；
- 开发低层员工的潜力；
- 认识到目前 99%的产品合格率仍然为生产水平的提高留有巨大空间；
- 以 DMAIC 作为解决实际问题和改善流程的标准方法；
- 加速了公司内部的六西格玛文化建设；
- 员工对参加六西格玛培训热情很高；
- 对十个产生流程差异的因素加深了认识；
- 结构化评审标准真正实现了结构化；
- 对纺织技术理论教科书提出质疑。

对于计划实施六西格玛项目的中小型企业有如下建议：

- 把前期投入作为可获得回报的资本开支；
- 关注那些可获得迅速回报的项目；
- 挑选一位有实际经验的、熟悉小公司所面临的种种挑战的顾问（不是指培训者）来指导六西格玛计划的实施；

- 在实施计划前，开展详细的管理教育培训；
- 任命一位资深经理作为六西格玛的倡导推行者；
- 在合理的时间框架内选择可快速成功的项目；
- 选择有实践经验，业绩突出的员工对其进行培训；
- 坚持最高级经理领导项目评审；
- 尽量拿出时间，推进项目实施。

在六西格玛的实施中并没有现成的教科书可以参考，企业经营环境的快速转变也经常令实施进展受挫。然而，现在的工作重心已扩展到将战略性商业运作方式，如订单的履行、新产品开发及新产品引进包括在内。因为企业认识到，关注单笔交易虽然没错，但却无实现企业的全面转变以便从六西格玛模式中充分获益。然而，这一方式至少比无所作为要好过 99.99966%。

附录 C

DFSS 案例分析

Craig Smith 和 Stefan Schurr

下面这个案例将使读者体会到六西格玛设计（DFSS）项目的严密规则。这个案例采用了非线性质量功能展开（QFD）体系，即将最初的质量控制部门与其他一系列部门和应用工具相联系。这些工具包括失效模式及后果分析（FMEA）、流程控制图以及价值分析图。使用非线性质量功能展开的好处在于不同的子系统、装配线和零件等有关信息可以相互联系，并形成强大的数据库用于新产品和服务的开发。但是，在应用 QFD 时需要电脑软件支持，这个案例中使用的软件是 Qualica。

这个案例还介绍了两种应用于六西格玛设计的技术。这两种技术在本书中尚未讨论过：TRIZ 分析和普氏矩阵（Pugh Matrix）概念选择。

TRIZ 分析（源于俄语缩写，指创造性解决问题的理论）是一种参考以前已经获得解决的问题来解决现有问题的工具。TRIZ 是基于对超过 200 万个技术专利的分析后建立的。它确定了 39 个导致冲突的工程参数，并提出了 40 项创造性原则用于解决这些冲突。一旦项目设计部门确定了客户对产品、服务及流程功能的要求后，下一步就是设计出尽可能多地满足客户要求的方案。

我们可以基于以下原因而剔除一部分方案：

- 它们违反了法律；
- 它们与公司政策相冲突；
- 它们与客户的关键质量特性相冲突；
- 它们所需要的投资超过了项目的范围；
- 它们所需要的技术尚未被开发出来。

普氏矩阵用于在众多设计理念中筛选出最佳的一个：

- 方案放置在矩阵的竖列中；

- 方案的标准列示在横行中；
- 从中选定一个基线方案；
- 其他方案分别与基线方案进行比较。

工程设计部门利用普氏矩阵选择方法挑选出值得进一步研究的一小部分方案。一个项目中，可以不止一次使用普氏矩阵。不同矩阵筛选出来的方案要进行比较，依照普氏计分卡衡量所有新方案的利弊，最终选择那些含有最低缺陷和能带来高收益的方案。

山地自行车案例分析

这个例子展示了非线性、多矩阵质量功能展开方式是如何在六西格玛设计中被应用于山地自行车的开发的。不同于普通的质量功能展开层次模式，一种多维的综合了质量功能展开、价值分析和普氏矩阵等其他工具的模式被应用于这个案例（图 C.1）。

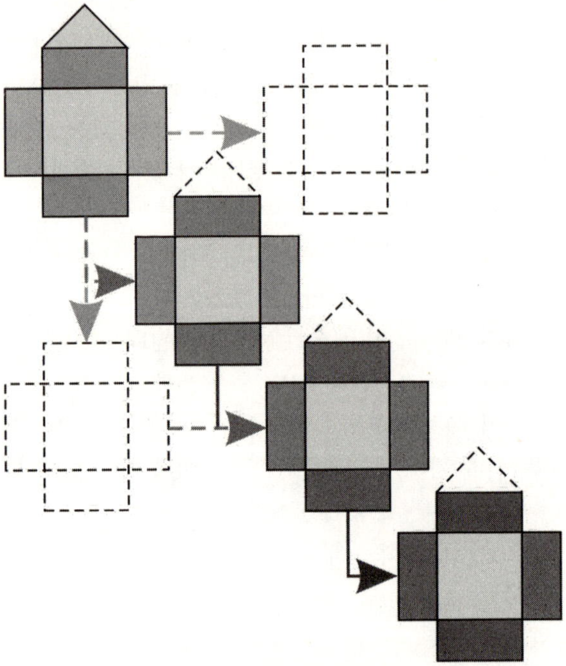

图 C.1　非线性质量功能展开

这是一个关于如何满足特硬山地自行车的质量要求的案例。传统的特硬山地车不设后部减震装置。这个案例所设计的山地车价格在 2000 美元左右。像其他山地车制造商一样，设计这种山地车的公司由其主要零件供应商提供标准零配件，而他们自己只生产自行车主架。以前公司曾生产过钢架及 6A1—4V 型钛架，虽然这种钛是目前最坚固的材料，但却有个问题：其产品成型只能通过管材结合来完成，即平面板材被卷成管材并焊接起来。这样不但增加了成本，还减小了钛管的强度和弹性。市场上其他用于制造主架的材料包括 3/2.5 型钛金属、6000 系列铝金属以及碳纤维。6000 型铝金属很坚硬，但是作为主架，它的骑行舒适性和耐久性不如钢和钛；碳纤维综合了其他所有金属的优点，但其成本过高。

重量轻、坚硬、寿命长和较高的骑行舒适度是高质量山地车主架应具备的几个首要因素。铝和碳纤维是最轻且最硬的材料，而钢和钛可适应多变的路面并能缓解骑行中的颠簸。设计难点在于一个好的主架需要结合良好的硬度和柔韧度，使骑行舒适而且经济（图 C.2）。

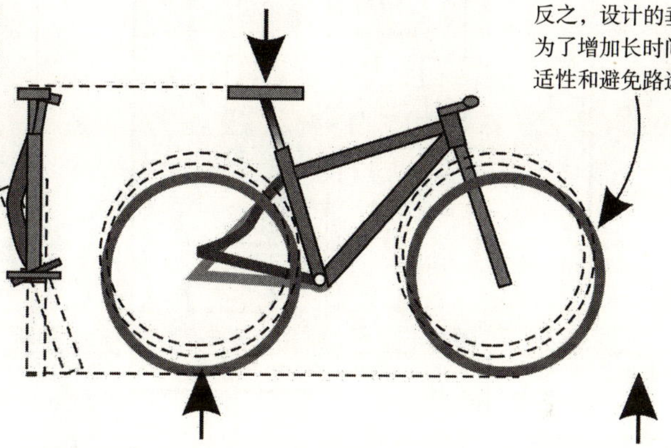

图 C.2　山地车关键质量特性

在六西格玛设计中所应用的方法模型以多矩阵质量功能展开方式为核心（图 C.3）。这一模型综合了一套精心挑选的质量提升工具及方法，以便产品开发部门将注意力集中于设计的关键环节。

山地车的设计将应用图 C.3 所示的六西格玛设计模型：

- 在反映客户的声音表格（VOCT）中，列示着各种需求以及与其相应的关键质量特性、功能和差错率；
- 估算的业绩水平被填入六西格玛计分卡；
- 已知的影响最优化的因素被记录在质量功能展开的顶部矩阵中，再利用 TRIZ 分析帮助查找新的解决方案；
- 利用价值分析（VA）和分级分析流程对各种功能进行结构化处理并排序，然后其组成部分功能矩阵被创建出来；
- 利用普氏矩阵评价新概念。

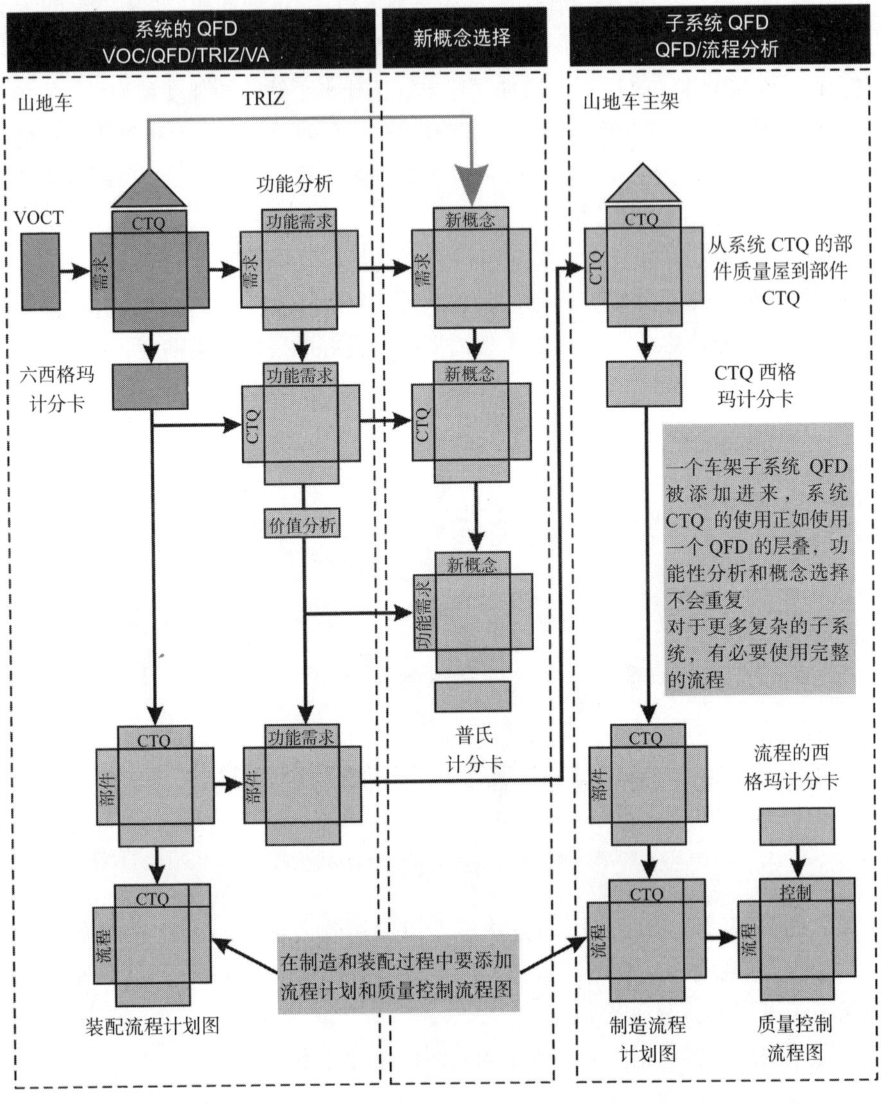

图 C.3　山地车用户化方法模型

对模型做了如下调整：

- 不需要创建失败模式及后果分析；
- 针对山地车的一个组成部分（主架）的设计，添加了一个质量功能展开的子系统进行研究并以此记录流程控制要点。

调整后的模型包括一个多种方式的模型外加一个有限的、四个层次的质量功能展开山地车主架。对于一些相对简单的部件，如山地车主架，有些分析工具没有必要重复使用，比如功能分析和普氏矩阵。但是，在标准的质量功能展开层次中，对于这一部分的分析已经被关键质量特性的六西格玛计分卡放大了。

客户的声音分析

第一步，质量控制模型是一个用来将“客户的声音”转化为具体设计要求的工具。对于大多数产品，客户从自身情况出发通过“客户的声音”反映他们的需求。这时需要一个翻译过程将客户的需求转化成设计部门的语言。被转化的种种要求，通过商业或工程的语言表达出来，这被称做关键质量特性（CTQ）。在这一转化过程中用到的工具包括客户的声音表格（VOCT）和质量屋（House of Quality）。

客户需求与关键质量特性

与客户的需求不同，关键质量特性必须能够度量和检验，并明确可以被客户所接受的设计规格上的局限性。这使得设计部门可以一路跟踪生产流程的实际能力，令客户的声音与流程之声相匹配。

客户的声音表格

在客户的声音表格（VOCT）中，关键质量特性、功能和潜在差错针对每一个顾客的要求被明确出来（图 C.4）。一个客户的声音表格可以让设计部门从客户最初的一系列要求中迅速而系统地制定出关键质量特性、功能和差错。

需求	关键质量特征	功能	缺点	新概念
骑行顺畅	垂直弹性	缓冲减震		悬置座位
操作灵活	侧向刚性	脚踏工作的转换	下坡失控	下坡模式具有可调整长度的前叉
		移动的把手		计算机控制的前叉减速
容易爬坡	车链长度	脚踏工作的转换		
	侧向刚性			

图 C.4　质量屋详情：客户的声音表格（第一部分）

从客户的声音表格的数据中，可以产生出质量功能展开矩阵：质量屋、价值分析 1 号矩阵、需求—差错矩阵以及普氏 1 号矩阵。客户的声音表格产生如下结果：

- 最重要的客户分类列表；
- 以客户的声音所表达的、结构化的且排列出优先顺序的客户需求；
- 关键质量特性、功能、差错和更新更好的产品设计解决方案的最初想法。

▶▶ 质量屋矩阵

质量屋矩阵将客户的声音转化为可度量和可检验的关键质量特性，明确了那些能够满足客户期望的目标价值（见图 C.5）。它帮助设计部门通过一个简洁的图表来了解大量的信息。

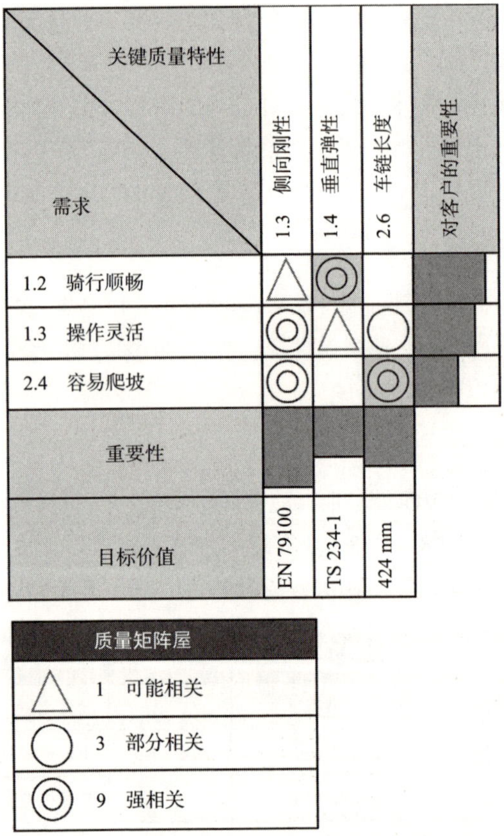

图 C.5 质量屋详情：客户的声音表格（第二部分）

舒适的骑行与客户的声音要求的车架的垂直方向的弹性有密切关系，完整的矩阵分析添加了其与车架横向上的硬度的关系。客户需求的优先排序反映了侧向上的硬度和纵向上的弹性，这两点是最重要的关键质量特性。

质量屋回答的问题是："如果产品设计符合关键质量特性的具体要求，那么客户的需求能在多大程度上获得满足？"质量屋产生如下结果：

- 与客户需求相联系的质量特性和尺度（客户的声音转化成设计语言）；
- 关键质量特性的设计目标和实际规格局限；

- 关键质量特性的优先排序（包括度量方法、目标和规格）；
- 设计流程余下部分的关键度量方法。

关键质量特性的六西格玛计分卡

计分卡促使设计部门在早期计划阶段收集质量控制的关键数据。它可以将关键质量特性与产品和流程之间的实际表现联系起来，并依据统计学模型预测这种表现（见图 C.6）。

计分卡将产生如下信息：

- 对现有设计的定量评估；
- 最终质量的预测方法；
- 确定目前设计产生正常偏差的可能性；
- 便于为提高业绩而进行后续的对话。

冲突矩阵

冲突矩阵系统用于鉴别在各个关键质量特性之间的最优化冲突（见图 C.7）。通常，一个关键质量特性实现最优化将对其他的关键特性要求产生负面的影响。

为增加使用寿命而增加车架的硬度会使骑行很不舒服，因为车架垂直方向上的弹性被减小了。就像前面的矩阵显示的，对车架的要求被确定为是至关重要的。冲突矩阵将产生如下结果：

- 确定能够产生协同效应的正面关系；
- 确定会产生冲突的负面关系；
- 使设计部门能够在计划初期开始寻找多种解决方案。

其中最有希望的一个方法是在分析顶级矩阵中发现的冲突时，采用创造性的解决问题的理论（TRIZ）：它可以将未解决的具体问题转化为已得到妥善解决的抽象问题，以便系统地查找创新的解决问题的方式（见图 C.8）。

TRIZ 提供了一个很有前途的设计理念：改变研究对象的整体状态、密度分布以及随温度变化的柔韧度。在一次头脑风暴式的集体讨论中，大家提出增加车子座椅的柔韧度，并同时保持车子其他部分的硬度。TRIZ 产生如下一些结果：

- 描述出已获得妥善解决的抽象问题与尚未解决的具体问题之间的相似点；
- 基于对已获得解决的抽象问题的描述，列出在脑风暴式的讨论中大家所提出的建议；
- 基于 TRIZ 的结果，来检验现存专利的能力。

CTQ	单位	目标	上限	下限	西格玛值目标（ST）	平均值	标准差	短期/长期	DPU（LT）	DPMO（LT）	预测西格玛值（ST）
车架重量	g	1 640	1 670		4	1 642	7			6.21E+03	4.00
车架侧向刚性	mm/kNm	0.01	0.015		4	0.011	0.001			6.21E+03	4.00
垂直弹性	mm/kN	80	100	60	4	68	3.5			2.16E+05	2.29
车架寿命	h	25 000		20 000	4	28 900	1700			9.37E+01	5.24
侵蚀保护	h	20 000		18 000	6	21 000	600			2.33E+02	5.00
车链长度	mm	420	421	419	5	420	0.2			3.83E+02	4.86
车座管角度	degree	73	73.01	72.99	5	73	0.002			3.83E+02	4.86
变速操作失败率	1/1E+3	3.0	4.0		6	3.4	0.1			3.40E+00	6.00
不必要的频率	1/h	0.01	0.015		4	0.009	0.002			6.68E+04	3.00
变速负荷限制	kN	3 500		3 250	4	3 450	50			6.21E+03	4.00
箱盒寿命	h	6 000		5 750	4	5 990	70			2.69E+04	3.34
链条寿命	h	3 000		2 750	4	3 230	125			9.64E+03	3.84

需求　　　　能力预测

图 C.6　质量屋详情：关键质量特性六西格玛计分卡（包括一份具体需求和一个能力预测部分）

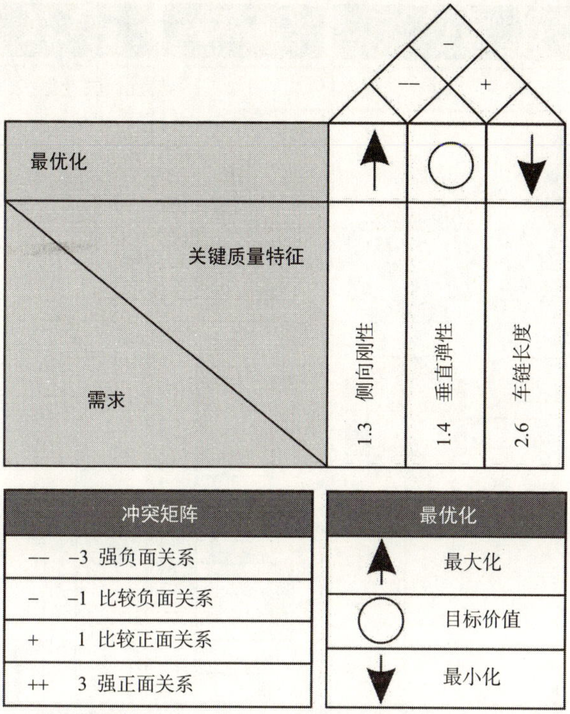

图 C.7　质量屋详情：冲突矩阵

原因	原因 TRIZ 技术参数	非想要的效果	原因 TRIZ 技术参数	TRIZ 创新原则	新概念
1.3 侧向刚性	稳定性	1.4 垂直弹性	张力、压力	摘要	完全悬置
				一个目标的物理和化学状态的转换	前悬置、灵活的座位和车链
				复合材料	车链采用弹性材料

注：1. 改变一个目标集合的状态、分布的密度和灵活的程度、特性

2. 采用一个复合材料来替代一个相似的材料

图 C.8　质量屋详情：TRIZ 结果

价值分析

第二步，价值分析与质量功能展开相结合创造出另一种对于产品的功能性观点（见图 C.9）。

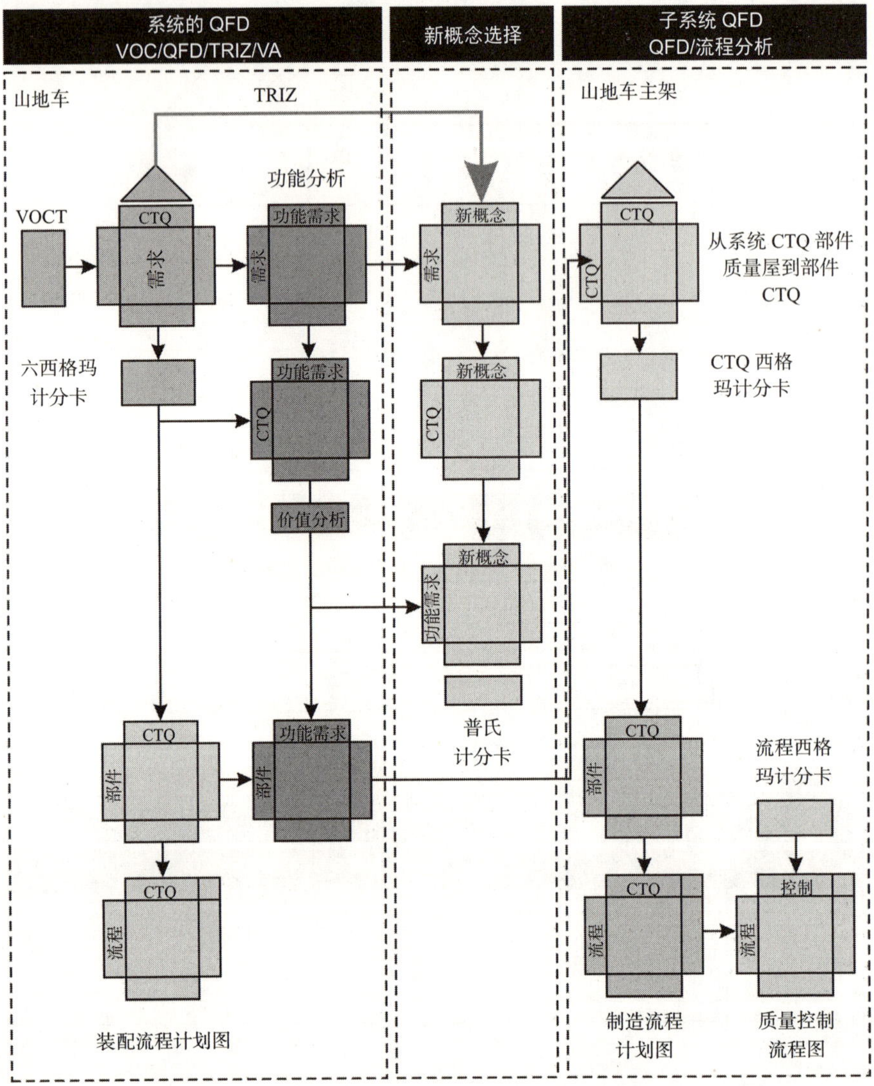

图 C.9　价值分析

▶▶ 功能分析系统技能

功能分析提供了一种对正在进行研究的产品的独立解决方法的描述。它使团队从不同角度看他们的产品，以求找到新的解决方法。功能分析系统技能（FAST）和其他的功能分析工具，被用来以脱离解决方案的功能和机制来描述产品（见图 C.10）。

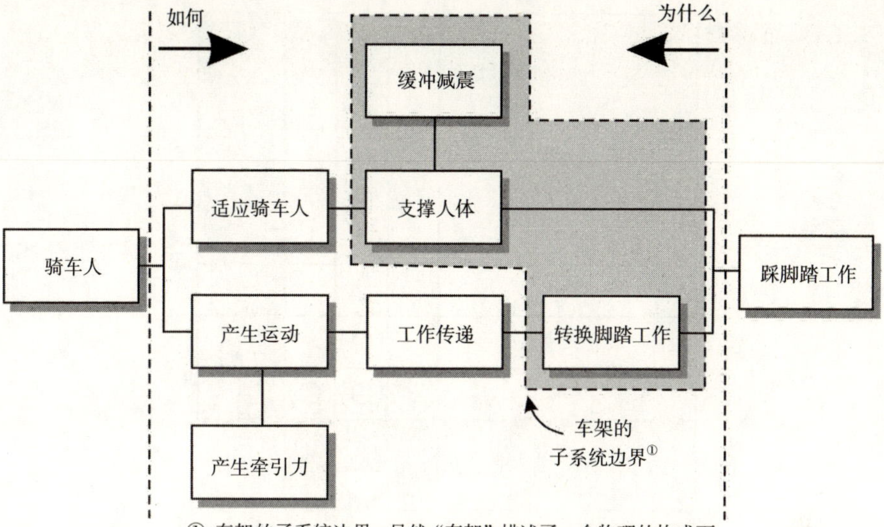

① 车架的子系统边界：虽然“车架”描述了一个物理的构成而不是一个功能，但它并没有违背抽象问题的要求，因为开发一个“无车架”的自行车已经超出了这个开发流程的范围。

图 C.10　功能分析系统技能图

在传统的设计中，减震装置和将脚蹬运动转换为自行车的推动力与自行车架的硬度有关，由此形成了一个设计矛盾，使设计者妥协于在车架金属的选择上。通过采用功能分析，设计部门可以考虑其他方法来提高脚蹬运动转换的有效性，而不再把设计焦点集中在车架横向的硬度上。功能分析产生如下结果：

- 描述产品做何用；
- 采用与描述解决方法相比更稳定且更可重复使用的方式来进行描述；
- 在客户的声音中可能被忽略掉的客户要求的内部功能。

▶▶ 价值分析 1 号矩阵

价值分析 1 号矩阵用于将质量功能展开中的需求与功能分析系统技能表格中的需求联系起来，它使设计部门通过确定重要性级别在客户的最初需求的基础上将各种功能联系起来（见图 C.11）。

通过按照客户的需求进行重要性评级，脚蹬运动的推动力转换和避震装置被确定为首要的功能。价值分析 1 号矩阵产生如下结果：

- 基于质量功能展开中客户最初需求的重要性分析，确定产品功能的优先次序；
- 客户需求而未被明确指出的功能列表（推断为“一定是这样”的要求）；
- 令客户满意的最重要的功能。

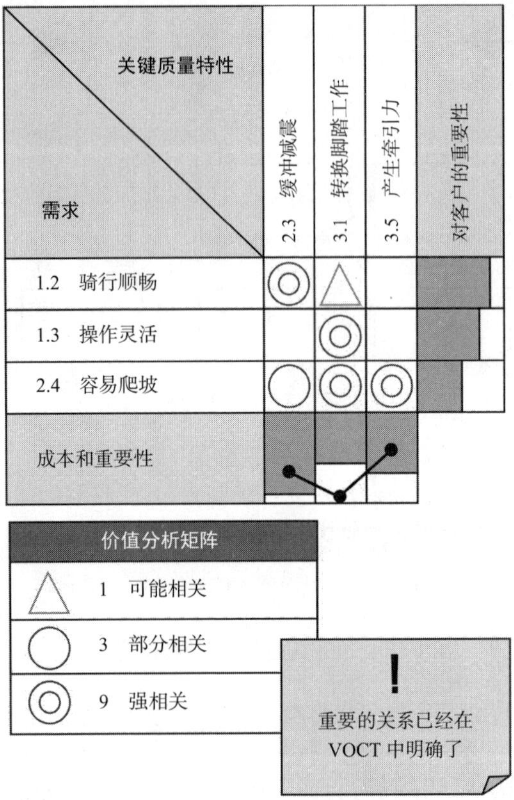

图 C.11 价值分析 1 号矩阵

▶▶ 价值分析 2 号矩阵

价值分析 2 号矩阵用于确定关键质量特性和功能性要求之间的关系，这个矩阵可以将价值分析 1 号矩阵和质量屋联系起来，以便测试客户要求、功能以及关键质量特性的完整性（见图 C.12）。

在这里，车架的侧向硬度被确定为首要的关键质量特性，这与第一个质量屋的结果一致。但是，设计人员发现车子牵引力的产生无法与任何一个现成的关键质量特性建立密切联系。为了确保这一功能得以实现，需要另外定义一个关键质量特性。价值分析 2 号矩阵产生的结果包括：

- 列示出所有需要进行创新设计的功能；
- 列示出可以应用现有设计的功能；
- 列示可以通过模仿竞争者或遵循行业标准而实现的功能；
- 通过交叉检验迄今所有的矩阵，来发现需要补充的附加功能。

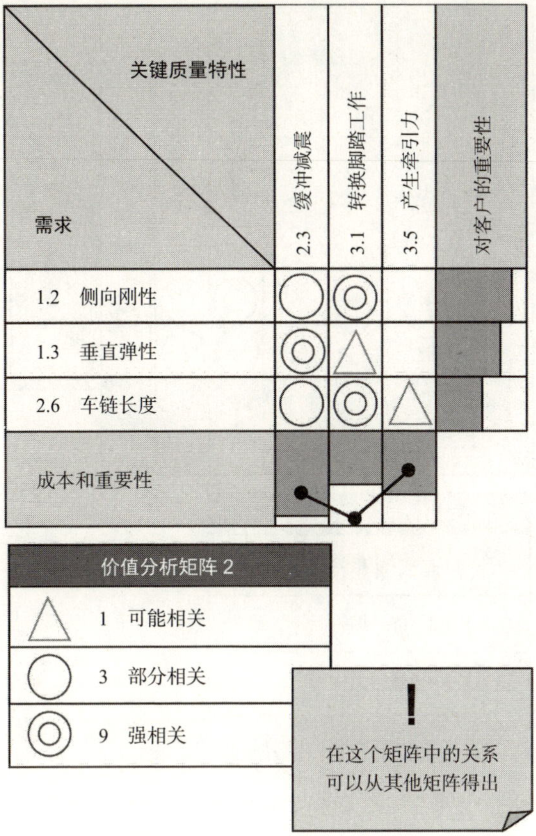

图 C.12　价值分析 2 号矩阵

▶▶ 部件—功能矩阵

部件—功能矩阵用户确定部件与功能间的关系。它将抽象的要求与实际设计联系在一起，而且为设计失效模式及后果分析确定部件及其功能间的关系（见图 C.13）。

所有列示在这里的功能都与车架设计密切联系。但是，设计人员发现预计的成本要高于车架的价值，使得这一设计有待于进行成本消减。部件—功能矩阵产生的结果包括：

- 明确哪些部件用于实现重要功能；
- 与期望的成本或价值相比，明确哪些部件可以在实际成本的基础上进一步消减成本；
- 明确哪些功能需要耗费最多的资源来实现。

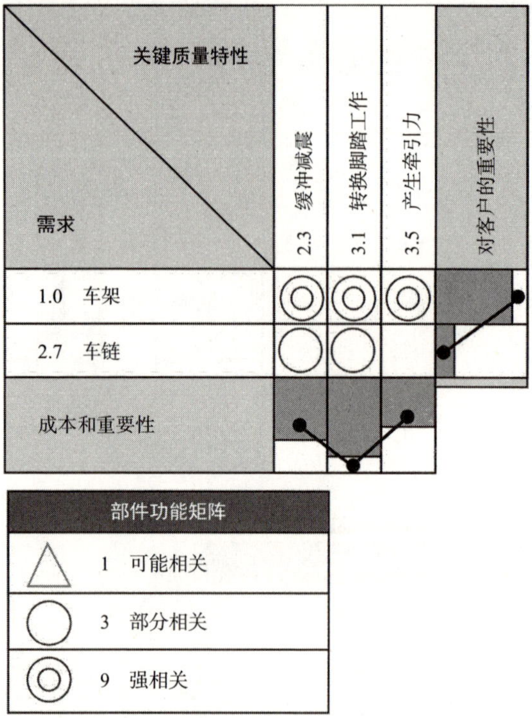

图 C.13 部件—功能矩阵

▶▶ 目标成本分析

目标成本计算用于确定可以在哪些方面消减成本，这一计算基于与产品价值相对的估计成本而进行。通过在保持设计功能的前提下明确成本消减范围，目标成本计算为有效地设计出针对目标成本特性的解决方案创造了空间（见图 C.14）。

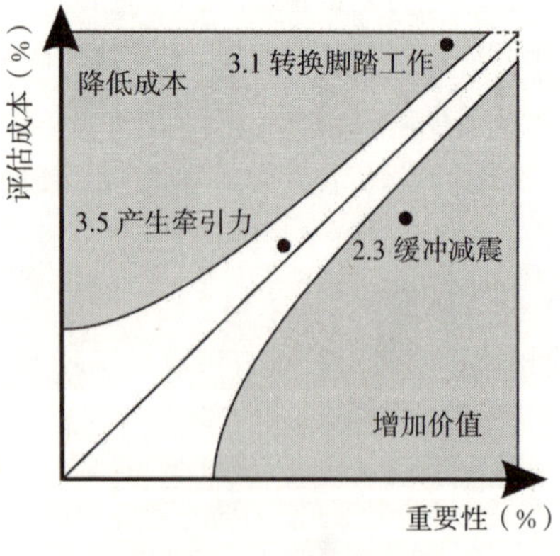

图 C.14 功能成本图

部件—功能矩阵发现车架的估计成本要高于预计的价值。目标成本表格揭示了一幅更为细致的画面：为了转变脚蹬的工作原理（与车架硬度有关）而发生的成本高于原先预期，而避震装置的制造成本还有进一步消减的空间。

管理创新

以前的分析中所介绍的新概念和新主张在这一部分里进行了系统地分析，以便为新的解决方法开发出可行的方案（见图 C.15）。

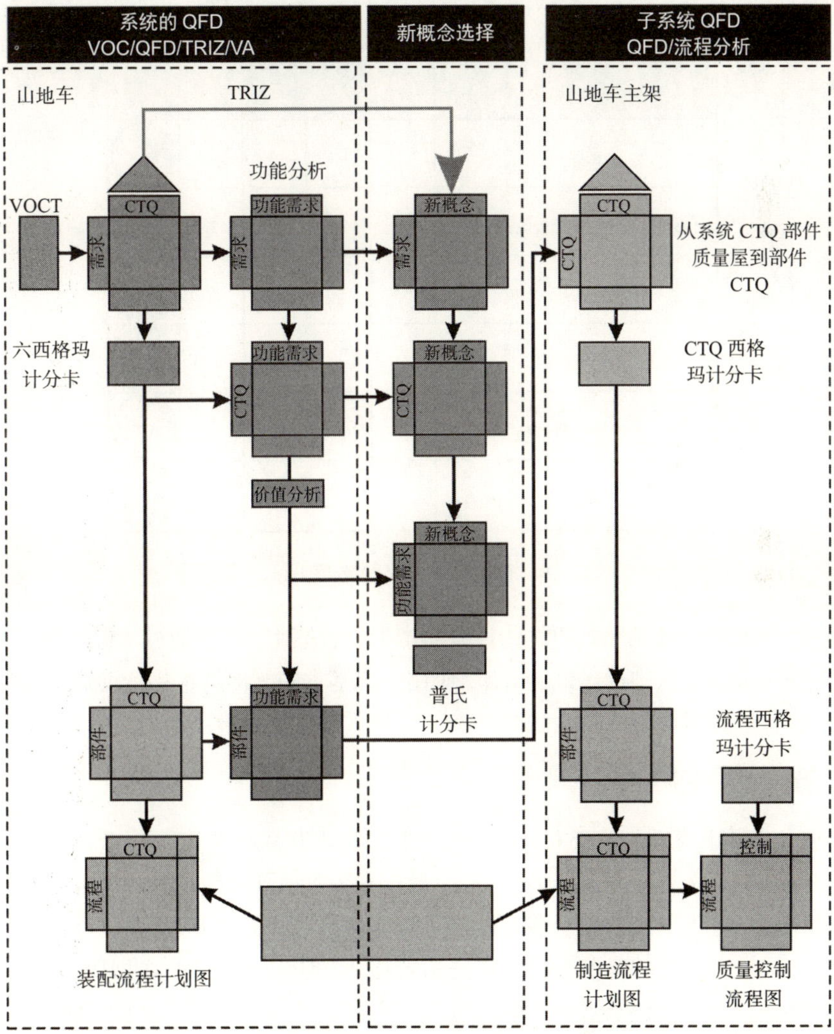

图 C.15　新概念选择

▶▶ 新概念清单

当大量的备选方案被设计出来，很多方案将由于缺乏可行性而被排除掉。原因是他们违反法律法规、与公司的价值相冲突、所需投资超过了项目的范围或者所需的技术尚未被开发出来（见图 C.16）。

关键特征 / 新概念	破坏法规	破坏公司战略	成本超过项目预算	技术难以获得	预选(性)
悬置座位		?			
下坡时具有可调整长度的前叉					
计算机控制的前叉减速				X	
完全悬置			X		
车链的弹性材料					
前悬置、弹性座位和车链					

图 C.16 新概念清单

在六个通过头脑风暴式的集体讨论而产生的方案中，三个通过了最初测试。它们将被进一步分析并从中选出最佳方案。应用一个基本的标准清单将帮助设计人员排除那些不可行的方案，最终产生一个可进一步分析的方案列表。

▶▶ 普氏 1 号矩阵

普氏 1 号矩阵显示了新方案是如何与客户需求联系起来（见图 C.17）的。它被用于在众多的备选方案中选择最佳方案，最佳方案应该既能满足客户需求又不会产生其他的问题。普氏矩阵依据众多的标准系统地评价这些备选方案。

一个可调节长度的车前叉具有较好的敏感度，但会使爬坡变得很困难。用弹性材料制造链条盒或者使链条盒具有弹性将大大有利于获得平稳舒适的骑行体验。

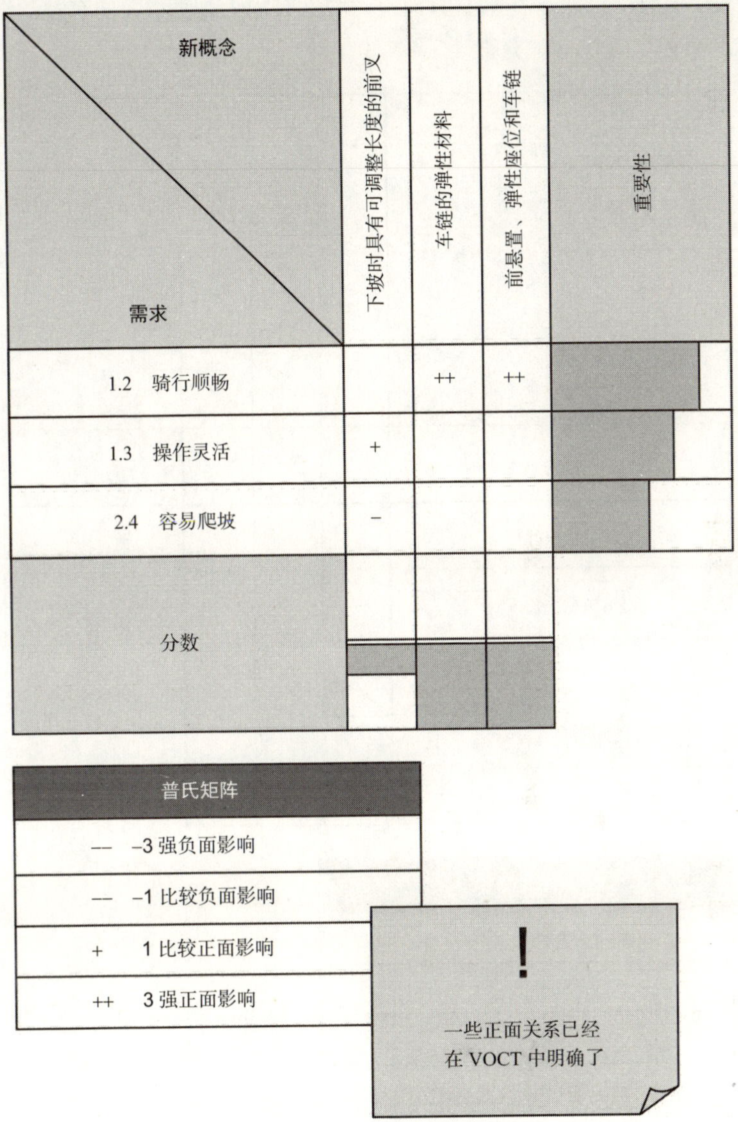

图 C.17　普氏 1 号矩阵

▶▶ 普氏 2 号矩阵

普氏 2 号矩阵显示了新概念如何与关键质量特性相结合（见图 C.18）。它用于确定哪些方案可以帮助实现关键质量特性，以及确定在哪些方面需要开发附加的方案。

长度可调节的车前叉对车子的硬度有不良影响。用弹性材料制成的链条盒将影响车子的硬度，但对增加车子在垂直方向上的弹性有很大帮助。同样有益的结果将在对链条盒增加柔韧度的设计中获得。

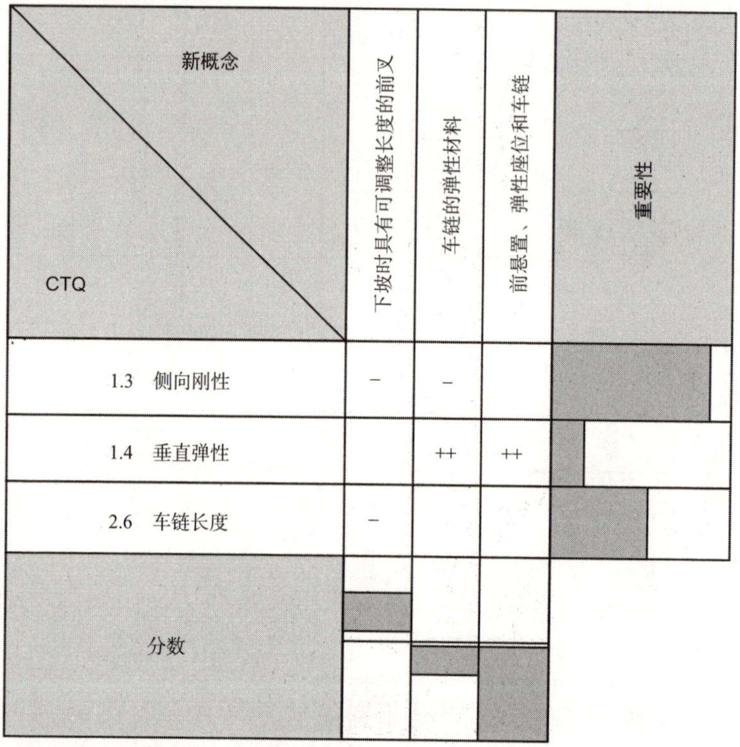

普氏矩阵	
––	–3 强负面影响
–	–1 比较负面影响
+	1 比较正面影响
++	3 强正面影响

图 C.18 普氏 2 号矩阵

▶▶ 普氏 3 号矩阵

普氏 3 号矩阵显示了新概念如何与产品功能相结合（见图 C.19）。它用于确定对产品性能产生有益影响又不会产生其他问题的方案。

采用弹性材料制造链条盒或增加链条盒的弹性，对减震大有好处。

新概念 功能	下坡时具有可调整长度的前叉	车链的弹性材料	前悬置、弹性座位和车链	重要性
2.3　缓冲减震		++	++	
3.1　转换脚踏工作				
3.5　产生牵引力				
分数				

普氏矩阵	
—	−3 强负面影响
−	−1 比较负面影响
+	1 比较正面影响
++	3 强正面影响

图 C.19　普氏 3 号矩阵

普氏计分卡

普氏计分卡将普氏分析的所有结果列示出来：负面影响的总和、正面影响的总和以及加权平均的总和（见图 C.20）。它帮助筛选那些不会产生负面影响的方案以便将其用于实施。应用计分卡的目的是挑选出一小部分值得进一步分析的方案。

增加车座的弹性和用弹性材料制造车座被确定为是具有最好的整体效果和最小的负面影响的方案（见图 C.21）。

产品设计及组装

当所有基本设计决定已经做出，就可以确定产品部件和组装步骤了（见图 C.22）。

新概念 / 分数	下坡时具有可调整长度的前叉	车链的弹性材料	前悬置、弹性座位和车链
正面影响	34	56	78
负面影响	68	67	32
结果			

图 C.20　普氏计分卡

概　　念：车座支架灵活性设计
解决方案：通过将车座支架制成曲颈状增强其灵活性

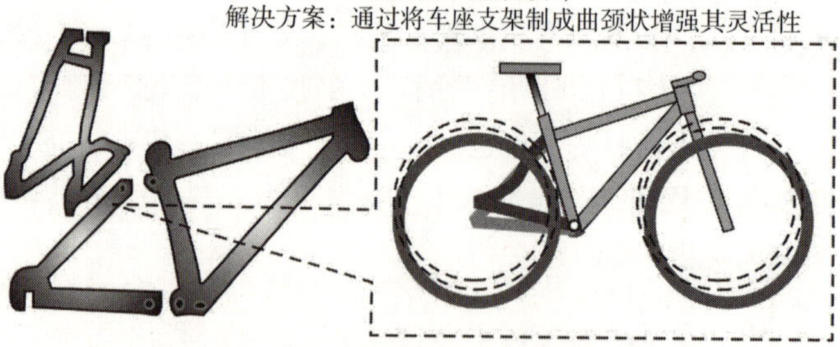

概　　念：在车座支架上采用弹性材料
解决方案：采用复合材料－在座位和车链采用更多的钛，而将坚硬的铝主要用在框架管上

图 C.21　从计分卡得出的新概念

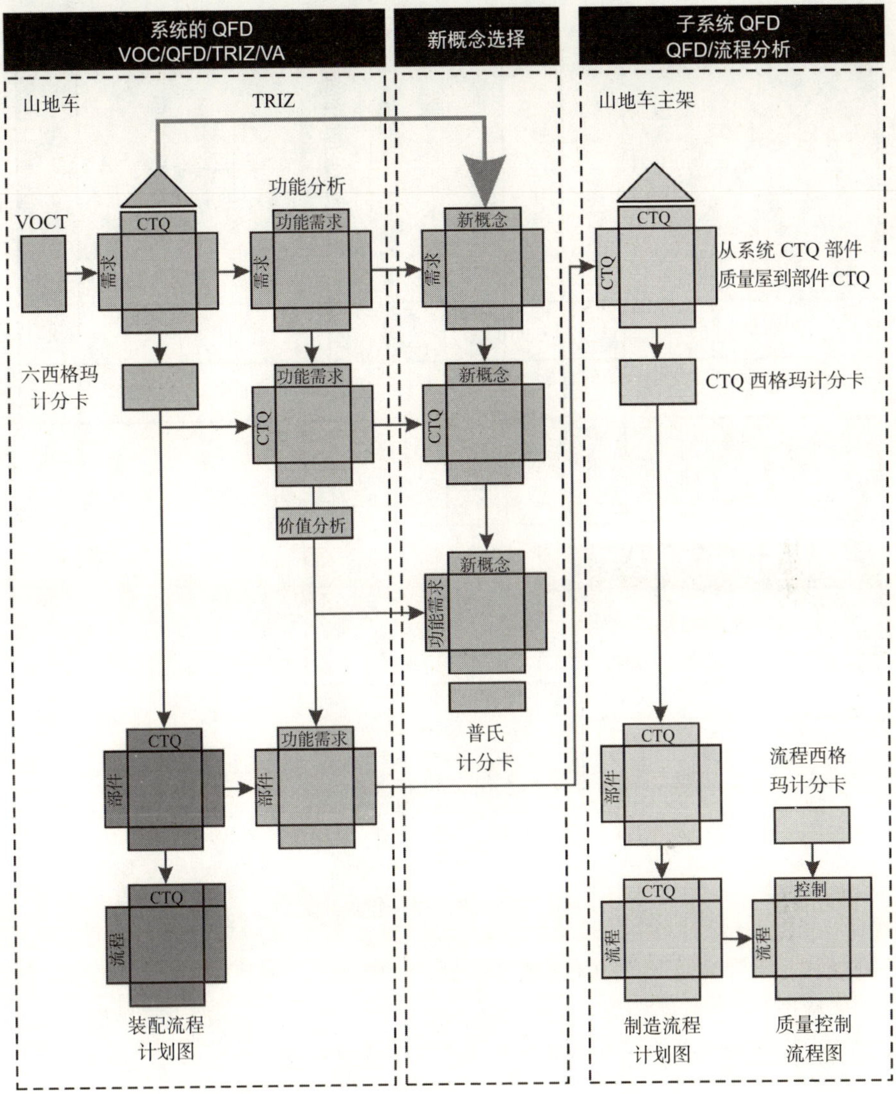

图 C.22　产品部件和装配计划

▶▶ 产品设计矩阵

产品设计矩阵用于确定关键质量特性如何在产品部件及产品子系统中获得实施（见图 C.23）。它确定那些与重要的关键质量特性联系最紧密的部件。然后，这些部件可以在计划实施初期、当整体设计仍然可以改变时得到控制并实现最优化。

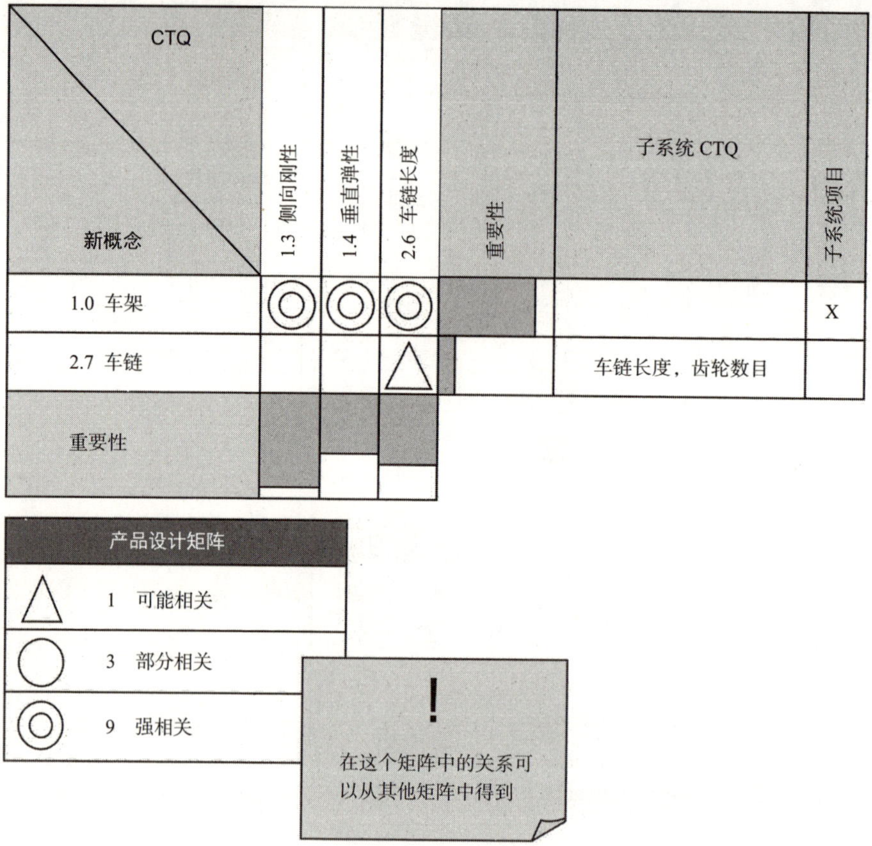

图 C.23　产品设计矩阵

硬度和垂直弹性是车架的关键质量特性，而链条盒的长度也将影响链条的长度。与车架的情形一样，这个矩阵中的相互关系通常比较直接。车架的设计被确认为是至关重要的，并且建议开发一个质量功能展开的子系统项目。

▶▶ 组装流程计划图表

流程计划图表将关键质量特性与流程各步骤联系起来，列示关键质量特性的各控制项目（见图 C.24）。该图一开始确定流程是如何控制的。山地车的流程计划图表可以用于建立组装流程。

增加车架的硬度将延长使用寿命，但是骑行会变得不舒服，因为车架的垂直弹性被降低了。就像在以前的矩阵中确认的那样，车架的设计要求至关重要。

安装流程	器材	时间	CTQ 1.3 测向刚性	CTQ 1.4 垂直弹性	CTQ 2.6 车链长度	控制项目
1.0 插入前叉	安装架子	30		○		合适并可自由移动
2.0 插入车头装置	安装架子	30		△		扭矩

从流程计划和质量控制流程图获得的时间、器材和原料的数据可以用来计算评估产品或部件的制造和装配成本

流程计划图	
△	1　可能相关
○	3　部分相关
◎	9　强相关

图 C.24　装配流程计划图

子系统计划

重要的子系统或其他设计组成部分将是其自身的六西格玛设计研究的焦点(见图 C.25)。这一研究与其系统所包含的六西格玛设计或质量功能展开通过关键质量特性、功能以及其他方面联系在一起。

▶▶ 部件树形图

之前，依据质量功能展开或功能分析而进行的系统要求分析可帮助确定重要的子系统或其他组成部分。如果需要的话，可开展完整的分析以确定子系统的范围。山地车车架子系统比较简单，因而其分析可以简化为由四个图表组成的质量功能展开层叠。

对于山地车的设计，唯一至关重要的子系统就是车架（见图 C.26）。它基本上是唯一需要自行车厂商自行制造的部件。所有其他零件都是从像西马诺（Shimano）这样的供货商那里购买的。车架将在质量功能展开研究中进行分析。

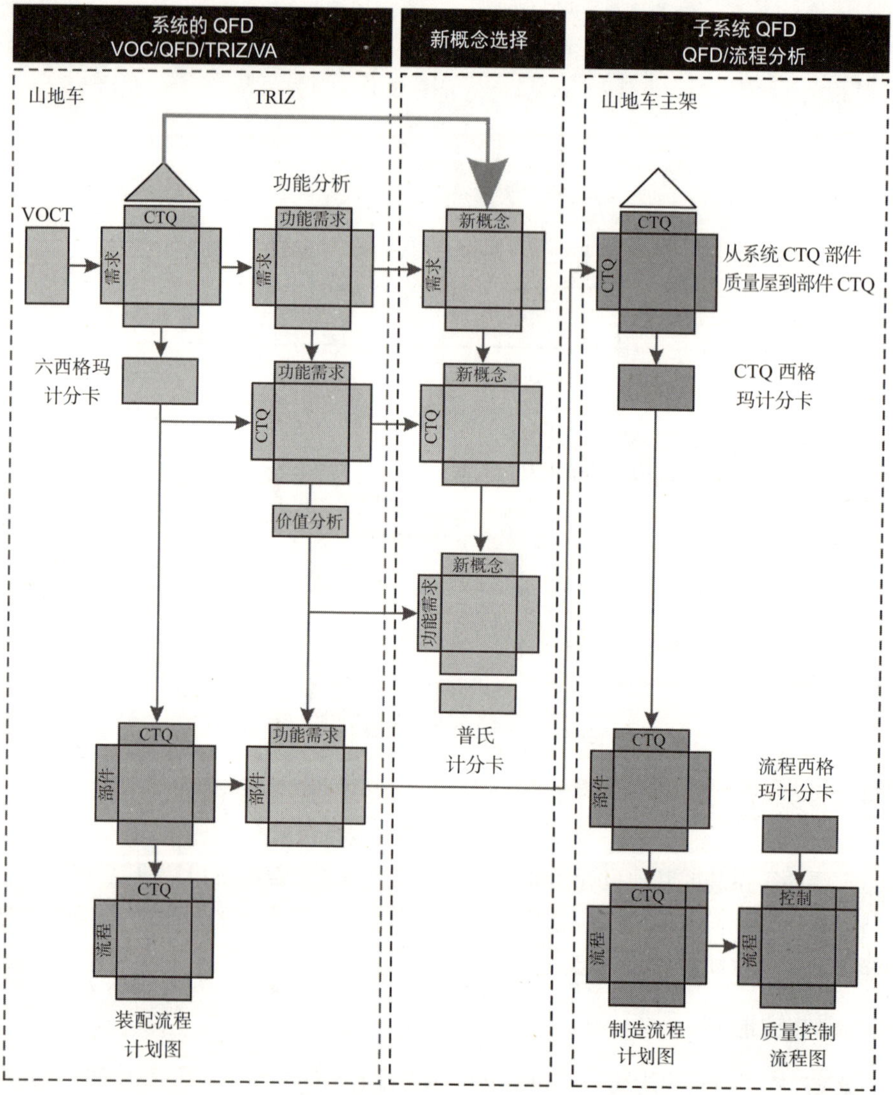

图 C.25 子系统计划

▶▶ 子系统质量屋

图 C.27 把图 C.26 中的图 1 和图 2 结合起来。它包括车架设计的第一个质量屋和产品设计矩阵。质量屋以系统的关键质量特性取代了客户的需求，显示出这些需求如何与部件的关键质量特性相联系。产品设计矩阵事实上列示了关键质量特性与原材料之间的种种关系。这个图显示了系统关键质量特性如何实施于部件关键质量特性，以及部件关键质量特性如何与原材料相联系。它将系统客户要求与子系统要求联系起来并依据系统关键质量特性制定出按优先排序的子系统的关键质量特性，并以此最终反映客户的要求。

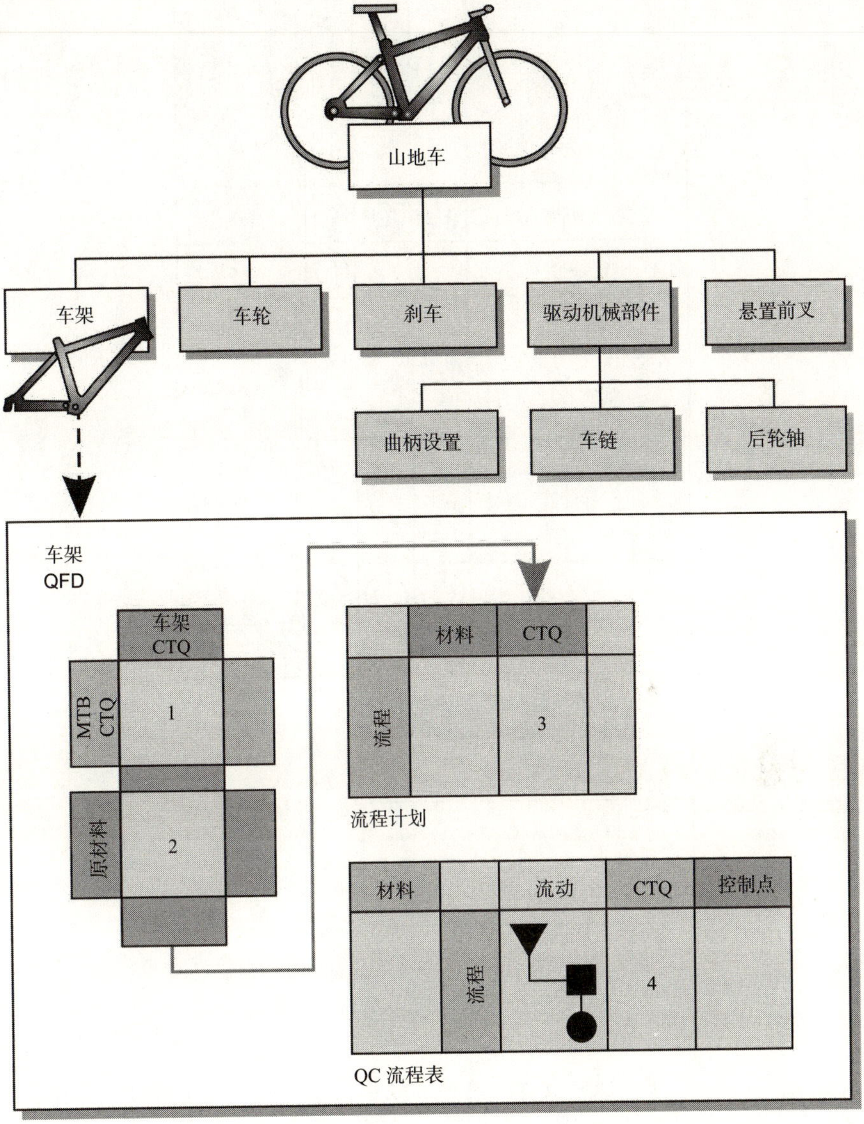

图 C.26　子系统树状图

山地车的关键质量特性——侧向刚性的设计，被转化成车管和材料的选择。而垂直弹性的设计转化为车座几何学，就像在前面的普氏计分卡中所确定的那样。

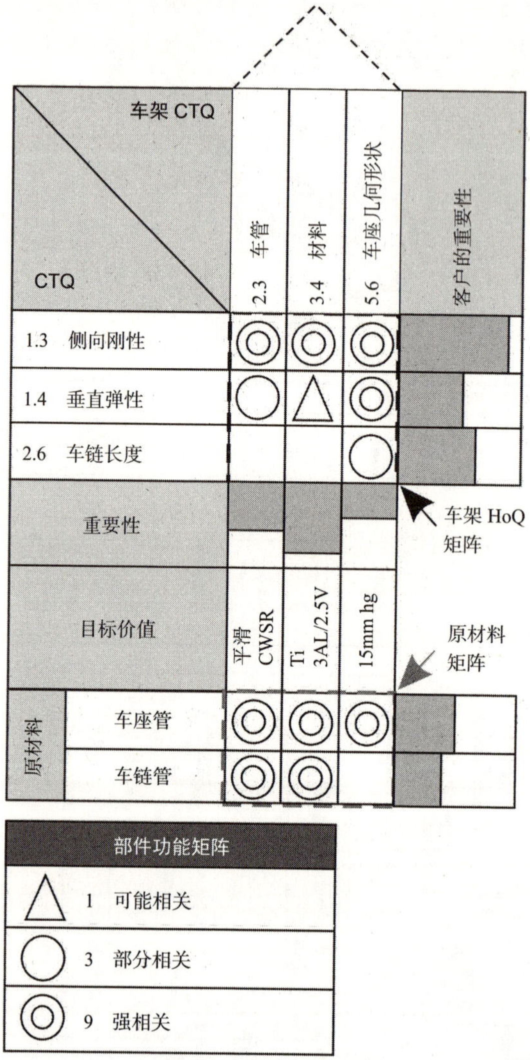

图 C.27 子系统质量屋

▶▶ 子系统六西格玛计分卡

计分卡（见图 C.28）强调设计团队在计划早期收集有关质量等级的数据。它便于将 CTQ 要求与产品和流程绩效、预计绩效和统计模型联系起来。计分卡成果包括一种可量化的方法，用来评估当前设计；也包括一个模型，用来预计最终质量并确定当前设计在正常变动时的稳定性。计分卡也为有关改善绩效的沟通提供了相应的便利条件。

CTQ	单位	目标	上限	下限	西格玛值目标（ST）	平均值	标准差	短期/长期	DPU（LT）	DPMO（LT）	预测西格玛值（ST）
车架重量	g	1 640	1 670		4	1 642	7			6.21E+03	4.00
车架侧向刚性	mm/kNm	0.01	0.015		4	0.011	0.001			6.21E+03	4.00
垂直弹性	mm/kN	80	100	60	4	68	3.5			2.16E+05	2.29
车架寿命	h	25 000		20 000	4	28 900	1 700			9.37E+01	5.24
防腐蚀	h	20 000		18 000	6	21 000	600			2.33E+02	5.00
车链长度	mm	420	421	419	5	420	0.2			3.83E+02	4.86
车座管角度	degree	73	73.01	72.99	5	73	0.002			3.83E+02	4.86

图 C.28　子系统六西格玛计分卡

制造流程的计划图表

一个流程计划图是用来描述车架焊接过程的（见图表 C.29）。这个流程计划图将车架的关键质量特性与流程步骤联系起来，并列举出关键质量特性的各控制项目。这一图表用于确定流程是如何控制的，它为部件关键质量特性和流程步骤提供了联系以及实施这些步骤的各种控制项目。

安装流程	器材	时间	CTQ			车链长度
			1.3 控制项目	1.4 侧向刚性	2.6 垂直弹性	
1.0 检查车管原材料		20	○	○		直径、壁厚、腐蚀状态、明显的损坏
2.0 切割	CNC 切割机器	60	○		○	切割长度
3.1 焊接	焊接间	75	△			对位、外观

流程计划图		
△	1	可能相关
○	3	部分相关
◎	9	强相关

图 C.29　制造流程规划图

制造中的质量控制流程图

质量控制流程图将流程步骤和各控制项目与相应的控制点、检验情况和责任分派列示在一起。它用于描述那些确保顶级关键质量特性和客户要求得以实现的各种控制点。在图 C.30 中列示的质量控制流程是为车架焊接过程而建立的，它确定出最初检验及其后续步骤中的控制点和相应职责。

制造流程计分卡

流程计分卡用于预测流程控制项目的实际能力（见图 C.31）。它为评价目前的设计提供了一个定量分析方法以及一个预测最终质量的模型。它帮助确定导致正常偏差的可能性并便利了今后为改善绩效而进行的交流与对话。

原材料	流程图	流程	控制条款	控制点	
				说明图	
车管原材料	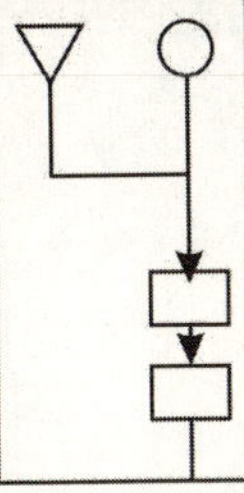	1.0　检查车管原材料	直径	CS 42.001	
			壁厚	CS 42.001	
			腐蚀状态	CS 42.001	
			明显的损坏	CS 42.001	
		2.0　切割	切割长度	CS 42.002	
		3.1　焊接	对位	CS 42.003.01	
			外观	CS 42.003.01	

图 C.30　质量控制流程图

CTQ	单位	目标	上限	下限	西格玛值目标（ST）	平均值	标准差	短期/长期	DPU（LT）	DPMO（LT）	预测西格玛值（ST）
车管的外部直径	mm	32	33	31	4	1 642	7			6.21E+03	4.00
车管壁厚	mm	3	3.4	2.9	4	0.011	0.001			6.21E+03	4.00
没有腐蚀	1/1E+6	100	150		4	68	3.5			2.16E+05	2.29
没有明显损坏	1/1E+6	100	150		4	28 900	1 700			9.37E+01	5.24
车管切割长度	mm	420	421	419	6	21 000	600			2.33E+02	5.00
车管对位	degree	72	72.02	71.98	5	420	0.2			3.83E+02	4.86

图 C.31　制造流程六西格玛计分卡

反侵权盗版声明

举报电话：（010）88254396；（010）88258888

传　　真：（010）88254397

E-mail:　　dbqq@phei.com.cn

通信地址：北京市万寿路 173 信箱

电子工业出版社总编办公室

邮　　编：100036